寺前直人・設楽博己［編］

Q&Aで読む 弥生時代入門

吉川弘文館

目　次

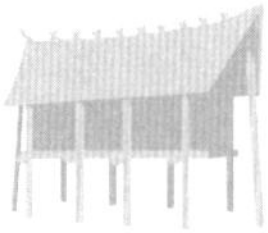

序章　弥生時代とはどのような時代だったのか

寺前直人

弥生時代は、後に日本とされる空間のうち本州島・四国島・九州島において水田稲作が開始された時代をさします。他に金属器の使用開始や階層的な墓制の成立、中国王朝との通交の開始などが、特徴としてあげられます。その開始時期は諸説ありますが、紀元前一千年紀の初め頃、紀元前九世紀前後です。そして定型的な前方後円墳が築造される三世紀中ごろに終わるとするのが一般的な理解です。

前段階の縄文時代は東西差はあるものの、日本列島全体で比較的均質的な狩猟採集文化が営まれていたのに対して、弥生時代の文化は地域差が大きいのが特徴です。この差は、①先進地である中国大陸・朝鮮半島の情報量の差異、②自然環境の地域差に起因する農耕の定着度の差異、という二つの要因により形成されたと考えられます。前者は、金属器の普及や階層化の進展に顕著にみられ、大陸・半島との通交の利便さから玄界灘沿岸を中心とする日本海沿岸が有利となります。後者は人口増加や定住のありかたに影響を与えますが、気候的に温暖な西日本を中心に大規模な集落が営まれるようになります。結果として西日本を先進地、東日本を後進地とする枠組みが成立するのも弥生時代の特徴です。この枠組みは、その後の「日本史」を規定することになるのです。

弥生時代という区分　弥生時代という時代区分は、「日本の歴史」、すなわち後の日本（国）史で水田稲作が開始された時代を説明するために使われる用語です。しかし、水田稲作は朝鮮半島から伝わった農耕技術であり、同時期の中国大陸や朝鮮半島でも広く採用されていたので、水田の有無といった考古学的基準で客観的に弥生文化を大陸・半島の諸文化と分離することはできません。

実は一九三〇年代には中国や朝鮮、日本列島の考古文化を新石器時代として連続的にまとめながら論じたうえで、その下位の地域文化として縄文文化や弥生文化を説明しようという試みがありました。当時、多くの日本人考古学者が植民地などであったアジア各地で発掘を行い、その成果を東亜考古学としてはなばなしく発表していました。しかし、敗戦によって歴史観は大きく転回します。一九五一年のサンフランシスコ講和条約における台湾、千島列島、南樺太の放棄や朝鮮の独立、そして小笠原諸島や北緯二九度以南の南西諸島を米国の信託統治領とすることへの同意は、日本列島に閉じた「国史」としての時代区分を必要とさせたのです。そして七〇年以上たった今日、この時代区分とセットとなる閉じた世界観は教科書などを通じて私たちの社会のなかで定着しています。

しかし、今から二〇〇〇年以上前の日本列島に日本は存在せず、ましてや「弥生」人と自認するようなひとまとまりの人間集団の存在も、後でのべるように物質文化では確認できません。したがって、日本列島外を含めて各地にみられる考古資料のどの共通性をもって文化圏を設定するのか、あるいはそれをどこで区分し、どのように名付けるかは、それぞれの研究者あるいは研究者の属する社会の世界観に左右されているのが現状です。

弥生土器とはなにか　ここまでの話を読んで、考古学的に日本列島の土器と大陸や半島の土器は区別できるのではないかと思った方もいるでしょう。つまり、弥生土器の存在によって弥生時代の時間幅や空間が特定できるのではないかという疑問です。しかし、結論を急ぐとそれもまた困難です。なぜならば、対馬海峡をはさむ対岸の土器の間に違いは見いだすことはできますが、その差異は、一四〇〇㎞に広がる日本列島の弥生時代「内」にみられる土器の差異におさまります。したがって、対馬海峡にのみ「太い」線をひくことはできないのです。具体例をみてみ

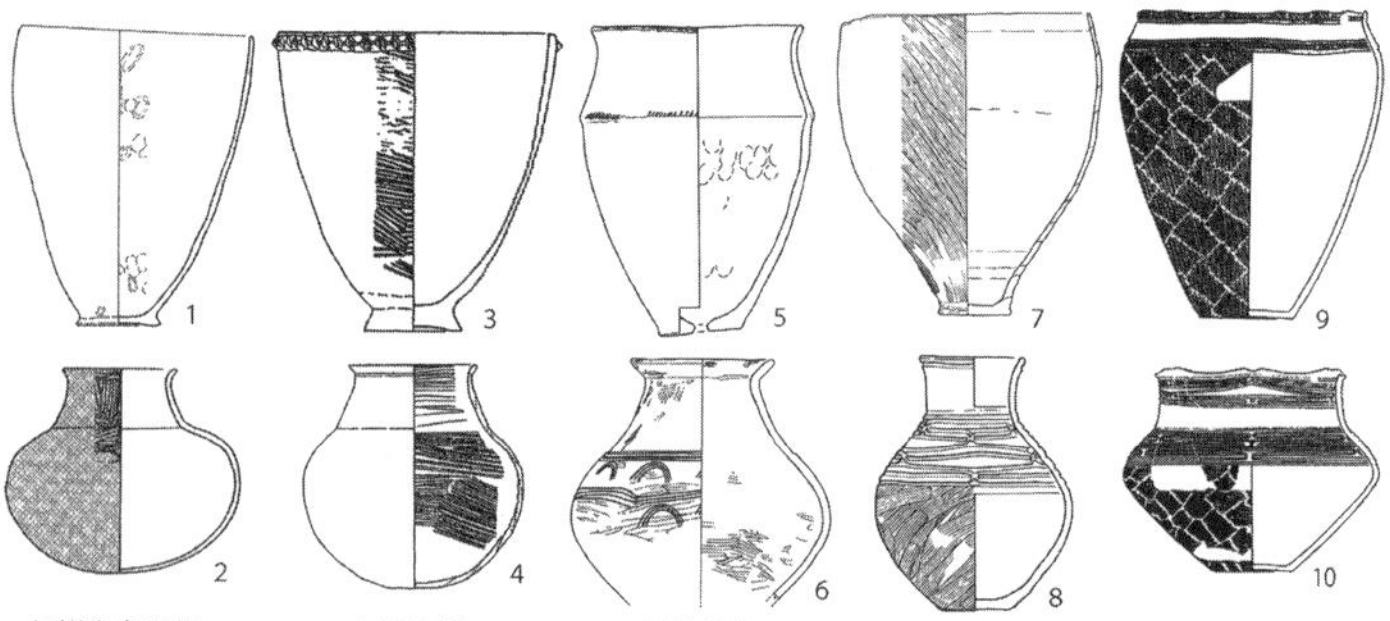

1：大坪里（慶尚南道）　2：石谷里（忠清南道）　3：板付（福岡）　4：菜畑（佐賀）　5･6：讃良郡条里（大阪）　7･8：沖Ⅱ（群馬）
9･10：砂沢（青森）

図１　各地における弥生時代開始期の土器

ましょう。図1は各地の水田稲作開始期に使用されていた壺と甕です。これらの土器群はどのようにグルーピングできるでしょうか。1・2の朝鮮半島南部の土器と3・4の福岡県や佐賀県の土器との差が、大阪府の讃良《ささら》郡《ぐん》条《じょう》里《り》遺跡（5・6）、群馬県の沖《おき》Ⅱ遺跡（7・8）、さらには青森県の砂沢《すなざわ》遺跡（9・10）のものとの差よりも明確に大きいとは言えません。したがって、弥生土器とは日本列島において水田稲作が開始されてから、前方後円墳が登場するまでの土器に対する土器の総称にすぎないと言えます。もっとも、水田稲作の導入は、日本列島の東西で五〇〇年前後のタイムラグがあることがわかってきています。

弥生時代のはじまりと時間差　縄文時代と弥生時代の区分で重視されるのは、大陸系穀物であるコメ、アワ、キビの栽培の開始と普及です。特に水田でのコメ作りの採用は地域社会のありかたに大きな影響を与えたと考えられています。火山帯にある日本列島の土壌の大半は、酸性度が高く農業には適していません。リン酸が不足しがちで施肥しないとやせた土壌になるのです。しかし、水耕はそんな土地でも連続的な耕作が可能な農法です。それは水流が一定のミネラルをもたらし、水がはられることにより土壌は中性に近くなるからです。また、土壌中のリン酸も溶け出しやすくなります。雨量が多く、夏場における温度上昇や日照時間が長い日本列島の気候は水田稲作にもってこいの環境なのです。
日本列島最初の水田は、玄界灘に面した福岡県の板付《いたづけ》遺跡で見つかっています。この時期の東北地方は土偶などで著名な「亀ヶ岡《かめがおか》文化」真っ盛りの時期になります。この地域の最初の水田稲作は、津軽半島の付け根付近に位置する青森県の砂沢遺跡で見つかっており、およそ二四〇〇年前のものです。なお、弥生時代の段階を含めて、その後も長らく北海道や南西諸島では稲作は受容しません。東北北部についても、寒冷化が起きた弥生時代後期以降には稲作をやめてしまいます。
また、水田稲作とほぼ同時にアワやキビなどの畠作穀物も伝わったことも重要です。

弥生時代の終わり　弥生時代の終わりは、すなわち古墳時代のはじまりのことです。古墳時代とは定型的で大きな墓が東北地方から九州までの広い範囲で築造された時代のことで、おおよそ三世紀中ごろ以降になります。諸説ありますが、弥生時代の墳丘墓と隔絶した規模である点、各地に類似した形態の前方後円墳が築造されるという点を重視すると、三〇〇m近い墳丘長をほこる奈良県の箸墓《はしはか》古墳の登場を画期とみることができます。

弥生時代の時期区分　弥生時代とされる時代は、約一〇〇〇年間の期間を有しており、さらに早期・前期・中期・後期・終末期に細分されます。ただし、縄文時代的な突帯文土器を使用している一方で水田稲作が採用されているという意味で一九八〇年代に新たに提唱された早期という時期区分をめぐっては、採用する研究者とそうでない研究者に分かれており、適用できる地域も北部九州地域に限られます。終末期についても、近畿中部で発達する叩き仕上げで内面を削り、厚さ数㎜と驚くほど薄く仕上げられた庄内《しょうない》式土器を指標としますが、このような薄甕《うすがめ》が普及しない東日本ではあまり用いられない時期区分です。このような状況をふまえると、弥生時代はおおむね、早・前期と中期、そして後・終末期の三段階に区分できます。それぞれの時期の特徴をみていきましょう。

第一段階：早・前期（紀元前八〜四世紀）……水田稲作をはじめとする大陸系穀物を栽培するノウハウが日本列島に伝えられた段階です。居住域や貯蔵施設の周りを溝で囲む環濠集落という新たな生活スタイルも東海地方西部まで広がり、朝鮮半島と同じ形態の石製武器や農工具も北部九州地域を中心に使用されはじめます。玄界灘沿岸のごくわずかな地域では朝鮮半島製の青銅器を再加工した青銅器も見つかっていますが、確実な鉄器の存在はその最終段階にわずかに確認できる程度で、刃物としてはもっぱら石器が使用された段階であり、その意味では新石器弥生時代とも言えます。なお、西日本では文様に乏しい遠賀川系《おんががわけい》土器が、東海から関東地方では条痕文《じょうこんもん》土器が、そして東北地方では縄文時代晩期の伝統を引く土器がそれぞれの地域で主体となります。

第二段階：中期（紀元前三〜一世紀）……急速に金属器が普及する段階です。朝鮮半島製あるいはその系譜をひく銅剣《どうけん》や銅鏡《どうきょう》を副葬する厚葬墓《こうそうぼ》が北部九州を中心に登場します。熊本県から愛知県までの範囲で青銅器の鋳型が見つかっており、各地で青銅器生産が開始されたことは明らかです。ただし、その素材となる銅や鉛、錫といった金属の素材を鉱物から取り出す製錬が当時の日本列島で行われた考古学的証拠はありません。朝鮮半島や中国大陸から金属素材を入手し、各地で独自の青銅器を生産しはじめた段階とみられます。鉄器も同様に先進地で製作されたものや素材を入手していたと考えられます。鉄剣や鉄鏃《てつぞく》、鉄斧《てつぷ》といった武器や工具が西日本を中心に見つかっています。金属器を集中的に副葬するような厚葬墓の分布は北部九州にかぎられますが、長さ三〇m前後の区画や盛土を持つ墓は東海地方から九州地方の各地で営まれています。類例は少ないですが、くり抜いた丸木の上半に舷側板《げんそくばん》などを緊縛により装着した準構造船が鹿児島県から静岡県で見つかっています。

　このようなインフラの充実と温暖化した気候により、各地で巨大な集落が営まれはじめるのも、この段階からです。ただし、弥生時代を特徴づける武器や銅鐸《どうたく》といった青銅器は九州から長野県・静岡県まで分布し、この地域では幾何学的な文様を有する土器が好まれます。一方、以東の地域では複雑な文様を持つ土器が地域ごとに志向され、縄文も主要な施文も継続していました。

第三段階：後・終末期（紀元後一〜三世紀前半）……気候が冷涼化する段階です。東北地方北部では稲作が停止します。近畿地方や瀬戸内沿岸地域におけるサヌカイトを中心とする大規模な打製石器の使用は、途絶します。道具の鉄器化も各地で進みますが、必ずしも順調ではありません。後期前半には刀剣類の減少が指摘されているからです。西日本では日常土器の無文化も拡大し、生活スタイルは大きな変化を迎えます。墳丘墓も、日本海沿岸を中心に北陸地方に広がり、それまで北部九州地域にしかみられなかった厚葬墓が各地でみられるようになります。墳丘墓も広がります。その規模は突出部をのぞくとおおむね四〇mとなりますが地域ごとにきわだった格差はみられません。一方、北部九州地域や近畿中部、東海西部といった地域では墳丘墓の発達が目立ちません。これらの地域では大型青銅器の生産と使用を継続させました。また、社会的緊張も高まるようです。比高差数十mの高所に立地し、環壕を有する防御集落が各地で形成されます。実用的な銅鏃《どうぞく》も各地で大量生産されるようになります。ただし、環壕の分布は引き続き、関東地方にとどまります。東北地方南部では引き続き青銅器も防御施設もない農耕社会が営まれていました。

多様な日本列島の諸文化　私たちは弥生時代の文化が弥生文化であると考えがちです。考古学では物質資料の組み合わせで文化を認定します。この原則に従うかぎり、対馬海峡をはさんで異なり、九州島、四国島、本州島にのみ共通する物質文化は存在しません。弥生文化が多様なのではなく、弥生文化なる存在は帰納的には抽出できないのです。地域差を持ちつつも北海道から南西諸島において一定のまとまりを見いだせる縄文文化、東北南部から南九州までの範囲で前方後円墳という規格的なモニュメントが少なくともエリート層には共有される古墳文化と比べて、特異な展開をみせるのが、弥生時代の日本列島なのです。

弥生時代を用いる意義と課題

では、今、弥生時代や弥生文化という用語を用いて歴史を論じる意義はあるのでしょうか。先に述べたように一九三〇年代には東アジアの新石器時代のなかに弥生文化を位置づけようという流れがありました。敗戦後の狭まった日本「国」史のなかで、弥生時代あるいは弥生文化は「国のはじまり」として重要な位置を与えられたのです。さらに一九五〇年代後半からの高度成長期を投影するかのように、稲作開始から古代国家形成の速さが強調されたこともありました。誤解を恐れずに表現すればそれは日本列島が「文明化する」プロセスであり、その起点として弥生時代が設定されているのです。ただし、戦後における東アジア考古学と日本考古学の断絶とともに、半島・大陸での考古学的資料の蓄積が当初は少なかったこともあり、弥生時代における外的な影響の側面はあまり強調されず、日本列島内のイノベーションとしての側面が強調されました。

しかし、一九七〇年代以降の国際交流の復活や半島南部・中国大陸での発掘調査の進展は、研究者の関心を再びアジアの枠組みに向かわせており、必然的に弥生時代・文化の研究を日本列島内でとどめていくことは困難になりつつあります。時間軸も同じです。縄文時代における栽培植物の探究は、マメをはじめとする自生的な栽培の存在を明らかにしており、弥生時代にも継続する堅果類利用を含めて縄文・弥生時代を通した通時代的な議論が前提になりつつあります。鉄器や青銅器の技術や生産に関する研究も国境や弥生・古墳時代を超えたデータの集積が重視されています。時代の名称や単位は、定規の目盛りの単位のようなものです。対象は同じでも、目盛りの単位がメートル、フィート、尺の場合でその表現は変わります。そして、どの単位を用いるのかは、その人（研究者）や属する社会の関心によって変わるのです。その意味において、弥生時代という枠組みを使い続けるのか否かは、資料を用いる研究者やその社会が何を明らかにしたいかという姿勢と直結すると言えます。

本書でのさまざまな問いに対する答えは、このような地域や時代を超えた各分野の最前線の研究成果の反映でもあります。

〔参考資料〕石川日出志『農耕社会の成立』（岩波書店、二〇一〇年）、藤尾慎一郎『弥生時代の歴史』（講談社、二〇一五年）、寺前直人『文明に抗した弥生の人びと』（吉川弘文館、二〇一七年）、山田康弘『縄文時代の歴史』（講談社、二〇一九年）、安藤広道『ビジュアル版　弥生時代ガイドブック』（新泉社、二〇二三年）

第一部　弥生人と環境

Q1 弥生人はいつ、どのように生まれましたか

A

「弥生人」というと、人骨を見て何かしらはっきりと「弥生人」を明確に区別できる基準があるように思われがちですが、実はその成り立ちは複雑でわかっていないことも多いです。

弥生人とは? まず、最初に確認しておきたいことは、「弥生人」と生物学的に分類しうる個体群（生物の集合）は存在しないということです。そもそも、考古学者が特定の文化の空間的な広がりをもってある時間幅を区切って命名したのが「弥生時代」です。その弥生時代に弥生文化を構成する道具類（土器・石器など）、居住様式（住居・集落）、生業形態（水稲農耕）などを複合的に採用した空間に住んでいた人々のことを「弥生時代人」すなわち弥生人と呼びます。

弥生人はいつ生まれた? したがって、考古学者が弥生時代に属すると認識している墓や弥生時代に営まれた生活の痕跡を含む遺跡から出土した人骨が弥生人であり、「弥生人が生まれたのはいつですか?」という問いに答えるとするならば、「考古学者が、弥生時代を表象する文化が列島の広い地域に定着し弥生時代がはじまったと認識している時期」と表すことができます。ただし、弥生文化の東日本への伝播にはタイムラグがあり、西日本では農耕を含めた弥生文化が定着していても、東海以東では縄文以来の生活様式である場合があり、山田《やまだ》康弘《やすひろ》らの近年の縄文貝塚出土人骨の年代測定の結果、貝塚が営まれていた終わりの時期は西日本では弥生時代の開始後になります。そのような遺跡から出土した人骨は「弥生人」と呼称してよいのか?という問題もあり、一概に列島ひとくくりにして「弥生人が生まれた時期はいつです」と言うことは難しいです。

弥生人はどのようにして生まれた? 日本は酸性土壌であり、そもそも人骨が残りにくく、人骨が残っているのは当時

列島で生活していた人々のうちの一部にすぎません。また、人骨が残っている場合でも顔かたちや遺伝情報の分析に使用できるのは保存状態の良い限られた人骨です。弥生時代においては、北部九州を中心に発達した墓制である甕棺に埋葬されている個体や山口・島根の砂丘遺跡を中心として人骨が出土しており、それ以外の地域に関しては人骨資料が非常に限られています。したがって、時間的・空間的に偏りのある人骨そのもののみから弥生人の成り立ちを明らかにすることはとても難しい作業です。このことを念頭に置いたうえで弥生人がどのように生まれたのかをひもといてみましょう。

もともと、日本列島に住む人々の成り立ちについては、幕末・明治ころから国内外の研究者により盛んに議論が行われ、①「置換説」（フランツ・シーボルト、坪井正五郎《つぼいしょうごろう》をはじめとする、ある段階で日本列島外からの移住者が、先に住んでいた人々にとってかわったとする考え方）、②「変形説」（長谷部《はせべ》言人《ことんど》をはじめとする、日本列島に住んでいる人々が生活様式の変化により顔かたちが変化していったとする考え方）、③「混血説」（エルヴィン・ベルツ、清野謙次《きよのけんじ》をはじめとする、ある段階で日本列島外からの移住者が、先に住んでいた人々と混血したとする考え方）が唱えられてきました。その一方で、考古学者により遺跡から出土する考古資料にもとづき、縄文時代・弥生時代という時代区分がされるようになりました。その流れの中で、各時代の遺跡出土人骨の顔かたちや身長といった形態的特徴、すなわち「形質」の違いに次第に焦点があてられるようになり、日本列島出土人骨の時間的変遷の中でも弥生時代に①平均身長が高くなる、②頭蓋骨の形態に変化がみられる、という点が注目されるようになります（図1）。

その違いを、東日本出土人骨の通時的な検討から、食料・生活様式の変化による小進化で説明したのが、鈴木尚《すずきひさし》です。鈴木は、近代と現代の日本人の身体的特徴の変化の背後に生活様式の変化があるのと同様に、弥生時代における農耕の開始という生活様式の変化が列島在住民

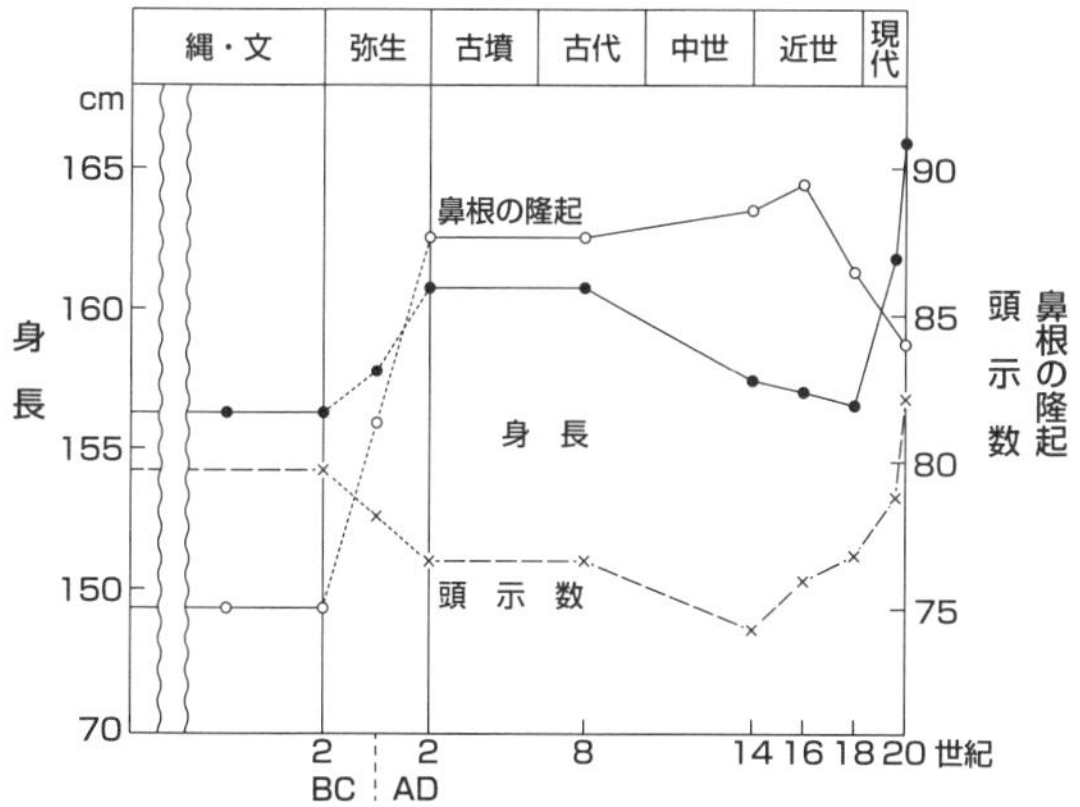

図1　日本列島人の時代的推移　鈴木尚〔1971〕『化石サルから日本人まで』（岩波書店）より

の身体的特徴に変化を促したと考えました。一方で、西日本において韓半島と類似した土器・石器といった考古資料が出土する弥生時代の遺跡が多くあることに着目し、半島から西日本への移住者と列島在住民との混血を想定したのが金関丈《かなせきたけ》夫《お》です。金関は、実際に西日本各地の墓地遺跡を発掘し、縄文時代遺跡出土人骨とは異なる形質を持った人骨を多数発掘し、自身の仮説を検証しました。現在では、弥生時代人の成り立ちの大枠としては、縄文時代以来の列島在住民がいたところに西日本を中心として半島から移住してきた人々との混血が進んだという、金関の「混血説」が定説となっています。

生まれたころの弥生人　弥生時代人が生まれたと言い換えることができる、弥生時代開始時期の人骨はとても出土数が少なく、中橋孝博《なかはしたかひろ》はこの時期のことを、日本列島の人骨研究におけるミッシングリンク（資料が少なく事実が明らかにならない時期）、と評しています。この時期の人骨として有名なものに弥生時代早期にあたる佐賀県大友《おおとも》遺跡、福岡県新町《しんまち》遺跡から出土した人骨があります。また、少し時期が下る弥生時代前期中ごろの福岡県雀居《ささい》遺跡からも人骨が出土しています。これらを含む弥生時代人骨の形態的特徴は、①縄文時代以来の列島在住民に類似したタイプ（いわゆる「在来系」あるいは「縄文系」弥生人）、②韓半島の三韓・三国時代以降の出土人骨に類似したタイプ（いわゆる「渡来系」弥生人）、③①と②の特徴が混ざったタイプ、が存在します。前期末以降～中期には出土人骨も増えますが、重要な点は同一遺跡・地域の中で各タイプの人骨が何か特定のすみわけあるいは文化の使い分けをしていた証拠や、②のタイプの人骨の中に「渡来人」そのものであることを示すような考古学的証拠はみられないということです。「渡来系弥生人」と表現するとよく「渡来人」そのものであるかのように誤解されることがありますが、「渡来系弥生人」はあくまでも渡来人の遺伝的影響を受けた可能性が考えられる弥生時代の列島在住民という定義です。③に相当する、新町遺跡出土人骨に関しては、墓の形態は支石墓《しせきぼ》という半島系の墓制であるのに対し、出土した人骨の形質的特徴が在来系であるということで発掘当初から注目を集めました（図2）。ただし、その後の中橋や田中良《たなかよし》之《ゆき》による検討の結果、頬骨の繊細化や、眼窩《がんか》（眼球が入る穴）が高いなど、いわゆる渡来系形質もみられることが指摘されています。加えて、米元《よねもと》史織《しおり》によるその後増加した北部九州の弥生時代人骨を含めた最新の研究成果によると、各個体の計測値比較によって、北部九州弥生時代人全体の中に新町遺跡出土人骨を位置づけると、新町遺跡の人々もいわゆる渡来系弥生人の多様性の中に納まり在来系の形質そのものではない、という指摘がなされており、弥生開始期当時すでに混血が進んでいたことがわかります。

複雑な弥生人の成り立ち　中橋は、支石墓そのものは渡来系の墓制であるのに対し、出土人骨の形態は在来的特徴が強い、という人骨の形質と墓制系譜の矛盾から、韓半島にも縄文時代以来の列島在住民と類似した特徴を持つ人々が存在していて、その人たちも日本に移住してきた渡来人に含まれていた可能性、つまり研究者が考えている以上に渡来人に由来する形質的特徴は多様である可能性を新町遺跡の発掘報告当初から指摘していました。果たして、近年の篠田謙一《しのだけんいち》らを中心とした日韓両国の遺跡出土人骨のDNA分析により、日本の縄文時代と韓国の新石器時代の人骨に共通するタイプの遺伝型がみられる、という中橋の説が裏付けられる分析結果が得られているとともに、非常に複雑な様相を呈してきています（Q2）。考古学的にみると縄文時代においても半島と列島で非常に類似した文化要素のみられる時期が複数回にわたって存在すること、弥生時代の中でも韓半島からの移住者の生活痕跡（土器や住居など）が強くみられるタイミングが複数回あることは広く知られています。もちろん、文化要素の類似性が即移住や混血と結びつくわけではありませんが、半島と列島の人々の交流は弥生時代以前から行われており、弥生時代にも繰り返し行われていたと言えます。今後、考古資料・人骨の形態・遺伝情報を総合した研究が進展することにより、より詳細な弥生人の成り立ちが明らかになってくることでしょう。

（舟橋京子）

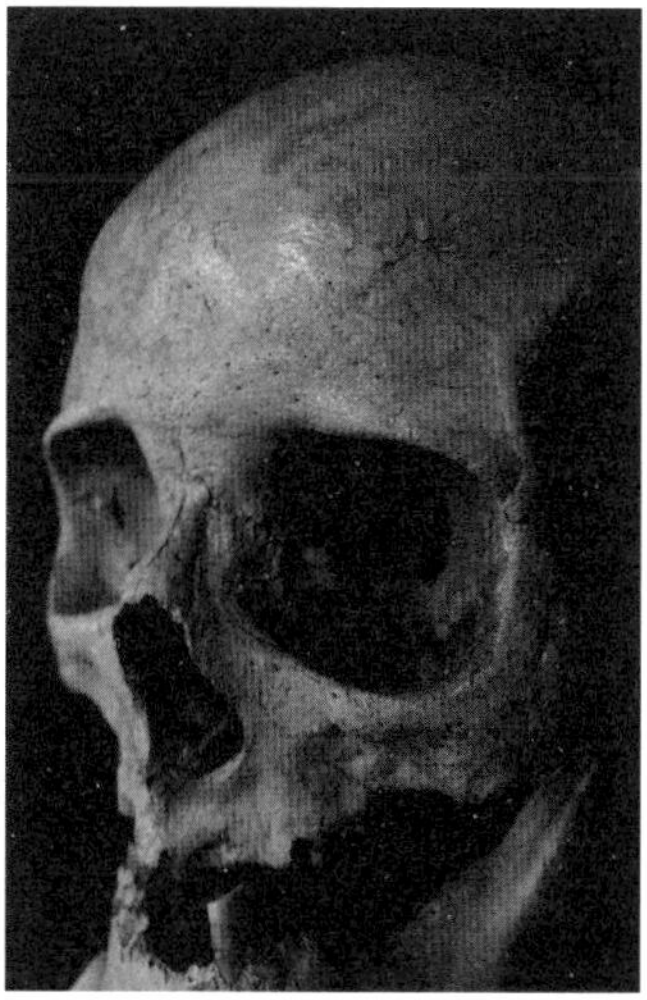

図2　新町遺跡9号人骨　九州大学総合研究博物館所蔵

〔参考文献〕田中良之「弥生人」『稲・金属・戦争』（吉川弘文館、二〇〇二年）、中橋孝博『日本人の起源』（講談社、二〇〇五年）、篠田謙一『人類の起源―古代DNAが語るホモ・サピエンスの「大いなる旅」―』（中央公論新社、二〇二二年）

Q2 弥生人のDNAからどのようなことがわかりますか

A

人体の設計図であるＤＮＡを解読する技術は二〇世紀の終わりごろから急速に発展し、二〇一〇年以降には古人骨の核ＤＮＡの解読も可能になりました。本項では縄文人や弥生人のＤＮＡ情報から判明した彼らの由来や現代日本人との関係などについて解説します。

ＤＮＡとは何か、その分析で何がわかるのか　まず古人骨のＤＮＡ研究を語る上で、どうしても外せない分子生物学の概念について簡単に説明します。遺伝子は、私たちの体を構成している様々なタンパク質の構造やそれが作られるタイミングを記述している体の設計図で、二万二〇〇〇ほどの種類があります。この遺伝子の構造を記述しているのがＤＮＡで、アルファベットのＧ、Ａ、Ｔ、Ｃで表される四種類の塩基と呼ばれる物質の連なりでできています。なお、ゲノムは人ひとりを作るための遺伝子全体のセットを指す言葉です。

遺伝子は親から子どもに伝わる時に複製されます。このプロセスではまれにミスが起こります。これを突然変異と呼び、生殖細胞に起こった突然変異は、子孫に受け継がれます。大部分の遺伝子は両親から受け継ぎますが、母から子どもに伝わるミトコンドリアのＤＮＡと、男性に継承されるＹ染色体を構成するＤＮＡはそれぞれの系統をさかのぼることができるので、よくルーツ探しの道具として使われます。なお本項ではページ数の制限から、両親から受け取る核ＤＮＡの解析結果を用いた解説をします。

古代ゲノムの解析で用いられるのは、ＳＮＰ（一塩基《いちえんき》多《た》型《けい》）と呼ばれる、単一ＤＮＡの変異です。ＳＮＰはゲノム全体では数百万以上存在することが知られています。突然変異によってランダムに生まれるので、同じ集団の内部には新たなＳＮＰが蓄積されていきます。別れて間もない集団同士には共通するＳＮＰが数多く存在し、はるか昔に別れた集団同士では、それぞれ別のSNPが蓄積するので、共通性は少なくなります。この原理を利用して集団同士の類縁性を推定できます。

DNAの解析ができれば髪や目、肌の色、身長など情報や、血液型、どんな病気になりやすいかなどを知ることができます。図1は北海道の船泊《ふなどまり》遺跡から出土した人骨の全ゲノムから復元した縄文人です。骨の形だけから復元した従来の縄文人よりはるかに高い精度の復元像となっています。しかし古代人のDNAは分解が進んでいるので、すべての古人骨からこのレベルの情報を得ることが難しいのが現状です。実際に現代人と同じレベルでDNA情報が得られている弥生人骨は今のところありません。しかしある程度のSNPの情報を得ることができれば、系統や個人の遺伝的な特徴をかなり正確に知ることができます。

図1　ゲノムデータから復元された縄文人・船泊23号　国立科学博物館所蔵

縄文人と現代日本人の関係

図2は現代の日本人を含むアジアの集団と、縄文から弥生時代の遺跡から出土した人骨のSNPデータを用いて、主成分分析《しゅせいぶんぶんせき》という方法で集団の遺伝的な関係を図式化したものです。図中の小さなマークのひとつひとつが個人の持つ遺伝的な特徴を示しています。主成分分

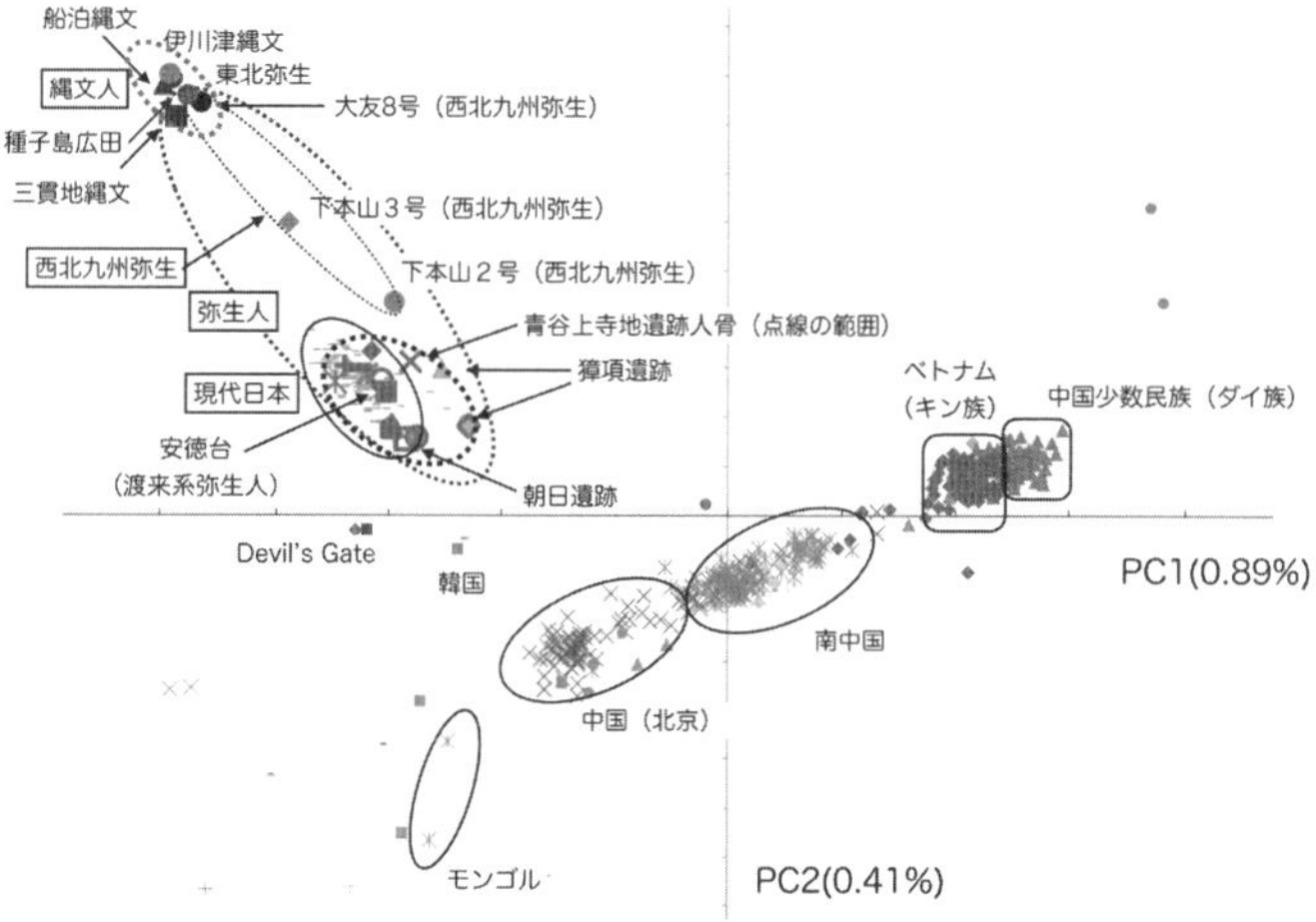

図2　ゲノムから見た縄文人と弥生人の遺伝的な特徴

析は、集団間の関係について大まかな傾向を知ることはできるので、この分野の研究によく用いられます。

図の下から斜め右上の方向に向かって、ユーラシア大陸東部の現代人集団が北から南に向かって並んでいます。これは現代の東南アジアから北東・東アジアの集団が、互いに関係を持ちながらもある程度遺伝的に分化していることを示しています。現代日本人はこの大陸集団から離れた部分に位置しており、北京の中国人と現代日本人の中間には韓国人が位置しています。一方、縄文人の遺伝的な特徴は他のどの集団とも大きく異なっており、現代には似た遺伝的な特徴を持つ集団は存在しません。この縄文人の位置は、彼らの祖先集団が他の集団と非常に古い時代、東アジアにホモ・サピエンスが進出して間もない時期に別れたことを示しています。

縄文人と北京の中国人集団を結んだ線上に現代日本人集団が位置していますが、これは大陸集団と縄文人の混血によって現代日本人が成立したと考えると説明がつきます。なお本州を中心としたいわゆる本土日本人では縄文の遺伝子が一〇〜二〇%程度、沖縄の集団で三〇%、アイヌ集団では最大で七〇%残っていると見積もられています。

弥生人とは誰なのか　縄文系集団と弥生時代以降の大陸からの渡来集団が混合して現代日本人が成立したとすると、弥生時代には縄文系の集団、渡来した集団、そして両者の混合集団が存在したと考えられます。形態学的な研究からは弥生時代の九州には三つの系統の異なる集団がいたことが指摘されています（図3）。北部九州の渡来系弥生人、縄文系の西北九州弥生人、そして独特の特徴を持つ南九州弥生人です。これまで渡来系弥生人は現代の朝鮮半島や大陸北東部の集団に類似した遺伝的な特徴を持っていると考えられてきました。しかし図2にあるように、これまでに分析された渡来系とされている弥生人の持つ遺伝的な特徴は、すべて現代日本人の範疇に入っています。最も大陸集団に近いのは北部九州ではなく、弥生時代前期の愛知県の朝日《あさひ》遺跡出土です。

解析された多くの渡来系弥生人は中期から後期の人骨なので、すでに縄文系集団との混血が進んでいると考えることもできます。しかし、近年朝鮮半島南部での新石器時代から古墳時代相当期の人骨のゲノム解析が進んだ結果、この地域の人々には新石器時代から縄文人と共通する遺伝的な要素を持つ人々がいたことがわかってきました（図2の獐項《しょうこう》遺跡など）。渡来系弥生人が縄文要素を持つのは、そもそも朝鮮半島から渡来した集団がそれを持っていた可能性があるのです。これまで縄文人と渡来系弥生人は全く系統の異なる集団と捉えてきましたが、古代ゲノム解析はその考えを改める必要があることを明らかにしました。なお、大陸の古代ゲノム研究から縄文要素を持たない純粋な集団のルーツは、中国西遼河流域の新石器時代の雑穀農耕民までさかのぼることがわかっています。

西北九州の弥生人は、図2にあるように、縄文人そのものの遺伝子を持つ大友8号人骨と、縄文と大陸集団の混血と考えられる下本山《しもとやま》の弥生人（2、3号）が存在しており、単純に縄文人の直系と捉えることができないことが明らかとなっています。一方、南九州の弥生人（種子島広田遺跡）はゲノムからは完全に縄文人の範疇に入っており、その特異な形態も縄文人の地域集団のひとつを引き継いだものと考えられます。

東北地方では弥生時代後期になっても縄文人そのものと言える遺伝的な要素を持った個体もいます。在来の縄文系集団と大陸から渡来した集団の混血の程度をみていくと、弥生時代から古墳時代まで、様々なバリエーションがあり、両者の混血が地域や時代で異なっていたことが明らかになりつつあります。

古代ゲノムの解析は、高い精度で、集団の混合の様子を明らかにすることが可能です。文化の変遷に関しては、これまでその担い手の集団について注目されることはありませんでした。しかしゲノムの解析が可能になったことで、地域集団の遺伝的な変遷から、実際の情況を再現できるようになりました。今後は考古学と古代ゲノム解析が協働して文化の変遷を考えるようになるでしょう。

（篠田謙一）

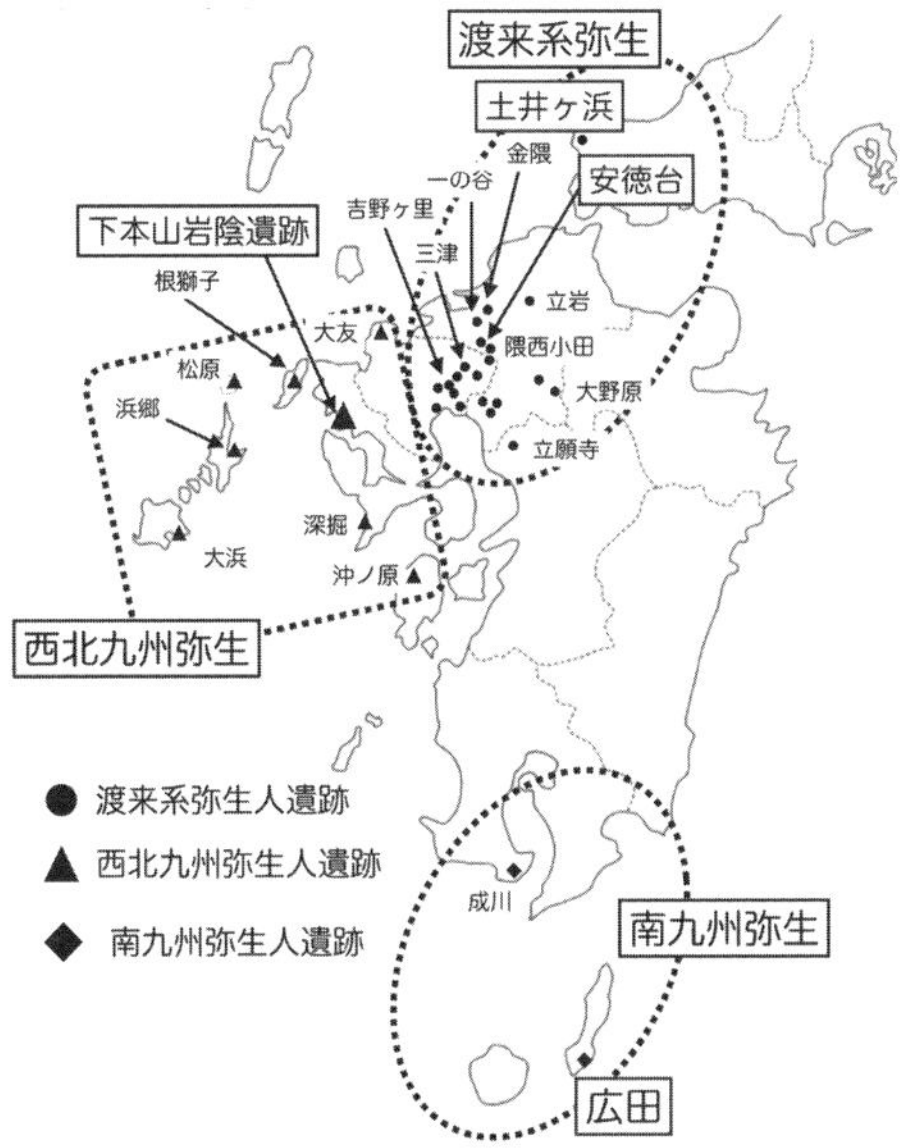

図3　弥生時代の九州地方

〔参考文献〕中橋孝博『日本人の起源 人類誕生から縄文・弥生へ』（講談社、二〇一九年）、篠田謙一『人類の起源』（中央公論新社、二〇二二年）

Q3 顔と体について教えてください

A

弥生人の身体的特徴に関して、縄文時代人骨には顕著でなかった渡来人の遺伝的影響による可能性が高いものを「渡来系形質」、縄文人に顕著にみられた特徴を「在来系形質」として、前後する時期の人骨との比較からみていきましょう。

形質的特徴はどのような意味を持つ？　形質的特徴を表現する際には実際の計測値とともに「示数《しすう》」と呼ばれる計測値の「比」を用います。例えば、面長な顔の人骨のことを、研究者は、顔が高いと表現します。これは顔の高さ（長さ）が実際に長いということもありますが、顔の高さと幅の比率＝示数を参照して「顔が高い」あるいは「顔が低い」という言い方をします。このような計測値や示数を用いて、人骨の形態的特徴すなわち「形質」を読み解いていくことになります。

ただし、注意しておくべきことは、中橋孝博《なかはしたかひろ》が指摘していたように、渡来人の中にも現段階で我々が認識している「渡来人」の形態的特徴以外を持った人が存在していた可能性があるということです。加えて、篠田謙一《しのだけんいち》らの遺伝子解析によって、形態的特徴からは渡来系形質の発現が看取できない西九州地方出土人骨の分析の結果、半島由来と推定される遺伝子型がみられることが明らかになってきています（Q２参照）。つまり、弥生人の形態的特徴を読み解く際には、「渡来系形質」そのものの多様性を研究者が看取できていない可能性や、遺伝子からみると半島からの渡来人の遺伝的影響が確認できるが形態には顕著には渡来系形質が発現していない、という可能性を含みこんでおく必要があると言えます。

では、これらを念頭に置いたうえで弥生人の顔と体の特徴についてみていきましょう。

弥生人の顔だち　顔に関しては、現段階でいわゆる渡来系形質とされる主な特徴は①高眼窩《がんか》②高顔③鼻根部の平坦さです

（図1）。渡来系形質を持った人々は、おおざっぱに表現するならば、面長でのっぺりした顔立ちの人たちと言えるでしょう。これは縄文時代人と比較したときの際立った特徴であり、政治的要因などにより渡来人が多く流入する古墳時代にも続く特徴です。これらの弥生・古墳時代の人々が西日本から関東地方の列島在住民形成の基層集団となったことが池田《いけだ》次郎《じろう》の形態研究や埴原和郎《はにはらかずろう》のDNA分析により古くから指摘されており、近年でも高椋浩史《たかむくひろふみ》・米元史織《よねもとしおり》や斎藤成也《さいとうなりや》あるいは覺張隆史《がくはりたかし》らの研究のように、形態学・遺伝学の双方で議論の焦点となっています。

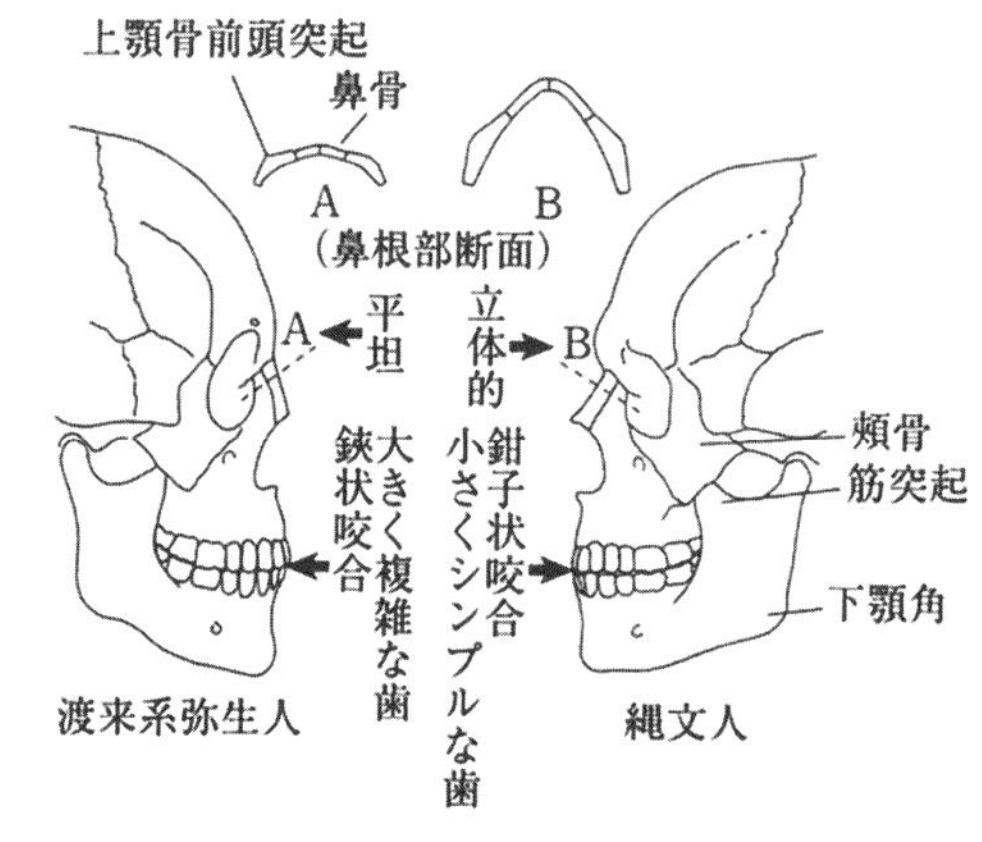

図1　縄文人と渡来系弥生人　中橋〔2005〕より

また、在来系弥生人と称される、縄文人の形態的である①低眼窩②低顔③鼻根部の陥凹《かんおう》が激しい、といった特徴を持った人骨もみられます。この人たちに関しては、顔が横に広い彫りの深い顔立ちと表現することができるでしょう。さらには、これらの渡来系弥生人の特徴と在来系弥生人の特徴を併せ持つような個体もみられます。形態的な特徴の空間的なばらつきをみてみると、北部九州では在来系の特徴を持った弥生人骨もみられますが、渡来系の形質を有する個体や渡来系と在来系の特徴を併せもったような個体が多くみられます。一方で、北部九州から東西方向あるいは南に離れるにつれ、在来的な形質を持った人骨が多く出土するようになります。

口の周りの特徴に着目すると、歯のかみ合わせや歯のサイズなどにも多様性がみられます。まず、かみ合わせに関しては、渡来系弥生人の特徴とされるのが鋏状咬合《はさみじょうこうごう》（上顎と下顎をかみ合わせたときに上顎が下顎よりも前に出る）であり、在来系弥生人の特徴としては縄文人に特徴的な鉗子状《かんしじょう》咬合（上顎と下顎をかみ合わせたときに歯先同士がぶつかる）があげられます。また、ローリング・ブレイスと永井昌文《ながいまさぶみ》により発見された、縄文時代から弥生時代における歯のサイズの急激な増加も弥生人の主要な特徴としてあげられます。松村博文《まつむらひろふみ》によると、列島の近世以前の他集団に比べると渡来系形質を持った個体が多く出土する北部九州弥生人では歯のサイズが非常に大きいこと、東日本ではサイズの大きい個体の割合は少なくなるものの一定の割合では存在することなどが指摘されており、人骨の遺存状態から顔かたちのわかる人骨が少ない地域でも、骨よりも残りやすい歯牙を用いることで渡来人の遺伝的影響が及んでいる可能性が示唆されています。

これらのほかにも、近年では出土人骨の遺伝情報から明らかになった毛髪などの特徴を加味した復顔も行われ様々な展示で活用されるなど、当時の人々の顔つきをうかがい知ることができます。

弥生人のからだの特徴　よくいわれる弥生人のからだの特徴が高身長です。通常身長は大腿骨《だいたいこつ》(太もも部分の骨)を基に、骨の長さと身長の高さの割合を用いて作られた身長推定計算式を用いて算出します。この方法により、鈴木尚《すずきひさし》をはじめとする多くの研究者により、列島の縄文時代から近代までの中で、弥生時代は古墳時代と並んで列島で最も平均身長の高かった時代であることが指摘されています。北部九州の弥生時代人では男性一六二–一六三cm、女性一五一cmです。また四肢のプロポーションに関しては、中橋と永井により、渡来系の形質的特徴が強い地域ほど、前腕や下腿が相対的に短い傾向、つまり、肘から先、膝から下が相対的に短い特徴を持った人たちであったことが指摘されています。

この他に、生活環境による弥生人の身体の特徴を復元しうる項目として「筋骨格ストレスマーカー(MSMs)」があります。MSMsは人骨にみられる筋肉の付着部位の観察から、その人骨がどのような部位を相対的に良く動かすような活動を生前行っていたか、ということを明らかにするのに有効な方法です。米元の研究では、農耕を行っていた弥生人のなかでも農耕以外に行っていた活動の違い(例えば、森林伐採、狩猟、漁労など)から、特に男性において手脚の筋肉の発達度合いに地域差があったことが指摘されています(図2)。弥生時代＝農耕というイメージがありますが、農耕以外の活動も一定程度行っており、それにより手足の使い方に地域的な違いが生じ、どの部位が頑丈でがっしりしていたかということにまで違いが出ていたようです。一方で、女性はほとんど地域差が無く、水稲耕作を生業としていた近世の百姓集団の特徴と類似した筋肉の発達の仕方だったこともわかっています。

周辺地域の弥生人　最後に少し特徴的な顔・体の弥生人を紹介しましょう。上述の人骨とは大きく異なった特徴を持つ人骨として、鹿児島県種子島の広田《ひろた》遺跡出土人骨があります。広田遺跡そのものは弥生時代の後期から古墳時代にかけての墓地遺跡なのですが、貝製品を用いた非常に豊富な副葬品など「弥生人」の中でも独特の副葬品・墓制を持つ集団です。形態的特徴からみても列島の弥生人との違いが顕著で、全体的に男女ともに非常に小柄です。顔かたちを見ると、低顔性が強く、鼻根部の陥凹が強いという点では在来系弥生人と同様に縄文人と類似しているのですが、サイズがとても小さく、脳頭蓋（頭蓋骨の脳が入る部分のこと）の形態も短頭で矢状方向（前後方向）に短い形をしていて全体としては列島の縄文人と似ているとは言いがたい特徴です。広田遺跡出土人骨は非常に特徴的な形態であり、その成り立ちが明らかにされるのが楽しみな人々であると言えるでしょう。（舟橋京子）

〔参考文献〕埴原和郎『日本人の成り立ち』（人文書院、一九九五年）、中橋孝博『日本人の起源』（講談社、二〇〇五年）、米元史織「筋付着部発達度分析から復元する身体活動」『季刊考古学』143（雄山閣、二〇一八年）、高椋浩史・米元史織「なぜ人骨の形態に差が生じたのか？」『古墳時代親族と地域社会』（同成社、二〇二三年）

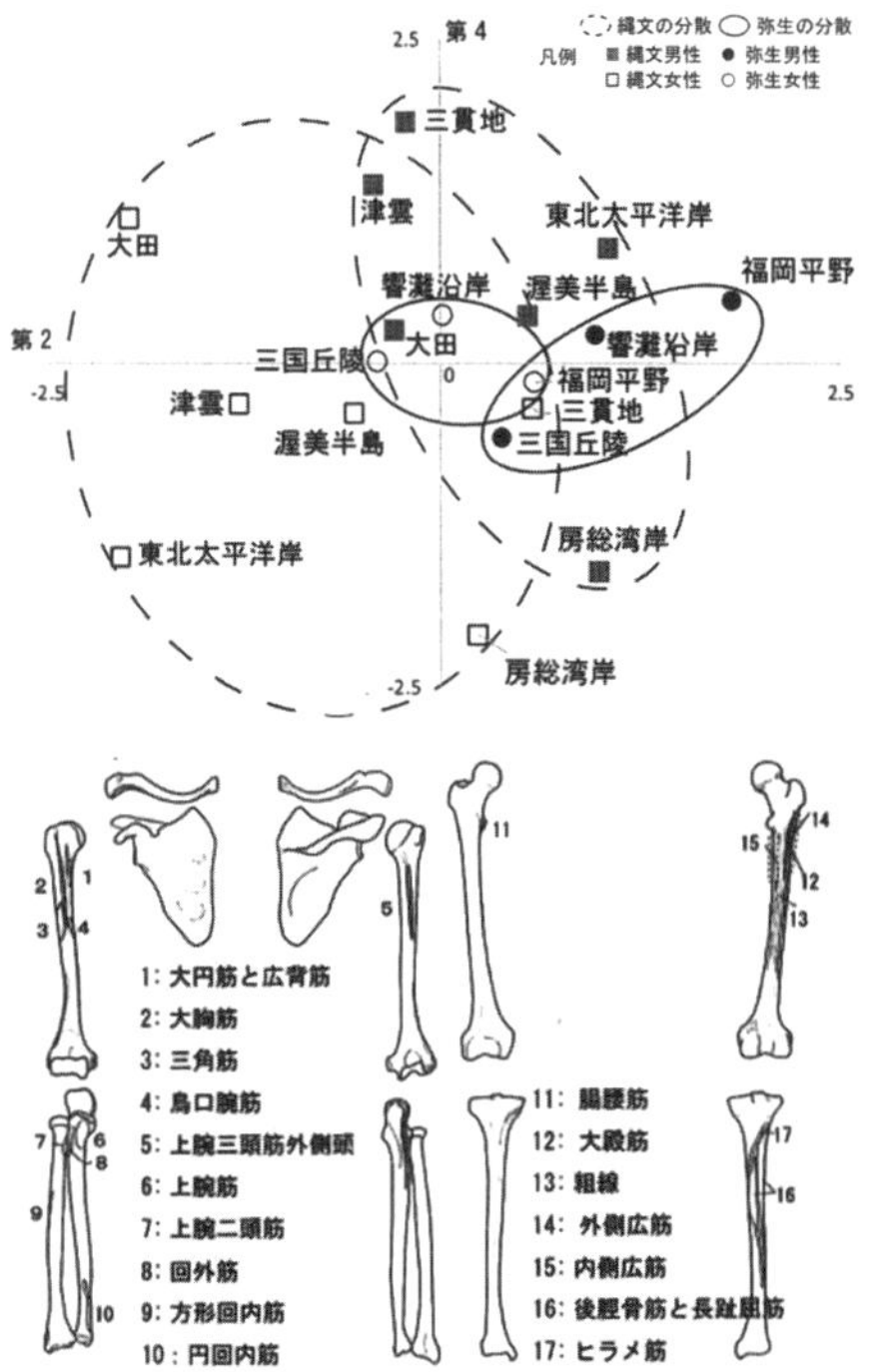

図2　縄文人と渡来系弥生人のMSMsの違い　米元〔2018〕より。上段：主成分得点散布図……弥生女性よりも男性の方が地域差が大きい。下段：観察部位

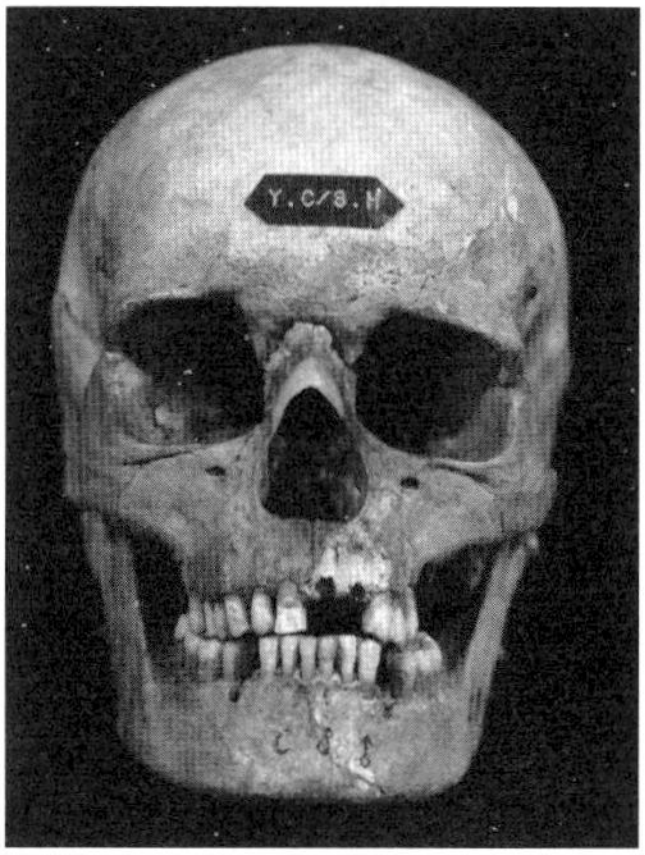

図3　広田遺跡人骨　九州大学総合研究博物館所蔵

Q4 病気やケガはどのようなものでしたか

A

弥生時代にも、現代と同様に様々な病気にかかり、そしてそこから治癒する、あるいはそのまま命を落とす人々がいました。当時の人々が悩まされていた病気・ケガのうち、骨に痕跡がのこるものに関しては、うかがい知ることができます。私たちにもなじみのある病気や当時の人々の全体的な健康状態をみてみましょう。

弥生人の健康状態　直接的な特定の病気の痕跡ではありませんが、古人骨の健康状態を反映する指標としてストレスマーカーといわれる痕跡があり、代表的なものとして、①クリブラオルビタリア、②ハリス線、③エナメル質減形成があげられます（図1）。これらの骨変化は、栄養不足や疾患など（感染症・寄生虫由来の貧血など）様々な成因により生じます。クリブラオルビタリアは、眼窩《がんか》の上壁に生じる微細な孔です。ハリス線は骨が成長する端部付近に骨の長軸と直行して形成される線で、成長が阻害された後に再度成長がはじまることにより形成されるものです。エナメル質減形成は、歯にみられるハリス線のようなもので、歯牙のエナメル質が形成される時期の成長阻害の痕跡です。ハリス線とエナメル質減形成はいずれも骨・歯牙の形成過程、つまりは二〇歳以下の身体の健康状態を示す指標です。

一般的には、これらストレスマーカーの出現頻度が高いほど健康状態が不良であったと評価され、世界の農耕開始期の人骨では、特定の栄養素へ頼ったことによる健康状態の悪化が報告されています。これに対し、北部九州・山口地方の縄文人・弥生人に関してのこれら三項目の総合的な検討を行った放射線科医師の古賀英也《こがひでや》は、縄文時代から弥生時代で出現率の有意な増加はみられず、弥生人の雑食性の食生活が農耕化に伴う健康状態の悪化を回避する結果につながっていたと指摘しており、谷畑美帆《たにはたみほ》のクリブラオルビタリアの研究でも同様なことが指摘されています。

古賀によると、弥生集団の中で特徴的な傾向をみせるのは、鹿児島県広田《ひろた》遺跡です。広田遺跡ではクリブラオルビタリアの出現頻度が弥生集団中最も高く、ハリス線の出現頻度は非常に低いという一見矛盾した傾向を示しています。古賀は各ストレスマーカーの特性と歴史時代の南島における食料状況の厳しさをふまえ、広田集団においてはストレスによる成長停止後、ハリス線ができるほど成長が回復せずにそのまま亡くなってしまった人が多かったと結論付けています。これは上述のストレスマーカーの説明とは矛盾しているようですが、「古病理学的逆説」といわれ、劣悪な健康状態で骨に重度のストレスマーカーが残るほど生存できる人がいなかった、というデータの説明の仕方であり、古病理研究者の頭を痛める重要な問題です。

虫歯　私たち現代人にもなじみのある弥生人の病気の一つとして齲歯《うし》（虫歯）があげられます。歴史的な虫歯増加の背景としては、一般的に農耕化に伴う炭水化物摂取量の増加や歴史時代以降の砂糖の流通および炭水化物の精製度の上昇、歯並びやかみ合わせの変化があります。列島の縄文人、特に堅果類を効果的に食物に利用していた縄文時代後・晩期の人々は、世界の狩猟採集民の中でも虫歯の罹患率が高いことが知られています。

そのような縄文人よりも弥生人はさらに虫歯の罹患率が高いことが知られています。しかし、古賀のストレスマーカー

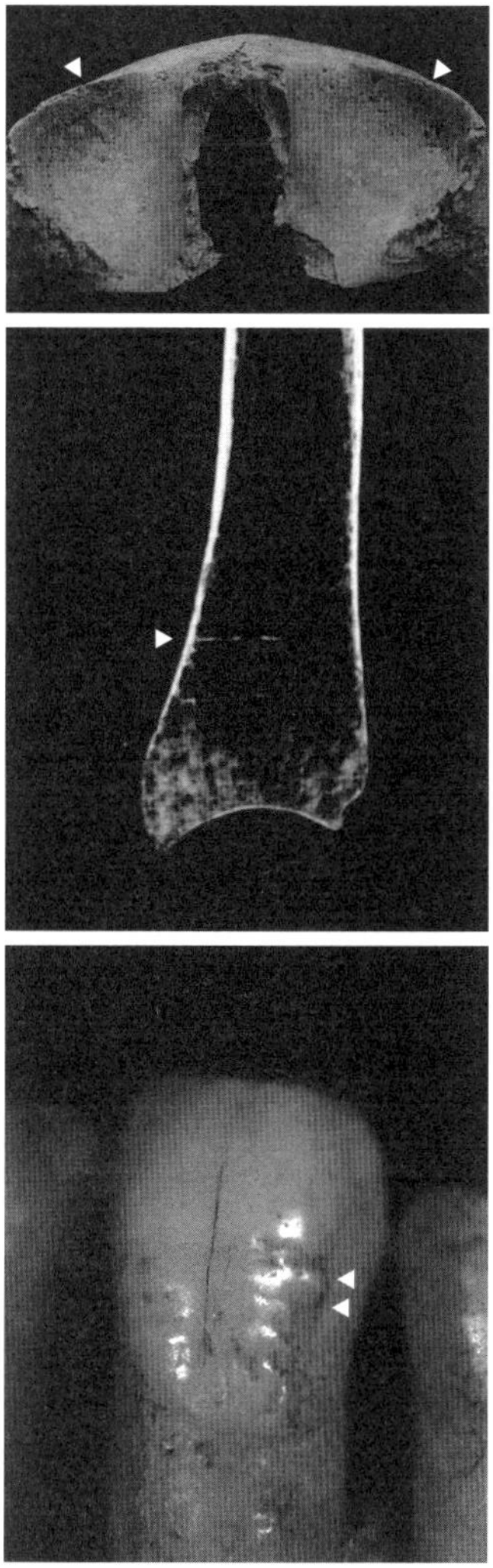

図1　主要ストレスマーカー　上段：クリブラオルビタリア（福岡県津古牟田遺跡、九州大学比較社会文化研究院所蔵）、中段：ハリス線（島根県古浦遺跡、九州大学総合研究博物館所蔵、米元史織撮影、学術変革領域研究（A）21H05181）、下段：エナメル質減形成（山口県土井ヶ浜遺跡、九州大学総合研究博物館所蔵）

の研究によると縄文時代から弥生時代において劇的な栄養状況の変化はみられません。考古学的な面においても、一九八〇年代から寺澤薫《てらさわかおる》・知子《ともこ》などによって、弥生時代になってもコメ以外の様々な植物が食料としてある程度利用されていたことが指摘されており、近年の米田穣《よねだみのる》による人骨の炭素窒素同位体比を用いた研究でもこれを裏付ける結果が出ています。したがって、食べ物の内容の変化というよりも食べ方・調理の仕方の変化、すなわち歯牙に付着しやすい形での炭水化物の摂取が虫歯の増加に起因しているのかもしれません。藤尾慎一郎《ふじおしんいちろう》の土器・石器の分析にもとづく弥生時代開始期における「粉食」から「粒食」への変化の指摘はこれを裏付けるものと言えるでしょう。また井上直彦《いのうえなおひこ》は、弥生時代に不整咬合の上昇が起きていると指摘しています。これら様々な要因が複合的に絡み合って、弥生人の虫歯が増加していたのではないでしょうか。

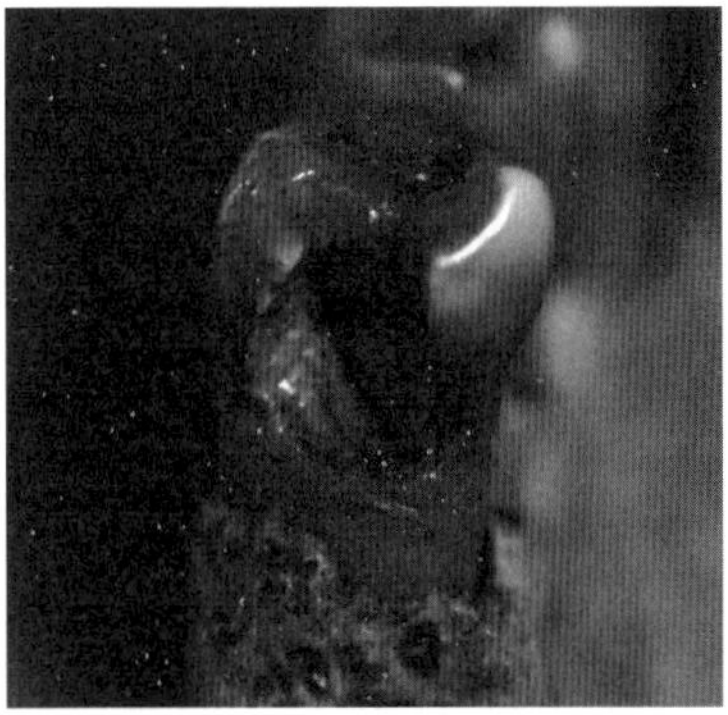

図2　齲歯　土井ヶ浜遺跡、九州大学総合研究博物館所蔵

結核　結核は日本でもここ二〇年、罹患者の数が再び増えてきたことが話題になっている感染症の一つです。結核に関しては、鈴木隆雄《すずきたかお》により、縄文人にみられず古墳人にみられることから、弥生時代になって農耕とともに新たに列島外からもたらされた可能性が指摘されました。その後、井上貴央《いのうえたかお》により、鳥取県青谷上寺地《あおやかみじち》遺跡の弥生時代後期の出土人骨に結核の可能性のある変形・癒合した椎骨が報告されています。また、中国大陸新石器時代遺跡出土人骨の研究にもとづき、岡崎健治《おかざきけんじ》・高椋浩史《たかむくひろふみ》らの研究チームにより、東アジア域における稲作農耕と結核の拡散の関連性についての可能性が指摘されており、弥生時代の水稲農耕導入に伴う結核の日本列島への流入の蓋然性が高まっているとも言えます。現在までのところ、弥生人骨の多くが出土している北部九州・山口地方において、結核の確実な事例はみられないのですが、福《ふく》島一彦《しまかずひこ》による西日本弥生人の病気を扱った研究の中で、結核や梅毒などの伝染性の感染症による脊椎炎の事例として、福岡県金隈《かねのくま》遺跡出土人骨など数例があげられています。

様々な外傷　前出の福島によると、西日本の弥生人に多いケガとして、椎骨や四肢の骨折があげられています。椎骨の圧迫骨折は、現代でもよくみられる骨折で、高所からの転落や加齢に伴う骨粗しょう症に起因するものです。四肢の骨折の中では、肘から先の親指側にある長管骨、橈骨の遠位（手首側）が骨折する頻度が高いことが指摘されており、これは転倒して手をついた際に起きる骨折で、現代人でも最も多い骨折であると指摘されています。このほかにも、近年の研究で、ブライアン・パジェットにより、頭蓋骨の鼻骨の骨折が特に女性に多いことが注目すべき点としてあげられており、その要因についてはさらなる研究が必要になりそうです。

また、パジェットは西日本弥生時代人骨を悉皆《しっかい》的に観察し、弥生時代の受傷人骨と社会的背景についても検討を行っています。弥生時代の北部九州出土人骨の利器による受傷痕は古くから知られており、戦いと結び付けて説明がなされてきました。ただし、パジェットによると、弥生時代中期では比較的若い男性の受傷率が高く、身体の正面から受けたケガが少ないことから、集団戦による傷というよりは、むしろ個別の待ち伏せのような状況で襲われた可能性が指摘されています。また、パジェットは、多数の受傷人骨が出土して話題となった後期の鳥取県青谷上寺地遺跡に関しては、大半が「死亡前後」の傷であり、様々な年齢・性別の個体に損傷がみられ、なおかつ様々な部位のあらゆる方向からの傷であることから、無防備な状態の人々が、武装した集団に一方的に襲われた可能性を指摘しています。そのような一方的な戦いが果たして弥生時代の山陰地方において可能であったのか、考古学的な事象にもとづく検討が待たれます。また一方で、死亡前ではなく死亡後に付いた傷と考えた場合には、どのような可能性が考えられるのか、今後のさらなる検討の可能性を秘めた興味深い遺跡と言えます。

（舟橋京子）

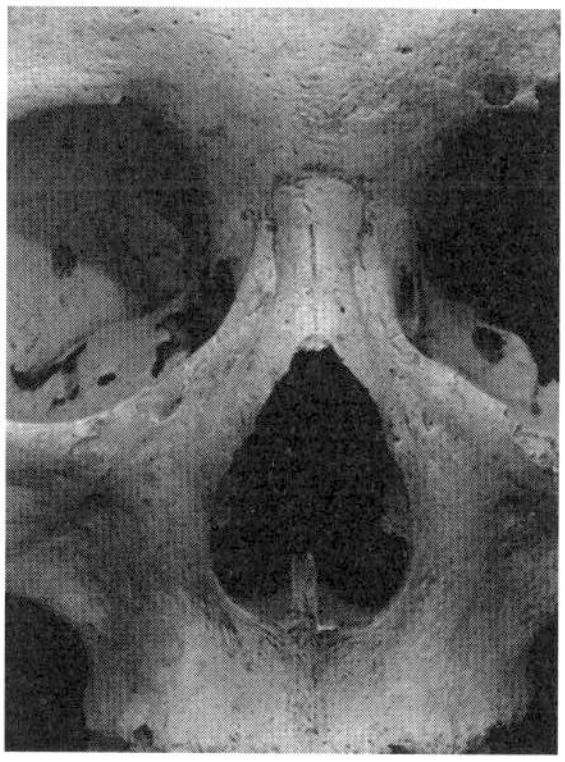

図3　鼻骨骨折　津古牟田遺跡、九州大学比較社会文化研究院蔵

〔参考文献〕鈴木隆雄『骨から見た日本人』（講談社、一九九八年）

Q5 何歳くらいまで生きたのですか

A

弥生人が何歳くらいまで生きたのかを明らかにするには、人骨の年齢を推定する必要があります。人骨の加齢変化にもとづく年齢の推定基準は多くの人類学者により今日に至るまで検討改良が行われ、より確からしい年齢推定の追究が行われています。信頼度の高い年齢推定基準を用いることで、遺跡出土人骨を用いた弥生時代の平均寿命を明らかにすることが可能です。

年齢推定の方法　遺跡から出土した人骨の年齢は年齢を推定するのに有効な部位の観察を行い、その部位の特徴と年齢を推定するための基準との比較を行うことで可能になります。この基準は、実際に年齢がわかる遺体の歯や骨の特徴を調べその情報を集約することで、歯・骨の変化と年齢を結び付ける形で作られており、その基準に照らし合わせて実際に遺跡から出土した人骨の年齢を推定することになります。

未成人（二〇歳未満）の場合は、歯の形成年齢、上肢・下肢の骨幹部の長さ、頭蓋《とうがい》および四肢骨の端部の癒合状況などによって二～三歳幅で年齢の推定が可能です。人間の歯は、本数に若干違いのある人もいますが、多くの人で、乳歯五歯種二〇本と永久歯八歯種三六本です。これらの歯が、それぞれの歯種で時間差を持ちながら、萌出するまでに歯槽骨の中で徐々に形成され、歯根が未完成な状態で萌出します。この過程は個人や集団間で大きな差がみられないため、どの歯牙がどの程度形成されているかによって総合的に年齢を推定することができます。また、人間は成長する際、骨の中心を核にして骨の末端の部分で長くなるあるいは大きくなることで全体としての身体のサイズの増大につながります（図1）。したがって、この中心側の骨幹部の長さ・大きさを計測することにより、生後どの程度の月数・年数を経た個体であるかを推定することが可能です。さらに、骨幹部と骨端の間には軟骨が存在しており、第二次性徴期以降にこの軟骨が癒合してしまうと成長がそこで止まります。この成長が止まる年齢も個人差や栄養状況による集団差はありますが、やはり一定の傾向があります。加えて、各骨の骨端の癒合年齢は少しずつ違います。一〇代後半から二〇代前半はこの骨端部の癒合状況、つまり各部位の成長の停止度合いを用いて、年齢を推定することが可能です。

成人（二〇歳以上）の場合、歯の咬耗《こうもう》・頭蓋縫合《とうがいほうごう》、骨盤の恥骨結合面《ちこつけつごうめん》、腸骨耳状面《ちょうこつじじょうめん》などによって年齢が推定できます。ただし年齢が上がるにしたがって年齢の推定が難しく、推定できる年齢幅も広くなってきます。歯の咬耗に関しては、人間の身体のなかでは一番硬いのが歯牙のエナメル質です。骨の保存状態が良好でなく、年齢推定可能な部位が遺存していない場合でも、歯牙は残っている場合が多いので、年齢推定にしばしば使用される部位です。ただし、食料の精製度、調理に用いた道具の細かい粒子の混入、歯の咬み合わせなどにより、咬耗の進む速さが集団で大きく異なります。したがって成人の出土人骨の年齢推定に関しては、各集団でほとんど加齢変化に差がない恥骨結合面・腸骨耳状面などを用いることが最も確からしく、それが厳しい場合には、これらの部位を用いて年齢推定の微調整を行ったうえで、歯牙でしか年齢推定のできない個体に援用していくことになります。

弥生人の寿命　よくニュースなどで「日本人の平均寿命が〇歳」という話を耳にします。この「平均寿命」＝出生時平均余命の計算には、各年齢層の死亡者数が必要です。ところが、古人骨の場合容易に算出することはできません。なぜなら、乳児（生後一年未満）・幼

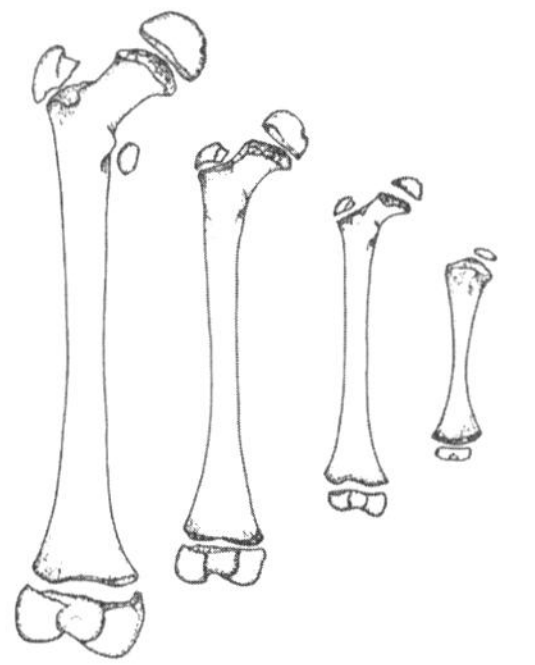

図1　大腿骨の成長　左から：15歳、10歳、5歳、誕生時　坂田邦洋〔1996〕『比較人類学』（青山社）より

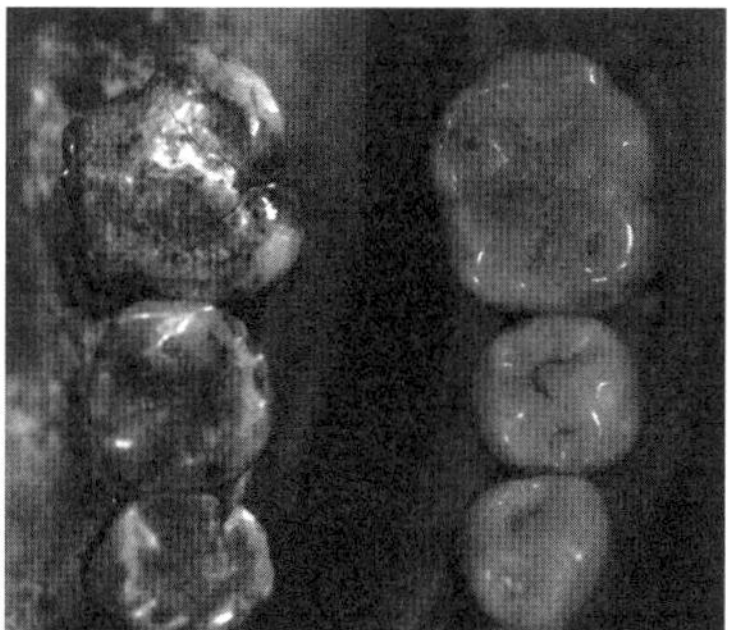

図2　年齢による咬耗の差　左：熟年40-60歳、右：成年　20-40歳（山口県土井ヶ浜遺跡人骨、九州大学総合研究博物館所蔵）

児（一―六歳）・小児（六―一二歳）といった未成人は骨自体が薄く残りにくいうえに、日本の土質が有機物が残りにくい酸性土壌だからです。このため、日本で古人骨を用いた古人口学の先駆者である小林和正《こばやしかずまさ》や現在この分野を牽引する長岡朋人《ながおかともひと》も主に一五歳以上の人骨を用いて寿命の計算を行ってきました。

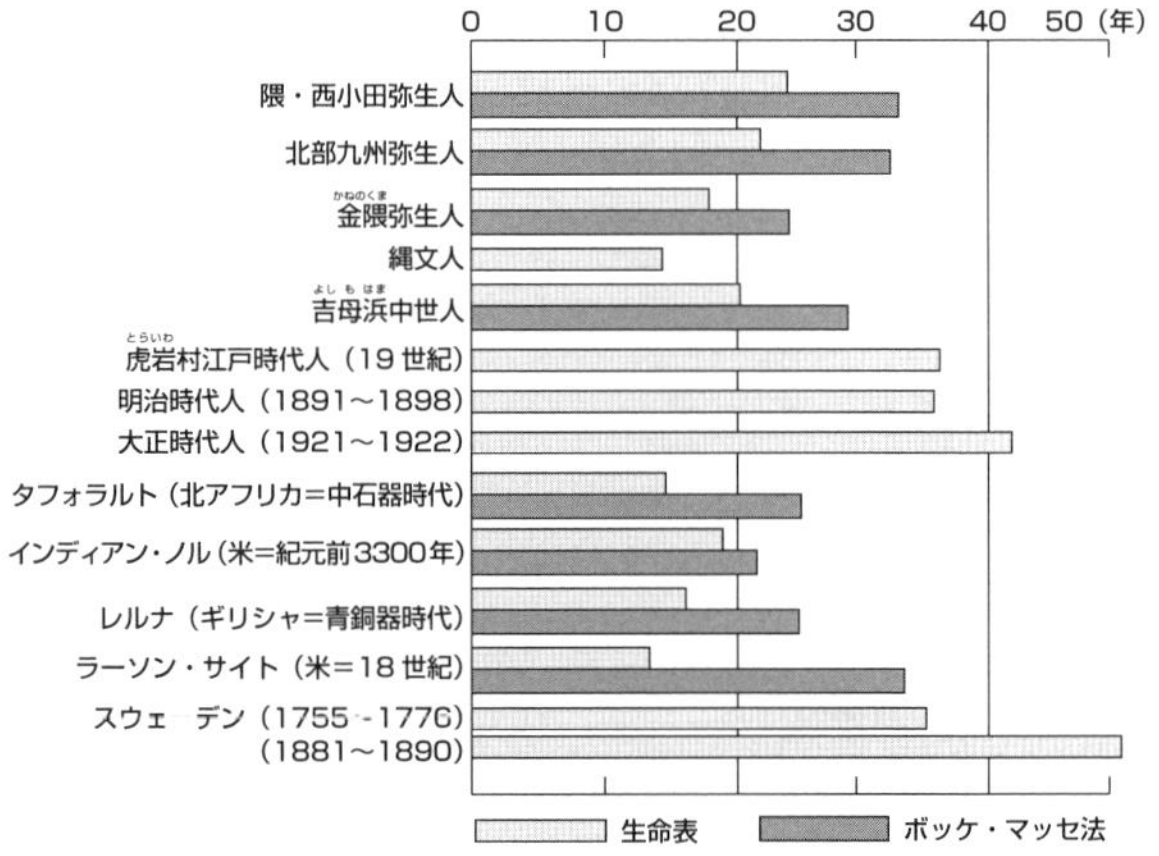

図3　縄文人と渡来系弥生人　中橋〔2005〕より

一方で、弥生人の平均寿命に関してはどのような検討が行われてきたのでしょうか？　弥生人に関しては、寿命を計算できるほどの年齢推定可能な保存状態の良い個体が多く出土している遺跡は北部九州・山口地方に限られてくるため、弥生人の寿命というよりは北部九州・山口地方弥生人の寿命としたほうが正しいのですが、それはさておきその実態についてみてみましょう。

弥生人の寿命に関しては、中橋孝博《なかはしたかひろ》により検討が行われています。先ほども述べました通り、いわゆる子どもの骨は遺跡では非常に残りにくいため、中橋は人骨そのものではなく人骨を埋葬していた棺すなわち甕棺《かめかん》から子どもの死亡人数を算出しています。子ども用の棺である小児棺の数のデータに世界各地の未成人の死亡における乳児・幼児・小児・若年の比率に関するデータを用いて子どもの死亡率を補正したうえで、弥生人の寿命を算出しています。それによると、北部九州弥生人の平均寿命は山口県の吉母浜《よしもはま》中世人よりやや長く、平均寿命は成人の年齢推定の誤差を排除したボッケーとマッセーの推定式では三二・六歳、従来の生命表にもとづく平均寿命は二二・八歳という数値が出されています（図3）。加えて、中橋は、一五歳まで生存した場合の平均余命は約三〇年あり、集団の再生産すなわち個体の妊娠・出産数維持に十分な寿命であったとも指摘しています。年齢推定方法が異なるため単純に比較することは少し危険ですが、この中橋による一五歳時点での弥生人の平均余命は、長岡による縄文人の一五歳時点での平均余命三一・五年より一年程長い値です。

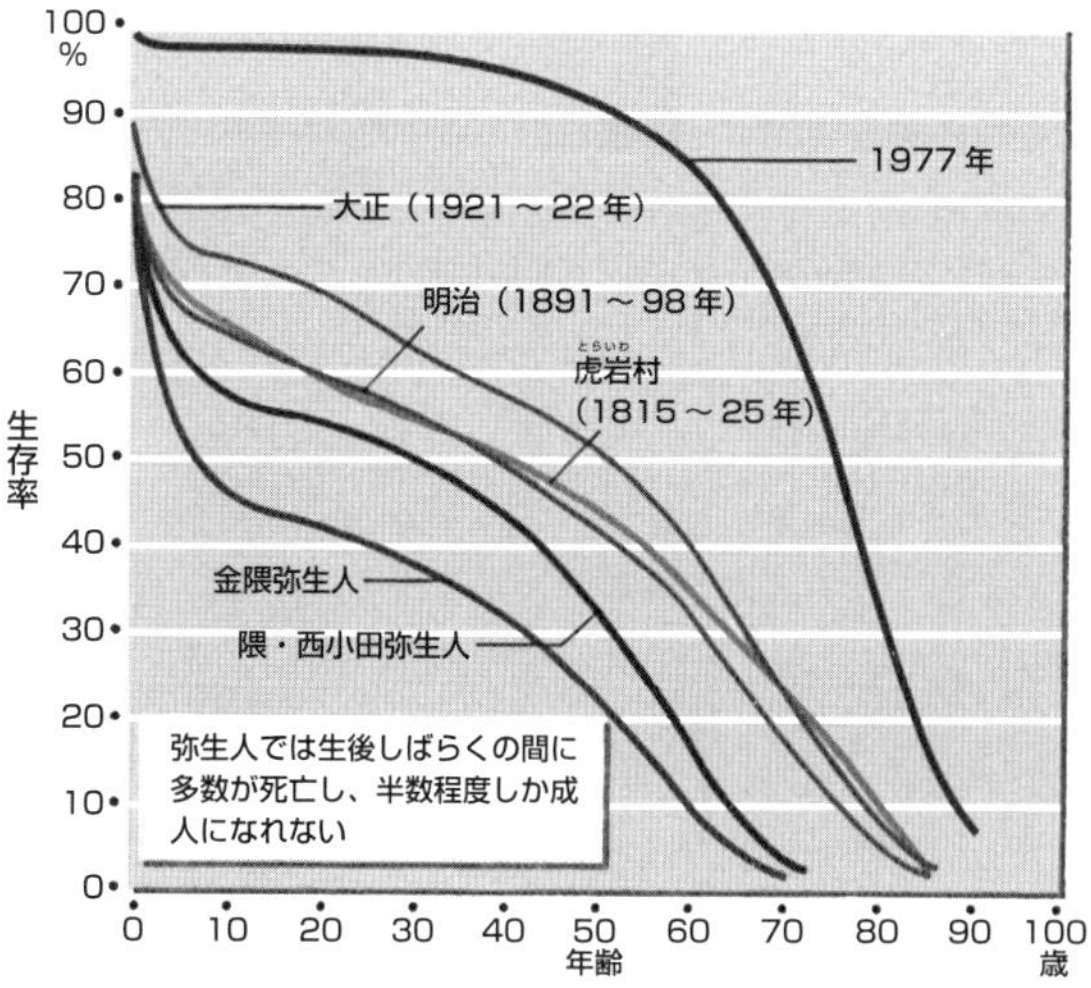

図4　各年齢層の生存率　中橋〔1997〕より

ただし、弥生人の寿命に関してはまだまだ多くの課題が残されています。中橋の指摘するように、弥生の遺跡でも墓地の全体の内どの部分の発掘が行われたかによって、小児棺の数は変わってきます。したがって、人骨の出土の有無にかかわらず、甕棺墓地遺跡全体を見渡した上で、成人棺に対する小児棺の割合の平均的な値を算出することが必要です。そうすることで、より本来の未成人の死亡率に近い数値を導き出すことができ、より確からしい平均寿命の算出が可能になることでしょう。また、この他に問題になってくるのが、年齢が高くなるにつれ年齢推定が幅をもってしか行えない場合が多い、つまり年齢推定がおおざっぱなものになってしまうという点です。中橋が示したボッケーとマッセーの推定式と従来の生命表にもとづく平均寿命の違いも、原因がここにあることが中橋自身によって指摘されています。これに関しては、縄文人の人口論で長岡により採用されているバックベリーとチェンバレンの方法などのように、高齢の個体に関してもより確からしい年齢推定方法を用いることで、生命表を用いた弥生人の平均余命に関しても実態に近い値を算出することができる可能性を秘めていると言えるでしょう。

（舟橋京子）

〔参考文献〕長岡朋人・中橋孝博「古人口学から生と死を考察する」馬場悠雄監修『人類の起源』（集英社、一九九七年）、中橋孝博『日本人の起源』講談社、二〇〇五年）、「縄文時代人骨の古人口学的研究」（『考古学ジャーナル』606、二〇一〇年）

Q6 当時の気候について教えてください

A

放射性炭素を用いた年代観によれば、弥生時代は一〇〇〇年以上続きました。従来、そうした長期間の気候の復元には堆積物が使われてきましたが、近年、樹木年輪から弥生時代の気候を年単位で復元する研究が進み、気候変動が人間社会に与える影響についても、全く新しい見方が弥生時代からも浮かび上がってきています。

年輪の酸素同位体比による年単位の気候復元　樹木の年輪幅から過去の気温や降水量を復元する研究は、世界中で行われてきましたが、温暖で湿潤な日本列島では樹木の生息密度が高く、樹木個体間での光を巡る競争などが年輪幅に影響するため、高山の森林限界付近などの限られた場所の現生木しか気候復元に利用できませんでした。日本列島で弥生時代から生きている樹木は屋《や》久杉《くすぎ》しかありませんが、本州でも遺跡などから大量の木材が出土しますので、こうした木材の年輪から気候を復元する方法が長い間模索されてきました。

近年、木材の年輪の主成分であるセルロースに含まれる酸《さん》素《そ》同《どう》位《い》体《たい》比《ひ》を分析することで、木の生息環境にかかわらず夏の降水量や気温を正確に復元できる「酸素同位体比年輪年代法」の技術が確立してきています（中塚二〇二一）。酸素には重さが16と18のものがあり、晴れて水がよく蒸発する日には葉から軽い酸素16を含む水が優先的に蒸発して葉内水の中で酸素18が濃縮しますので、降水量が少ない夏には酸素同位体比（酸素18の酸素16に対する比）の高いセルロースが作られます。図1には、中部日本の各地で集めた紀元前六世紀以降の様々な時代の一〇〇〇年以上の年輪数を持つ多数の現生木、古建築材、遺跡出土材、自然埋没木の年輪セルロース酸素同位体比を測定して、その変動パターンの相同性から年輪年代を一年単位で正確に決めた上でつなぎ合わせ、その中の気候学

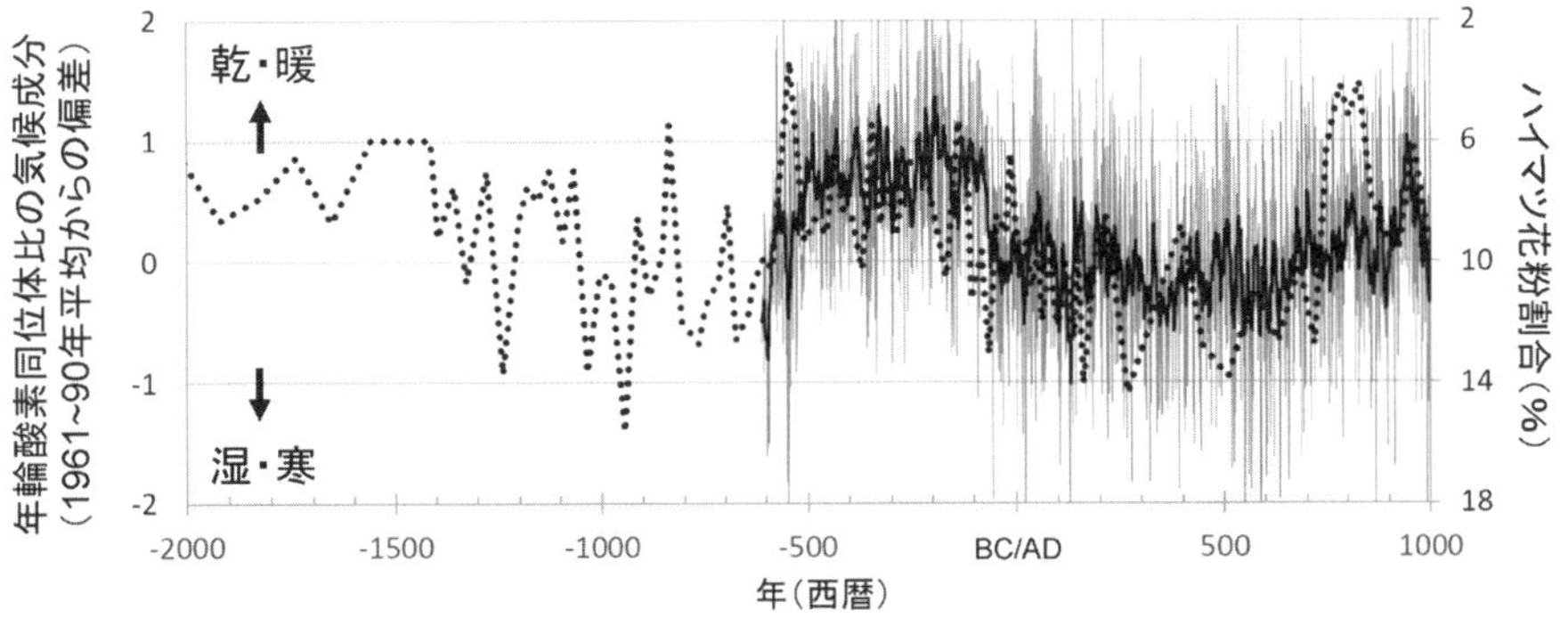

図1　中部日本の年輪セルロース酸素同位体比の気候学的成分の変化（灰線：年単位、黒太線：11年移動平均。水素同位体比と組み合わせて樹齢効果を補正したもの（Nakatsuka et al., 2020 Clim. Past））**と尾瀬ヶ原の泥炭堆積物中のハイマツ花粉割合の変化**（黒点線：阪口豊〔1989〕『尾瀬ヶ原の自然史――景観の秘密をさぐる』（中央公論新社））

的成分の変化を示しています（酸素同位体比は、国際標準物質の値からの千分偏差（‰）という特殊な方法で表します）。

図1では、上方向が乾燥、下方向が湿潤になりますが、中部日本では夏に雨が多いと冷涼、少ないと猛暑になるという経験的事実から、おおむねこのグラフが上になる時代は、温暖、下になる時代は、寒冷になります。同じグラフに夏の気温の指標となる尾瀬ヶ原の泥炭堆積物に含まれるハイマツ花粉割合の変化を重ねて示すと、花粉データの時間解像度の高い弥生時代において、両者は特によく一致することがわかりました。つまり、この年輪酸素同位体比のデータは、年単位から千年単位までのあらゆる周期の気候変動を正確に再現できているものと考えられます。

温暖・乾燥な前期・中期と寒冷・湿潤な後期　図1に示した年輪と花粉のデータから、弥生時代の気候変動を概観します。弥生時代早期の紀元前一〇世紀には、未だ中部日本の年輪酸素同位体比のデータはありませんが、花粉データから、この時期はとても寒冷だったことがわかります。その後、弥生時代の前期にかけて気温は上昇し、弥生時代中期にあたる紀元前四〜前二世紀に気温は最も高く、降水量は最も少なくなりました。しかし弥生時代中期末の紀元前一世紀に急激な寒冷・湿潤化が起きて、その後、弥生時代後期から古墳時代にかけて、寒冷で湿潤な気候が続いたと考えられます。

こうした気候の長期変動は、よく知られている水田稲作の日本列島への渡来と列島内での北方・東方への伝播の過程と、とても整合的です（藤尾二〇二一）。日本列島における最初の水田稲作は、朝鮮半島で稲作を営んでいた人々が寒冷な気候に直面して大きな困難に陥った際に、その打開策として南方の九州島に移民したことではじまったと解釈できますし、その後の列島内、特に日本海に沿った紀元前四世紀の東北北部までの稲作の伝播も、温暖化に伴う必然であったと言えます。また紀元前一世紀に北東北で稲作が途絶してしまったことも、この時期の大きな寒冷化で説明できます。

一方で紀元前一世紀の湿潤化は、必然的に水害を拡大させたと考えられますので、この時期から西日本各地で確認できる高地性集落の出現の原因となった可能性があります。「戦争が頻発するようになって、高地性集落が形成されはじめた」という高地性集落のかつての解釈は、古気候データと対照することでむしろ、「水害の頻発によって集落が移動を余儀なくされたことが、新たな争いの原因となった」という可能性を示唆するかもしれません。このように気温や降水量の長期変動は、弥生時代の日本列島の人々の暮らしに大きな影響を与えていたことは間違いないものと思われます。

数十年周期の気候変動と時代の転換　図1における気候の長期変動と弥生時代の人々の関係の解釈とは別に、年単位の気候データを詳しく解析すると、より詳細かつ切実な気候変動と人間社会の関係があった可能性が示唆されます。図2aに示すように年輪酸素同位体比のデータには、年単位から千年単位までのあらゆる周期の変動が含まれていますが、その中でも、数十年周期の変動には時代ごとに大きな違いがあることがわかってきました（中塚二〇二二）。図2bから2dは、図2aのデータに含まれる数十年（具体的には二のべき乗である一六年から六四年の間）の周期の変動成分を取り出して、日本と中国における政治史の年表と比較したものです。弥生時代から古墳時代までは、数十年周期の気候変動の振幅が数百年に一度の割合で間欠的に拡大を繰り返し、その都度、中国や日本で政治体制の転換を伴うような大きな社会の変化があったことがわかります。数十年周期の変動が激しい時代は、紀元前四世紀・三世紀、紀元二世紀・六世紀ですが、それぞれ中国では戦国時代、後漢末期、南北朝末期に対応し、大きな動乱が起きていましたし、日本でも弥生時代中期初の戦乱の拡大、弥生時代後期の倭国乱、古墳後期の様々な内乱や社会変化の時期に当たっています。

なぜ数十年周期で気候が変化すると社会が混乱するのでしょうか。弥生時代の人々は水田稲作を主な生業としていましたが、図2の年輪酸素同位体比が示す夏の降水量や気温の変動は水稲の豊凶に直結していました。凶作が数年周期で起きれば米の備蓄で乗り切ったでしょうし、数百年周期で起きれば農地を拡大したり出生率を下げたりできたでしょう。しか

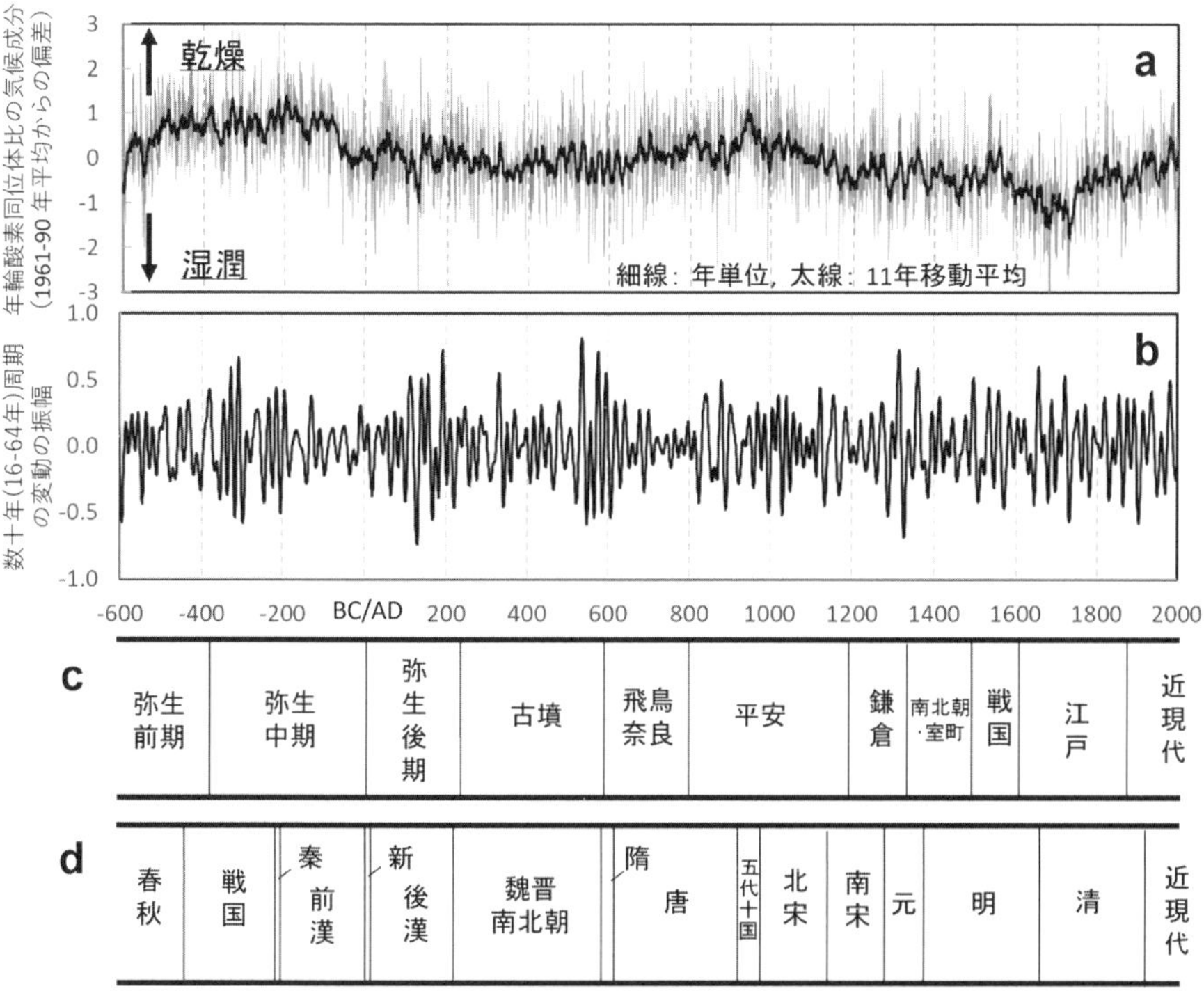

図２　中部日本の年輪セルロース酸素同位体比の気候学的成分（a）とその 16 − 64 年の周期成分（b）の変動、および中国と日本の政治史年表（c, d）との対比

し数十年周期で大きな豊凶の変化が起きると、豊作期に拡大した人口が凶作期に支えきれず、備蓄米は底をつき、出生率の抑制は間に合わず、大量の餓死者や難民が発生したと考えられます。実際、弥生時代中期初の紀元前四・三世紀に起きた大陸からの鉄器の伝来や稲作の列島内での東方伝播も、弥生時代後期末の紀元二世紀末に確認できる土器型式の遠隔地間での相互移動も、気候の数十年周期変動に伴う難民の大量発生によるものであると解釈できる可能性があります。年単位の気候変動の復元が、弥生時代まで可能になったことで、「餓死者や難民がいつどのように発生したのか」といった、一人一人の人間の人生までを視野に入れた弥生時代の歴史の新しい解釈が可能になってきています。

（中塚　武）

〔参考文献〕中塚武『酸素同位体比年輪年代法―先史・古代の暦年と天候を編む』（同成社、二〇二一年）、藤尾慎一郎『日本の先史時代―旧石器・縄文・弥生・古墳時代を読みなおす』（中央公論新社、二〇二一年）、中塚武『気候適応の日本史―人新世をのりこえる視点』（吉川弘文館、二〇二二年）

Q7 自然災害にどう対応しましたか

A

自然災害には、地球内部のプレートの動きを要因とする火山噴火や地震、それに伴う津波などによる「地震・火山災害」、地球の大気の動きを要因とする台風や集中豪雨、竜巻などによる「気象災害」、地球外の天体の動きを要因とする隕石の衝突・爆発などによる「天体災害」があります。これらの中で、弥生時代の日本列島では、仙台平野で、地震とそれに伴う津波による大震災のあったことが発掘調査で明らかにされています。ここでは、災害の痕跡と、その後、この災害に人々がどのように対応したのかを考えてみましょう。

沓形遺跡第1次調査　二〇〇七年の夏、仙台市の沓形《くつかた》遺跡で厚さ五cmほどの砂層に覆われて廃絶した弥生時代中期の水田が見つかりました（図1）。遺跡は、当時の海岸線から約二・五kmの位置（現在の海岸線からは四・五km）にありますが、この砂層を分析すると海浜起源の特徴を示したので、その間でボーリング調査を四〇カ所以上行いました。調査の結果、当時の海岸線付近から遺跡まで同じ砂層の連続性が確認されて、四地点で測定した年代は二〇〇〇～二二〇〇年前だったのです。そのため、およそ二一〇〇年前の弥生時代中期に大きな津波が平野を遡上し、津波が運んで残していった堆積物（津波堆積物）で水田が埋まり、復旧されないまま廃絶したことがわかりました。この発掘調査の報告書は、二〇一〇年三月に刊行されました。

東日本大震災の津波堆積物　二〇一一年三月一一日、東日本大震災が起こり、東北地方の太平洋沿岸部を中心として、東日本に大きな災害がもたらされました。地震（東北地方太平洋沖地震）の規模はマグニチュード九・〇、震源域は日本海溝の西側に沿った南北四〇〇km以上に及ぶ範囲で、仙台平野では、最大震度は六強、地割れやがけ崩れが起き、海岸線から平野を約四km遡上した津波は砂や泥で地表を覆いました。

この地震や津波の痕跡調査は、自然科学分野の研究者が震災直後から各地域で進め、津波堆積物に関する新たな研究成果を発表しています。注目されたのは、東日本大震災の津波のように津波の規模が大きく、遡上距離が二・〇～二・五kmを超える場合、津波堆積物は海側六割が主に海浜起源の砂質堆積物で、陸側四割が主に陸域起源の泥質堆積物で構成されるという、世界で初めての知見でした。それまでの研究では、津波痕跡に泥質堆積物が広く確認されず、砂質堆積物の分布範囲がほぼ遡上距離を示すと考えられていましたから、沓形遺跡の津波痕跡について、見直しが必要となりました。

図1　沓形遺跡第1次調査6a1層水田跡確認状況　白っぽい層が津波堆積物の砂層（2007年）　仙台市教育委員会提供

沓形遺跡第3次調査　震災から半年、二〇一一年の夏、それまでの沓形遺跡の調査を再検討した成果が、第3次調査の遺跡見学会の資料に公表されます（図2）。弥生時代中期の津波堆積物（砂層）は、当時の海岸線から二・五km分布しているので、それを六割とすると、それより陸側一・八kmに泥質堆積物の分布が推定され、この津波の遡上距離は約四・三kmとなり、東日本大震災の津波と同じかあるいはやや大きかったことがわかりました。それを裏付けるように、沓形遺跡の陸側一・六kmにある中在家南《なかざいけみなみ》遺跡では、一九九六年の報告において、小河川の堆積土の珪藻《けいそう》（藻の仲間）分析で、各時代の層に陸生珪藻が含まれるなかで、弥生時代中期の層からだけ海生珪藻も見つかっていたのです。長い間、不思議に思っていたのですが、その謎が解けました。砂よりも軽い海生珪藻は、泥質堆積物とともに津波が運んできたのです。

荒井広瀬遺跡第1次調査　二〇一三年の秋、沓形遺跡に隣接

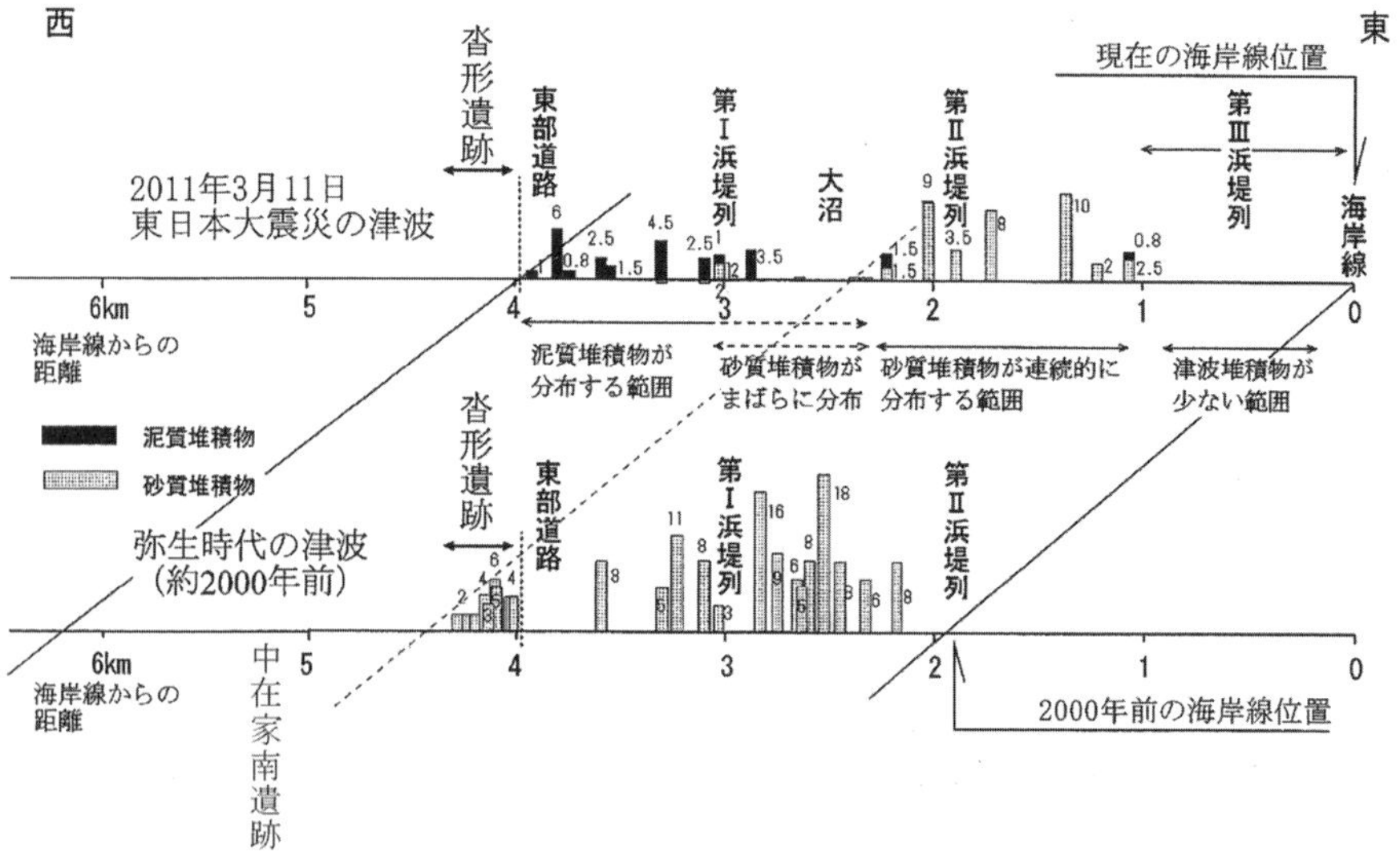

図２　沓形遺跡と津波遡上距離推定図　仙台市教育委員会〔2011.8〕（原図：松本秀明）に一部加筆

する荒井広瀬《あらいひろせ》遺跡で、弥生時代の河川跡とそれに平行する幅一mほどの溝が見つかりました。溝は、底面に河川跡と同じ方向の地割れ跡が何条もあり、堆積土が地割れに落ち込み、その上に砂層（津波堆積物）が堆積し、それによって廃絶していました（図3）。地割れ跡からは、堆積土に含まれていた石器も出土しています（写真で指さしているところ）。地割れは、通常、震度六以上で、高低差のある崖などの地形に生じるので、この場合、溝は、地震で河川跡の方向に沿って重力性の側方移動で地割れが生じ、その直後に津波堆積物で埋まったのです。これは、地震と津波が連動しており、津波の波源が日本海溝周辺に存在していることを示しています。つまり、およそ二一〇〇年前の弥生時代中期にも、東日本大震災と同じメカニズムで、同じような規模の地震と津波による災害があったとわかったのです。

震災と弥生社会の変化　仙台平野では、その後の調査の進展によって、震災を前後して、社会の変化も明らかになってきました。震災前、弥生時代中期の中葉には、弥生時代前期にはじまった水田稲作が生業の中心となっていて、平野に複数の農耕集落が営まれていました。沓形遺跡周辺では、中在家南遺跡に居住域と墓域を形成している集落において、沓形遺跡や荒井南遺跡でそれぞれ確認されている約二〇haの水田域は、その主たる生産域と理解されます。こうした集落は、遺跡の分布からみると複数認められますが、図4のように、震災後、津波の遡上範囲（当時の海岸線から四・三㎞）にあった沿岸部の集落が廃絶して、そこには農耕集落は形成されなくなり、遡上範囲より陸側の集落は継続し、その活動範囲は西方の丘陵にも及ぶようになります。

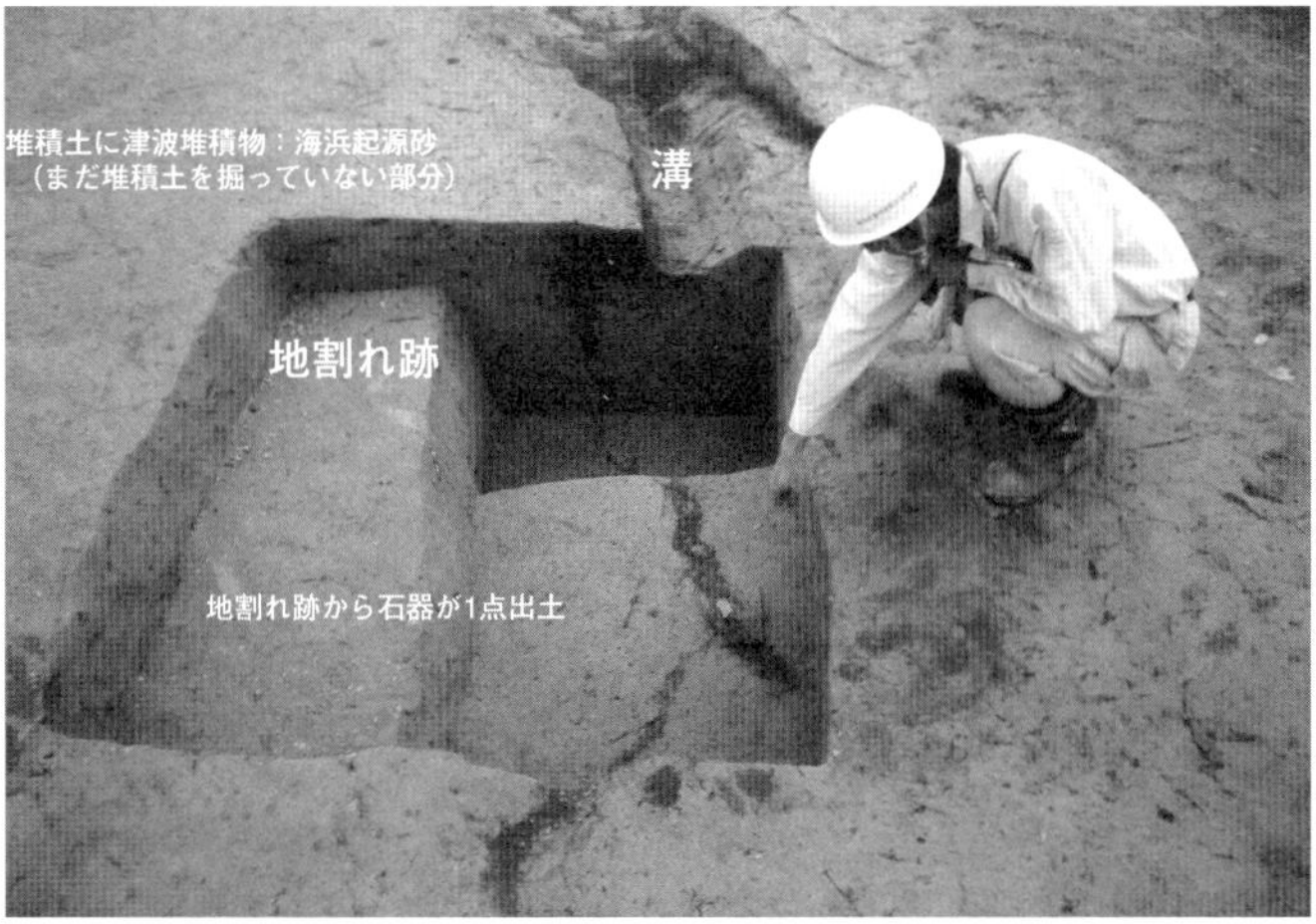

図3　荒井広瀬遺跡溝跡と地割れ跡　仙台市教育委員会提供

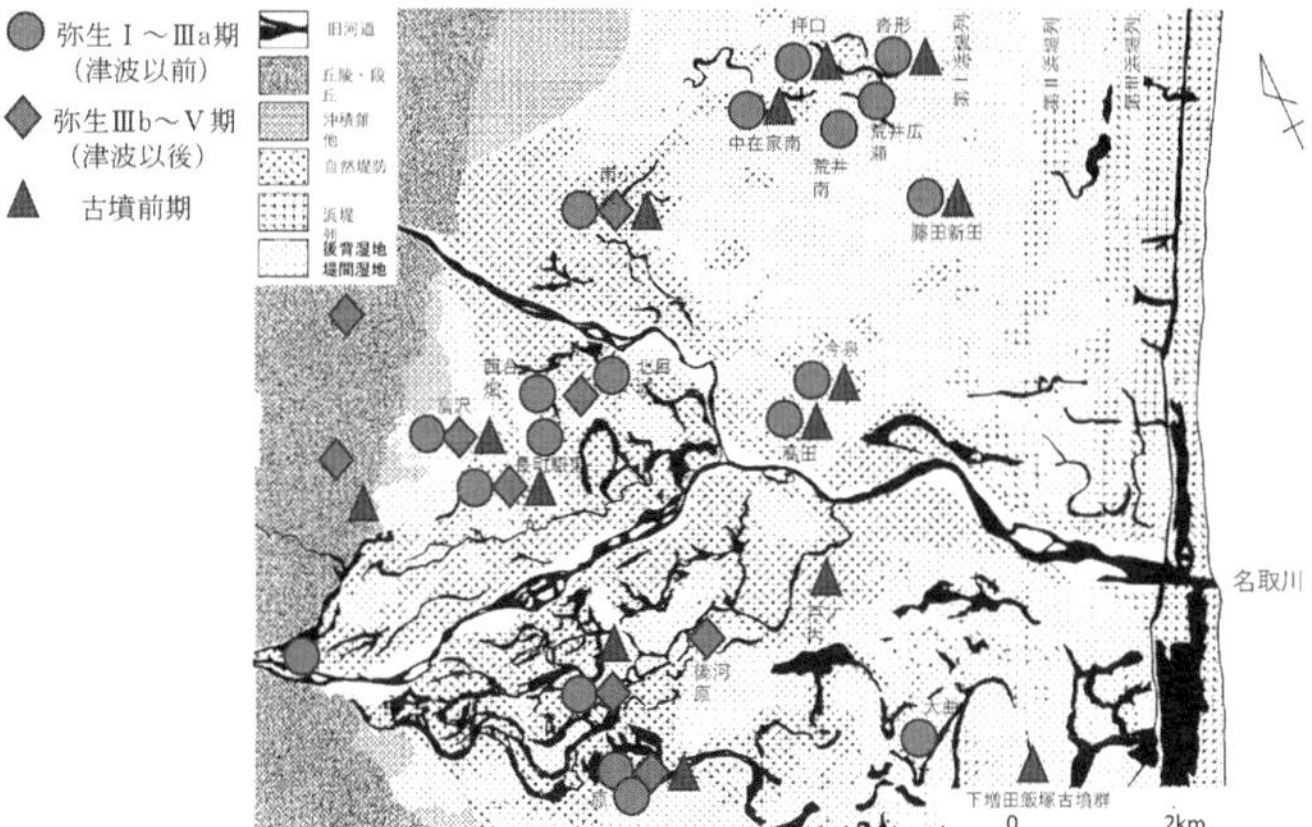

図4　仙台平野中部弥生時代～古墳時代前期の集落動態

防災行動痕跡

このような震災を前後して大きく変化する人々の行動は、どのよう理解すればいいのでしょうか。沓形遺跡や荒井南遺跡のような水田稲作適地は、一般的に洪水被害を受けやすい立地にあるため、水田稲作をはじめて以降、人々は様々な被災及び復旧経験を蓄積しながら、集約的で安定した農業を行ってきたのですが、復旧できないほど大きな被害を受けて、災害の程度によっては集落の存続に深刻な事態を招きかねないことに留意するようになったのでしょう。津波遡上範囲より陸側で農耕を営み、沿岸部では、数は少ないながら土器などの出土は認められるので、狩猟・漁労・採集といった活動が行われたと考えられます。こうした災害を避けるための過去の行動は、「防災行動痕跡」と呼ばれます。

農業の変化　津波の遡上範囲より陸側に農耕集落を形成するようになった人々は、震災以前と比べると、西方の丘陵まで広く土地を利用しています。その理由は、畑作の比重を高めて、水田稲作とともに行うようになった変化にあります。それを示しているのが、中期後葉から農具に加わる打製の石鍬です。この石器は安山岩製で、多くは撥形《ばちがた》を呈し、扁平で、大きなものは長さ二〇㎝、刃部の幅は一〇㎝もあります。平野に面する丘陵の遺跡から多く出土しますが、宮城県富沢《とみざわ》遺跡では水田からも見つかっており、水田稲作にも用いられていました。打製の石鍬は、弥生時代の前期から、畑作を中心としていた関東・中部地方に認められていたので、畑作の技術とともに農具として受け入れて、農業の方法を変えていったことがわかります。そして、この石器が多く分布する福島県の太平洋沿岸部から仙台平野には、関東地方の茨城県や千葉県に多く分布する有角石器《ゆうかくせっき》（あるいは有角石斧）と呼ばれる特殊な儀礼具も認められる共通性もあります。このように、仙台平野では、震災以前は、水田稲作を主体として低地に集住して集約性を志向する生業形態をとっていましたが、震災以降は、防災を重視して、集落を分散化させて多様な土地資源を広域的に利用する生業形態へ移行したのです。

古墳時代の変化　震災後の生業形態は、弥生時代の後期末葉まで、四〇〇年ほど続きました。しかし、古墳時代前期（四世紀）になると、再び沿岸部へ農耕集落が進出していき、丘陵や平野だけでなく、沿岸部にも古墳が築造されます。農業の変化の要因は明確でありませんが、それまでの自然観に優先して、水田稲作適地の生産性を重視した資源観にもとづく新たな社会の土地利用を反映していると考えられます。

（斎野裕彦）

〔参考文献〕仙台市教育委員会『沓形遺跡発掘調査報告書』（二〇一〇年）、斎野裕彦『津波災害痕跡の考古学的研究』（同成社、二〇一七年）、斎野裕彦『東日本大震災と遺跡に学ぶ津波防災』（同成社、二〇二一年）

コラム1

年代測定

考古学では、遺物や遺構が一体いつ頃のものであるかということが重要な関心事になります。弥生時代は、本格的な農耕がはじまった時代として定義されます。そのため、水稲耕作のはじまりに関連する福岡県板付《いたづけ》遺跡や、佐賀県菜畑《なばたけ》遺跡を中心に議論が行われてきました。弥生時代の年代を考える上で、重要な役割を果たしてきたのが、大陸とつながりを持つ銅鏡や銅銭、青銅製武器です。これらの青銅器と、歴史的事象、例えば『史《し》記《き》』などに記述された年号を考慮しながら、弥生時代の暦年代が決定されてきました。その開始年代は、従来紀元前五世紀と考えられてきました。

一方で、一九四七年にウィラード・リビーの研究チームによって、放射性炭素（^{14}C）年代測定法が開発されます。これは、炭素から年代を測定する方法で、数値として年代を得ることができます。一九六〇年に、縄文時代早期の神奈川県夏島《なつしま》貝塚の年代をきっかけとした縄文年代論争は有名です。一九七七年には、リチャード・ミュラーによって加速器（AMS）質量分析法が提案され、従来と比較して一〇〇〇分の一の量で分析が可能になります。この手法により、それまで分析できなかった一粒の炭化米や、土器に付着したお焦げなどが測定されます。二〇〇三年には、国立歴史民俗博物館の研究チームによって、主に土器付着炭化物の年代を根拠に、弥生時代開始年代の見直しが行われます。これは、従来の紀元前五世紀から紀元前一〇世紀にさかのぼらせるというものです。この仮説については、理化学的な問題として、暦年較正年代値の解釈や、土器付着炭化物の由来などから批判が行われていますが、現在では紀元前九世紀頃まではさかのぼるという説が有力になってきています。二〇一八年には、佐賀県宇木汲田《うきくんでん》貝塚の弥生時代早期の層から出土した炭化米が分析され、紀元前九世紀代の年代値が報告されています。

測定試料量への飽くなき追究は、現在も進められています。日本では、二〇一七年に東京大学の研究チームによって、さらに微量向けの測定法が開発されました。この分析法では、約〇・一㎎の炭素量でも測定が可能となっています。最新の研究では土器内部に含まれる極微量なイネなどの炭化種実の年代測定が行われ、穀物の移入時期の詳細な検討が進められています。

（國木田大）

コラム2

考古学と科学

考古学において、自然科学分析は必要不可欠なものとなっています。ここでは、近年成果が目覚ましい年輪年《ねんりんねん》代法《だいほう》を紹介して、考古学と科学について考えてみたいと思います。

年輪年代法は、一年ごとに成長する年輪パターンの比較を用いて、木材の年代を正確に特定する年代法です。標準年輪曲線との一致度が高ければ、その木材の年代を一年精度で決定することが可能です。年輪年代学は、二〇世紀初頭に創始され、一九七〇年代には方法論が確立されました。

日本では、ヒノキを中心に、スギ、コウヤマキ、ヒノキアスナロなどの標準年輪曲線が構築され、様々な木質文化財の年代決定に貢献してきました。日本考古学で著名な年輪年代法の測定結果は、大阪府池上《いけがみ》曽根《そね》遺跡（弥生時代中期）の事例になります。一九九六年に、大型掘《ほっ》立柱建物《たてばしらたてもの》の柱材の年代が紀元前五二年と測定されました。この年代値は、その後に放射性炭素（^{14}C）年代測定法とクロスチェックされ、確実な年代と考えられています。

一九九〇年代以降は、年輪気候学による古環境復元や、年輪生態学的研究が進められています。近年では、樹種に関係なく年代決定できる酸素同位体年輪年代法が提案されています。この手法は、年代決定だけではなく、過去の気候学的な経年変化も復元可能です。中部日本におけるデータでは、弥生時代中期後半の紀元前一世紀以降に急激な寒冷化・湿潤化が起きたことが示され、寒冷地域での水稲耕作に影響があった可能性が指摘されています。この他に、屋久杉などの年輪を用いて、過去の^{14}C濃度変化のイベントを見つける研究も注目を集めています。三宅芙沙《みやけふさ》の研究チームは、西暦七七五年、九九三年の年輪に急激な^{14}C濃度上昇があることを発見し、その原因が太陽フレアによることを解明しました。

この二つの研究は、考古学に用いる資料や方法を使って、過去の環境変動や太陽活動の予測など、思わぬ科学的成果をあげています。「考古学と科学」は、考古学が科学に貢献することもあるのです。その意味では、考古学はまだまだ未知なる可能性を秘めており、研究者は新たな研究方法を理解していく必要があります。

（國木田大）

第二部　家族と社会

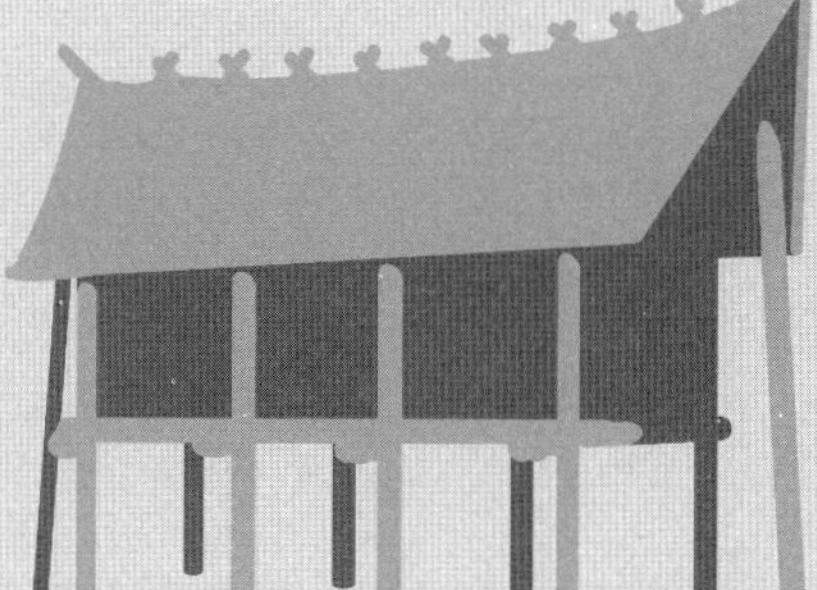

Q8 弥生時代の家族はどのようなものでしたか

A

弥生時代における家族を描き出す方法の一つとして、墓地構造の分析があります。戦前より、弥生時代の墓地から家族を抽出しようとする研究動向が存在しましたが、明確な家族像を描きだすことはできていません。現在では、考古学的な分析に加えて、DNA分析などの人類学的視点も取り入れて研究が進められています。

戦前の研究　戦前の研究において、弥生時代の集団や家族に言及されることはほとんどありませんでした。しかしながら、甕棺墓《かめかんぼ》や石棺墓《せっかんぼ》などの資料に恵まれていた北部九州では、これらの墓と集落との関係性を題材としながら、当時の社会や家族について検討が行われていました。北部九州における特徴的な弥生墓制である甕棺墓が、ある程度の数的なまとまりをもって発見されるということは、すでに一九三〇年には認識されており、これが一般民衆の墳墓として捉えられ、家族墓地的性格のものであろうと考えられてきたのです。

戦後の墓地調査　戦後になると、弥生時代における家族の問題、墓地にみられる区画（埋葬小群、複数の埋葬小群が確認できる場合、これを分節構造と呼ぶ）の性格について、より詳細な議論がはじまりました。たとえば一九六〇年代には、九州の甕棺墓群の分析から、甕棺墓群がいくつかの群によって構成され、一つの環濠内の集団が一群の墓地を営んだと理解されるようになり、この集団をおそらく二、三〇人程度の、たぶん三世代にわたる血縁家族と想定するようになりました。ここでは、一環濠内集団（環濠集落）＝一墓群（埋葬小群）＝三世代程度の血縁家族という構造が考えられています。一方で、このような解釈に対して、墓における一埋葬小群に含まれる甕棺墓が一〇基内外であるという数は、一戸の構成員全員としては少なく不適当であるとして、甕棺墓に埋葬された人々は、それに埋葬されるべく選択を受けた人々であるとの考えも提出されています。このあたりの理解は、すでに一九七〇年代には提示されていたものですが、現在における理解もさほど大きくは変わっていないようです。

単位集団と世帯共同体　弥生時代の社会の研究においては、

図1　大阪府瓜生堂遺跡の方形周溝墓　東大阪市提供

単位集団というキーワードが存在します。これは、考古学的に数棟の竪穴住居の集合＝集落の経営・消費の単位と考えた場合、それを担った人々を指し示す語です。その後、単位集団が、いくつかの世帯を含んだ血縁関係の強い集団と推定されるとして、一九七〇年代には、これを世帯共同体と呼ぶようになりました。そしてこの世帯共同体は、方形周溝墓《ほうけいしゅうこうぼ》（四角いマウンドを持ち、周囲に溝が作られた弥生時代以降に特徴的な墓。Q14参照）の被葬者像として理解されたのでした（図1）。つまり、方形周溝墓台状部の被葬者を、家長とその世帯構成員、さらに囲溝やその外側に埋葬された人々を家長世帯以外の世帯員として理解したのです。つまり、特定の区画のある墓、他とは空間的に区分された墓が、その内部に格差を含みつつも、一つの世帯共同体を表示するとの理解が提示されたのでした。

甕棺の列をめぐって　一九八〇年代になると、従来の考古学的分析だけでなく、人類学的分析も含めて、総合的に弥生時代の社会に迫る研究が登場します。九州における甕棺墓地の多くは、甕棺が列をなして埋葬される列状配置となっています（図2）。なかには、甕棺が二本の線状に埋葬される墓地があり、これを二列埋葬墓と言います。甕棺が二列に埋葬された理由として、一列に墓地を所有する集団の出身者を、別

図2　佐賀県吉野ヶ里遺跡における列状配置の甕棺墓群　佐賀県提供

の一列に他集団からの婚入者を埋葬しているためとする研究も提出されています。この仮説に対して、甕棺内から出土した人骨の歯の大きさ（歯冠《しかん》計測値）の比率や、頭蓋形態非計測的小変異（前頭縫合《ぜんとうほうごう》など、数字に表すことはできないが遺伝的と思われる特別な特徴）のあり方から検証を試みる研究が行われ、各列が当該集団出身者と婚入者という出自を表すとの仮説は、棄却されてしまいました。その一方で、子供の埋葬例を伴う大人の墓が当該集団出身者であり、そうでないものは婚入者であるとの対案が提示されています。一九九〇年代以降、甕棺墓地については、その形成過程が詳細に検討され、埋葬小群（分節構造）が当初から意図的に形成されたものではない、すなわち家族などの埋葬地点として当初から区画されたものではないとの見解が提示されるようになりました。しかしながら、いくつかの異論があるものの、現在の研究レベルにおいても、弥生時代の甕棺墓地内にみることのできる分節構造は、何らかの血縁関係を軸として構成された人間集団を表示しているとの見解をとる研究者は多いようです。

土井ヶ浜遺跡の語るもの　砂丘上に営まれた、人骨が多数出土した遺跡からも、弥生時代の社会についての分析が行われてきました。特に、響灘に面する山口県土井ヶ浜《どいがはま》遺跡では、人骨の分布状況、抜歯のあり方、埋葬施設などの多くの点が取り上げられ、検討が行われています（図3）。しかしながら、それらの議論の多くは、父系制・母系制といった系譜・出自のあり方や、年齢階梯制といった社会構造に関するもので、家族の抽出を試みたものはほとんどありませんでした。なかには、土井ヶ浜遺跡の墓域内にいくつかの埋葬小群を見いだし、これを「世帯」の埋葬地点と理解する研究もありますが、その評価は定まっていません。これに対し、歯冠計測値および頭蓋形態非計測的小変異の検討による人類学的検討も行われ、土井ヶ浜遺跡では近接して埋葬された人骨が血縁的に近いということが明らかにされています。

図3　山口県土井ヶ浜遺跡における人骨出土状況　土井ヶ浜遺跡・人類学ミュージアム提供

弥生時代の家族像　ここまで、研究史を振り返りながら述べてきたように、墓から考古学的に抽出される弥生時代の集団像は非常に多岐にわたる一方で、現在にいたるまで明確な家族像、たとえば核家族を主体とするのか、一夫多妻制はあったのかといった問題については解明できていないと言うことができます。さらに、弥生時代の社会において、果たして家族や世帯が顕在化していたのかという点も問題となってくるでしょう。これらの問題を議論する方法の一つとして、近年長足の発展を遂げているゲノム（核ＤＮＡ、ミトコンドリアＤＮＡ）分析による血縁関係の推定があります（Ｑ２参照）。今後は、考古学的な分析を行いつつ、ゲノム分析を合わせて行うことによって、家族像の輪郭を描きだしていくことが必要でしょう。また、集団内へ移動してきた人を抽出することができるストロンチウム同位体を利用した研究も有望視されています。弥生時代の家族形態を明らかにしていくためには、人骨出土例によって、当時の家族が墓・墓地にどのように表現されているのか確かめつつ、その成果を人骨の出土していない墓群についてもフィードバックしていくことが重要です。

（山田康弘）

〔参考資料〕山田康弘「弥生集団論の検証と行方」『弥生時代の考古学』九（同成社、二〇一一年）、設楽博己『弥生時代―邪馬台国への道』（敬文舎、二〇一九年）

Q9 家族は何人くらいでしたか

A

これは難しい問題です。なぜならば、家族の定義は現代でも一筋縄ではいかない問題だからです。家族の基礎単位としては、男女が対になる夫婦が思い浮かびます。しかし、西晋の史官であった陳寿によって三世紀末頃に記された『三国志』の『魏志《ぎし》』倭人伝《わじんでん》には、「其俗、國大人四、五婦、下戸或二、三婦」とあります。これは身分の高い大人（男性）では四、五人の妻を持ち、身分の低い下戸でも二、三人の妻を持つという内容です。彼の記述が当時の日本列島社会の社会を正確に記載しているとはかぎりませんが、二一世紀の私たちが「常識」とする家族像は、弥生時代のそれとは異なるかもしれないのです。ここではひとまず生計をともにするメンバーとして家族を定義して、考古学的な証拠を探してみましょう。

共食の単位　史跡公園にいけば、茅葺《かやぶき》の竪穴「住居」が復元されています。ただし、これらのすべてが、寝食の場所であったとはかぎりません。建物のなかには作業場、倉庫、あるいは集会場のような施設が含まれている可能性があるからです。そこで考古学者は、人が寝食をともにするのに不可欠な炉の存在に注目します。竪穴建物の炉は床面の中央から見つかることが多く、照明と暖房、そして煮沸や焼成を伴う調理に用いられたと考えられます。

生計をともにする基本は生命維持に欠かせない食事の共有です。また、安全に休息し暖をとる空間、寝所を共有することも重要です。したがって、寝食の単位としてひとつの住居につどう人間集団を家族と認定できそうです。住の単位である建物跡をみていきましょう。縄文時代研究では、一九三〇年代に竪穴建物内から五人の遺体が見つかった千葉県の姥山《うばやま》貝塚の事例などにもとづき、一人当たりに必要な面積を三平米、炉のまわりに必要な面積を三平米として、住居の収容人数を計算する公式が提案されています（関野一九三八）。

別の角度から人間集団の単位を考えることもできます。それは建物に備え付けられた食器の数から、何人で飲食していたかを推定する方法です。生活の痕跡をよく残す焼失竪穴建物内から出土した土器セットの数から居住人数の推定が行われています（都出一九八九）。この研究によれば、六世紀の福岡県の例で一辺四・五ｍの方形建物から四〜五組の食器、同時期の東京都の事例では一辺七・五ｍの方形建物から七〜八組の食器が検出されていることが紹介されています。前者は一人当たりの面積は四・一㎡、後者は七・〇㎡となります。

八尾南ムラの分析　実例をみていきましょう。図1は大阪府の八尾南《やおみなみ》遺跡第3面で検出された弥生時代後期中葉の建物群です。紀元一世紀に該当します。洪水堆積層に覆われていたために当時の地表面に近い状況で発掘できた稀有な事例です。西側には小さく区画された水田や水路があり、谷状の凹地を挟んだ東側で竪穴建物一〇棟のほかに、小さな掘建柱建物、井戸、焼土面、木材をストックしていた場所などがあり、東側が居住域、西側は生産域というセット関係がみてとれます。さらに居住域は、北に流れる流路（流路3）によって東西に分断されており、西側居住域と東側居住域に区分できます。西側には二組、東側には一組の大小二棟の建物が接

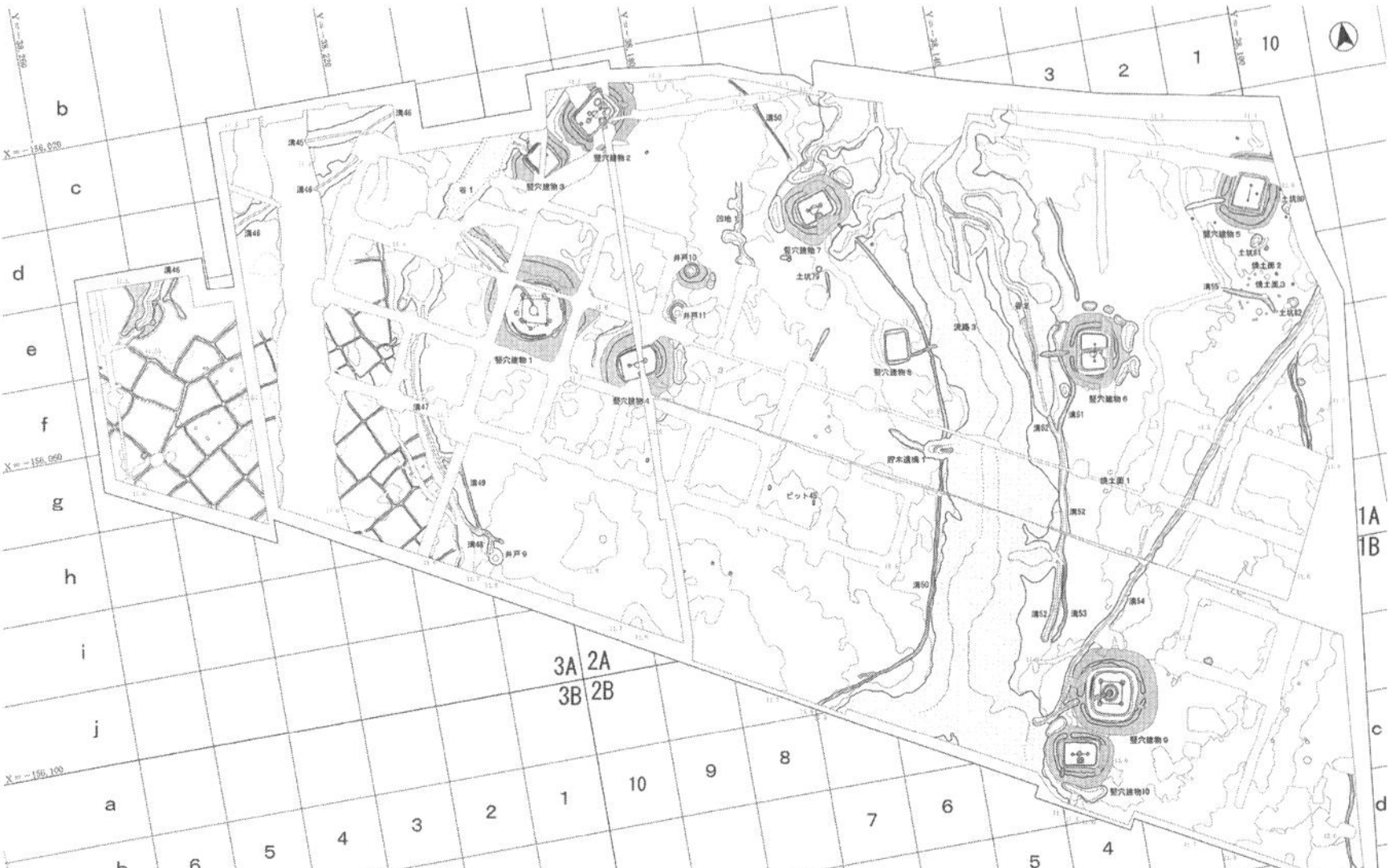

図1　八尾南遺跡の住居群（弥生時代後期）

しています。前者を西群、後者を東群と呼んで話を進めましょう。西群中央にはグループ1（竪穴建物1：四二㎡と竪穴建物4：一四・二㎡、合計五六・二㎡）、北西にはグループ2（竪穴建物2：一五・三㎡と竪穴建物3：九・八㎡、合計二五・一㎡）、東群の南端にはグループ3（竪穴建物9：二五㎡と竪穴建物10：一二・六㎡、合計三七・六㎡）のセットがみられます。竪穴建物3をのぞき、炉などが検出されています。室内の面積が一〇㎡、畳面積に換算すれば六畳程度しかない超小型竪穴建物の存在は弥生時代後期の特徴ですが、人間集団の最小単位を抽出するうえで重要でしょう。

人類学的視点　考古学以外にもヒントを求めてみましょう。これには『古代社会』を著したことで有名な米国の人類学者ルイス・モーガンによるアメリカ先住民のすまいの記録が参考になります。モーガンは一八～一九世紀に軍人や宣教師が残した記録をまとめるなかで、アメリカ先住民の暮らす住居の規模や構造、そこに暮らす人々の構成について詳細に論じています（古代社会研究会訳一九九〇）。たとえば、マンダン族の様子です。約五〇の住居に一五〇〇人ほどが住んでおり、住居には二〇から四〇人が内のりで最大直径一五ｍの住居のなかに暮らしていたと報告されています。最大の住居で計算すると一人当たり四・四㎡となります。ロングアイランドのニヤック・インディアンの事例は、いわゆるロングハウスです。奥行約一八ｍ、間口約四・五ｍに二〇から二二人、七から八家族が居住していたと記録されています。この場合、一人当たり三・八㎡となります。

全く別の基準ですが、スフィア基準も参考になるかもしれません。スフィア基準とは、国際赤十字・赤新月運動などによる、難民や災害被災者が尊厳ある生活を送ることを目的に定められた基準であり、そこでは一人当たりの居住面積が最低三・五㎡と定めています。

古今東西の住居空間にかかわる数値をふまえ、ここでは一人当たり四㎡という基準で、弥生時代の建物内の居住人数を考えてみましょう。まず、八尾南遺跡の西群です。グループ1には一〇～一一人と三～四人、合計一四人前後、グループ2には三～四人と二～三人、合計六人前後が居住していたと推定できます。これにそれぞれ単独で作られた竪穴建物7（一二・五㎡：三人）と竪穴建物8（九・三㎡：二人）が加わります。合計は二五人となります。ただし、さまざまな論者が指摘しているように建物1のような群内で最大の建物内には作業スペースや共有空間も用意されていたと考えられます。したがって、この数字は最大収容人数となり、実際は二〇人程度でしょうか。それでも現代日本の感覚から言うと大人数です。

建物群の中央には空疎地があり、井戸などが見つかっていますから、二〇人前後の集団の共有スペースと判断できます。このような空間をともにしつつ、二人から一〇人前後の住居をともにする小さな単位に分離していたと考えられます。あえて、今日的な感覚でいえば、二〇人の集団は家業をともにする親戚集団と言えるでしょうか。問題は小さな単位の構成メンバーです。竪穴建物3や8のように二人くらいしか居住できない狭い建物からは男女のペア、夫婦を想定したくなりますが、これには注意が必要です。

民族例などをみると社会的に公認された男女のペアがムラ内で独立して住まいをつくる事例もありますが、いわゆる妻問婚のように子供が生まれてからも「別居」がつづく事例や同じ建物内で区画をわけて他の婚姻単位と共生することもあります。また、母屋と未婚男性の住む建物を分ける社会も珍しくありません。このような事例をふまえると、近接した建物グループのうち大きな建物は母屋であり、小さな建物は未婚男性が住む男性（若者）小屋と区別することもできるかもしれません。

（寺前直人）

〔参考文献〕関野克「埼玉縣福岡村の縄紋前期住居址と竪穴住居の系統に就いて」（『人類学雑誌』51－3、一九三八年）、都出比呂志『日本農耕社会の成立過程』（岩波書店、一九八九年）、古代社会研究会訳『アメリカ先住民のすまい』（岩波書店、一九九〇年）、高瀬克範『本州島東北部の弥生社会誌』（六一書房、二〇〇四年）

Q10 弥生人の一生について教えてください

A

弥生人がどのような一生を送っていたのか、それを知るためには、人骨出土例の年齢をもとに分析を行う必要があります。弥生時代の人骨出土例を考古学的に分析したところ、彼らの一生の中にいくつかの節目があったことがみえてきました。これらは、成人や婚姻などの人生儀礼に対応するものと考えられます。「ゆりかごから墓場まで」、弥生人は様々な人生儀礼を経て、一生を送ったのでした。

弥生人とは誰か　弥生時代の人々のことを、便宜的に弥生人と呼んでいます。決して、特定の形質を持った人々や、特殊な民族のことではありません。したがって、弥生人の中には様々な人々がいたことになります。当然ながら、その一生も時期や地域などの要因によって多様だったはずです。先にも述べたように、当時の人々の一生について調べるためには、年齢段階の判る人骨資料が必要ですが、その出土遺跡は、九州の甕棺墓《かめかんぼ》や、響灘《ひびきなだ》沿岸部に存在する砂丘上の墳墓などに偏在します。したがって、ここで描きだすライフヒストリーについても、限定された条件で成立する仮説として捉えてください。

出土人骨の年齢段階　人にはいくつかの年齢段階が存在しますが、これについては、これまでにも形質人類学・民俗学・社会心理学などの立場からさまざまな設定がなされています。ここでは、縄文時代の事例などと比較し、おおよそ以下の通りとします。

新生児期段階：胎児、もしくは出産後間もないと思われる事例
乳児期段階：おおむね生後半年〜二歳未満まで
幼児期段階：おおむね二〜五歳程度
小児期段階：おおむね六〜一二歳程度

思春期段階：おおむね一三～一五歳程度
青年期段階：おおむね一六～二〇歳程度
壮年期段階：おおむね二〇～四〇歳程度
熟年期段階：おおむね四〇～六〇歳程度
老年期段階：おおむね六〇歳以上

以下、これらの年齢段階を基準として、人骨出土事例にあたってみましょう。

子供の社会的な位置づけ　縄文時代の場合、子供の社会的な位置づけが年齢段階によって変化することがわかっており、おそらく弥生時代の場合も同様であろうと思われます。たとえば、弥生時代開始期から前期にあたる福岡県新町《しんまち》遺跡では、大人と子供が葬法によって区分されていたようで、土器棺墓より出土した人骨はすべて乳児期ないしは幼児期段階のものでした（図1）。その一方で、新生児期の人骨は、出土していません。このような傾向は他の遺跡においても同様で、たとえば多数の人骨が出土している山口県土井ヶ浜《どいがはま》遺跡においても、単独で埋葬されていた新生児期の事例は見つかっていません。おそらくは、新生児の遺体を埋葬する際に、意図的に大人のいる墓地を避けたものと思われます。これは当時の社会において、新生児期段階の子供が、社会的に区別されていたという証拠です。弥生時代においても、この年齢段階における死亡例は非常に多かったと予想され、その意味でも大人や乳児期以降の子供とは異なった取り扱いがなされていたと考えられます。

土器棺（壷棺）墓に埋葬される事例　乳児期になると、土器棺（壷棺）墓に埋葬される事例が多くなります。そしてこの傾向は、続く幼児期段階の事例にもみることができます。土器棺（壷棺）は、女性の母体に見立てられたと考えられていますので、土器棺葬例は子供たちの再生を願ったものと思われます。ただし、これには地域差があるようで、響灘沿岸部の砂丘遺跡では、土器棺墓はほとんど存在せず、乳児・幼児期段階の事例も、大人と同様に土坑墓に埋葬されています。乳児期と幼児期の間における大きな差は離乳で、縄文時代の場合、ここに埋葬の大きな節目をみることがで

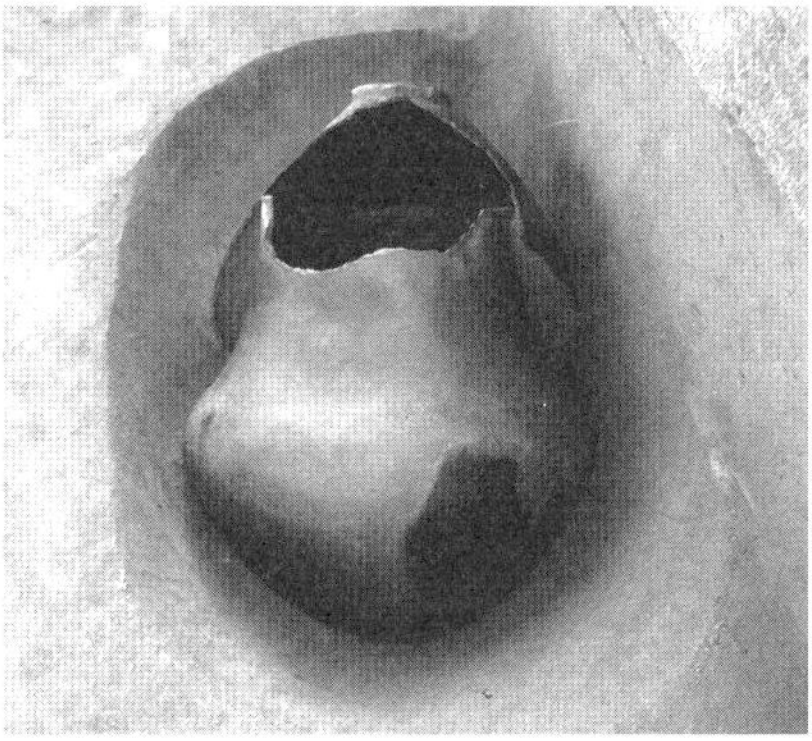

図1　福岡県新町遺跡から出土した子供用土器棺　伊都国歴史博物館提供

きますが、弥生時代の場合、それをうまく捉えることができていません。しかしながら、現代においても離乳時には様々な儀礼があるように、弥生時代においても何らかの人生儀礼が存在した可能性は高いと思われます。一方で、甕棺墓地においては五〜六歳以下の子供は埋葬されておらず、この点から弥生時代の社会においては、甕棺墓に埋葬されるという選択された構成員として認知されるのは、小児期段階以降になると考えられています（図2）。一般に階層・階級社会においては、選択された子供が特別扱いされることが多々あり、このことは弥生時代がそのような時代でもあったことを裏付けるものです。

抜歯習俗　小児期から思春期段階になると、時期と地域によっては、上顎の左右犬歯、あるいは第二切歯に対して抜歯が行われました。土井ヶ浜遺跡や長崎県大友《おおとも》遺跡においては、抜歯が行われた年齢が一二〜一三歳頃であり、思春期の初めと一致します。このことから、弥生時代においては、小児期と思春期の間に人生上の節目があったと想定されます。その場合年齢的にみて、抜歯は縄文時代と同様に、成人儀礼の一環であった可能性が高いでしょう。一方で土井ヶ浜遺跡などでは、女性人骨の妊娠痕は一五〜一六歳ころという思春期と青年期の境界ラインの時期から観察できるようになります。

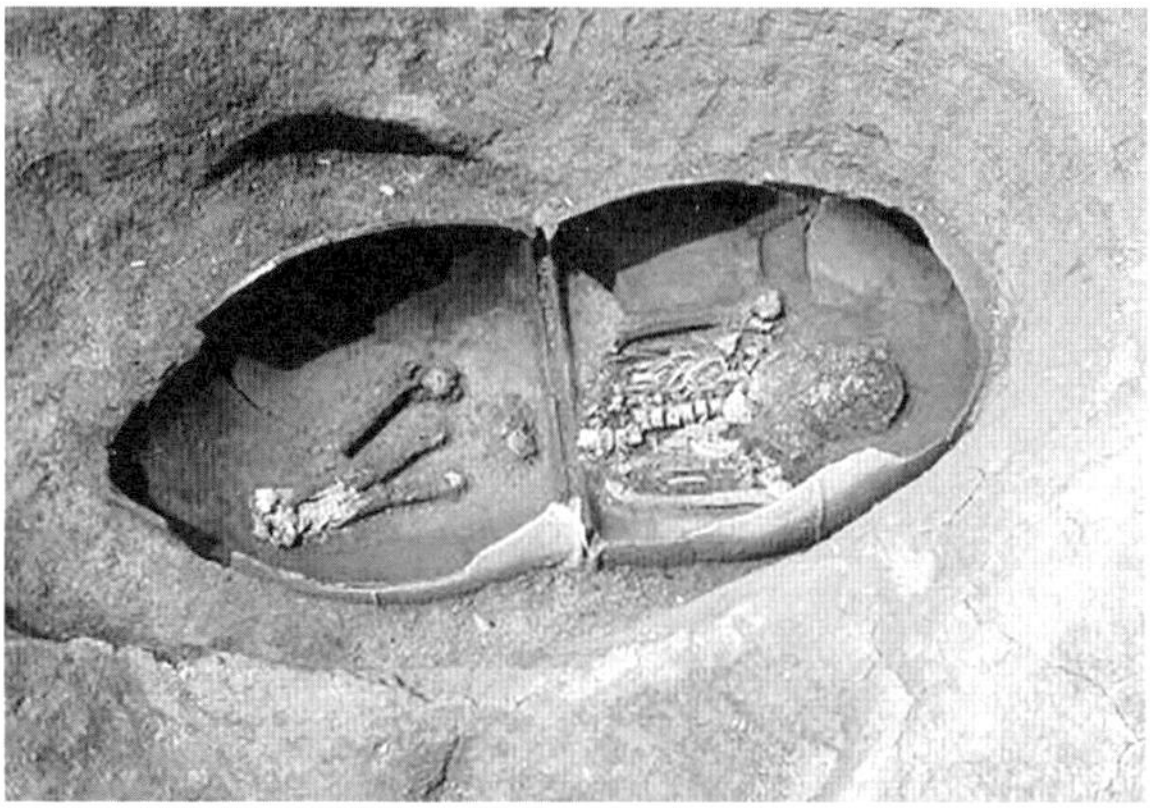

図2　佐賀県吉野ヶ里遺跡における大人の甕棺墓　佐賀県文化財課提供

成人儀礼の後、結婚し出産にいたるまでには、やや間があったのでしょう。

長老はいたのか　大人となった青年期以降ではどうでしょうか。たとえば、弥生時代を語るときに、しばしば取り上げられる「長老」は考古学的に認識できるのでしょうか。老年期段階の人骨を対象に、装身具着装の有無、副葬品の有無・多寡を調べてみると、この年齢段階に特に装身具や副葬品が多いという傾向を見いだすことはできず、むしろ青銅製品や南海産貝製品などの貴重な装身具・副葬品に関しては少ないということがわかりました。弥生時代の社会においては、年長者であるということが、そのまま社会的な地位の高さと連動しなかったのでしょう。むしろ、集団内において主たる労働力層となった壮年・熟年期段階の人骨に、装身具の種類や量が多くなる傾向があることからみて、弥生時代の社会では、加齢などで一定の条件に達すると、生業活動における第一線から退くという意味での隠居・退役という習慣が存在したと考えられます。

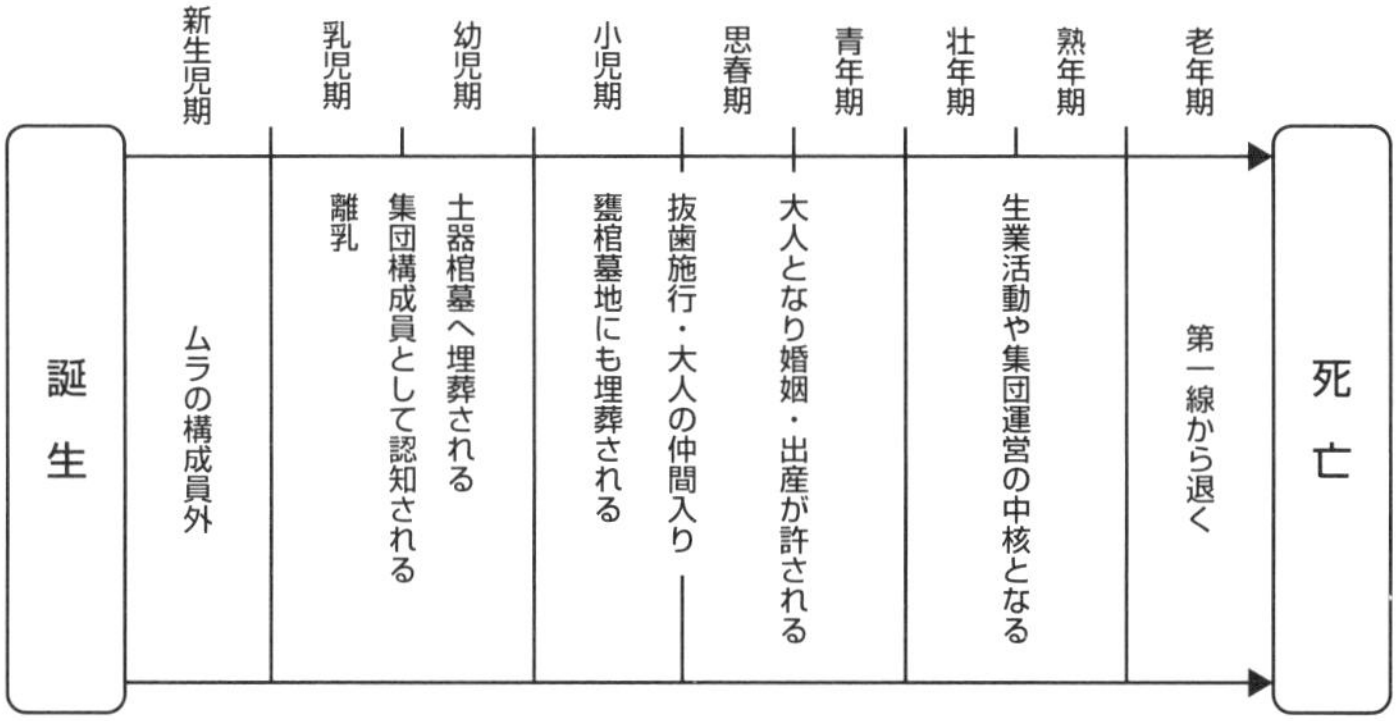

図3　弥生人のライフヒストリーモデル

弥生人の一生　以上の点をふまえつつ、弥生人の一生を描いてみましょう（図3）。弥生人の一生は、まず産まれてくることからはじまりました。新生児期段階の子供は特別扱いされ、集団墓地における埋葬対象者から外れる、すなわちムラの構成員としては認知されていない段階にあるようです。乳・幼児期段階になると、集団墓地内に埋葬される、すなわちムラの構成員として認知されるようになります。小児期段階になると、集団墓地内、特に甕棺墓地にも埋葬されるようになり、子供の社会的立場に対して変化が生じたことがわかります。おそらくは、階層・階級の相違によって社会的地位が変化し、それが墓に反映されたのでしょう。小児期段階後半から思春期段階になると成人儀礼の一環として抜歯が施行され、大人へと仲間入りを果たします。そして、青年期段階になると、ムラの次世代の担い手となり、結婚・妊娠が社会的に認められるようになります。壮年・熟年期段階となると、ムラの主たる構成員として生業活動・集団運営に参加し、集団の中核的な存在となり、そして老年期段階にいたり第一線を退き、やがて死を迎えることになったのでしょう。

（山田康弘）

〔参考資料〕山田康弘「墓と人骨」『弥生時代の考古学』八（同成社、二〇〇八年）

Q11 どのような集落に住んでいましたか

A

水田稲作農耕が生業の中心であった弥生時代、稲作伝来に深くかかわった中国大陸や朝鮮半島に近い北部九州地方において水田を伴う新しい集落が出現します。それまでの縄文集落とは異なり、水田を営むために必要な水を得るため、利水に適した平野の微高地、そして低地に接した段丘や台地上に集落が営まれるようになります。

ここではまずそうした弥生集落に住んだ人たちがどのようなまとまりを作っていて、そこにはどのような景観が広がっていたのかを確認したうえで、弥生時代を代表する環濠集落を中心にその発達をみていくことにしましょう。

集落に住んだ人たちのまとまり　弥生集落は住居である竪穴建物三軒程度に高床建物の倉庫一・二棟が伴って一つのまとまりを作り、それが幾つか集まっていました。このまとまりのことを私たち考古学者は、水田稲作を行い、その収穫物を貯蔵し消費するための最も小さな単位のグループとして「単位集団」と呼んでいます。またこのまとまりは家族で構成されていたと考えられることから、世帯共同体や家族集団と呼ばれることもあります（Q８参照）。集落の規模は、集まった単位集団数の増減に反映されました。

集落景観の構成　住居や倉庫がある居住域には、井戸や作業場など、生活するための様々な施設がありました。また集落にはマツリを行う祭祀空間やヒトが葬られる墓域もありました。ここで注意しなければならないのは集落の景観はこうした居住域・祭祀空間・墓域だけで作られているわけではないことです。周囲には水田をはじめ、畑や製塩地・漁場など、生活に欠かせない生産域が広がっていました。さらにその外側には生活に必要な木材を手に入れた里山があり、水利のための水路や溜め池などが作られていました。このようにヒトが住まい、日常的な生活を営む人為的な環境が及んだ範囲が集落を織りなす景観を形成しているのです。

環濠集落　弥生時代では周囲を溝で囲んだ集落が登場します。この溝に水があるものを「さんずい」の「濠」を用いて「環濠」と呼び、水がない空堀のような溝を「つちへん」の「環壕」と書き分けることがあります。ここでは「さんずい」の「環濠集落」に統一して話を進めていきます。

農耕開始期の環濠集落の環濠は、住居や貯蔵施設の一部または全部を囲んでいて、戦いなどの緊張関係に起因して防御を高めたというよりもむしろ内と外の区画を強く意識したものでした。最も古い環濠集落は北部九州の福岡県那珂《なか》遺跡で、縄文時代晩期（弥生時代早期）に稲作農耕とともに出現しました。福岡県の江辻《えつじ》遺跡では、環濠の可能性が指摘されている溝とともに朝鮮半島の住居である松菊里《しょうきくり》型《がた》住居が見つかっていて、稲作農耕を伝えた人たちがコロニーとしての集落を形成していたようです（図1左）。そして前期の初め頃には福岡県板付《いたづけ》遺跡のような環濠集落が作られ（図1右）、その後も玄界灘沿岸部を中心に多くの環濠集落が現れました。このように北部九州では縄文時代晩期（弥生時代早期）に稲作とともに環濠集落が出現し、弥生時代前期前半に定着したようです。

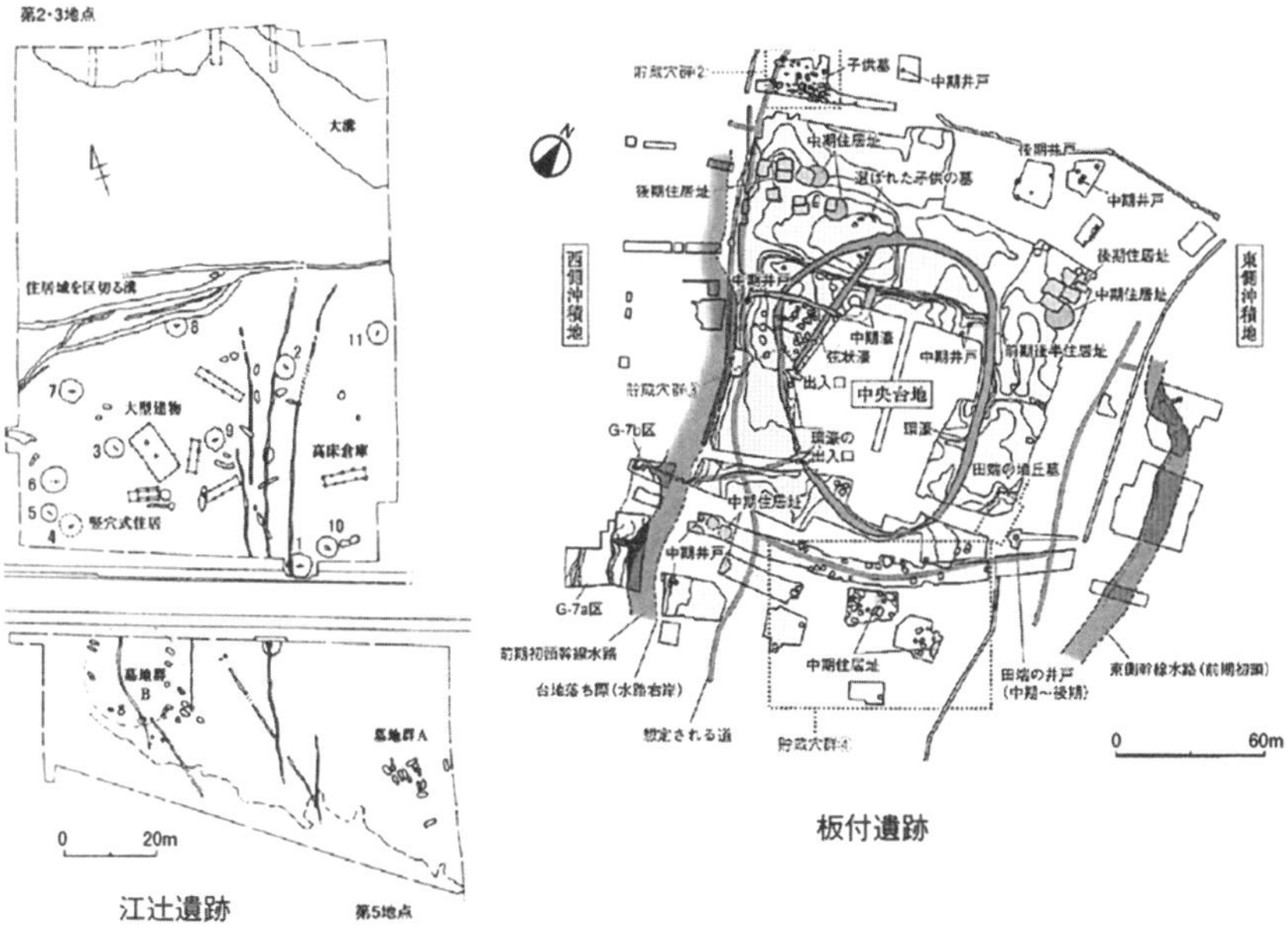

図1　江辻遺跡と板付遺跡

環濠集落は、前期後半には畿内地域にも出現しており、稲作の波及に伴って東へ広がっていることがわかります。

拠点集落と環濠　前期末から中期になると環濠が伴った大規模な拠点集落が現れるようになります。拠点集落とは地域社会の中で生産や交流において中心的な役割を果たした集落のことです。大阪府の池上曽根《いけがみそね》遺跡（図2）や奈良県の唐古《からこ》・鍵《かぎ》遺跡は近畿地方を代表する大規模拠点集落ですが、多重の環濠が巡っていることでも知られています。これらの遺跡の環濠は、明確に居住域を囲んでいて、内と外の区画を意識するだけではなく、防御としての機能に加え、灌漑などの水利機能もありました。

愛知県の大規模拠点集落である朝日《あさひ》遺跡では中期の環濠に枝のある樹木を外側に向けて斜めに立て並べ、外部からの侵入を防ぐ「逆茂木《さかもぎ》」が設けられていました。また環濠に沿って土を盛って侵入を防ぐ「土塁」が敷設され、そこには柵列が巡ることもありました。

中期後半には関東でも環濠集落が現れます。環濠で囲まれた居住域全体を調査した神奈川県大塚《おおつか》遺跡でも環濠を掘った排土で土塁が設けられていました。

このように中期になると環濠には以前に比べ防御としての機能が強くなってきます。

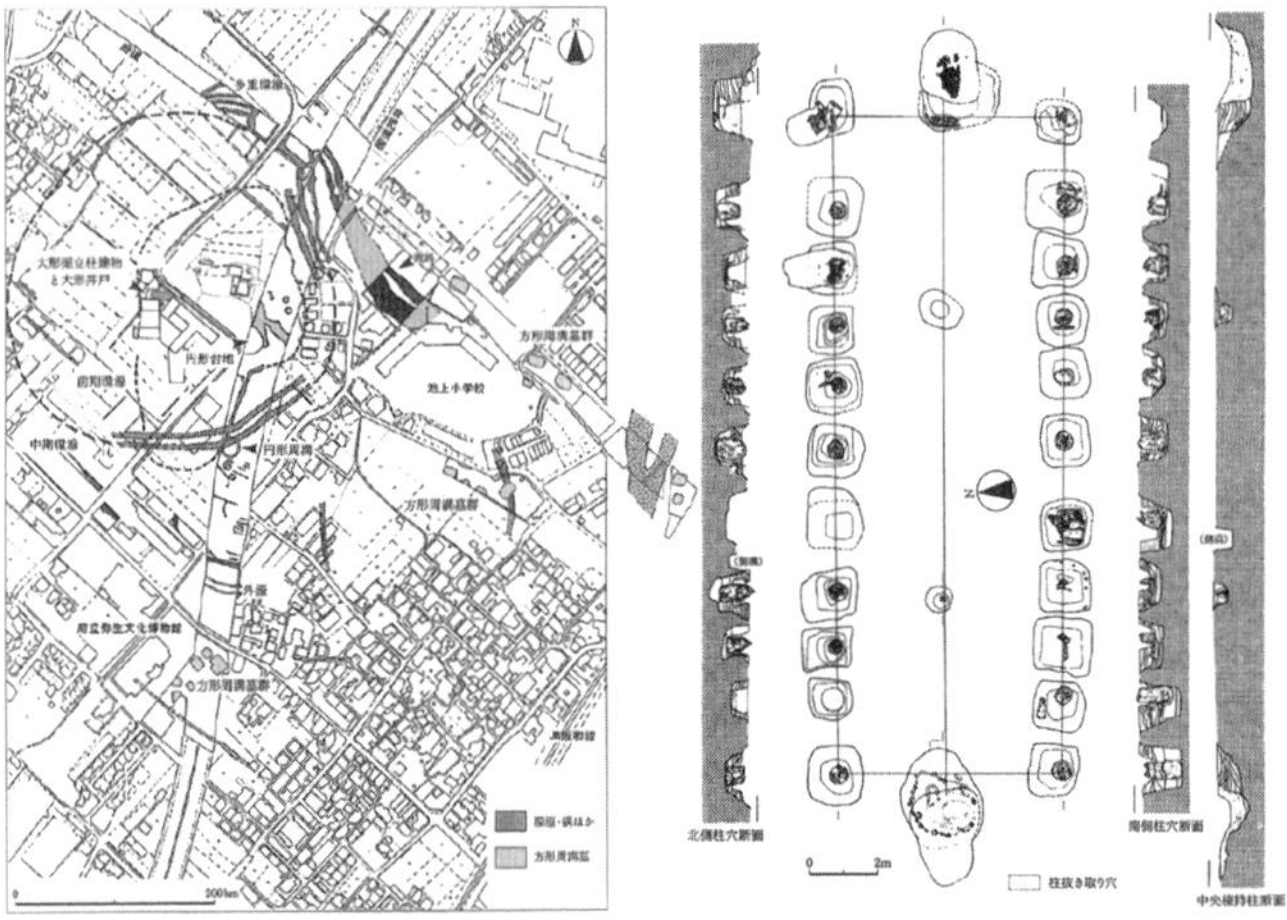

図2　池上曽根遺跡と大型掘立柱建物

それが顕著に表れるのは中期後半から後期にかけて瀬戸内海や近畿地方、そして日本海沿岸域に出現する高地性集落です。高地性集落は山頂・山腹・丘陵上に立地する集落のことで、すべてがそうではないですが、まれに徳島県カネガ谷《だに》遺跡や大阪府古曽部《こそべ》・芝谷《しばたに》遺跡、島根県田和山《たわやま》遺跡など、中世の山城を彷彿とさせる環濠が作られ、投弾《とうだん》などの武器が出土する遺跡があります。このような高地性集落の環濠は、大規模拠点集落の環濠にまして、緊張関係に備えた防御施設としての性格がより鮮明に表れています。

集住する大規模拠点集落　先に述べた池上曽根遺跡や唐古・鍵遺跡など、大規模拠点集落となった中期の環濠集落では、環濠内の広い居住域が機能によって住み分けられていました。その中心になるのが床面積一〇〇㎡前後の大型掘立柱建物です。池上曽根遺跡では独立棟持柱《どくりつむなもちばしら》を持つ切妻の超大型高床建物が見つかり（図2右）、大型の柱材が出土している唐古・鍵遺跡では出土した弥生土器に楼閣のような重層の高床

図3　大塚遺跡

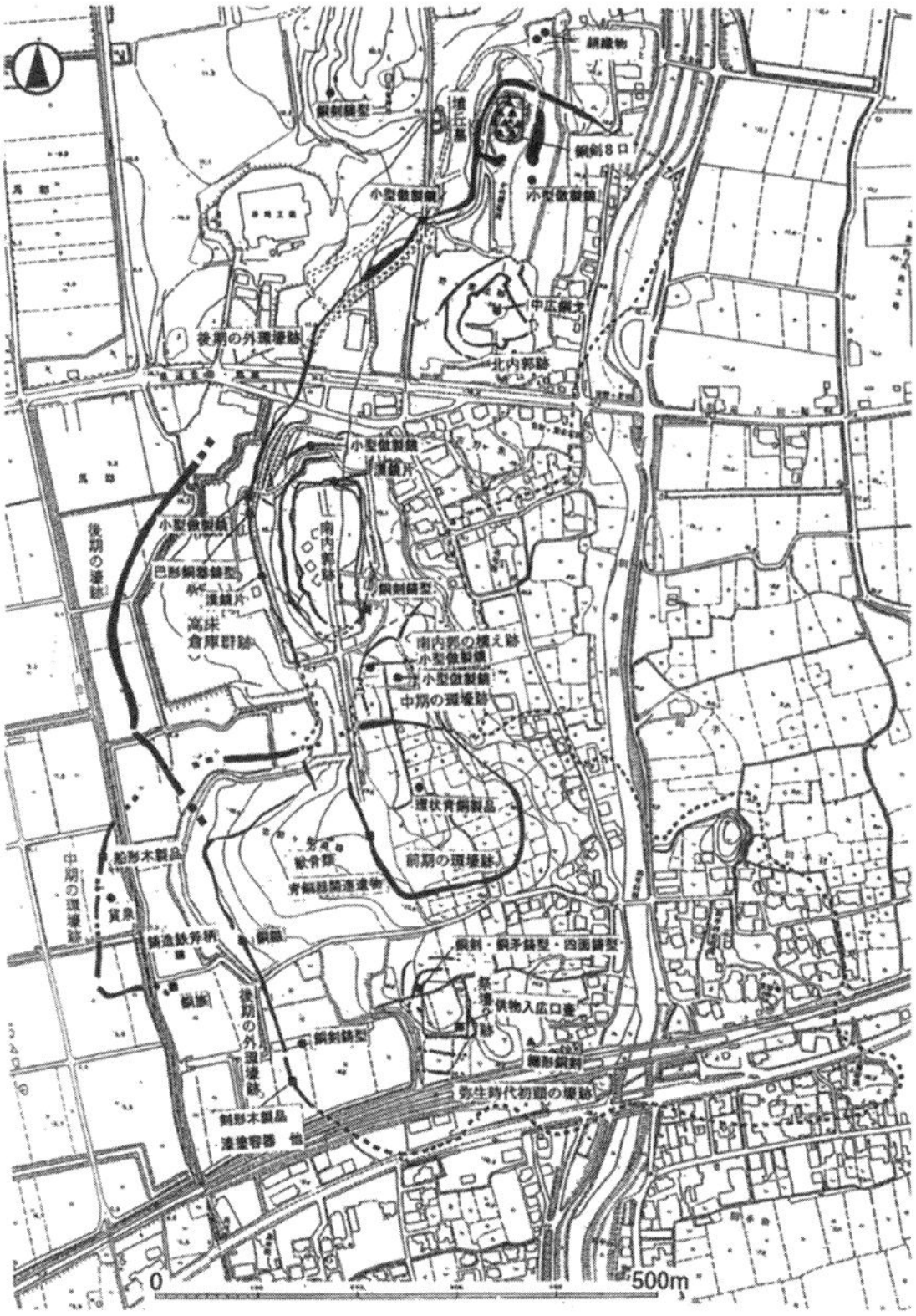

図4　吉野ヶ里遺跡

建物が描かれていました（Q14）。このような大型掘立柱建物は集落のシンボルになるような特別な建物だったことは間違いないでしょう。おそらく祭祀を行う施設や有力者の居館として使われていたと考えられます。大規模拠点集落では、この特別な建物域を中心に有力者の居住域をはじめ、金属器やガラス製品の工房域、集落全体で管理する倉庫群などが計画的に配置され、一般の居住域では単位集団のまとまりがわからなくなるくらい、密集して居住する集住域になっていました。

　このような整然とした大規模拠点集落は各地域の平野単位に出現していて、なかには愛媛県文京《ぶんきょう》遺跡のように環濠を持たない集落もありました。

　そして弥生時代後期には佐賀県吉野ヶ里《よしのがり》遺跡のような魏志倭人伝に登場する国邑（クニの中心になる大きなムラ）を彷彿させる機能や階層で分節した空間が整然と配置された超大型の環濠集落が登場するのです。

　弥生時代の集落は、稲作とともに定着し、環濠集落として稲作の普及とともに広がり、やがて地域社会の中核になるような大規模拠点集落となっていきました。弥生集落の発達はそれを統率するリーダーの発達に比例し、弥生時代後期には地域社会を統べる有力者層を育み、古墳時代を迎えることになります。

（柴田昌児）

〔参考文献〕大阪府立弥生文化博物館『弥生時代の集落』（学生社、二〇〇一年）、設楽博己ほか編『集落からよむ弥生社会（弥生時代の考古学8）』（同成社、二〇〇八年）

コラム3

奈良県唐古・鍵遺跡

一九三六年、橿原《かしはら》神宮外苑整備にかかわる国道の建設にあたり奈良盆地の中央低地にある唐古《からこ》池の土取りが行われると、弥生時代の遺物がたくさん出土しました。それまで、弥生土器の表面に残っていたイネ籾の圧痕や炭化したコメの出土などから、弥生時代に稲作が行われていたことは薄々と考えられていましたが、翌年から行われた発掘調査によって、弥生土器や石器とともに鋤《すき》や鍬《くわ》、杵《きね》や臼など木製の農具が多量に発見され、弥生文化が農業に支えられていたことが証明されたのです。

唐古遺跡から出土した土器を研究したのは京都大学の小林行雄《こばやしゆきお》です。弥生土器は主に壺《つぼ》、甕《かめ》、高坏《たかつき》、鉢《はち》によって構成されていますが、小林は一つの時期に使われていたそれらのセットを様式という概念で捉えました。そして、唐古遺跡の地点や遺構ごとの土器様式の違いなどにもとづいて、I～V様式までの五期に分けました。この土器編年が今日の弥生時代の細かい変化を捉える指標になっています。

その後も唐古遺跡の発掘は続き、となりの鍵地区にまで遺跡が広がることから、唐古《からこ》・鍵《かぎ》遺跡と呼ばれるようになりました。調査の成果はいくつもありますが、この遺跡を取り巻くように何重もの濠が発掘され、四〇haに及ぶ巨大な環濠集落であることが判明したことは大きな成果です。また、銅鐸《どうたく》などの青銅器の鋳型が多数見つかり、青銅器生産のセンターであるとともに、土地の神であるシカや稲をおさめた倉などを描いた土器がたくさん出土して、祭りのセンターであることもわかりました。

二階建て以上の高層建築の建物を描いた絵はこの遺跡だけから出土したもので、中国の建築との関係が考えられています。また、空洞の褐鉄鉱《かってっこう》にヒスイ製の勾玉がおさめられた遺物には、中国の神仙思想が及んでいたのではないかという意見もあります。唐古・鍵遺跡は、日本列島の中でも屈指の先進的な弥生集落と言ってよいでしょう。

（設楽博己）

〔参考文献〕藤田三郎『唐古・鍵遺跡』（日本の遺跡45、同成社、二〇一二年）

Q12 集落はどんな場所にありますか

A 文化庁が刊行している『埋蔵文化財統計資料』の令和三年度版をみると弥生集落遺跡は全国で三万五九四六遺跡を数えます。そして国立歴史民俗博物館の縄文・弥生集落遺跡のデータベースを参考にすると、その約七〇%が標高五〇m以内に立地し、標高一〇〇m以内の立地を含めると実に八五%の弥生集落遺跡（以後、弥生集落と呼びます）がそれに該当します。ではなぜ弥生集落が標高一〇〇m以内の場所にあるのでしょうか。

稲作農耕と集落の立地　注目しなければならないのは、その多くが平野にあり、周辺の低い土地との比高差が三〇m以内の場所に立地していることです。これには理由がありました。稲作農耕を行っていた弥生時代、稲を栽培する水田を営むために必要不可欠なものはなんといっても「水」でした。この水を得るため、比較的容易に灌漑を行うことができたのが低地だったのです。そして農耕に従事しやすいように水田域である低地の近くに弥生集落が営まれました。比高差が三〇m以内の場所の多くは平野にある微高地（少し高くなったところ）であり、それ以外も低地に隣接した扇状地や河岸段丘、台地の上にありました。

このように低地で展開した稲作農耕を生業の主体とした弥生集落は、生産力の向上や社会の発展とともに次第に大きな集落へと変化していきます。そしてその中から地域社会の中核となる大型高床建物域や集住域を配置した大規模拠点集落が形成され（図1右）、やがて弥生時代中期後半から後期にかけて、環濠で囲まれた集落域に有力者が住む場所やマツリを行う場所、金属器生産を行う場所など、機能や階層で分けられた超大型の大規模拠点集落が出現します。佐賀県吉《よし》野《の》ヶ《が》里《り》遺跡などがその代表例です（図1左）。このように稲作農耕とともに発展した大規模拠点集落は、言わずもがな必

佐賀県吉野ヶ里遺跡の復元景観 1
愛媛県文京遺跡の集住域
佐賀県吉野ヶ里遺跡の復元景観 2
愛媛県文京遺跡の大型掘立柱建物

図 1　弥生集落の諸相　右上・右下：愛媛大学埋蔵文化財調査室提供　左上：「文化遺産の世界」HP より　左下：吉野ヶ里歴史公園 HP より

然的に平野の微高地や低地に接する扇状地や河岸段丘、台地の上で営まれました。

丘の上に営まれた弥生集落と高地性集落　弥生集落のすべてが低地に営まれたわけではありません。私たちが低地に立つと少し見上げるような場所、比高差三〇m以上の丘の上でも弥生集落が作られました。このような周りの土地より高い場所（丘陵・山頂・山腹）にある弥生集落のことを「高地性集落」と呼ぶことがあります。これを『後漢書《ごかんじょ》』や『魏志《ぎし》』倭《わ》人伝《じんでん》など、中国の複数の史書にある「倭国乱」・「倭国大乱」と結びつけて軍事的な性格を持つ集落と考える研究があります。たしかに、島根県田和山《たわやま》遺跡（図2上段）や大阪府古曽《こそ》部《べ》・芝谷《しばたに》遺跡、新潟県裏山《うらやま》遺跡などは中世の山城のような環濠が作られ、投弾《とうだん》などの武器が出土することから、戦いに備えた防御施設としての性格がより鮮明に表れた高地性集落と言えます。ただ、実際の「倭国乱」は弥生時代後期後半に起きていることから、裏山遺跡など、主に北陸以北の日本海沿岸に分布する高地性集落がこれに該当しますが、西日本の田和山遺跡や古曽部・芝谷遺跡などは中期後半から後期前半の遺跡で、「倭国乱」以前の高地性集落です。いずれにしても環濠を持つ高地性集落の存在は、軍事的・防御的機能を持たざるをえない何らかの緊張関係があったことを示しています。

山住みの弥生集落　ここで注意しなければならないのは、高地性集落のすべてが軍事的な性格を持っていたとは限らないことです。むしろそうした高地性集落の方が少数派でした。ではなぜ丘陵や山頂・山腹に弥生集落が営まれていたのでしょうか。次に示したようにいくつかの要因を想定することができます。

①人口増加に伴って低地の水稲による稲作農耕の生産活動が拡大し、谷水田への進出、その結果としての丘陵上など高い場所に居住域を分村化した集落。②低地での稲作農耕に生業の主体をおきながら、自然災害などから逃れるため丘陵上に居住域を形成した集落。③平野の低地部に水田可耕地の確保ができないなどの地勢的制約から小規模な谷水田と畑作を主たる生業活動とした集落。④畑作や狩猟採集など稲作農耕以外の生業で活動した集落。⑤神聖な場所としてマツリを行うための集落。

以上、代表的な五つの要因をあげました。実際は一つの要因ではなく、むしろそれぞれの要因が相互に関連しあい、地域や気候に対応した複雑な形成要因があったと考えるほうが集落形成の実態に則しているのではないでしょうか。このように軍事的・防御的機能を持たないで様々な生業を行うために、高い場所で生活する弥生集落のことを「山住みの集落」と呼んでいます（図2下段）。

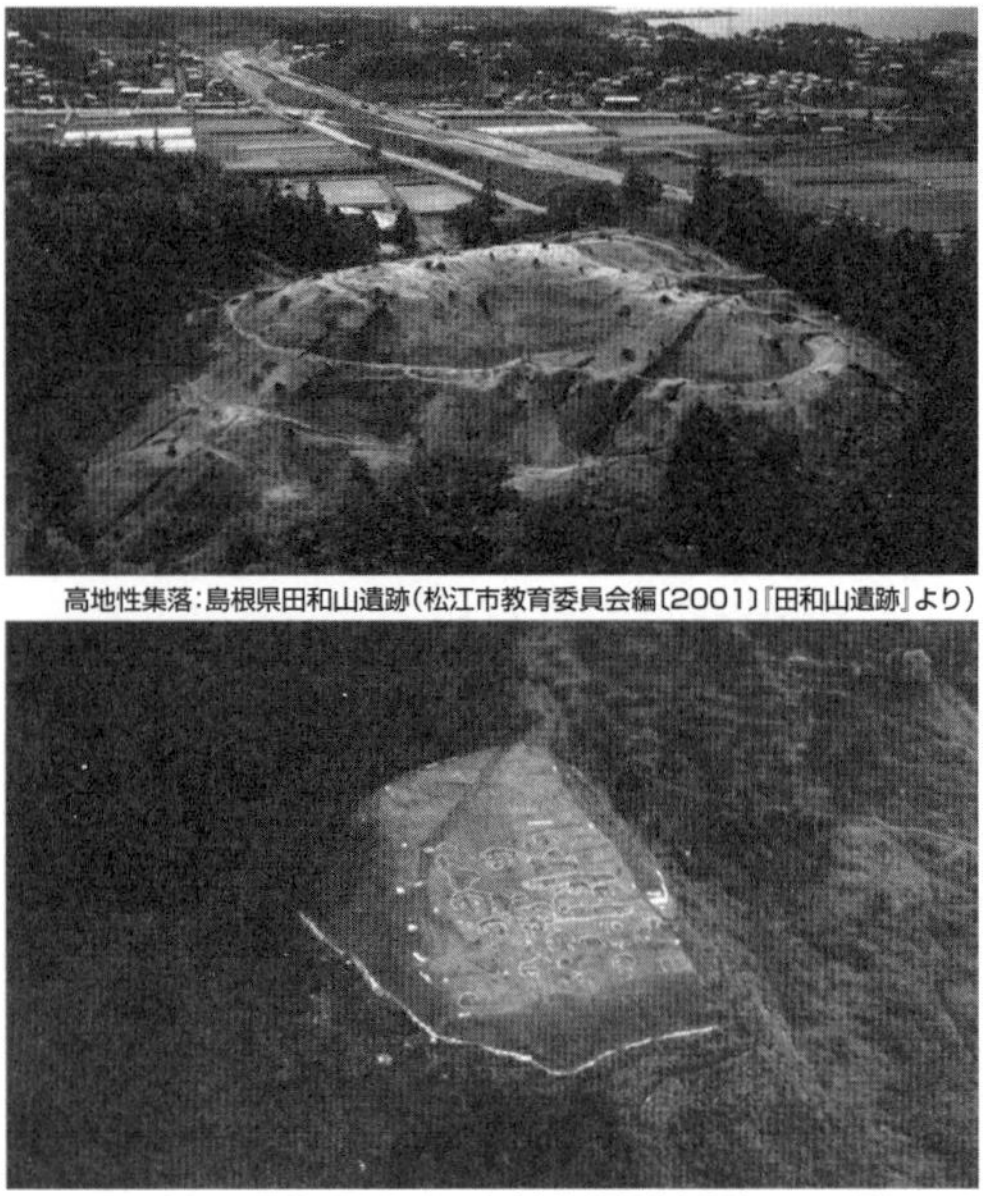

高地性集落：島根県田和山遺跡（松江市教育委員会編〔2001〕『田和山遺跡』より）

山住みの集落：愛媛県平坂Ⅱ遺跡（愛媛県埋蔵文化財センター編〔1991〕「平坂Ⅱ遺跡」より）

図２　高地性集落と山住みの集落

海と山の弥生集落　縄文時代以来、伝統的に漁労を生業とする人たちは弥生時代にも存続していました。海辺に住む弥生人は、海に面した砂堆《さたい》（砂丘や砂州、砂嘴など）や海蝕《かいしょく》洞窟（海流と波の浸食でできた洞窟）に弥生集落を営みました。その中には稲作農耕と漁労を両立させた半農半漁の生業を行う集落もありました。航海術など海技に長けた海辺に住む弥生

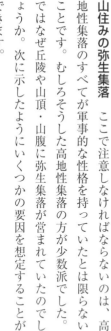

人たちは「海人」と呼ばれ、石材や金属製品などの稀少品を交易するための船を操り、長距離移動や物流の担い手になりました。特に弥生時代では、稲作文化を伝えるため、中国大陸や朝鮮半島と日本列島の間にある海域（日本海や東シナ海）を往来する海人の存在は欠かせませんでした。弥生時代の後半期になると農耕社会に組み込まれた海辺の弥生集落では塩づくりや袋網漁など、集団で行う土器製塩や漁労活動が盛んに行われるようになりました。その一例として瀬戸内海の来島海峡に浮かぶ愛媛県馬島の亀ヶ浦遺跡では海に面した砂州の上で弥生時代後期の竪穴建物が製塩土器や土錘とともに見つかりました。

図3　海と山の弥生集落　左：愛媛県埋蔵文化財センター編〔1999〕『馬島・亀ヶ浦遺跡』より　右：龍河洞HPより

　一方、愛媛県猿楽《さるがく》遺跡、高知県鷹ノ巣山《たかのすやま》遺跡、長野県湯倉《ゆぐら》洞窟遺跡など、稲作農耕を行うことができない標高一一〇〇mを超える高位置の山稜・山間部にも弥生時代の遺跡が見つかっています。また、山深い山間の谷部に面した岩陰や洞窟にも弥生人の生活痕跡が確認されています。こうした山稜・山間の弥生遺跡は、九州から中四国地域を経て中部地方に至る山地に点在していて、一定期間の居住がありました。また山間部の交通・交易ルートに沿って分布する傾向があり、キャンプサイトのような集落が想定できます。高知県龍河洞《りゅうがどう》遺跡では洞窟内に置かれた弥生土器が鍾乳石に覆われ、取り残されたままの姿で現在に残っていて（図3右）、山間部に住む弥生人のリアルな生態を知ることができます。

弥生社会のダイバーシティー　以上みてきたように、稲作農耕が生業の主体であった弥生時代、水稲・水田の適地である低地に弥生集落の多くが作られました。その一方で地勢や自然条件に適した様々な生業が行われ、それに応じて集落の立地も海や山に多様な展開をみせました。

（柴田昌児）

〔参考文献〕浜田晋介ほか『再考「弥生時代」農耕・海・集落』（雄山閣、二〇一九年）

Q13 住居はどのようなものでしたか

A

人々が住まうところは生活するための最も大事な場所であることは今も昔も変わりません。定住性の高い農耕社会である弥生時代では住居にも大きな変化が表れてきます。そこで弥生時代の代表的な建物である竪穴建物と掘立柱建物を概観することで、弥生時代の住居のあり方をみていくことにしましょう。

竪穴建物　縄文時代より続く地面を掘って窪みを作り、そこに柱を立てる半地下式構造の建物です。弥生時代になると朝鮮半島の影響を受けて、多様な展開がありました。竪穴建物は円形・方形・多角形など、窪みの平面形で呼び分けられていて、弥生時代前期から中期にかけて円形が多く、やがて後期に入ると方形が多くなる傾向があります。ただし地域によって円形と方形が混在するなど、建物の形や組み合わせは様々で、なかには宮崎県の花弁形のように独特の形になる竪穴建物もありました。また面積が大きい大型の建物もあれば、窪みだけで柱がない小型の建物もあります。時期や地域によって大小の様々な組み合わせがあったようです。こうした竪穴の平面形は屋根の形にも反映されます。軒を持たず地上まで葺き降ろす構造をした竪穴建物の屋根は、平面形が円形や多角形の場合は円錐形で屋根面は丸みを持った曲面になり、方形では方錐形で屋根面は平らな面ができました。屋根の形の違いはその骨格である垂木や屋根葺き材に影響していることが、焼失住居や建築部材の出土からわかってきました。建てられた柱には桁《けた》や梁《はり》が架け渡され、その上には棟木《むなぎ》が組まれました（図1）。梁・桁・棟木から配された垂木の上に取り付けられた屋根葺《ふ》き材は、草葺きが用いられていましたが、円錐形の屋根には焼失住居の検出状況から草葺きの上に土や粘土を被せる土葺きの屋根もありました。一方、方錐形の屋根には土葺きは少なかったようです。

大阪府の八尾南《やおみなみ》遺跡で見つかった竪穴建物がとても残りの良い発掘例で、竪穴の周囲には葺き降ろされた屋根が接する周堤と呼ばれる土の高まりが造られ、その外側には溝が巡らされていたことがわかりました（図1）。竪穴建物内部の土壁の高さは周堤を含めると約一mもありました。

では次に屋内の様子を見てみましょう。建物の多くには屋内で煮炊きするために炉が作られていました。弥生時代の一般的な炉は床面に浅く掘り込んだ地床炉と呼ばれるものでした。また東日本には縄文時代の伝統を残す埋甕炉や石囲炉などもありました。竪穴建物の中には炉を持たないものもあり、屋外炉のような別の調理場もあったようです。

屋内には、壁を保護するための板材が設けられ、壁沿いに巡らす周溝には板材を固定する杭列が見つかることもあります。また周溝には様々な使い方があったようで排水溝として使われたものもありました。

地床炉近くには炉から排出された灰などが堆積する中央土坑があり、そこから排水溝が屋外に延びているものもあります。八尾南遺跡で見つかった竪穴建物には排水溝が暗渠のようになっていて、屋外に排水できるようになっていました。また、建物の入り口付近には木製の梯子《はしご》が残っていて、出入りに使っていたようです。

掘立柱建物　地面に穴を掘って柱を建てて地上に構造物を作る建物です。掘立柱建物は地面を床にする平地建物と地面より高いところに床を作る高床建物に分かれます。建物の規模は、桁《けた》がかかる方向である桁行《けたゆき》（建物の一辺が長い方向）と梁《はり》が通る梁間《はりま》（建物の一辺が短い方向）の柱間の数で表現されます。例えば桁行方向に六本の柱が並べば五間《けん》、梁間方向に四本の柱が並ぶと三間となり、五間×三間の建物になるわけです。ここで使用している「間」は柱間の数を表していて、私たちが使う長さの単位である一間（約一・八二m）とは異なるので注意してください。

平地建物は、後で説明する高床建物に比べると検出例がとても少ないです。この建物は中期後半の絵画土器に描かれていて、寄棟の特別な建物であったことがわかります（図2−5）。おそらく建物側面は草を結わえ、あるいは土を塗って壁体を設けた大壁《おおかべ》構造になっていたと思われ、壁立ちの大型平地建物を復元することができます（図3下段）。

一方、高床建物は弥生時代になって普及する建物です。その要因は何といっても貯蔵の機能にありました。弥生時代では生産物の保管・管理は稲作農耕を営むうえで重要であったことは言うまでもなく、その倉庫（貯蔵施設）として特に一間×一間～三間の高床建物が使われていました（図1）。絵画土器に描かれた高床建物を見ると屋根の形は寄棟《よせむね》が少なく、切妻《きりづま》の屋根が多いようです。入り口は梁間に設け、梯子で出入りしていました（図2－2）。倉庫としての高床建物には壁を設ける建物（図2－1）と屋根倉と呼ばれる壁のない建物（図2－2）がありました。そして貯蔵物を守るため、小動物防除のネズミ返しが柱に付けられていました。また竪穴建物が建てられない場所（湿潤な土地など）では住居にも用いられていたようです。

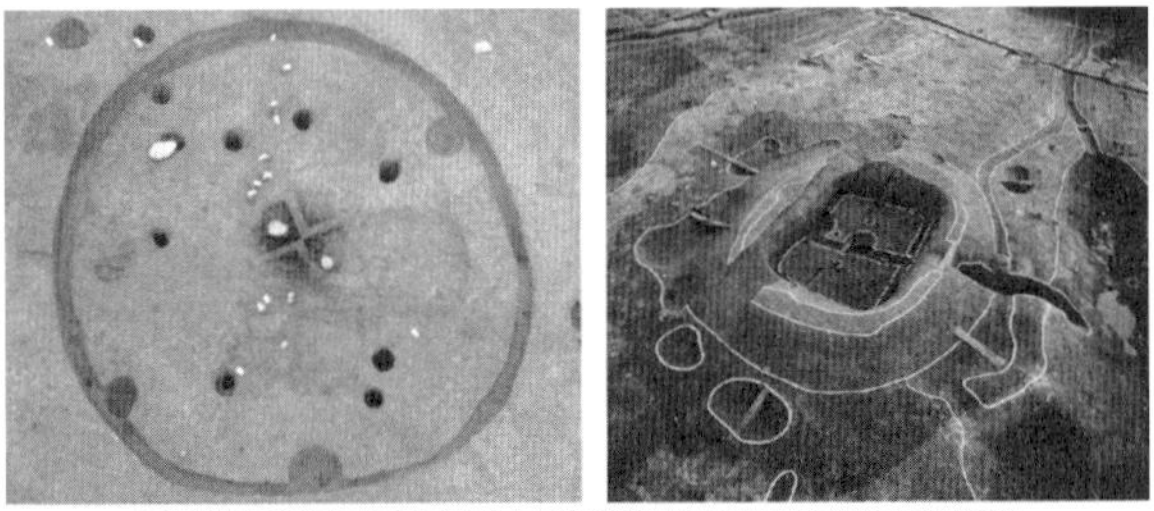

竪穴建物跡（愛媛県半田山遺跡）と周堤が残る竪穴建物跡（大阪府八尾南遺跡）

復元された竪穴建物と高床式倉庫（鳥取県妻木晩田遺跡）

図1　竪穴建物と高床倉庫

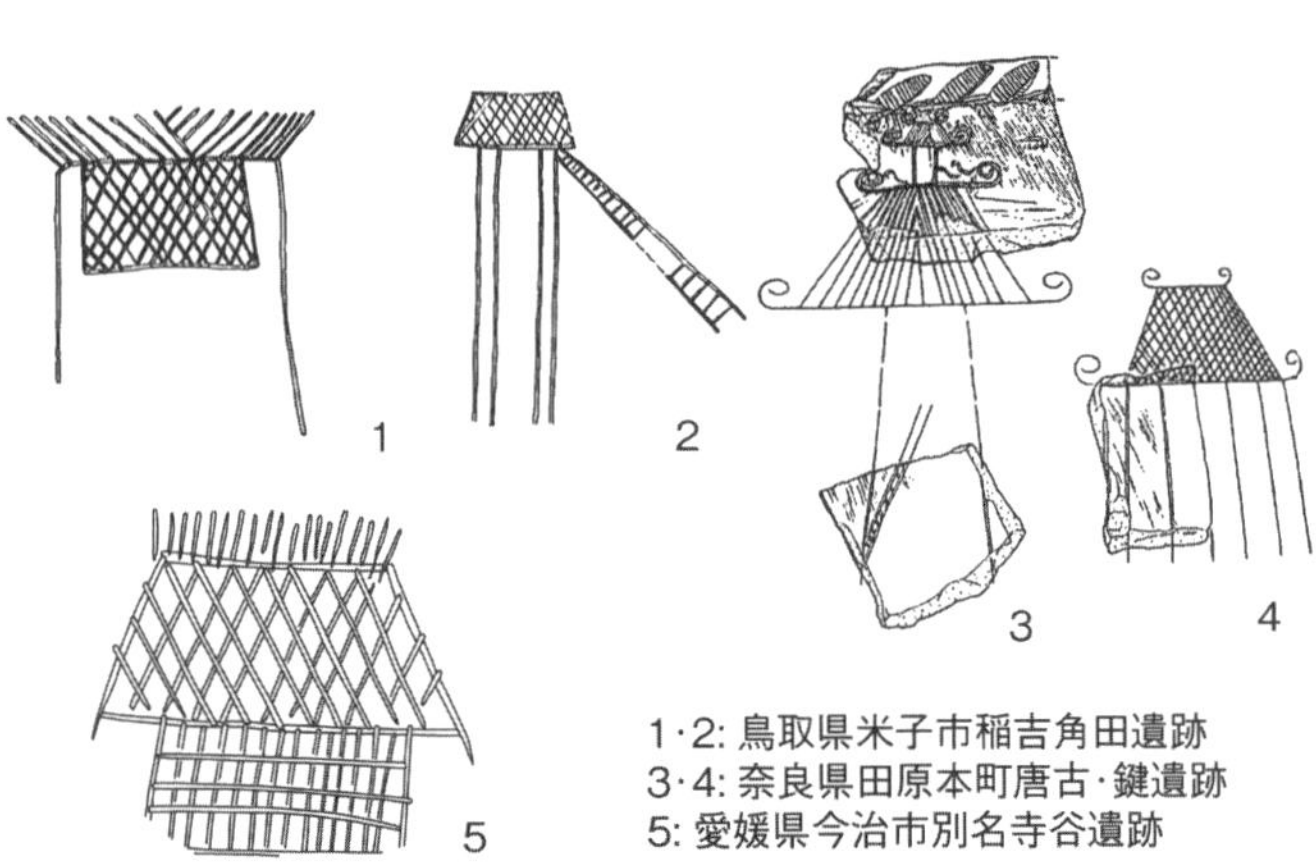

図2　弥生土器に描かれた建物

弥生時代の高床建物は倉庫や住居とは異なる重要な機能を持った特別な大型建物もありました。その典型例として大阪府の池上曽根《いけがみそね》遺跡で見つかったような超大型建物があります。この建物は独立棟持柱《どくりつむなもちばしら》がある切妻の超大型の高床建物に復元されています（図3上段）。このような床面積が一〇〇㎡前後にもなる大型の高床建物は西日本の拠点集落を中心に見つかっています。おそらく集落のシンボルのような

超大型掘立柱建物（大阪府池上曽根遺跡）

楼閣（奈良県唐古・鍵遺跡）

壁立ちの平地式建物（長崎県原の辻遺跡）

図3　復元された様々な建物

で、祭祀を行う施設や有力者の居館として使われていたと考えられます。先述した壁立ちの大型平地建物も同様の機能があり、有力者の居館として使われていたと思われます。

　こうした大型の高床建物には様々な建物があったようです。奈良県の唐古・鍵遺跡で出土した絵画土器には寄棟の屋根に渦巻き状の棟飾りを持つ2層以上になる高層建築の建物が描かれていました（図2－3）。これは超大型の高床建物の中には中国の楼閣に似た重層の建築物があったことを示しています（図3中段）。

弥生時代の住居とその多様性　以上みてきたように、農耕社会になった弥生時代では住居である竪穴建物が集まることで集落を作り、貯蔵施設としての高床建物が付設されました。そして農耕の発達は大型の拠点集落を作り、集落の中心にはシンボルになるような神殿や有力者の居館として超大型の高床の掘立柱建物を造営しました。こうした建物の出現や変遷は農耕社会の発展に連動しているのです。

　ただ、弥生時代の住居を考えるうえで注意しなければならないことがあります。弥生人たちが居住するのは農耕集落だけではないのです。高知県の龍《りゅう》河《が》洞《どう》遺跡や長野県の湯倉《ゆぐら》洞窟遺跡、神奈川県三浦半島に点在する海蝕《かいしょく》洞穴遺跡など、洞窟や岩陰を住居として利用する弥生人もいました。彼らは山間部や海浜部の地勢に適応した居住環境を形成し、稲作農耕に限らず様々な生業活動を行っていました（Q12）。このように弥生社会は多様であり、それは居住環境や建物の構造、住居のあり方にも反映していました。

（柴田昌児）

〔参考文献〕平井聖『改訂版　図説　日本住宅の歴史』（学芸出版社、二〇二一年）

Q14 お墓はどのようなものでしたか

A

弥生時代の墓には、遺体をさまざまな方法で骨化させてから埋葬する方式と、遺体をそのまま棺などに入れて地中に埋葬する方式がありました。前者は二次葬や再葬とも呼ばれます。複数の遺骨をひとつにまとめることも容易です。後者は欧米の映画にみられる埋葬シーンを思い浮かべるとわかりやすいかと思います。前者に対して一次葬とも呼ばれます。

また、棺をおさめる場所にあらかじめ土を盛って、塚を作ることもあり、考古学者は墳丘墓《ふんきゅうぼ》と呼んでいます。ただし、棺を地中に埋めたあとに墓標として土を盛る場合もあるので、その区別も重要です。

遺体がおさめられた地下施設　再葬の存在は、大人の遺体がそのままでは納棺できないような細首の壺から大人の大腿骨などが検出されることから知ることができます。千葉県の天《てん》神前《じんまえ》遺跡において、頸部内径が一〇cmに満たない壺内部から四肢骨と頭蓋骨片が見つかったことで明らかになりました。その後、東北地方から中部地方までの約八〇遺跡で同様の埋葬が見つかっており、人骨が検出されたのは一〇遺跡ほどです（図1）。時期は前期から中期に属しますが、その起源は縄文時代にさかのぼると考えられています。遺体処理を行い骨化させる再葬は、古墳時代以降も継続しますが、骨蔵器《こつぞうき》として壺を用いる墓制は、弥生時代の東日本で流行します。

土器を用いる墓制は他の地域にもみられますが、最も目立つのは北部九州地域の甕棺墓《かめかんぼ》です。前期末には高さ六〇cmを超える大型の甕棺墓が登場します。内部からは成人骨が検出される例があることから、成人が体を折り曲げておさめられた一次葬用の埋葬施設として土器が用いられるようになったと理解できます。甕棺は、南は熊本県宇土半島、東は筑後川上流の大分県日田市を東限とし、北は長崎県壱岐、西は長崎

県五島までみられ、飛び地的には薩摩半島にもあります。特に玄界灘沿岸地域と有明海北岸地域、そして熊本県白川流域に集中した分布をみせます。

佐賀県吉野ヶ里《よしのがり》遺跡では三〇〇〇基以上の甕棺墓が見つかっており、とくに遺跡北側の尾根上には約六〇〇mにわたり

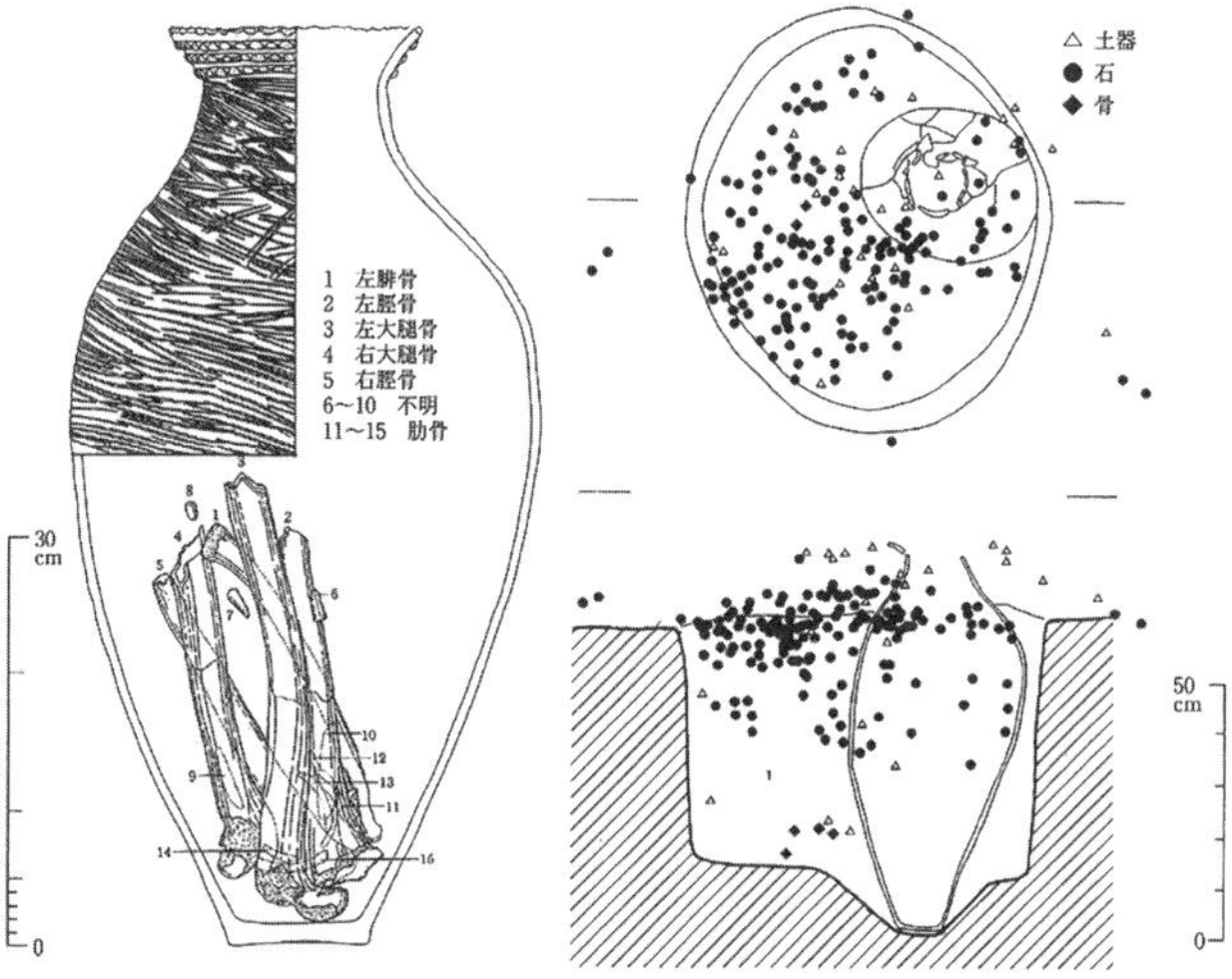

図1　埼玉県横間栗遺跡の再葬墓　設楽〔2008〕より

二〇〇〇基を超える甕棺が列をなしていました。ただし、副葬品はほとんど見つかっていません。一方で列の延長線上に位置する北墳丘墓からも一四基の甕棺墓が検出されています（図2－1）。これらのうち八基には銅剣やガラス製管玉が副葬されていました。同じような甕棺に葬られた人物でも、その格差は明瞭です。

弥生時代前期において新たに登場する棺として木棺があります。ただし、島根県堀部《ほりべ》第1遺跡のように棺材が残っている例はまれです。棺材がなくても小口板などを設置するための掘り込みがあれば、木棺があったことの根拠になります。木棺は、複数の板材を組み合わせた組合式木棺と、丸太を刳り抜いて棺とする刳抜式木棺に分けられます。前者については釘などで固定される事例はなく、現地で木材を組み合わせたと考えられています。また、棺材を組み合わせる前に墓穴内に石を並べることがあり、これらは配石墓や石槨墓と呼ばれます。木材のかわりに板石を使った箱式石棺もみられます。そして、棺を持たない、あるいは棺が考古学的に確認できない埋葬は、土壙墓《どこうぼ》と呼ばれます。

以上の施設は、埋葬前や葬礼の時しかみることができません。長期間にわたって埋葬後にも残る施設は、次に紹介する外部施設になります。

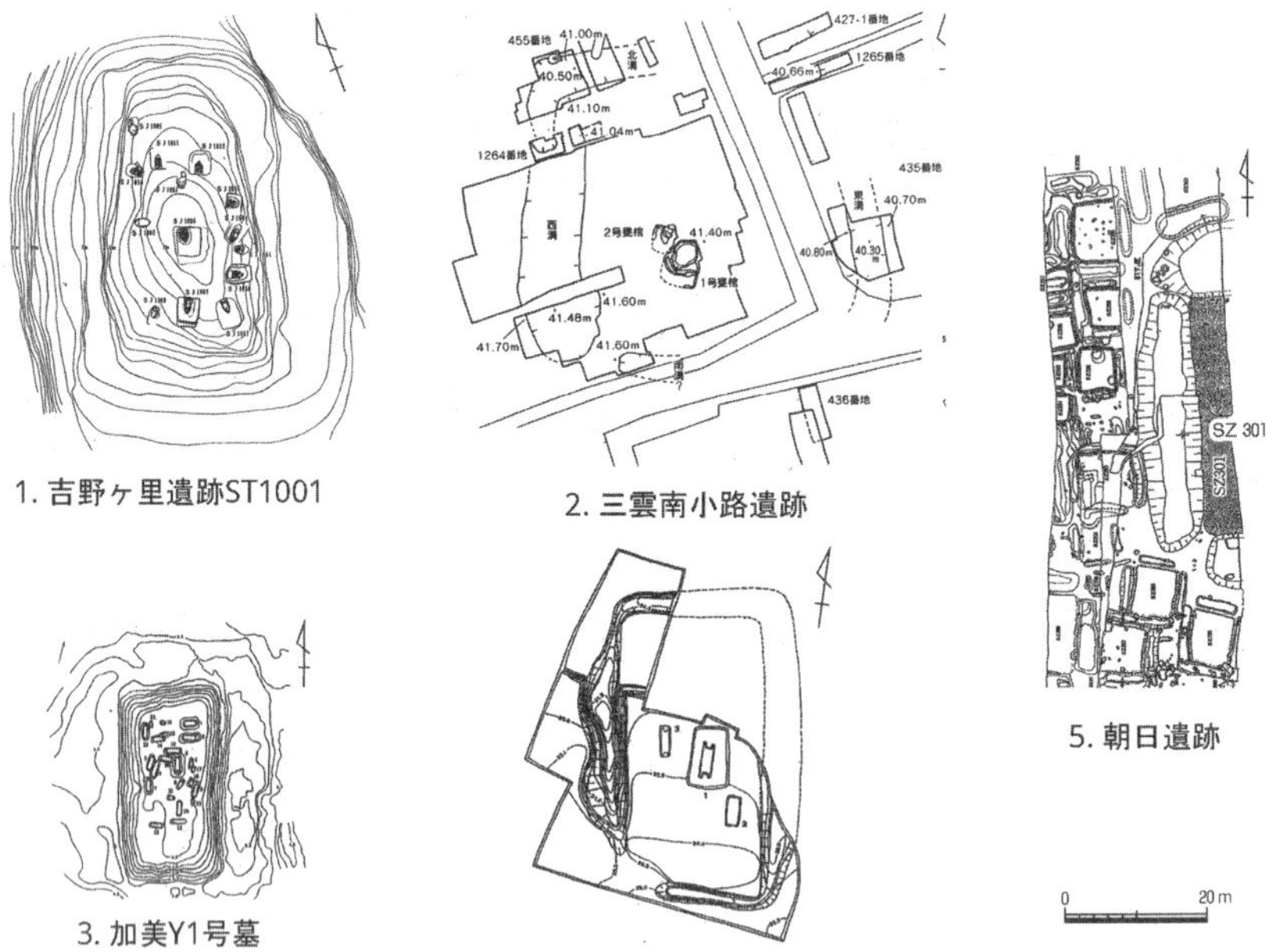

1. 吉野ヶ里遺跡ST1001
2. 三雲南小路遺跡
3. 加美Y1号墓
4. 寺岡遺跡SX56
5. 朝日遺跡

図２　弥生時代中期の墳丘墓

外部施設（墓標）　地上で墓の存在を示す施設を有する墓制としては、弥生時代に入り朝鮮半島から伝わった支石墓《しせきぼ》があげられます。支石墓はドルメン（dolmen）とも呼ばれ、新石器時代以降、欧州を中心に世界各地でみられる墓制ですが、その発生は各地で別々に起こったと考えられます。東アジアでは中国東北部から朝鮮半島に分布の中心があります。埋葬空間が地上に露出している北方式（卓子式）と、地下に埋葬空間を持ち地上に支石を数個配置した後に大きな上石をのせる南方式（基盤式）がみられます。前者は中国遼寧省《りようねいしよう》から漢江《かんこう》以北に数多くみられ、後者は朝鮮半島南部に分布します。さらに支石がなく地下の埋葬施設を上石が直接覆うタイプの支石墓も各地にみられます。日本列島では南方式と支石を欠くタイプの埋葬施設がみられます。南方式は、福岡県志《し》登《と》支石墓群や新町支石墓群で確認されています。後者では、全五七基中約三分の一が支石墓でした。うち9号墓は約一tの花崗岩の上石を四つの支石で支えており、その地下からは人骨が検出されています。本来は木棺の中におさめられていたようです。

　このような典型的な支石墓は早々になくなっていきますが、埋葬施設の地上部分に標石として大石を配置する習慣は、北部九州地域においてとくに上位の墓制で継続します。

福岡県吉武高木《よしたけたかぎ》遺跡では、弥生時代中期初頭前後の甕棺墓や木棺墓の一部に花崗岩の平石や安山岩礫を使用した標石が検出されています。甕棺墓や木棺墓には銅矛、銅剣、銅鏡といった同時期では最高位のアイテムが副葬されていました。一九一七年に発見された福岡県板付《いたづけ》田端《たばた》遺跡でも一・五m四方の大石の存在が報告されており、ここでも銅矛や銅剣が見つかっています。さらにさかのぼる一八九九年には福岡県須玖《すぐ》岡本《おかもと》遺跡D地点にて、大石を移動して土を掘った際に甕棺や大量の鏡が見つかったといいます。大石は長さ三・三m、幅一・八m、重さは四tでした（図3）。ただし、もともと墳丘があったと考えられており、そうであれば大石は露出していなかった可能性があります。甕棺は中期後半であり、約三〇面の中国鏡をはじめとする多数の副葬品が見つかっています。外表施設としては、弥生時代最大の墳墓の一つである岡山県楯築《たてつき》墳丘墓の円丘部状に並ぶ五個の巨大な板石も注目できます。時期は弥生時代後期末であることから、これまでみてきた支石墓由来の巨石とは時期も地域も大きく異なりますが、それぞれの時期で最高の副葬品や最大の墳丘規模を誇る埋葬施設上に、永続的な巨大モニュメントが採用されているのです。

石以外の墓標もあったようです。弥生時代中期後半に属する大阪府加美《かみ》Y1号墓は、南北二六m、東西一五m、高さ三mの長方形墳丘を持つ方形周溝墓です（図2－3）。二三基の埋葬施設が検出されていますが、各埋葬施設の上位には土まんじゅう状の盛土が伴っていて、最終埋葬後に整地したと考えられています。20号主体部上では幅約一五cm、長さ四〇cm、厚さ一cm前後の炭化した板材が出土しており、同様の板材が周溝内より検出されていることから、この板材が墓標として土まんじゅうに樹立されていた可能性があります。被葬者個人を顕彰する土まんじゅうや墓標を作る一方で、それをリセットして個々人を統合する整地行為

図3　須久岡本遺跡D地点の大石　京都大学〔1930〕より

は、ある時期までは個人の存在を伝える記憶装置（メディア）として墓が機能し、ある程度時間がたつとそれらは「整地」により解消され、過去の名のなき祖先、神話的存在の記念碑（モニュメント）として機能するようになったとも考えられます。

区画と盛土　墓標が垂直にのびるモニュメントだとすると、区画や盛土は平面的に視認することができるモニュメントです。ただし、発掘では溝しか見つからない区画墓にも、本来は盛土による墳丘を持っていた例が含まれます。たとえば、先述の加美Y1号墓は高さ三m以上のマウンドがあったことから、死者は見上げる場所に埋葬されていたことになります。死者が生者よりも高いところにいる墓制であることには注意が必要です。

　埋葬施設のまわりに溝がめぐる墓は、周溝墓《しゅうこうぼ》あるいは区画墓と呼ばれます。さらに方形にめぐる墓は方形周溝墓、円形にめぐる墓は円形周溝墓と区分されており、両者ともに西日本各地で弥生時代前期から存在します。弥生時代中期になると、その分布は関東地方に広がります。ただし、分布の中心は近畿地方から関東地方にあり、九州島では一般的な墓制とはなりません。中期以降、各地で主流になるのは方形周溝墓でした。一辺の長さは三~三〇mと大小さまざまです。福岡県の三雲南小路《みくもみなみしょうじ》遺跡（図2－2）や須玖岡本D地点など三〇m四方のもの、吉野ヶ里遺跡北墳丘墓のように長辺四〇m近い事例もあるので、北部九州地方に大きな方形墓があると思われがちですが、京都府北部の日吉ヶ丘《ひよしがおか》遺跡SZ01と、寺岡《てらおか》遺跡SX56（図2－4）、愛知県の朝日《あさひ》遺跡SZ208やSZ301（図2－5）のように、一辺三〇mを超える方形墓は本州中央部に目立ちます。さらに伊豆半島に位置する静岡県の寺尾原《てろうばら》遺跡SDH02のように一辺二四・六mで溝外周を含めると三五mを超える墓が東日本でもみられます。

　後期になるとより大きな方形墓が本州西部の日本海沿岸で目立ちます。島根県の西谷《にしだに》墳墓群でも四〇m前後の方形墓の四隅に墳丘にのぼるスロープ状の墓道がとりつく、いわゆる四隅突出墓《よすみとっしゅつぼ》が複数築造されています。京都府赤坂今井《あかさかいまい》墳丘墓は一辺約四〇m、高さ三・五mの墳丘を有する方形墓で、墳裾部《ふんすそぶ》には幅五~九mの平坦面を持つので、墓域としては五〇m近い規模となります。時期はやや新しいですが福井県の南春日山《みなみかすがやま》1号も長辺四〇mクラスの四隅突出墓です。前後して瀬戸内海沿岸では大きな円丘を持つ墳墓が発達していきます。なかでも楯築墳丘墓は直径四〇mの円丘の二方向に突出部を持ちます。本州島ではこのように四〇mクラスの墳丘を持つ墓が広い範囲で登場しますが、大陸的な副葬品が引き続き集中する北部九州地域では、墓が小さくなります。福岡県の平原《ひらばる》1号墓のように、豊富な副葬品を持っていても、規模は長辺でも一四mにすぎません。一辺二五mを超える大型方形周溝墓を築造していた近畿中部から南関東地方でも大きな区画墓の築造は低調となり、古墳時代直前までその規模はむしろ小さくなります。したがって、弥生時代後期の墓の規模は、地域ごとの権力の大小とは必ずしも結びつかないと言えます。

（寺前直人）

〔参考文献〕京都帝国大学『筑前須玖史前遺跡の研究』（京都帝国大学文学部考古学研究報告十一、一九三〇年）、中村大介「方形周溝墓の系譜とその社会」『墓制から弥生社会を考える』（六一書房、二〇〇七年）、設楽博己『弥生再葬墓と社会』（塙書房、二〇〇八年）、会下和宏『墓制の展開にみる弥生社会』（同成社、二〇一五年）

Q15 身分の違いはありましたか

A

〝身分〟とは何でしょうか。辞書によれば、特定の社会やそのなかの集団における地位や序列のこととされます。身分は、血統、家柄、財産、権力、職業、名誉などによって振り分けられたり順序づけられたりします。古墳時代の五世紀末〜六世紀に氏姓制度《しせいせいど》という支配体制がヤマト政権によってかたちづくられますが、これなどは日本列島における身分制度の初期的な状況を示すものとみてよいでしょう。それはどこまでさかのぼるのでしょうか。

古墳と身分　この制度は、首長的な地位にある氏上《うじがみ》を中心にその血縁者や非血縁者である氏人《うじびと》が統率されてヤマト政権の構成員となることで秩序づけられていますが、ヤマト政権の中枢をなす大王《おおきみ》は、氏の政治的な地位や性格に応じて臣《おみ》や連《むらじ》といった姓《かばね》をあたえて氏を統制しました。奈良県や大阪府に残る巨大な前方後円墳のあるものは、大王の墓とされています。

最古の前方後円墳が三世紀半ばに築かれた全長約二八〇mの奈良県箸墓《はしはか》古墳だというのは有力な説です。この古墳は陵《りょう》墓《ぼ》ですから墳丘の発掘調査を行うことができないので、同じ段階の古墳で推測するしかありませんが、三世紀後葉の奈良県黒塚《くろづか》古墳は後円部墳頂にただ一人の埋葬のために堅牢な竪穴式石室を設け、そこに三角縁神獣鏡《さんかくぶちしんじゅうきょう》を数十面副葬していました。三角縁神獣鏡は畿内地方を中心に各地に配布されていたことがわかっています。そして三角縁神獣鏡の分布とほぼ重なるようにして前方後円墳という規格的な墳形も東北地方から九州地方にまで広がっており、初期ヤマト政権の影響が広い範囲に及んでいたことを物語っています。

このように、墳丘の巨大さと規格性、被葬者の隔絶性、副葬品の規格性と多量性が身分の差を示す初期前方後円墳の特

徴と言ってよいでしょう。こうした特徴の墓は弥生時代に認められるでしょうか。

弥生墳丘墓と甕棺墓　墳丘の巨大さと規格性という点では、弥生時代終末の三世紀前半に築かれた奈良県纒向石塚《まきむくいしづか》墳丘墓は、墳丘長がおよそ一〇〇mの前方後円形で巨大であり規格性があります。巨大な墳丘を持ち、ただ一人、あるいは少数の選ばれた人を同一墳丘上に埋葬する弥生墳丘墓は、さらにさかのぼった弥生後期の二世紀後葉に吉備地方と出雲地方から越中地方の日本海沿岸にみられます。岡山県楯築《たてつき》墳丘墓は円丘に長方形の張り出しが二方についた双方中円形と言ってよい独特な形の墳墓で、墳丘の長さがおよそ八〇mと推定され巨大です。埋葬跡は墳丘の中心に見つかり、ヒスイの勾玉一個、碧玉《へきぎょく》製管玉《くだたま》二七個、メノウ製管玉一個からなる首飾りと鉄剣が一本、そして数百の管玉とガラス製小玉が副葬されていました。大量の鏡は認められませんが、首長墓《しゅちょうぼ》にふさわしい副葬品です。周囲に同時期の墓は見当たらず、隔絶性が強い墓と言ってよいでしょう。

北部九州では弥生時代にこのような巨大な墳丘を持った首長墓は認められませんが、そのかわり大量の青銅鏡を副葬した墓が顕著です。たとえば後期後葉、紀元二世紀の福岡県平《ひら》原《ばる》遺跡の方形周溝墓《ほうけいしゅうこうぼ》の中心に設けた木棺墓のわきから三〇面以上の新《しん》〜後漢《ごかん》初期の鏡が出土しました。さらに紀元一世紀、後期前葉の同県井原鑓溝《いわらやりみぞ》遺跡の甕棺《かめかん》墓から二〇数面の新の鏡が、そして紀元前一世紀、中期後葉の同県三雲南小路《みくもみなみしょうじ》遺跡の甕棺墓からは大量の前漢鏡《ぜんかんきょう》が出土しました。この三つの墓はいずれも糸島市域にあり、一帯は『魏志《ぎし》』倭人伝《わじんでん》の「伊都国《いとこく》」に比定されています。倭人伝は伊都国に「世々王あり」、すなわち代々王がいたと書いていますので、これらが歴代の王墓ではないかと考えられています。

三雲南小路遺跡は一辺が三〇mほどの大きな方形周溝墓ないしは墳丘墓の中央に二基の甕棺墓が設けられ、それぞれの甕棺墓に三〇面以上と二〇面以上の前漢鏡が副葬されていました。一号甕棺にはガラス璧《へき》や金銅製《こんどうせい》四葉座《しようざ》飾《かざ》り金具といった漢からプレゼントされた特別な副葬品もおさめられていました。奴国《なこく》の領域では、福岡県須玖岡本《すぐおかもと》遺跡の巨石の下から出土した甕棺に三〇面以上の前漢鏡が副葬されていました。この甕棺には三雲南小路遺跡一号甕棺と同様にガラス璧も伴っています。三雲南小路遺跡とおなじく周辺の甕棺墓からは独立した特別な墓であると推定されています。

奴国の領域である志賀島《しかのしま》から発見された「漢委奴国王《かんのわのなこくおう》」の文字のある金印は、『後漢書《ごかんじょ》』が記すように建武中元《けんぶちゅうげん》二年（五七）に朝貢《ちょうこう》した倭の奴国王に対して後漢の光武帝《こうぶてい》が授け

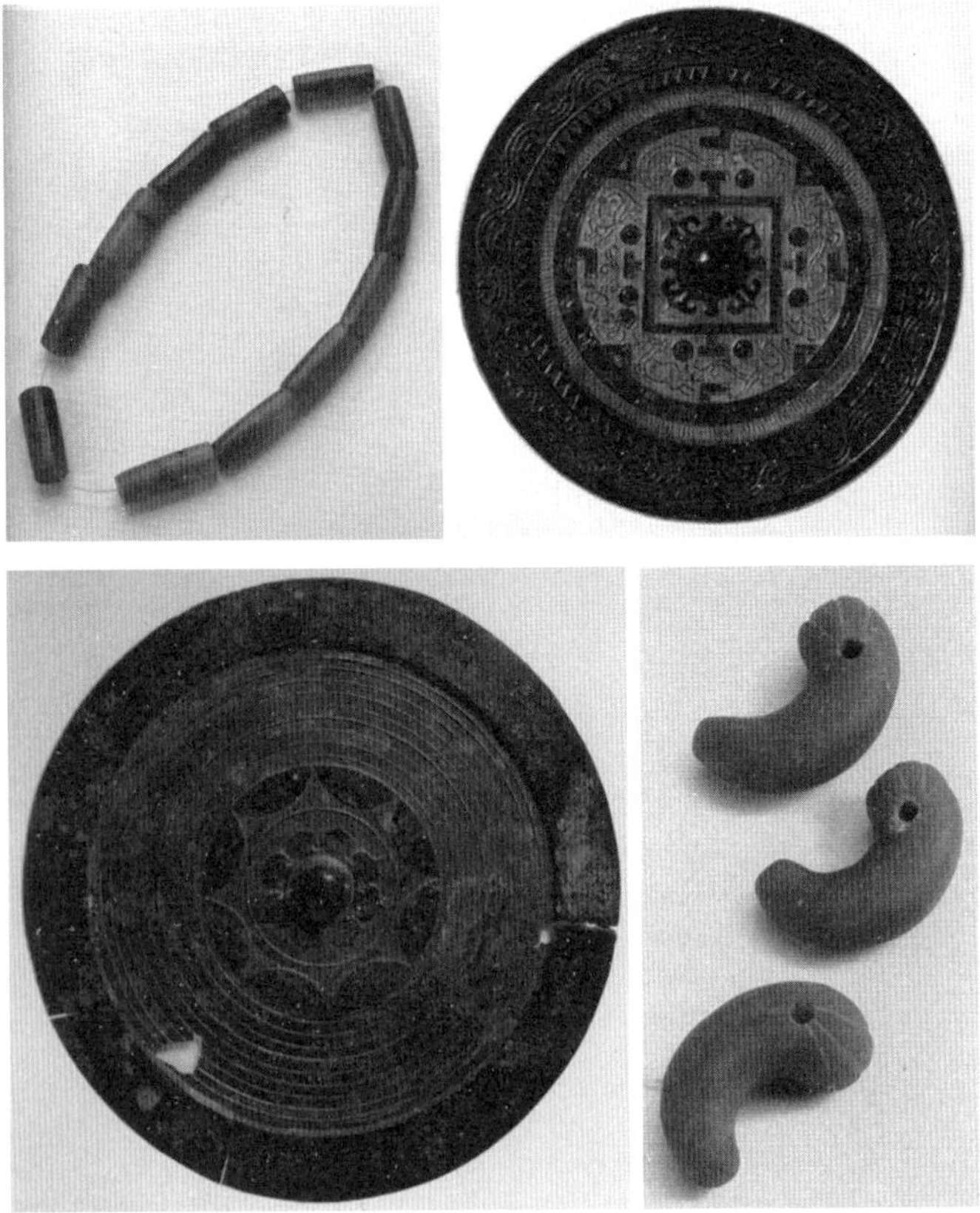

図1　福岡県平原遺跡方形周溝墓の副葬品（鏡、ガラス勾玉、メノウ管玉）

た印である可能性が高いと言ってよいでしょう。したがって、奴国の領域にある須玖岡本遺跡の多量に副葬品をおさめた墓は王墓と言っても差し支えありません。つまり、弥生中期後葉の紀元前一世紀には、のちの奴国や伊都国の領域にすでに王が登場していたことがわかるのです。

　これらの王墓の副葬品には、鏡やガラス壁といった特殊な遺物のほかに武器や玉も含まれていて、総じて他の甕棺墓と異なるトップクラスの内容をほこっています。その下位には鏡を五枚ほど副葬した甕棺墓が位置し、さらにその下に鏡を一面程度副葬した甕棺墓、鏡は持たないが玉などを持った甕棺墓が続くといったように、弥生中期の北部九州では副葬品の質と量によってピラミッド状の階層構造をなす支配者組織の存在がわかります。さらにその下にはなにも副葬品を持たない数多くの甕棺墓が従っていることになります。

王墓と身分秩序の背景　『魏志』倭人伝によれば、邪馬台国は女王が支配していて、官に「伊支馬《いしま》」、その下に「弥馬升《みましょう》」さらにその下に「弥馬《みま》獲支《かくき》」、続けて「奴佳鞮《ぬかてい》」という名前の役職からなる支配組織のようなものがありました。そして北部九州の国々に、階層化の程度の差はあれ共通して認められる大官と副官といった身分差からなる階層的な官僚組織があったことも伝えています。身分の高い「大人《たいじん》」は四～五人の妻をめとっており、身分の低い「下戸《げこ》」でも二～三人の妻がいたと記しています。また、卑弥呼《ひみこ》やそれを継いだ壱与《いよ》が魏に対して行った朝貢の貢物として「生口《せいこう》」があったことを伝えていますが、それは戦争などによって生じた奴隷とする見方が有力です。

このように三世紀すなわち弥生時代終末期の倭国では、人々はいくつかの身分によって区別されていたことが文献からわかりますが、そうした身分の序列は紀元前一世紀に存在していたことが、先に述べた考古資料からも裏付けることができるのです。

身分階層が生まれたきっかけはどのようなところにあったのでしょうか。紀元前一世紀の倭人のことを書いた『漢書』地理志には、倭人は楽浪郡《らくろうぐん》の海のかなたに住んでいて、定期的に漢に貢物を差し出していたとあります。楽浪郡は紀元前一〇八年に朝鮮半島の北部に設置された漢の出先機関ですが、それをきっかけにして中国から様々な文物が下賜されたのです（Q44、Q45）。

漢文化など中国との関係が強化されることによって倭人の身分の序列が整ってくる以前には、朝鮮半島の青銅器文化が北部九州に影響を与えていました。福岡県吉武《よしたけ》遺跡群は弥生前期末から後期にわたりおよそ二〇〇〇基に及ぶ甕棺墓が築かれましたが、そのうちの吉武高木《よしたけたかぎ》遺跡の中期初頭の墓域はいずれも特別な副葬品をおさめた大型の甕棺墓七基と木棺墓四基の墓から成り立っています。三号木棺墓は多鈕細文鏡《たちゅうさいもんきょう》一、細形銅剣二、細形銅矛《どうほこ》と細形銅戈《どうか》各一、ヒスイ製勾玉《まがたま》一、碧玉製管玉九五という突出した種類と数の副葬品を保有した首長墓です。この墓をトップとした副葬品の序列は、のちの王墓の起源がここにあることを物語りますが、青銅器はいずれも朝鮮半島に由来するものです。

それ以前の弥生時代早期～前期の弥生文化に青銅器はまだ定着しておらず、磨製石剣《ませいせっけん》と土器を副葬した墓が特別な存在として認められる程度です。縄文時代にも墓域のなかに副葬品を多数保有した限られた墓が認められる場合もありますので、首長を頂点にしっかりとした身分序列ができあがっていくのは弥生時代中期をまたなくてはなりません。そしてそれは、朝鮮半島や中国といった身分秩序の先進的な地域からの影響によってなされていったのです。

（設楽博己）

〔参考文献〕松木武彦『列島創世記』（全集日本の歴史1、小学館、二〇〇七年）、寺沢薫『弥生国家論―国家はこうして生まれた』（敬文舎、二〇二一年）

Q16 どのようなものを着ていましたか

A 弥生時代の衣装については、『魏志《ぎし》』倭人伝《わじんでん》に貫《かん》頭衣《とうい》に関する記事があり、これまで様々な復元が行われています。一方遺跡からは紫や赤に染めた布を複雑に縫い合わせた衣服が出土しており、身分などにより着ていた服が違ったようです。ここでは、出土した布資料のほか土器の絵画や人形の土製品などをもとに弥生時代の衣装について考えてみましょう。

文献・絵画資料からみた倭人の衣服　弥生時代の終わり頃（三世紀中頃）の様子を記録した『魏志』倭人伝によれば、男子は、木緜《ゆう》という楮《こうぞ》の皮から作った糸（いまの木綿ではない）で織られた布地を頭に巻き、横幅のある布を結びほぼ縫わずに服としていたとされます。一方婦人については貫頭衣を着ていたとされ、布団のように大きい布の中央に穴を開けて着衣していたとされます。

その他、数少ない倭人の姿を描いたものとして、六世紀の南朝梁の頃の『職貢図《しょくこうず》』（一一世紀の宋の時代に模写）があります。これには、中国に来た倭国の使節の姿が描かれており、横幅の布を肩に掛けてまとい、腹のあたりでしばっています。こうした特徴は『魏志』倭人伝の記述を彷彿させますが、弥生時代までさかのぼって考えるのは厳しいかもしれません。

貫頭衣　『魏志』倭人伝に記載されている貫頭衣は、一枚の大きい布の中央に穴を開けたものとして記述されていましたが、当時の技術でこのような布は織れませんでした。弥生時代の機織り機は、遺跡から出土した部材の復元から輪状式の原始機（Q39図2参照）と呼ばれる織り機であることが明らかとなっています。そして、これで織ることのできる布の幅は織り手の腰の幅である三三cmほどに制限され、布二枚を横に並べて縫い合わせて貫頭衣としたと考えられるようになり

ました（図1）。以上のような貫頭衣は、庶民が用いたと考えられていますが、同時代に外交関係にあった古代中国にはさらに複雑な衣服が存在していました。果たして弥生時代には貫頭衣以外の衣服はなかったのでしょうか。

出土した衣服　布は有機質であるため台地上の遺跡などの場合、腐ってなくなってしまいます。そうしたなか、佐賀県吉野ヶ里遺跡では、弥生時代中期前半頃（前四世紀前半から前三世紀中頃）の甕棺の人骨の胸から脛にかけて数十片の布片が出土しました。これらの布のなかには左肘に二枚の絹の布を縫い合わせ筒袖のようにしたものが出土しています。この二枚は、複雑に重ねて縫い合わせています。なお、鳥取県青谷《あおや》上寺地《かみじち》遺跡からも二枚の布を縫い合わせたものが出土しており、裁縫による服の製法ついてはすでに各地に拡散していたようです。なお、弥生時代の絹の衣服は、織目のつまった紬《つむぎ》のようなものであったと考えられています。

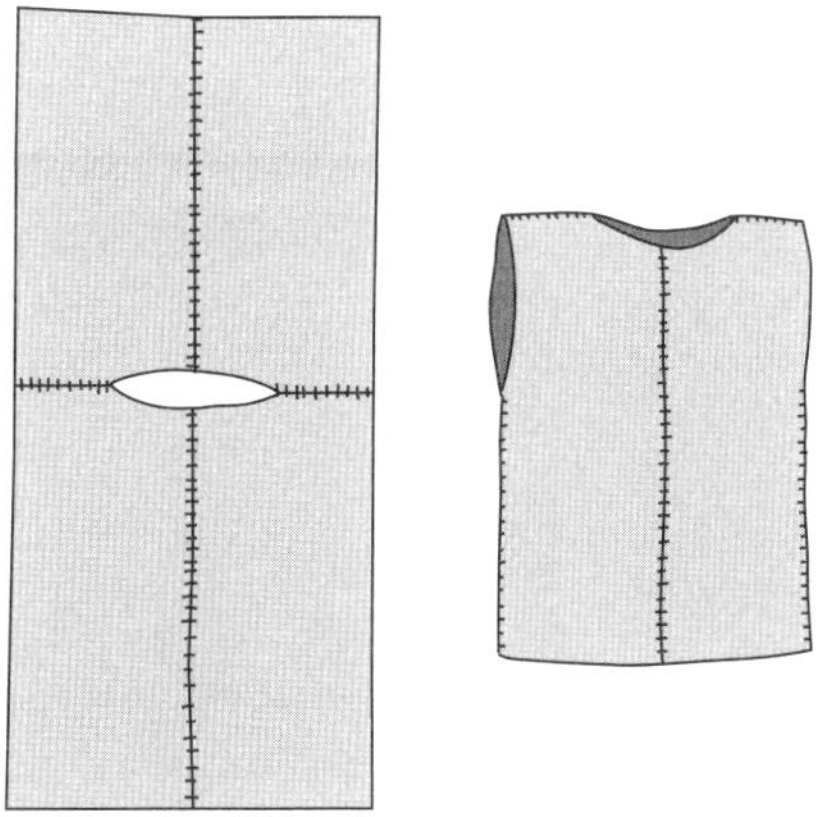

図1　貫頭衣

また、佐賀県吉野ヶ里《よしのがり》遺跡で出土した布のなかには、透けるように織られた特殊な透目《すきめ》絹が出土しています。この生地の服は非常に軽く、古代中国では前二世紀の漢代の馬王堆《まおうたい》墓から死装束として着衣された状態で出土しています。

こうした吉野ヶ里遺跡から出土した布からみれば、弥生時代には庶民は麻や苧麻《ちょま》などの布から作った貫頭衣で、身分の高位の者は筒袖を持ち、より複雑に裁縫された絹布の衣服であった可能性が考えられます。なお、吉野ヶ里遺跡出土の絹布のなかには、貝類からとれる紫色の染料である貝紫《かいし》や日本茜で染色されたものがあり、身分の高位の者は色鮮やかな絹の衣服をまとっていました。

人形土器の衣服表現　弥生時代の西日本で衣服を検討できる人形の土製品は岡山県楯築《たてつき》遺跡出土の一例しかありません（図2）。本例は乳房の表現から女性像とされ、体表に綾杉文を縦横に施し、首に勾玉を数個連ね、左手でこれらを押さえるように表現しています。胴部の綾杉文などは入墨の可能性がありますが、ネックレスをもつ女性であることから衣服の表現の可能性の方が高いと考えます。綾杉文などによって表現されたものが上衣であるとすれば、腰に帯を通し肩部が張

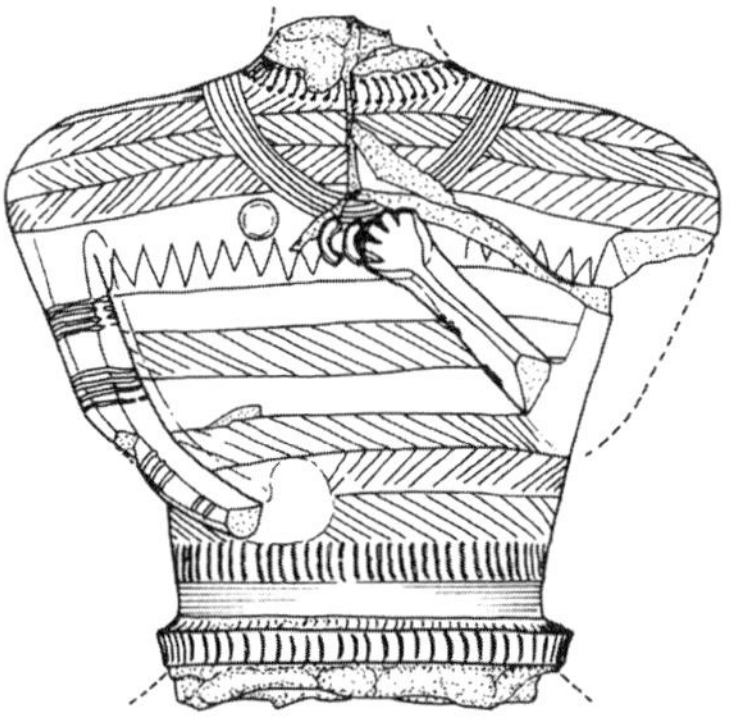

図２　人形土器（楯築遺跡）　岡山大学文明動態学研究所・岡山大学考古学研究室編〔2021〕『楯築墳丘墓』より

る形状が特徴的で筒袖をなすでしょう。弥生時代には綾織《あやおり》の布が出土しているので、この人形のように織り目を変えた布をつなげた衣服は製作可能でしょう。腰の欠損部をみると、帯の直下で外側に急角度に開いており、これは古墳時代の人物埴輪の女性像にみられる上衣の末端が外側に反る特徴に似ています。楯築遺跡の年代は二世紀後半から三世紀前半頃であるので、後漢末期頃のものです。この遺跡の墓の主体部は漢にあるような木槨で、この土製品は漢代に墓におさめられた俑《ゆう》と呼ばれる土製の人形の影響を受けたものである可能性があります。ただし、漢の服は右前にとじる着方ですが、本遺跡例ではおそらく筒袖を持つ貫頭衣で、衣服の特徴は倭人のものです。

土器絵画の衣服と靴の表現　弥生時代中期中頃から後半（前三世紀から紀元前後）の近畿地方を中心にみられる弥生土器には、鳥の羽のようなもので身を飾る「鳥装のシャーマン」、「戈《か》と楯をもつ人物」と呼ばれる人物像があります（図３）。鳥装のシャーマン（図３−１）は、奈良県清水風《しみずかぜ》遺跡出土例のように両手を広げる身振りをなし、腕から腰のあたりに鳥の羽のような布が広がるデザイン（以下羽部とする）の衣装を着ています。これと似たような絵画の羽部には、他に手の位置で広がるもの、手をやや挙げ垂れ下がったものなどがあり、手で掴んで羽部を広げる構造であった可能性があります。

同種の絵画のなかには、乳房や性器を露出しているものがあり、部分的に身を飾るものの可能性もあり、全体としてどのような衣服となるのかは不明です。羽状に広がる部分は、左右に鋸歯文《きょしもん》（イ部分）と斜格子目文（ロ部分）を施し、ま

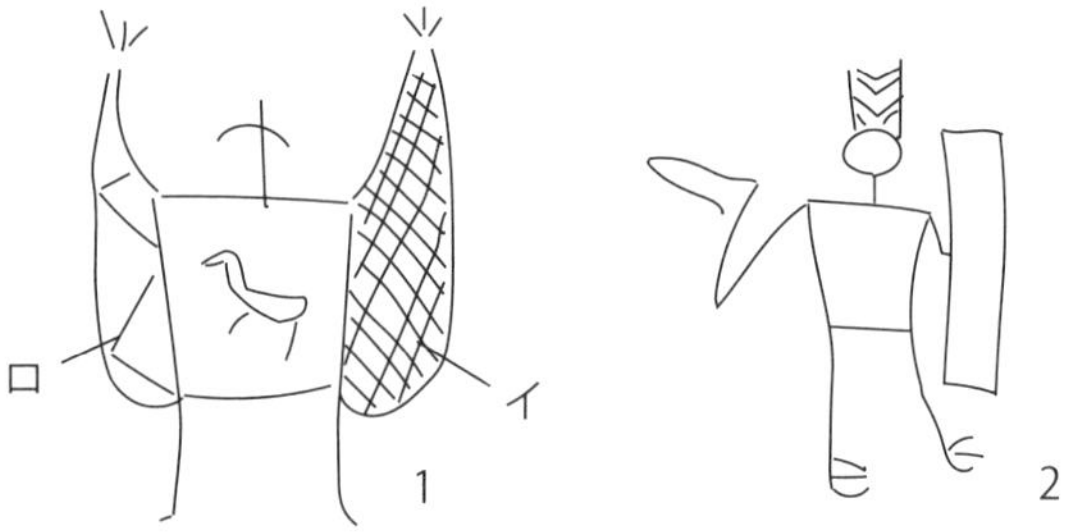

図３　弥生絵画の人物表現（鳥装の巫女と羽飾りの男性　１：唐古・鍵・鍵遺跡　２：清水風遺跡）　小林青樹〔2017〕『倭人の祭祀考古学』（新泉社）より

た両方に斜格子目文を施すものもあり、なかには細かい線を毛羽立つように描画したものもあります。

次に戈と楯をもつ人物の絵画は、頭に鳥の羽を装着している男性像です（図3－2）。胴部の表現は空白のものが多く、格子目文を充填し甲《よろい》を身につけている表現もあります。そのほか、船の漕ぎ手の人物も頭部に羽状のものをつけています。絵画のなかには、この他にも鳥装の人物像が多く表現されており、同時代の古代中国や東南アジアなどには弥生文化のものとよく似た鳥装の絵画例などが多数みられ、鳥装はアジア各地に広く共通した習俗であったと考えられます。

なお、戈と楯をもつ人物の絵画には、ほかに靴を履いているような表現を持つものがあります。弥生時代の遺跡からは、これまでに二〇遺跡以上から方形の厚みのある板をくり抜いて木靴とした履物が出土しています。『魏志』倭人伝には、倭人は「皆裸足」であると記述されていますが、靴はあったようで、大小様々なサイズがあり、子供から大人まで使用していたようです。前期後半に出現し、後期に北部九州でたくさん出土します。こうした木靴は、本体の側面の突起に紐をかけ、あるいは孔に紐を通して足に縛って使用したようで、中央で折れてしまった例や使用痕跡があることから、ある程度履いて使用した可能性があります。しかし、爪を覆う工夫や鼻緒がないので動きづらく、日常の歩行用ではなく祭祀用か、または足を保護する必要のある作業時に履いたのではないかと考えられています。

以上のように、弥生時代には、儀礼や戦争時には特殊な衣装を着ていましたが、日常的には男女ともに庶民は麻や苧麻を素材とした貫頭衣、身分の高い者は筒袖を持ち高い技術で織られ染色された絹の衣装を身にまとっていました。

（小林青樹）

〔参考文献〕武田佐知子『古代日本の衣服の変遷—貴族の服装と庶民の貫頭衣—』（アートデイズ、二〇一〇年）

Q17 どのようなおしゃれをしていましたか

A

弥生時代の装身具は、縄文時代の装身具を引き継いだもの、縄文時代の装身具の素材をもとにして弥生文化らしさを加えたもの、中国や朝鮮半島から入手した日本列島にはない素材で作られたものなど、由来の違いに応じてバリエーションが豊かです。それでは、弥生人の装身具を頭の上からみていきましょう。

首から上の装身具　まず頭飾りですが、簪《かんざし》は縄文時代以来の角や木で作られた製品が知られています。大阪府瓜生堂《うりゅうどう》遺跡で出土した簪は頭部が円筒形で、そこに流水文《りゅうすいもん》を彫刻していますが、この文様は縄文時代晩期に東北地方で流行した工字《こうじ》文《もん》の流れをくんだもので、縄文文化の伝統がうかがえます。簪は弥生時代前期に多くありますが、中期になると衰えていくのも縄文文化的な装身具だからでしょう。

櫛は竪櫛《たてぐし》であることに加えて結歯《ゆいば》式と刻歯《こくし》式の両者があり、縄文時代のスタイルを受け継いでいます。三重県納所《のうそ》遺跡、島根県西川津《にしかわづ》遺跡では、歯を束ねた部分である棟《むね》が赤漆でかためられた美しい竪櫛が出土しており、縄文文化の技術が引き継がれている様子がよくわかります。石川県野本《のもと》遺跡の竪櫛は、棟の歯を桜の皮で互い違いに結わえて市松模様にした珍しい例です。

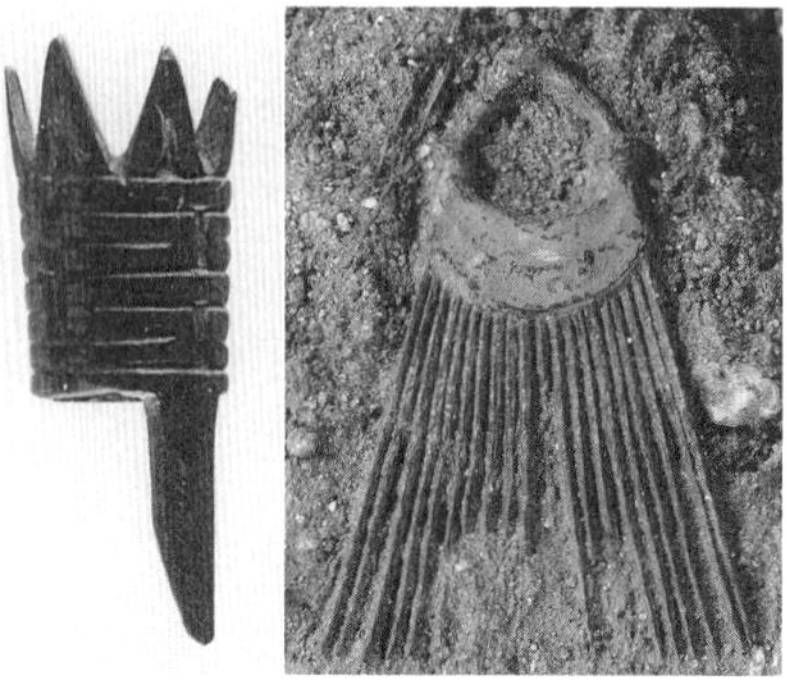

図1　簪と櫛（大阪府瓜生堂遺跡、三重県納所遺跡）

いくつかの遺跡でヘアバンド状の頭飾りが出土していますので、紹介しましょう。福岡県立岩《たていわ》遺跡の28号甕棺から五五三個もの碧玉《へきぎょく》製の管玉《くだたま》がまとまって出土しました。甕棺《かめかん》内の位置関係から頭飾りであったと推定されていますが、管玉を縦にして横に並べ、横方向に連ねた管玉で上下をおさえて帯状にし、左右に房状に管玉を垂らしたスタイルが図2のように再現されています。ガラス製丸玉とガラス製棗《なつめ》玉、そして塞杆《さいかん》状ガラス製品が五個伴っていました。塞杆状ガラス製品とはゴルフボールをのせるティーのような形のもので、ヘアバンドの要所にあしらわれているところから留め具の役目を果たしていたようです。ガラス製品は大陸からもたらされました。棺内には青銅鏡も副葬されていて武器は伴っておらず、被葬者はおそらく女性だったとされています。

京都府赤坂今井《あかさかいまい》遺跡の墳丘墓《ふんきゅうぼ》にはいくつかの埋葬跡がありますが、そのうちの一つ（第4埋葬）からヘアバンドが出土しています。ヘアバンドは碧玉製や青色の鉛バリウムガラス製の管玉を連ね、要所に緑色の鉛バリウムガラスの勾玉《まがたま》を配したとても美しいものです。佐賀県吉野ヶ里《よしのがり》遺跡の甕棺墓からは長い青色のガラス製管玉も多数出土しており、ヘアバンドだったのではないかとされています。

図2　管玉によるヘアバンド（福岡県立岩遺跡）

ガラス製品は弥生時代前期に大陸から伝わり、紀元前四世紀の中期初めころに日本列島で作りはじめたことが山口県七《なな》見《み》遺跡から出土した勾玉の鋳型からわかります。弥生時代のガラス製品は製品を溶かして作ったもので、ガラスそのものの生産は古代にならないとはじまりません。

縄文時代には耳たぶに孔をあけて大きな耳飾りをはめる風習がありましたが、弥生時代にはなくなりました。しかし、耳飾り自体はあったようで、大阪府巨摩廃寺《こまはいじ》遺跡や鳥取県古《こ》浦《うら》遺跡で人骨の両耳の付近から管玉が出土しています。愛知県亀塚《かめづか》遺跡の土器に描かれた顔の絵画（Q54図2）のように、耳たぶに孔をあけてひもを通し、管玉を下げたものと思われます。

首から下の装身具　勾玉と管玉は、主に首飾りに用いられたと思われます。福岡県吉武高木遺跡は有力者を葬った中期初頭の墓が多数見つかっていますが、3号木棺墓からはヒスイの勾玉一個と碧玉製管玉が九五個出土しています。管玉を連ね、中心に親玉として勾玉をあしらったペンダントを下げていたのでしょう。兵庫県田能《たの》遺跡の木棺墓《もっかんぼ》からは、男性の胸のあたりから六〇〇個以上の碧玉製管玉が出土しました。ペ

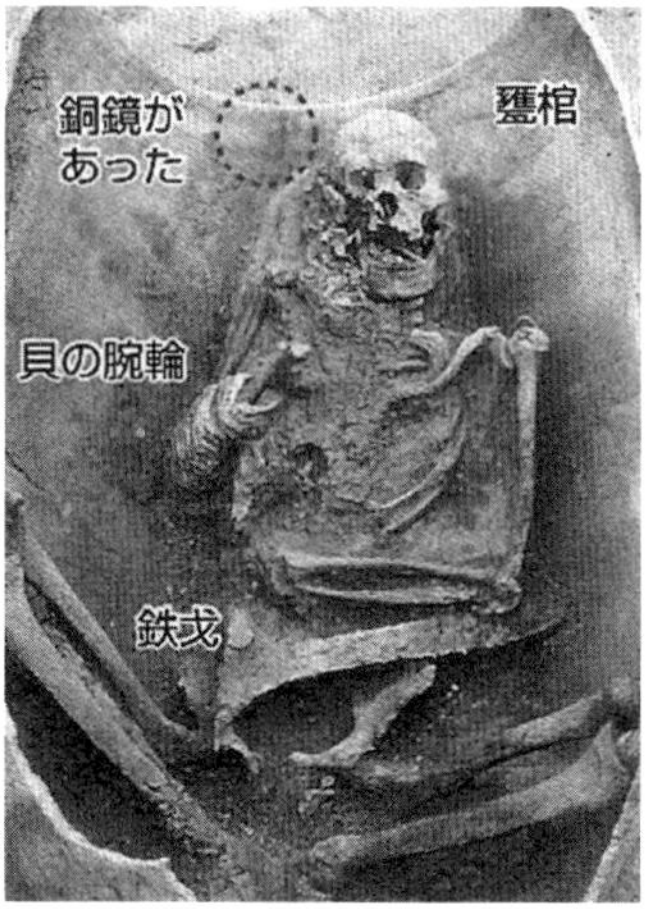

図３　右腕にゴホウラ製の貝輪を14個つけた男性の人骨（福岡県立岩遺跡）

ンダントだとすれば、何重もの首飾りだったと思われます。

勾玉と管玉はいずれも縄文時代にありましたが、弥生時代に装いを新たにした装身具として用いられました。縄文時代の勾玉は獣形勾玉や緒締《おじめ》勾玉というデコボコした複雑な形のものが多いですが、弥生時代にはカシューナッツのような簡素な形へと変化しました。半玦《はんけつ》形というC字形の勾玉は朝鮮半島に起源があるとされています。勾玉にヒスイが使われるのは縄文時代以来ですが、碧玉製品が多くなるのは弥生時代の特徴です。側面がふくらみエンタシス形となる縄文時代の管玉は一掃され、朝鮮半島由来の側面がストレートな形に切り替わりました。

図４　ガラス製（手前）と青銅製（奥）の腕輪（京都府大風呂南遺跡）

腕輪である貝輪は縄文時代以来のベンケイガイやサルボウといった二枚貝が多い一方で、弥生時代にはゴホウラやイモガイといった奄美、沖縄の南海産の貝が多用されるようになりました。男性はゴホウラ製の貝輪を右腕に、女性はイモガイ製の貝輪を左腕につけるのを原則としていたようです。たとえば福岡県立岩《たていわ》遺跡34号甕棺に葬られた三〇歳代の男性は、右腕にゴホウラ製の貝輪を一四個もつけ、腹に大きな鉄《てつ》戈《か》という武器形の祭器をのせていました。また、佐賀県花浦《はなうら》遺跡の甕棺の女性は左腕にイモガイ製の貝輪を一八個もつけていました。福岡県諸岡《もろおか》遺跡の貝輪をつけた人骨は腕に異常をきたしていたとされ、貝輪を多量につけた人は労働からまぬがれる特別な身分の人たちだったことがわかります。

ゴホウラ製の貝輪は中期の終わりに青銅製の腕輪に変化します。腕輪は釧《くしろ》と呼ばれていますが、有鉤銅釧《ゆうこうどうくしろ》についた鉤状の突起は縦切りにしたゴホウラの角状の部分を模したものです。横切りにしたイモガイを模した丸い銅釧も中期末からみられます。丸い銅釧には断面が円形のものと薄板状の二種類があり、後者は関東・中部地方を中心に分布しています。

後期には鉄製の釧も出現します。円環形とラセン形がありますが、いずれも長野県域を中心に埼玉県域や東京都域など、これも東日本にみられる特有の腕輪です。

珍しいものとして、京都府芝ヶ原《しばがはら》遺跡の墳丘墓からカサガイを模した周囲にとげのある銅釧が出土しています。福岡県カルメル修道院遺跡で錫《すず》製の釧が、京都府大風呂南《おおふろみなみ》遺跡で半透明なブルーのたいへん美しいガラス製の釧が副葬されていました。長崎県原《はる》の辻《つじ》遺跡から出土した銅釧は遼東地方の特徴をそなえています。

腰飾りはシカの角をL字形に加工したものが、滋賀県入江《いりえ》内湖《ないこ》遺跡や奈良県唐古《からこ》・鍵《かぎ》遺跡から出土しています。出土例は限られていて、縄文時代ほどには流行らなかったようです。

弥生時代の装身具の役割　ゴホウラやイモガイが貝輪として求められたのは、切断したときにできる渦状のモチーフが魂をつなぎとめる役割を持つと考えられていたからだという意見があります。また性別によって貝輪の種類とつける腕の左右が区別されていました。弥生時代の装身具には呪術的な役割りや性差を示す役割のあったことがうかがえます。

権威の象徴としての役割が強いことも、弥生時代の装身具の特徴です。吉武高木遺跡で勾玉と管玉をたくさん副葬した墓をみましたが、その墓にはたくさんの青銅製の武器類が伴い、首長墓《しゅちょうぼ》と言ってよい墓です。さらに中期後半には多量の青銅鏡をおさめた王墓と言ってよい墓が出現し、それにガラス勾玉などの装身具が伴います。大量の管玉を用いたヘアバンドをつけた女性は権威のある巫女《みこ》でした。弥生時代の装身具は、青銅やガラスなど縄文時代になかった素材が加わりますが、それらは大陸からもたらされた貴重品ですから、所有者の権威を高めるのに役立ったことでしょう。

こうした弥生時代の権威をおびた装身具は、たとえばゴホウラ製の貝輪は鍬形石《くわがたいし》、イモガイ製の貝輪は石釧、そしてカサガイ製の貝輪は車輪石《しゃりんせき》といった碧玉製や凝灰岩《ぎょうかいがん》製の腕飾形の祭器に姿を変えて、古墳の副葬品に引き継がれていきました。

（設楽博己）

〔参考文献〕木下尚子『南島貝文化の研究』（法政大学出版局、一九九六年）、岩永省三編『弥生時代の装身具』（日本の美術370、至文堂、一九九七年）、春成秀爾『古代の装い』（歴史発掘4、講談社、一九九七年）

Q18 戦争はありましたか

A

これは、あなたが戦争をどんな風にイメージしているのかによって、答えが変わります。弥生時代の埋葬施設からは縄文時代のそれを上回る数の受傷人骨《じゅしょうじんこつ》、すなわち切り傷や刺突痕を持つ人骨が見つかっているので、前段階に比べて暴力や争いで傷づけられる頻度は増加していたことは間違いありません。しかし、個人から個人への暴力を戦争とは呼びません。少なくとも集団と集団の戦いであることが戦争の必要条件としてあげられますし、その集団の人数や組織性の規模をどれほどに復元するのかによって戦争の有無の判断は左右されます。

戦争の考古学的指標　佐原真は、考古学的に戦争を認定する基準として、①狩猟具とは区別される人を殺傷するための道具としての武器、②攻撃に対する備えとしての防御施設、③対人用武器が刺さったり、それで傷をつけられたりした人骨、④武器を供えた墓、⑤武器をあがめ、おがむ武器崇拝、⑥戦いや戦士を立派に美しく表現することの五点をあげています（佐原二〇〇二）。次のQ19にて、①③④の問題をとりあげたので、ここでは主に②の問題から弥生時代の「戦争」について考えてみましょう。

まず前提となるのは、弥生時代に併行する時期の中国大陸では、万人が戦争と認める争いがあったことが文献や図像、そしてさまざまな考古資料から判明している点です。王や国が存在し、その地位や領土をめぐって、最新の技術を投入して効率的に相手を殺傷する道具を生み出して、組織的な軍隊を編制した社会が弥生時代から千数百㎞離れた地に存在していたのです。弥生時代中期後半からは、この中国王朝との直接的な外交的な関係を有していたことが中国史書などから読み取れ、その交流は後期以降活発になることが、考古学的にも読み取ることができます。そこで弥生時代の前半期（前・

中期）の争いのありかたと後半期（後・終末期）に区別して、具体的な資料をみていきましょう。

防御施設を論じる視点　「備え」としての防御施設である溝や土塁は、膨大な労働力が投入され地面にその痕跡を刻むという意味で、考古学的にわかりやすい戦いの指標なのですが、そこから必ずしも武器や殺傷人骨がたくさん見つかるとは限りません。これには三つの可能性が考えられます。

一つは濠や土塁にみえる地面の凹凸が防御のために築造されたのではなく、ほかの目的で築かれた可能性です。もう一つは、その場で戦闘があっても、その後に武器や遺体などが回収されている可能性です。これは戦国時代の山城などで指摘されています（千田二〇〇〇）。最後の可能性は、戦闘に備えて構築はしたが実戦の場とはならなかったという可能性です。たとえば、六六三年の白村江《はくそんこう》の敗戦後に、唐や新羅の日本列島侵攻に備えて、西日本各地では大野城《おおのじょう》や鬼ノ城《きのじょう》をはじめとする朝鮮式山城が造営されましたが、実戦の場にはなりませんでしたし、アジア・太平洋戦争末期に本土決戦に備えて各地に築かれた大規模なトーチカや塹壕も使用されずに敗戦を迎えました。二番目と三番目にあげた事例をふまえると、武器や殺傷人骨がないから実戦用の施設ではなかったとは断言できないと言えます。

前半期の防御施設　具体例をみていきましょう。福岡県の板《いた》付《づけ》遺跡は、博多湾にそそぐ御笠川と諸岡川に狭まれた標高一二mの低い台地上に位置しており、その東西の沖積地には弥生時代早期の水田が見つかっています（図1）。台地上からは前期初頭に属する幅二～四m、深さ約二～三mで断面V字形の溝が見つかっており、長径約一一〇mの範囲を楕円形にめぐります。内側からは食料などを貯蔵するための竪穴（貯蔵穴）が多数見つかっていますが、竪穴建物などの居住施設は見つかっていません。ただし、溝からは日常生活に使用する土器が多数見つかっているので、本来は竪穴建物などの居住施設も内側にあったが、千数百年の間に流出してしまったという解釈が有力です。竪穴建物そのものが流出してしまうような大規模な土壌の流出があったとすれば、築造当初の溝の規模は、幅六m、深さ四mにも達していたと考えられています。板付遺跡よりも博多湾に近い那珂《なか》遺跡でも同時期の環濠が二条検出されています。近代の開墾を勘案すると、規模が大きい方は幅六～七m、深さ四mにもなると想定されています。台地上に立地している点も板付遺跡と共通しています。

本州島でも二条の濠を持つムラが見つかっています。和歌山県の堅田《かただ》遺跡は復元長径一二〇mの環濠集落であり、二か

図１　板付遺跡環濠集落　長野県立歴史館〔2020〕『稲作とクニの誕生』より

ら三条が検出された環濠は幅五m、深さ一・五mでした。内側に浅く残った住居を考慮すると幅は六m前後、深さ二m程度になるとみられます。北部九州の例と比べると浅い溝ですが、溝と溝の間に盛土が確認されており、本来は土塁が伴っていたと推定されています。ほかに奈良県の川西《かわにし》根《ね》成柿《なりがき》遺跡や大阪府の田《た》井《い》中《なか》遺跡でも二条の環濠が見つかっています。

兵庫県の大開《だいかい》遺跡は、大阪湾沿岸地域で最も古い環濠集落の一つです。環濠は二段階に分かれており、初期は直径約四〇m、拡張段階で長径約七〇mであり、後者の段階で面積は約七〇〇〇㎡でした。内部からは五棟の竪穴建物と貯蔵穴一一基が検出されており、板付遺跡などと比べると削平は進んでいないと考えられます。しかし、その環濠は板付遺跡や那珂遺跡と比べて小ぶりで、検出された遺構面で幅一・一m、深さ〇・八五mにすぎず、復元しても幅二m前後で深さ一・五m程度だと考えられています。

弥生時代前期段階での紀伊半島から東の環濠集落のありかたは不明瞭ですが、その東限は伊勢湾沿岸地域となります。愛知県の朝日《あさひ》遺跡や高蔵《たかくら》遺跡があげられます。玄界灘沿岸地域をはじめとする西ではしっかりとした環濠が目立つのに対して、東に広がるにつれて環濠の幅や深さは小さくなる傾向があります。ただし、近年では東北地方において集落を囲《い》繞《にょう》する溝があるのではないかという指摘もあり（根岸二〇二三）、その系譜や機能が西日本の事例とどのように関連するかについては注意が必要です。

このように農耕社会開始期には、各地で一〇〇m前後の空間を守ろうとする防御施設が広い範囲に登場します。しかし、東に広がるにつれて防御度は下がるようにみえ、さらに中期に入ると多くの地域では環濠の築造は低調になります。この理由は、「脅威」に備えて居住空間に防御施設を設けるという規範がいったんは受け入れられても、それが社会的緊張で機能したという経験がなければ、しだいに放置され、新しいムラではもはや防御施設を設けなくなったからだと考えられます。一方で軍事的な経験が乏しいまま、その理念だけが継承され、軍事的にみると実用的ではない占地や構造を発達させる場合もあったでしょう。わずか二〇mの山頂を三重の溝で囲む島根県の田和山《たわやま》遺跡（図2）などはそんな事例だと考えられます。

もちろん、地域によって事情は異なります。南九州では中期前半になって環濠を持つ集落が普及します。また、大阪湾沿岸や奈良盆地では中期になると低地に多重環濠と呼ばれる複数の溝をもつ集落が登場し、強化された防御施設だとみる意見があります。ただし、居住域に河川の水が流れ込むのを防ぐ治水が主眼であったという見解もあります。人口が集中するエリアでは、緊張関係が継続し、防御施設の改善が重ねられたとしても不思議ではありません。また、南関東では中

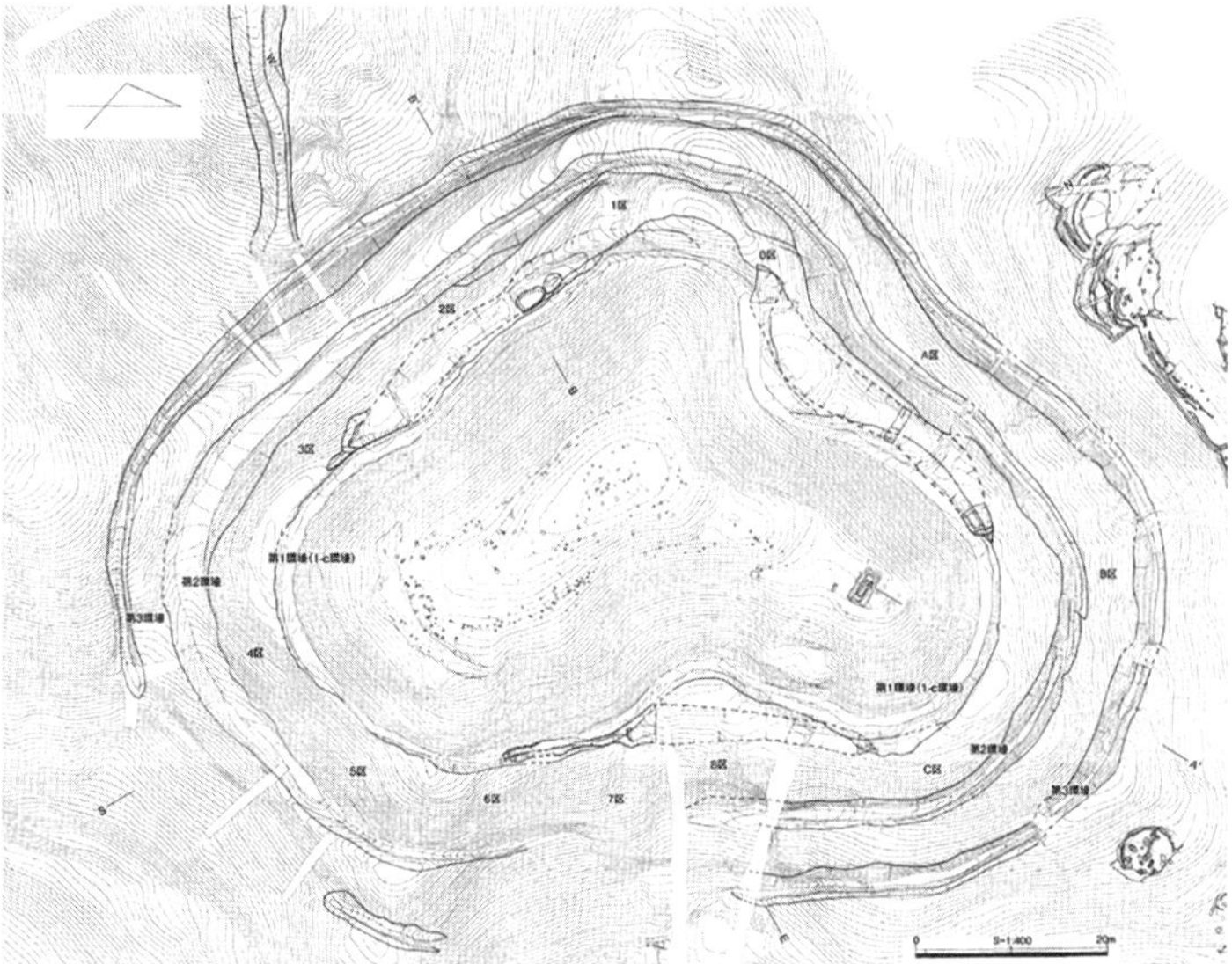

図2　田和山遺跡

期後葉になると比高差二〇～三〇mほどの台地縁辺部に環濠をめぐらす集落が営まれるようになります。環濠内部が全掘されたことで有名な神奈川県の大塚遺跡をはじめ、これらの現地を訪れてみるとアクセスのしづらさが体感できます。

後半期の防御施設を有する高所遺跡　西日本では低調になっていた防御施設は、本州島でも紀元後一世紀前後、弥生時代後期になると再び増加します。明らかに防御性の高い丘陵上の建物群を大規模な溝で囲む遺跡が、日本海沿岸地域を中心に新潟県から北部九州までの広い範囲でみられるようになります。大阪湾沿岸では古曽部《こそべ》・芝谷《しばたに》遺跡（大阪府）、観音寺《かんのんじ》山《やま》遺跡（大阪府）、四国ではカネガ谷《だに》遺跡（徳島県）、大谷尻《おおたにじり》遺跡（徳島県）、山陰地方では尾高浅山《おだかあざやま》遺跡（鳥取県）、北陸地方では弁財天《べんざいてん》古墳群（福井県）、裏山《うらやま》遺跡（新潟県）といった平地から比高差四〇m以上の高所に一、二条の溝がめぐる集落が広い範囲で営まれるようになります。

いずれも防御性は高く、軍事的な衝突に備えた施設であると判断できます。これらの契機として近年注目されているのが、紀元前後以降にみられる気候の冷涼化です。酸素同位体《さんそどういたい》比年輪年代法《ひねんりんねんだいほう》によって、酸素同位体比の変化が中・低緯度地域における夏季降水量と相関関係にあることが指摘されており、夏季降水量が水田の収穫量に影響することも明らかにされつつあります（中塚二〇二二）。つまり、弥生時代後半期にみられる広域での防御的集落の形成は、食料事情の悪化に伴う社会的緊張の増大の反映である可能性があるのです。

このころの日本列島の状況は、『三国志《さんごくし》』東夷伝《とういでん》倭人条にみられる「倭国乱相攻伐歴年無主」や『後漢書《ごかんじょ》』の「桓霊間倭国大乱更相攻伐歴年無主」とある状況、いわゆる「倭国（大）乱」に対応していると考えられます。ただし、桓帝《かんてい》・霊帝《れいてい》の治世は二世紀後半にあたりますので、考古資料にみられる社会的緊張はより長い期間となります。いずれにせよ、弥生時代の終わりごろに文明側からみて「大乱」と記録するような戦争がはじまったと考えられます。

（寺前直人）

〔参考文献〕千田嘉博『織豊系城郭の形成』（東京大学出版会、二〇〇〇年）、佐原真「弥生時代の戦争」『古代を考える　稲・金属・戦争―弥生―』（吉川弘文館、二〇〇二年）、中塚武『気候適応の日本史』（吉川弘文館、二〇二二年）、根岸洋「縄文／弥生移行期における溝跡」設楽博己編『東日本穀物栽培開始期の諸問題』（雄山閣、二〇二三年）

コラム4

青森県垂柳遺跡

一九八一年の発掘調査で弥生時代の水田（時期は中期）が東北地方で初めて発見され、東北北部の弥生文化存否論争に決着をつけた、学史的に重要な遺跡です。

遺跡は、弘前平野の田舎館《いなかだて》村大字垂柳《たれやなぎ》、大字高樋地内にあり、弘南鉄道の「田んぼアート駅」の西方に広がっています。面積は約一三ha、標高は二九〜三二mで、扇状地性の沖積低地に立地しています。

田舎館村では、明治時代から特徴的な土器の出土が知られ、「田舎館式土器」と呼ばれていました。大正末期から昭和初期に、この土器をめぐって、一方は弥生土器、他方は縄文土器に後続する続縄文土器とする論争が起こります。戦後、一九五六年の耕地整理の際に垂柳遺跡と田舎館遺跡で稲籾の圧痕のある土器が認められ、一九五八年の発掘調査では田舎館式土器の遺物包含層から二〇〇粒以上の炭化米が発見され、弥生中期の田舎館式期に水田稲作が行われていたと考えられました。しかし、木製や石製の農具の出土はなく、弥生文化の存在を疑問視する研究者もいました。一九八一年の水田の発見は、それらの疑念を払拭したのです。調査は一九八三年まで継続され、見つかった水田は、低平な地形面に水田域を設定しているのに、現代と異なり、一区画がおよそ五〜一〇㎡の小区画水田で、六五六区画が確認されました（Q22図3）。こうした特徴から、イネの生育方法は、点播《てんぱん》による直播《ちょくはん》栽培だったと考えられます。その後の調査では、木製の鍬《くわ》や農耕祭祀の痕跡などが発見されています。この水田は、大規模な洪水に伴う堆積物に覆われて廃絶し、復旧されませんでした。

遺跡は二〇一〇年に国史跡に指定されました。現状では、田舎館村が、復元した小区画の「弥生体験田」での稲作や「案山子コンテスト」の開催など、遺跡の活用を進め、埋蔵文化財センターでは、田舎館式土器などを展示し、高樋《たかひ》（3）遺跡の同時期の水田の一部を発掘されたままの状態で保存公開しています。

（斎野裕彦）

〔参考文献〕工藤竹久「北限の稲作農耕」青森県史編さん通史部会編『青森県史通史編1 原始 古代 中世』（青森県、二〇一八年）、斎野裕彦「東北地方の弥生文化から見た中里遺跡」長友朋子・石川日出志・深澤芳樹編『南関東の弥生文化』（吉川弘文館、二〇二二年）

Q19 武器・武具について教えてください

A 弥生時代の武器・武具は、石器主体の前・中期と金属器主体の後期以降の二段階に分けることができます。

弥生時代前半期の武器　この時期には中国史書を含めて情報に乏しく、どんな武器や武具が使われていたのかを説明するのは難しいですが、次の三つの方法から明らかにできます。

まず、現代の武器や古い図像で確認できる確実な武器類と、弥生時代の出土品の形態やサイズなどを比べて、その類似度から武器を特定する方法です。図1－1は柄と剣身が一体で製作された石の剣です。刃渡りは八～二〇cmで握部の幅は八cm前後で、片手で用いるのに適したサイズです。このような石製短剣は朝鮮半島で先行して流行しており、日本列島では、水田稲作の開始とほぼ同時に玄界灘沿岸の福岡県や佐賀県で見つかっています。先端は尖っており、刃は両刃です。工具や農具ではなく、武器として特化した形状をしていると言えます。このような短剣は、近畿地方において旧石器時代以来の石材であるサヌカイトを用いて模倣されます。打

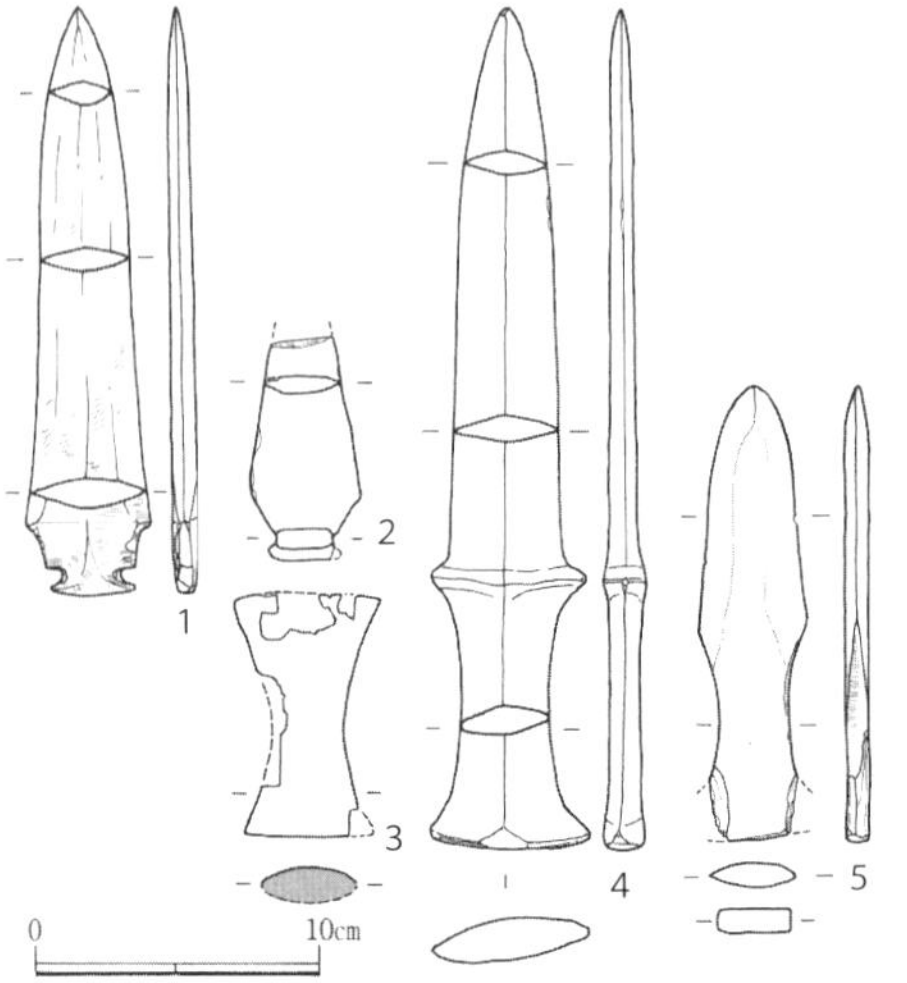

1・2：組合式（有茎式）磨製短剣　3：木製柄
4・5：一体式（有柄式）磨製短剣

図1　磨製短剣　1：菜畑（佐賀）2・3：松菊里（韓国）4：雑餉隈（福岡）5：新方（兵庫）

製短剣の誕生です。この打製短剣を収納した木製の鞘も見つかっており、図2－1のように鞘におさめられた状況で携帯していたと推定できます。このような石製短剣が中期には近畿中部を中心に、西は広島から東は埼玉県までの広い範囲で出土しています。しかし、後期になると急速に用いられなくなってしまいます。

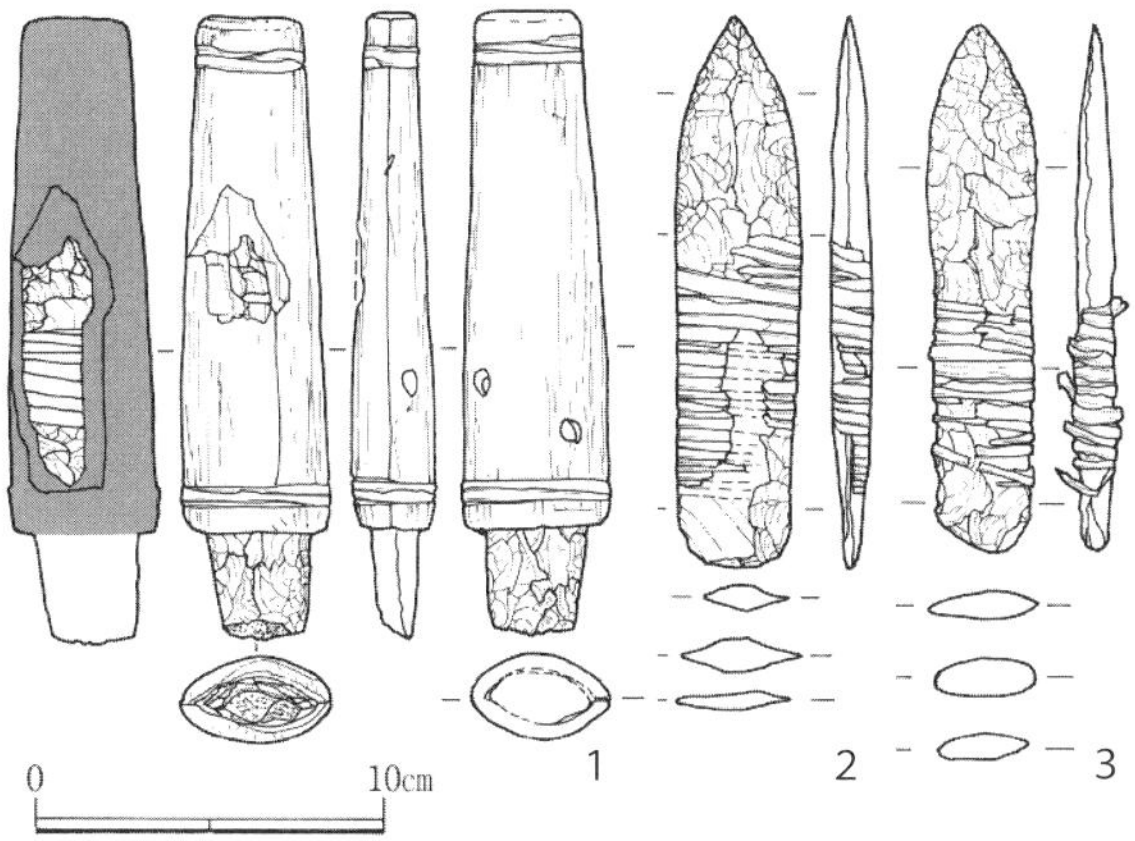

図２　一体式打製短剣と鞘　1：唐古・鍵（奈良）2：鬼虎川（大阪）3：王津田中（兵庫）

二つめは、文献や図像資料が豊富な同時代の中国大陸の武器類、すなわち春秋戦国時代から漢代の武器や武装やその影響下にある朝鮮半島出土のそれらと、弥生時代に属する出土品を比較する方法です。弥生時代中期以降になると、朝鮮半島や中国大陸で製作、あるいは同様の技術で製作された銅剣や鉄剣が使用されはじめます（Q38図1）。これらも明らかに武器と判断できます。ただし、その分布は玄界灘沿岸地域に偏っており、副葬品としての扱いを見る限り、この地域でも最新の金属製武器を所有できる個人や集団は限られていたようです。また、青銅製武器については大型化や扁平化が急速に進み、実用的な武器とは考えられない資料が増加します。

大陸系の新しいスタイルの武器としては、ほかに戈《か》があげられます。戈は長柄の先端近くの片側に孔を穿ち、柄と直交あるいはやや斜めに作用部となる身を挿入した武器です。振り下ろして相手に打ちこむ武器です（図3）。弥生時代前期末に磨製目釘式石戈（図4）が登場し、直後に銅戈《どうか》（Q38図1）やそれを模倣した銅戈形石戈《どうかがたせっか》が登場すると考えられます

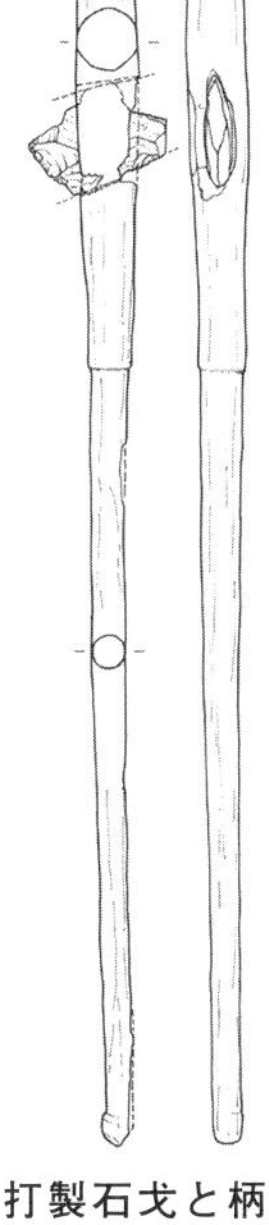
図３　打製石戈と柄（鬼虎川）

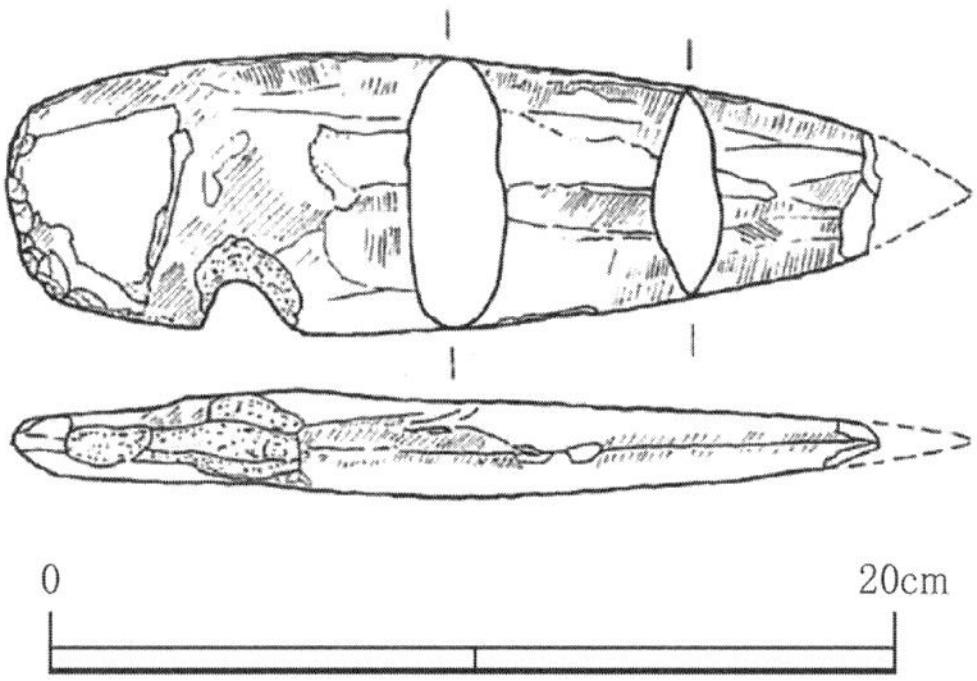

図４　磨製目釘式石戈（高槻：福岡）

が、その前後関係は現段階では流動的です。また、さきほどの石製短剣と同じようにサヌカイトを用いて製作された打製石戈（図３）も近畿地方を中心に流行します。中期を中心に山口県から石川県まで広がる地域で戈の柄が出土していますので、戈は後期までは主要な長柄武器だと考えられます。土器や銅鐸に表現された弥生時代の武装した人物の多くが戈とみられる武器を手にしていることも、この解釈と矛盾しません。もちろん、中期初頭には銅戈や銅剣と同時に銅矛《どうほこ》（Q38図１）も登場します。これも大陸系の武器に区分できます。ちなみに日本考古学では、身下端の袋部に長柄の先端を挿入する装着方法の長柄武器を矛と呼び、身下端を柄で挟み込み固定する長柄武器をヤリと呼んでいます。ただし、ヤリの存在は身の素材が石製、金属製を問わず、弥生時代では不明確です。確実な事例は、弥生時代終末期の埋葬施設に伴う鉄ヤリからです。鉄矛も弥生時代中期からみられますが数はきわめて少なく、日本列島で普及するのは四世紀以降のことです。

　三つめは、人骨に突き刺さったまま、あるいは埋葬施設から破片が検出された例から、人を傷つけるために用いられた「道具」を特定する方法です。埋葬施設から見つかる刃物の破片は、欠損しやすい石製や青銅製の短剣や戈の切先と石鏃《せきぞく》が多数を占めます。ただし、埋葬施設から見つかる石鏃は、複数が一〇cm四方に集中、あるいは一体の遺体から一〇本以上が検出される事例があります。一般的な闘争の被害者というよりは、現代的な言葉で表現するならば処刑あるいはリンチ、復讐や儀礼的な「生贄」の犠牲者と解釈したほうが妥当ではないかと思われます。

　また、中期の土器や青銅器には弓矢を用いる場面がたびたび登場しますが、いずれの対象もシカやイノシシであり、人に向けて弓を射るシーンを表現した絵画はありません。埋葬施設のありかたからすれば、石鏃を装着した矢が人に向けられ、殺傷に使用されたことはなかったとは言えませんが、それは先に述べたような特殊な状況下での使用であり、当時の人々は対人武器として弓矢を認識していなかったのかもしれません。

弓矢以外の投射武器候補としては、投弾《とうだん》として用いられた可能性のある土製品や、人に対して投石すれば十分に危害を加えられるような自然石が、集落内の一角に集積されていたような事例もあります。日本の戦国時代における文献をみると投石は集団戦においてかなり有用な武装であったことがうかがえますが（千田二〇〇〇）、弥生時代における役割は今後の課題でしょう。弥生時代の「武器」候補としては、他に棍棒類があります。棍棒の先に装着された可能性のある環状石斧や多頭石斧、刃物というよりも打撃により相手を傷つけるために使われた可能性のある独鈷石《どっこいし》や有角石斧と呼ばれる石器があります。いずれも東日本に多く、前三者は縄文時代からある石器です。

後半期の武器　紀元後一世紀以降の後・終末期が該当します。中国で編纂された『三国志《さんごくし》』魏書東夷伝倭人条《ぎしょとういでんわじんじょう》には二世紀前後の倭《わ》に言及するなかで「兵用矛楯」という記述がみられます。ここでいう「矛」は、現在の日本考古学でいう矛ではなく、単なる長柄武器を指しているのでしょう。先に紹介した「戈」ではなく「矛」と表現されている点には注意が必要です。弥生時代終末期になると埋葬施設から長柄を持つ鉄ヤリが検出されるようになるので、この頃には戈ではなくヤリが長柄武器として一般化していたと考えられます。

また、後期になると中部瀬戸内地域から東海地方でそれまで盛んに用いられていた石鏃が減少し、かわって銅鏃や鉄鏃が急速に普及します。これに呼応するかのように、人体に嵌入した状況での鏃の検出状況は激減します。金属は貴重だったので回収したのかもしれませんが、素材の変化とともに弓矢の用途も変化したのかもしれません。ちなみに『三国志』魏書東夷伝倭人条には、木弓の存在と、矢が竹で、鏃は鉄か骨であったことが記されていました。骨鏃《こつぞく》の類例は少ないですが、例えば長崎県壱岐にある原《はる》の辻《つじ》遺跡などで見つかっています。

鉄刀が広い範囲でみられるようになるのも後期以降の特徴です。中期に属する資料も玄界灘沿岸地域にわずかに認められますが、この時期以降、山陰、北陸など日本海沿岸地域を中心に、広い地域の墓などから副葬品として全長七〇cm前後の長い刀が出土します（図5）。これらのなかには中国大陸と関係が強い素環頭大刀《そかんとうたち》も含まれます。

長柄武器の戈からヤリの変化、鏃の金属化、そして大陸的な鉄刀の普及など古墳時代以降の武装内容への変化が、この段階から進行するのです。

防具　最後に防具についてみていきましょう。弥生時代には

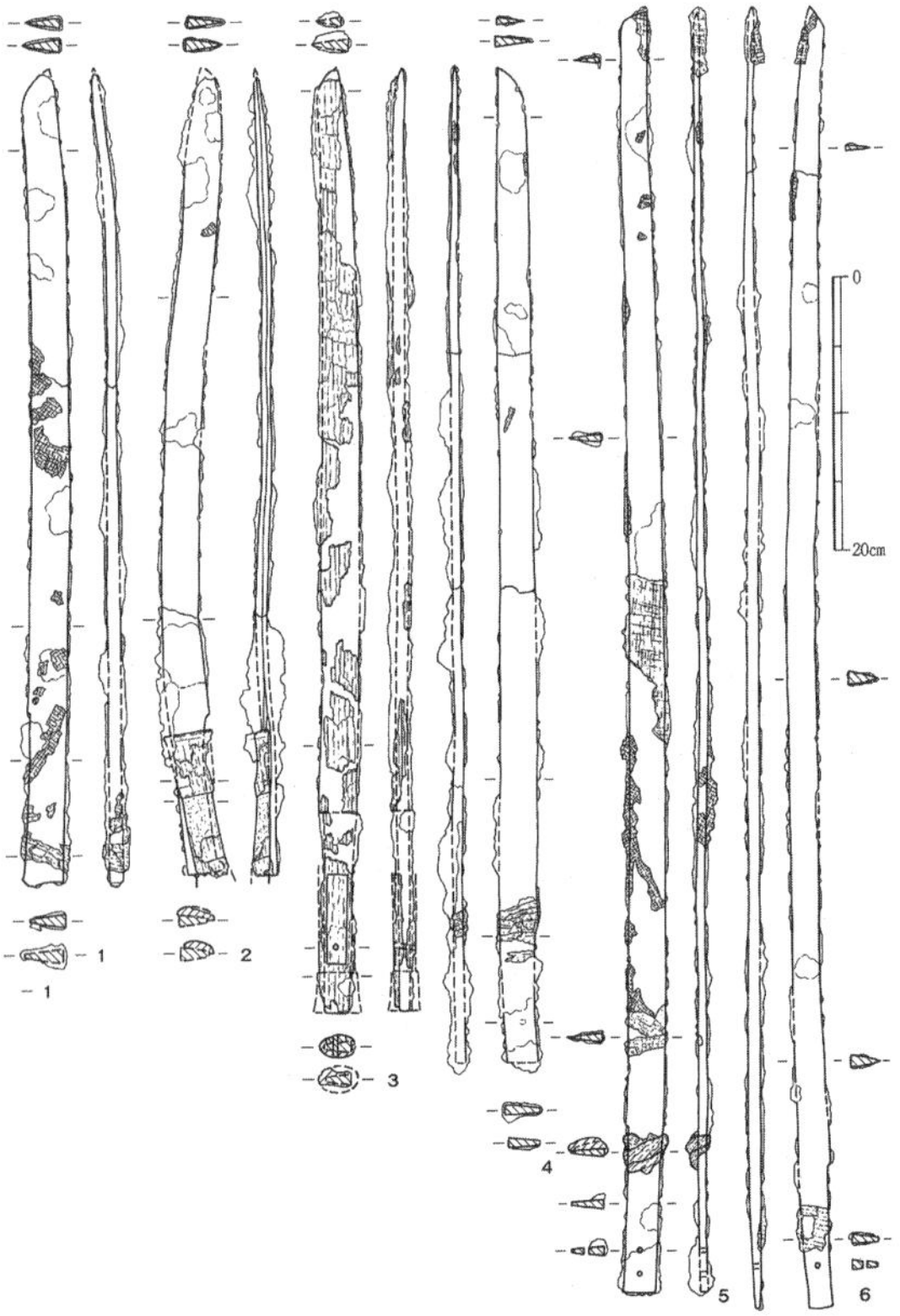

図5　弥生時代の鉄刀　1：宮内第1SX01（鳥取）2：乃木山b（福井）3：宮山Ⅳ号（島根）4：東平下1号（宮崎）5：宮下第1−1号（鳥取）6：妙楽寺4A2号（兵庫）豊島〔2010〕より

木製の盾と甲《よろい》がありました。ただし、これらの登場は、金属器が普及する弥生時代中期段階になってのことです。まず、木盾があります。原の辻遺跡では、弥生時代前期末にさかのぼる可能性のある例が見つかっていますが、いまのところ中期以降に木盾は増加します。赤く塗られている例が多く、全体に小孔列を穿って、紐を通して木割れを防ぐ工夫がなされている事例が大部分を占めますが、有機質の紐は装飾の効果もあったでしょう。土器絵画などにみられるような持ち盾であったと推定できます（Q31図3）。

もう一つの防具として甲があります。愛媛県の阿方《あがた》・矢田《やた》八反坪《はったんつぼ》遺跡や岡山県の南方《みなみかた》遺跡からは一〇cm四方で両側に小孔列が穿たれた、わずかに湾曲した漆塗りの板材が複数出土しています。このような複数の小板を紐で綴じ合わせた札甲《さつこう》(Lamellar armour) があったと想定されています。ほぼ同時代にあたる秦《しん》の兵馬《へいば》俑《よう》を思い浮かべてもらうとわかりやすいでしょう。これの二種の防具は、いずれも大陸から新たに伝わった新しい武具と言えます。

（寺前直人）

〔参考文献〕佐原真「かつて戦争があった―石鏃の変質―」（『古代学研究』78、一九七五年）、千田嘉博『織豊系城郭の形成』（東京大学出版会、二〇〇〇年）、寺前直人『武器と弥生社会』（大阪大学出版会、二〇一〇年）

第三部　食生活

Q20 弥生人はどのようなものを食べていましたか

A

弥生時代は「食糧生産を基礎とする生活がはじまった時代」（佐原一九七五）とされますが、水稲が当時の食生活で果たした役割については意見が分かれます。植物の遺存体の研究によれば、イネ以外の野生植物も食用に供されており、野生のシカやイノシシも狩猟されたようです。地域差はあるものの漁労も重要でした。弥生時代の社会を理解するためには、水田稲作の寄与を評価することが重要です。

人類にとっての農耕と農業

もともと弥生式土器が弥生時代の目印とされていましたが、福岡県板付《いたづけ》遺跡で縄文土器に伴う水田や農耕具が発見され、定義が見直されました。食料生産（農耕と牧畜）が社会に与える影響が極めて大きいという当時の「常識」にもとづき、この新しい定義は賛成が多かったようです。英国で活躍した考古学者ゴードン・チャイルドは、欧州での農耕牧畜の開始を「新石器革命」と呼び、野蛮・未開・文明の三段階の最初の画期と位置づけました。水田稲作の発見は、この文化的画期に対応するとされたのです。

しかし、世界各地で完新世前期に同時多発的に発生した農耕牧畜は革命的な変化ではなく、数千年かけた漸進的な変化だったのです。西アジアでは定住集落が現れ、ムギ類の農耕とヤギとヒツジの牧畜がはじまる一連の変化を「新石器化」と呼びます。また農作物や家畜が、西アジアだけでなく東アジアや東南アジア、北米や中米、アフリカでも発生した証拠が報告されています。さらに、農耕は文明と呼ばれる複雑な社会の成立には不可欠ですが、農耕をはじめた場所のすべてで文明が現れるとは限らないこともわかってきました。かつては、文明誕生と農耕開始が同一視されていましたが、現在では、農作物や家畜の成立（ドメスティケーション）と農業

(agriculture) の成立を分けて議論する必要があるのです。

しかし、日本では、農耕（farming）と農業（agriculture）を区別せずに議論しており、混乱しています。ここでは、農耕は「形態学や遺伝学で野生種と区別できる家畜や農作物の利用」と、農業は「生産物が食生活に不可欠な暮らし方」と定義しましょう。農耕開始後も天然食料が重要な生活（低水準食料生産）が続いた社会もありますし、農業がはじまっても野生の動植物は継続して利用されています。農業を中心とする生活になると、開墾や農作業には大規模な共同作業が必要であり、灌漑のための水管理には社会的な調整役が必要です。しかし、農業の寄与をどのように調べればよいでしょうか？　果たして弥生時代は農業社会なのでしょうか？

低水準食料生産か農業か　弥生時代の食生活で農作物や家畜の寄与を評価するために、我々は弥生人骨の化学分析を進めています。人骨は生前の食べ物から作られるので、骨から材料である食物の特徴を解読できるのです。具体的には、骨に残されたタンパク質（コラーゲン）を抽出し、そのなかに含まれる炭素や窒素の同位体比（重さの違う原子の割合）を測定します。例えば、炭素では炭素13の割合が、海産物や特殊な光合成をする雑穀（アワ・キビなど）で高い特徴があります。窒素では海にすむ大型魚や海獣で窒素15の割合が高い特徴があります。このような食物を多く食べると人骨のコラーゲンにもその特徴が引き継がれます。

弥生時代の遺跡から出土する動物の骨や貝殻をみると、弥生時代の人々は海だけでなく水田・用水路などから魚介類を得ていたことがわかります。朝鮮半島から渡来した文化には、家畜（ブタとニワトリ）が含まれましたが、シカの骨も多く出土しており、野生動物も狩猟していました。農作物としては、水稲（イネ）が注目されますが、畠地で栽培される雑穀（アワとキビ）も一緒に伝来しています。海産物や雑穀の利用は人骨の同位体比にも特徴的な変化を起こすので検出することが可能です。しかし、最も注目されるイネは堅果類など野生の食用植物と同じ光合成をするため、同位体分析では特徴がわからないと考えられていました。

ところが、弥生時代の人骨で分析を進めたところ、縄文時代にはみられない同位体比の特徴が明らかになったのです（図1）。内陸の縄文人骨では、炭素13の割合と窒素15の割合がともに低い傾向があり、天然の陸上生態系の資源の特徴を反映しています。それに対し、佐賀県隈《くま》・西小田《にしおだ》遺跡の人骨では炭素13の割合は低いが窒素15の割合は高いという特徴がありました。これは、縄文時代には見たことがない特徴で、弥生文化にはじまった新しい食文化の影響と考えられま

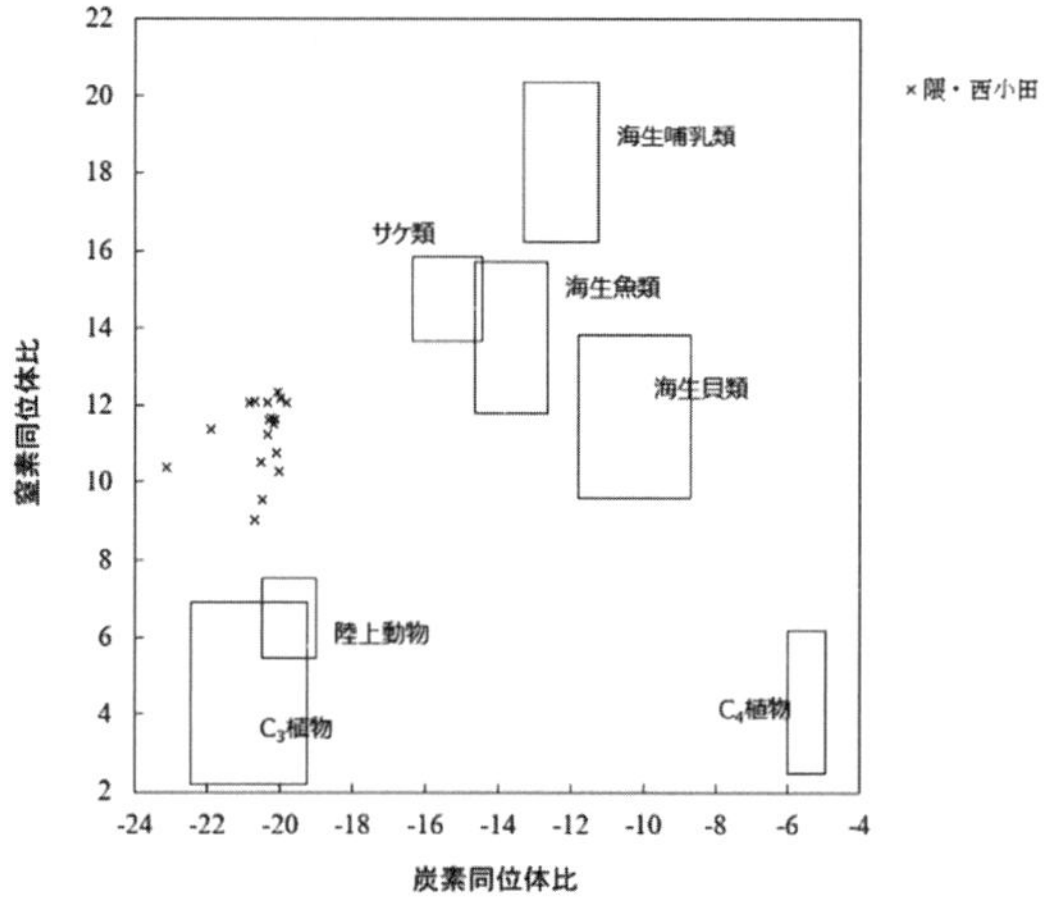

図1　佐賀県隈・西小田遺跡の弥生時代人骨の炭素・窒素同位体比　窒素同位体比の特徴から、水稲中心の食生活だったと推定される。

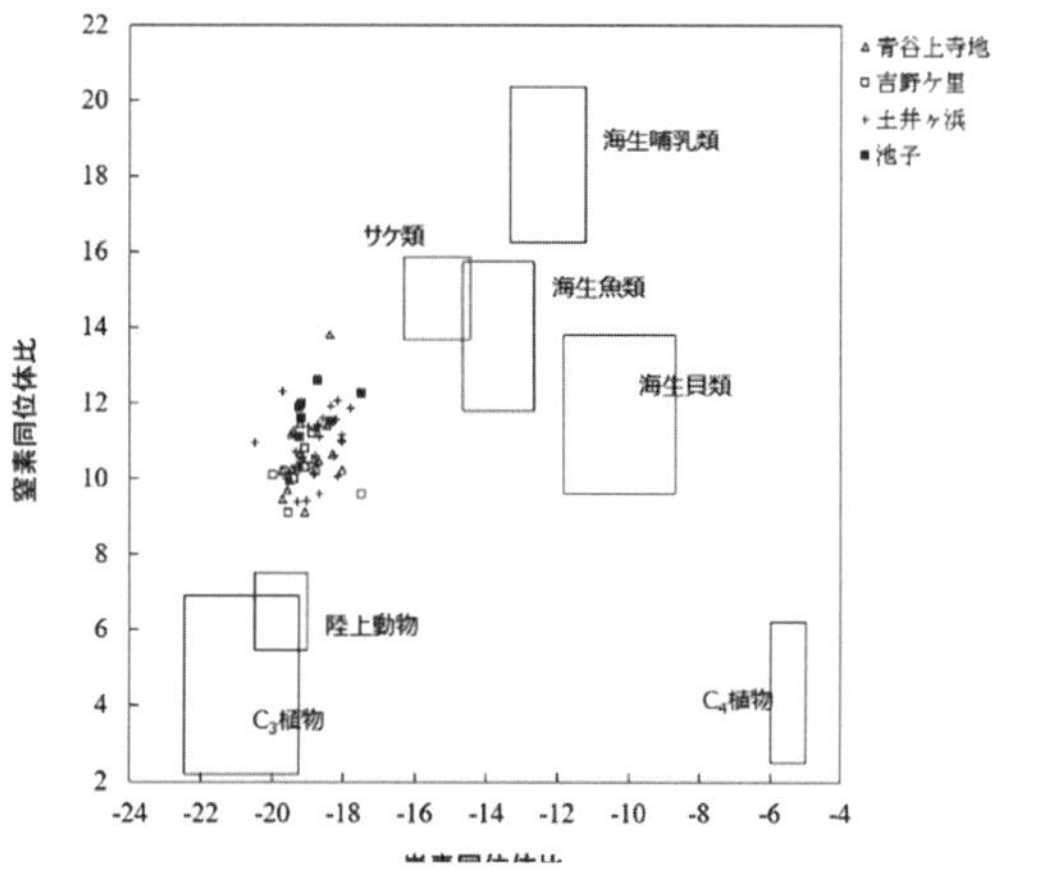

図2　吉野ヶ里・土井ヶ浜・青谷上寺地・池子遺跡の弥生時代人骨の炭素・窒素同位体比　海産物の影響で炭素同位体比が変化した。

す。

現代の栽培実験によって、酸素の少ない湿地に適応したイネの能力が窒素同位体比に影響するとわかってきました。通常の植物は窒素源として硝酸を利用する一方、イネはアンモニアの窒素を利用できるのです。土壌中では有機物が分解されてアンモニアになり、それが酸化されて硝酸になる流れに沿って、窒素15の割合が減少するのです。そのためアンモニアを利用する水稲は、他の植物よりも窒素15の割合が高くなり、水稲を多く利用した弥生人にもその特徴が引き継がれたと考えられます。遺跡から出土した炭化種実でも、イネや堅果類より多くの窒素15を含んでいたことが確認できました。

いろいろな遺跡で炭化米の窒素同位体を測定していますが、その値の変化は大きく、弥生時代のイネを主食と断定することはできません。しかし、古墳時代以降、江戸時代に至るまで同様の同位体比の特徴を持つ人骨が多いので、弥生時代のイネはかなり重要な役割を果たしたと考えられます。

弥生時代の食の多様性　窒素15の割合だけが高くなる水稲の特徴は、九州の吉野ヶ里《よしのがり》遺跡、山陰の青谷上寺地《あおやかみじち》遺跡や関東の池子《いけご》遺跡の人骨でもみられます。これらの遺跡では、隈・

西小田遺跡に比べて炭素同位体比がやや高いとわかりました（図2）。渡来系集団が九州北部から拡散していくと、海産物をより多く食べる傾向があるようです。縄文時代から続く漁労の知識を、縄文人から習得したのかもしれません。

弥生時代には顔面の形態に縄文人の特徴が色濃い、縄文系集団が多く暮らした地域もありました。西北九州タイプと呼ばれる佐賀県や長崎県に暮らした集団でも骨の同位体比が報告されています。興味深いことに、支石墓《しせきぼ》や石棺など渡来文化の墓に埋葬された個体であっても、食生活は海産物中心で、水稲中心の農民とは全く違う食生活だったのです。葬儀や墓制は社会的な側面が考えられますが、食生活という生活の基礎となる側面では渡来文化の影響が少ない結果は、文化の伝搬の複雑さを示しています。

また、長野県では縄文時代晩期末に渡来系文化の影響で雑穀を利用した集団が見つかりました。炭素同位体比が変化していますが、黄河流域の雑穀農民よりはずっと低いので、雑穀栽培は補助だったと考えています。縄文系集団は様々な資源を利用する伝統的な生活のなかに、都合のよい畠作物だけを受け入れたのかもしれません。弥生時代は食糧生産を基礎とする生活で定義されますが、その中には定義と矛盾するような多様な食生活が内包されたことに注意が必要です。

（米田　穣）

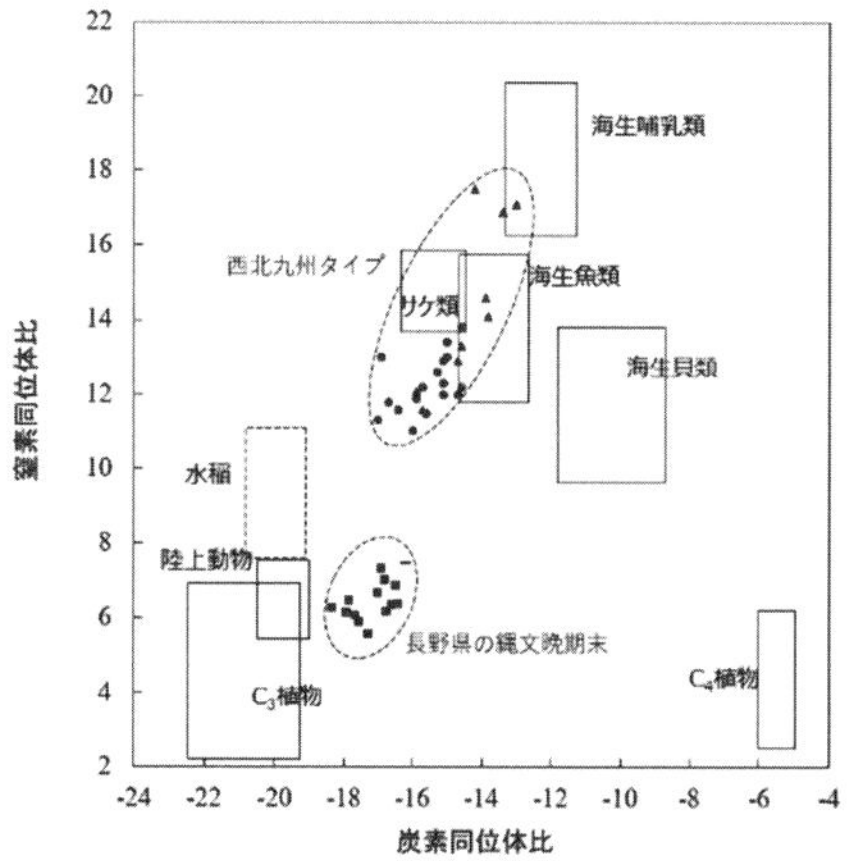

図3　西北九州タイプの弥生人骨と縄文時代末に雑穀利用した七五三掛遺跡・生仁遺跡人骨の炭素・窒素同位体比　西北九州タイプは海産物中心の漁労民的な食生活、長野県の縄文晩期末の人骨は雑穀の影響で、炭素同位体比が高いが、雑穀中心ではない。

〔参考文献〕設楽博己編『農耕文化複合形成の考古学』（雄山閣、二〇一九年）、設楽博己編『東日本穀物栽培開始期の諸問題』（雄山閣、二〇二三年）

Q21 農耕について教えてください

A

弥生時代の農耕の基本は、水田稲作です。弥生時代の遺跡から炭化した米が出土するのは明治時代からわかっていましたが、弥生時代の水田跡が発掘調査されたのはアジア太平洋戦争後まもなく静岡県登呂《とろ》遺跡においてでした。水田跡は南西諸島と北海道を除いた日本列島の広い範囲から発掘されているように、弥生時代に普及しました。

弥生時代にアワやキビなどが栽培されたことが、炭化した穀物や土器の表面に残されたそれらの雑穀の痕跡からわかります。しかし、西日本では稲籾痕が圧倒的に多く、また水田跡にくらべて畠の跡は数えるほどしか発掘されていません。それでは水田稲作を中心に弥生時代の農耕の姿を見ていきましょう。

水田稲作の実態　弥生時代の水田は畦によって区画されていますが、田の一枚一枚の面積は二〇㎡前後が多く現在の田とくらべて小さいものですから、小区画水田と呼ばれています。水田には水を張らなくてはなりませんので、田を平らにする必要があります。一見平らに見える土地でも微妙な起伏や傾斜があるので、そのま

図１　奈良県秋津遺跡の水田跡　橿原考古学研究所提供

までは全体に水が行きわたりません。そこで畦によって区画の面積を小さくすることにより、大規模な造成を行わずに田の面積を確保することができたのです。この技術は朝鮮半島からもたらされました。

最も古い水田跡は、福岡県板付《いたづけ》遺跡など北部九州で見つかっています。いまからおよそ二九〇〇年前の弥生時代早期ですが、この水田は居住地である台地の縁の微高地に立地しています。水田は畦《あぜ》によって区画されており、灌漑《かんがい》用の水路をそなえ、水流を調整する堰《せき》を擁しています。この水田跡が発掘されるまで、日本列島の初期の水田は湿田で直播《じかまき》していた粗放なものから徐々に進化して灌漑を行うことで生産力の高い半湿田や半乾田などを作る土地へと進出することができたのではないかと考えられていました。ところが板付遺跡の水田は、導入の当初から高度な技術をそなえていたことがわかったのです。

栽培された米は、現在ジャポニカ種と呼ばれている短粒のうるち米です。イネは害虫や雑草に弱いのですが、水田は生育の初期に害虫から守る役割も果たしていました。また、苗《なわ》代《しろ》で集中管理してある程度生育してから田植えを行うのも、雑草などからイネを守るための工夫ですが、弥生時代にすでに田植えが行われていたのではないかという説もあります。岡山県百間川《ひゃっけんがわ》原《はら》尾島《おしま》遺跡で稲株とされる痕跡が発掘されているのがその根拠ですが、地震によって自然にできた跡ではないかという異論もあります。

熟したイネを収穫するには石包丁《いしぼうちょう》と呼ばれる半月形の磨製石器が用いられました。根元から刈り取るのではなく、穂首から摘み取るようにして収穫されました。穂先から一八cmほど下で摘んでいたことが、出土した稲束からわかります。品種改良が進んでいない弥生時代のイネは株のなかの穂ごとに稔る時期が異なるので、いっぺんに刈り取る根刈りはさけて穂摘みが推奨された結果です。稲束は、地面に掘った穴である土坑《どこう》や高床の倉庫におさめられました。

稲作の道具　稲を摘むための石包丁を紹介しましたが、水田稲作にちなんだそのほかの道具をみていきましょう。水田を造成し、水路を穿ち田を耕すための道具としては、鋤《すき》や鍬《くわ》といった木製農具が用いられました。両端に刃のついた開墾用の諸手鍬《もろてぐわ》、先がいくつかに分れた又鍬《またぐわ》や又鋤《またすき》、田をならすためのT字形をしたエブリなど用途に応じて機能分化しています。湿田で使う鍬には泥除けがつけられたり、体が沈み込まないように田下駄《たげた》をはくなど技術的な創意工夫も凝らされました。収穫したイネは、臼と竪杵《たてぎね》を用いて脱穀されました。鍬や鋤などの木製農具は、堅いカシの木など頑丈な素材が

図３　各種の木製農具

図２　大陸系の磨製石斧（左の３点が片刃の加工斧、右が両刃の伐採斧）

好まれました。カシの木を切り倒し、枝を払い切断して加工し、農具を作るために、初期の段階では石器が、中期以降には石器とともに鉄器が用いられました。石斧《せきふ》は太型《ふとがた》蛤《はまぐり》刃《は》石斧という伐採斧、粗い加工のための抉入片刃《えぐりいりかたは》石斧、細部加工や微調整用の扁平片刃《へんぺいかたは》石斧、鑿形《のみがた》石斧というように、さまざまな形に分化しています。石包丁を含めてこれらはいずれも朝鮮半島に起源のある石器であることから、大陸系磨製石器と呼ばれています。

弥生時代前期末から中期には玄武岩といった硬い石や、石包丁に適した薄くはがれる輝緑凝灰岩《きりょくぎょうかいがん》などを産出する山の付近でなかば専業的に石器を生産して各地に供給する仕組みも整えられました。福岡県今山《いまやま》遺跡や立岩《たていわ》遺跡、長野県榎《えのき》田《だ》遺跡などは著明な石器生産遺跡です。生業の基幹をなす農耕に備えるために石器の生産および供給がシステム化していったのです。

農耕の由来と広がり　水田や大陸系磨製石器が朝鮮半島に由来するように、イネや雑穀もまた朝鮮半島からもたらされました。イネとアワ・キビはすでに縄文時代に栽培されていたという意見があり、稲作は縄文時代前期にまでさかのぼるのではないかと考えられてきました。それに対して、近年ある方法を用いて検証が進んでいます。その方法が「レプリカ法」です。

レプリカ法とは、土器などの表面に異物が混入してできたくぼみの正体を追究する時などに用いられる方法です。たとえば土器を作るときに素地に混ざりこんだ植物の種実などが焼成とともに焼け落ちてくぼみになって残りますが、そのくぼみに歯科医用のシリコンを流し込んで型取りし、それを電子顕微鏡で拡大して観察することにより種を特定します。全国的にこの方法を用いた調査研究が進み、イネとアワ・キビは縄文時代晩期終末にならないと見いだされないことがわかってきました。見つからないからといってなかったことの証明にはならないのですが、「現状では」と断りを入れて穀物栽培は弥生時代をわずかにさかのぼる時期に導入されて、弥生時代になってから水田稲作がはじめられたと理解されています。

図４　弥生時代初期の土器の組み合わせ（福岡県板付遺跡）　下條編〔1989〕より

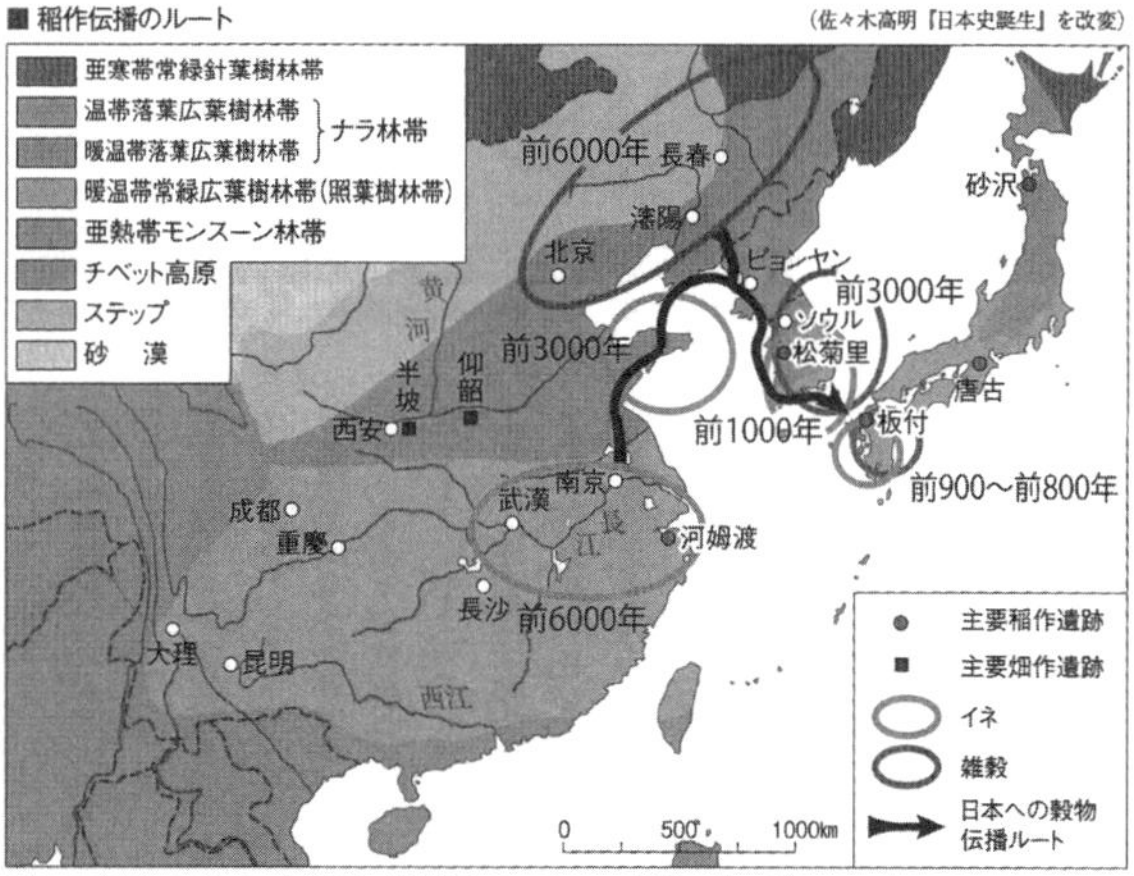

中国の長江流域で稲作が、東北地方で雑穀栽培がはじまり、日本列島へ長い時間をかけて伝わった。そのルートは南西諸島経由や東シナ海を突っ切るなど４つ考えられていたが、現在は遺跡・遺物などからほぼ１本にしぼられた。

図５　稲作と雑穀栽培の伝播ルート

イネの発祥は、中国南部の長江中・下流域です。およそ八〇〇〇年前に栽培がはじめられ、東シナ海沿岸を北上しておよそ五〇〇〇年前に山東半島に、およそ三〇〇〇年前までには朝鮮半島南部に到達しました。アワ・キビは中国東北地方でおよそ八〇〇〇年前に栽培がはじまり、南下しておよそ五〇〇〇年前に朝鮮半島南部で栽培されました。イネが朝鮮半島南部にまで達すると雑穀を含めた穀物がほどなく日本列島にもたらされたのです。

最初期、すなわち弥生時代早期の水田は九州にあるだけですが、およそ紀元前七～前六世紀の前期になると東海地方まで水田稲作とアワ・キビの雑穀栽培、そして大陸系磨製石器が広まりました。それとともに西日本一帯に広がった前期の土器は、福岡県立屋敷《たてやしき》遺跡が流域にある遠賀川《おんががわ》にちなんで遠賀川式土器と名づけられ、その文化を遠賀川文化と呼んでいます。

遠賀川式土器は、日本海を経由して東北地方北部にまで影響を及ぼしました。東北地方の遠賀川式土器によく似た土器は、遠賀川系土器あるいは類遠賀川系土器と呼ばれています。そればかりではなく、この時期の水田跡も青森県砂沢《すなざわ》遺跡から見つかりました。

中期には同県垂柳《たれやなぎ》遺跡から六〇〇枚以上もの水田跡が発掘されています。砂沢遺跡の水田の面積がおよそ五〇〇㎡に対して垂柳遺跡は四〇〇〇㎡ですから、発展がうかがえます。しかし、中期の終わりに洪水によって埋没した後はこの地域で農耕が復活することはしばらくありませんでした。イネという気候、特に温度に敏感な植物がかかえていた限界を露呈しています。

それに対して、中部高地地方や関東地方の弥生時代前期の人々はアワ・キビの雑穀栽培に取り組み、大陸系磨製石器はもちろんのこと遠賀川式土器も根付くことはありませんでした。東北地方にも大陸系磨製石器はほとんど認められませんが、水田への取り組みに違いが生じたのは、中部高地地方や関東地方の縄文時代晩期終末は文化の衰退が著しく、弥生時代になってからも灌漑水田稲作というおおがかりな経営はむずかしかったからでしょう。この地域で水田稲作が本格的に営まれるのはおよそ紀元前三世紀の中期中葉に下りますが、それからは引き続き水田稲作が安定し、東北地方とは違う歴史のコースを歩んでいくことになりました。

（設楽博己）

〔参考文献〕下條信行編『弥生農村の誕生』（古代史復元4、講談社、一九八九年）、安藤広道『弥生時代ガイドブック』（シリーズ「遺跡を学ぶ」別冊06、新泉社、二〇二三年）

コラム5

愛媛県文京遺跡

文京《ぶんきょう》遺跡は西部瀬戸内の松山平野北部、標高三〇m前後の扇状地に立地し、中期後葉（凹線文期）に出現します。

弥生時代中期後葉から後期初頭に、累計で一五〇棟を超える竪穴建物が密集し、大規模な拠点集落として発達した文京遺跡は、自然流路に挟まれた微高地に東西約五〇〇m、南北約二〇〇mに及ぶ居住領域を形成します。その集落内部は、床面積が三〇～九〇㎡の大型掘立《ほったて》柱建物《ばしらたてもの》四棟が集中する大型建物域を中心に集落内の有力者層が居住したと考えられる居住域が接します。そして外来集団が居住する居住域、貯蔵施設群としての掘立柱建物域が付随し、そこでは土器生産や鉄器生産が行われていました。そしてそのまわりに一般（農耕共同体構成員）の居住域がまとまりを作って分布していました。なぜか墓域は見つかっていません。このように集落内部は、機能や階層で分節した空間が作られていて整然とした大規模な密集型拠点集落であったことがわかります。

文京遺跡では山《やま》ノ《の》口式《くちしき》土器、中溝式《なかみぞしき》土器、下城式《しもじょうしき》土器など、東南部九州から南九州にかけての外来系土器が大量に持ち込まれています。こうした外来系土器は松山平野では文京遺跡のみに集中して出土していることから、人・モノ・情報が集約するバザールのような交流・交易拠点としての機能を想定することができます。

文京遺跡は後期前葉を最後に、急速に衰退し、解体していきます。その要因は社会や気候の変動が考えられるものの未だ定かではありません。いずれにしても密集型大規模拠点集落としての文京遺跡はここで途絶えてしまうのです。

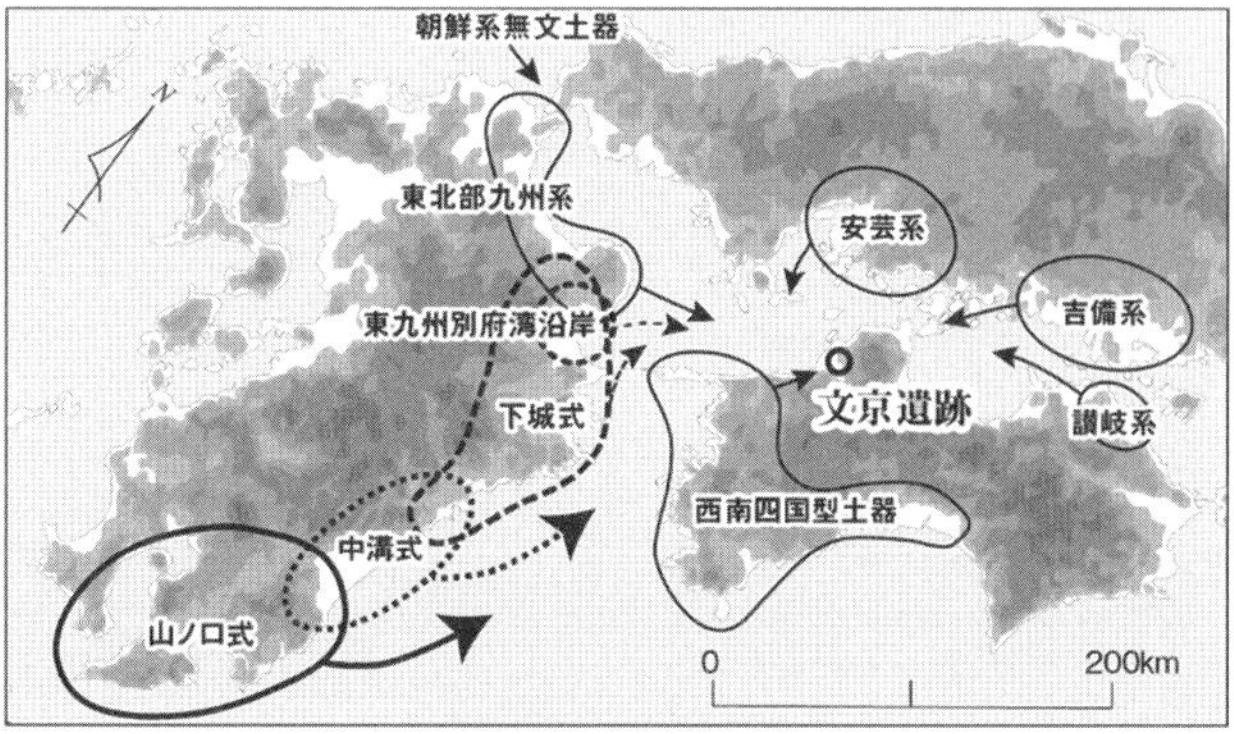

文京遺跡の交流・交易

（柴田昌児）

Q22 灌漑水田について教えてください

A

農地に水を注ぐ農業技術を「灌漑《かんがい》」といいます。灌漑は、現代の水田や畑、果樹園などでも用いられ、生産域の拡大や作物の生産性向上において重視されています。「灌漑水田」は、イネを生育させる水田区画に、人工的な施設から用水を注ぎ入れる機能を持っている水田の総称です。この機能を持たず、用水を雨水や雪解け水に頼るのが「天水田《てんすいでん》」です。灌漑水田は、日本列島で水田稲作がはじまった縄文時代晩期末葉の突帯文《とったいもん》期（弥生時代早期）から認められますが、当時は、今日のように機械で耕地を造成する土木技術はなかったので、開田地の自然地形を大きく改変することなく造田しています。それらの多様な地形面に営まれた水田は、表1のように、いくつかに類型化されます。ここでは、機械化以前の農法を参考にして、南北に長い列島の気候条件をふまえ、各地域の遺跡で見つかった灌漑水田を紹介しながら、畑作を含めて弥生時代の農業の方法を考えてみましょう。

表1　水田の類型

成立基盤	Ⅰ：緩傾斜面（勾配≧１％）　Ⅱ：ほぼ平坦な地形面（勾配≦１％）　Ⅲ：谷状の地形面
水田形態	A：地形面の勾配に合わせた区画　B：小区画を指向する区画

（注）　ⅠA類は、朝鮮半島から西日本に多く認められます。この類型は、勾配が大きいあるいは勾配に変化のある地形面でも開田する適応力の高い特徴があります。移植栽培を行い、湛水灌漑によって水田域を拡大していったことが考えられ、広域適応型といえます。ⅡB類は、東北地方に多く認められます。この類型は、各小区画の高低差が小さい田面と、複数の小区画で構成される中区画の存在に特徴があります。寒冷地において直播栽培（点播）を行い、昇温灌漑によって水田水温の管理をしていたと考えられ、適地選択型といえます。

『会津農書』に記された二つの灌漑　近世農書として知られる『会《あい》津農書《づのうしょ》』（一六八四年）に、会津盆地の中央部では「里田の用水は、水源が遠方にあって昼夜を通して流れてくるので、水質や水温が安定している」、盆地の山岸の谷地田や湿田などでは「地底から水が湧き出て田が冷えてい

るため、上から温かい水をかければ、湧き水を押し止める効果もある。また、温水を多くかけて冷水の割合を少なくすれば、冷気が失せて温水になる」と記されており、灌漑には、水田区画に水を張る湛水《たんすい》とともに、日光で温めた水を注いで水田区画の水温を上昇させる昇温《しょうおん》の機能がありました。後者の必要な理由は、イネの低温障害を避けるためです。水田で作業が行われる四月から一〇月までの現代の平均気温をみると、会津若松市は、それがわかる最も古い記録が一九七六年の一六・九度で、同じ年の他の地域は、弘前市：一五・六度、仙台市：一六・八度、大阪市：二一・四度、福岡市：二〇・七度と、東北地方は、西日本に比べると四～五度低く、近現代でも太平洋沿岸部で冷害となる年があったように、弥生時代においても、水田水温の上昇が灌漑の重要な目的だったと考えられます。

西日本の弥生水田の灌漑　朝鮮半島南部から伝わった水田稲作技術は、より温暖で水田稲作に適する平野が点在する九州地方の玄界灘沿岸部において、日本列島で最も早く取り入れられました。福岡県の板付《いたづけ》遺跡では、一九七七年の調査で、縄文時代晩期末葉の突帯文期（弥生時代早期）の水田（図1）と、弥生時代初頭（板付Ⅰ式期）の水田が発見されて、水田稲作が突帯文期にさかのぼることを初めて明らかにしました。水田（ⅠA類）は、河川水を水源として水路で導水し、水路に間隔をあけて井堰を設けているので、水田区画を湛水させる給水機能を備えた灌漑水田と言えます。福岡市域では、突帯文期の同じような水田が野多目《のため》遺跡でも見つかっており（ⅠA類）、それらの水田一区画の面積は三〇〇～五〇〇㎡と想定されています。こうした平野中央部において、河川から水路で水田域へ導水して湛水灌漑をする水田は、平均的な一区画の面積が、大阪府の池島《いけしま》・福万寺《ふくまんじ》遺跡

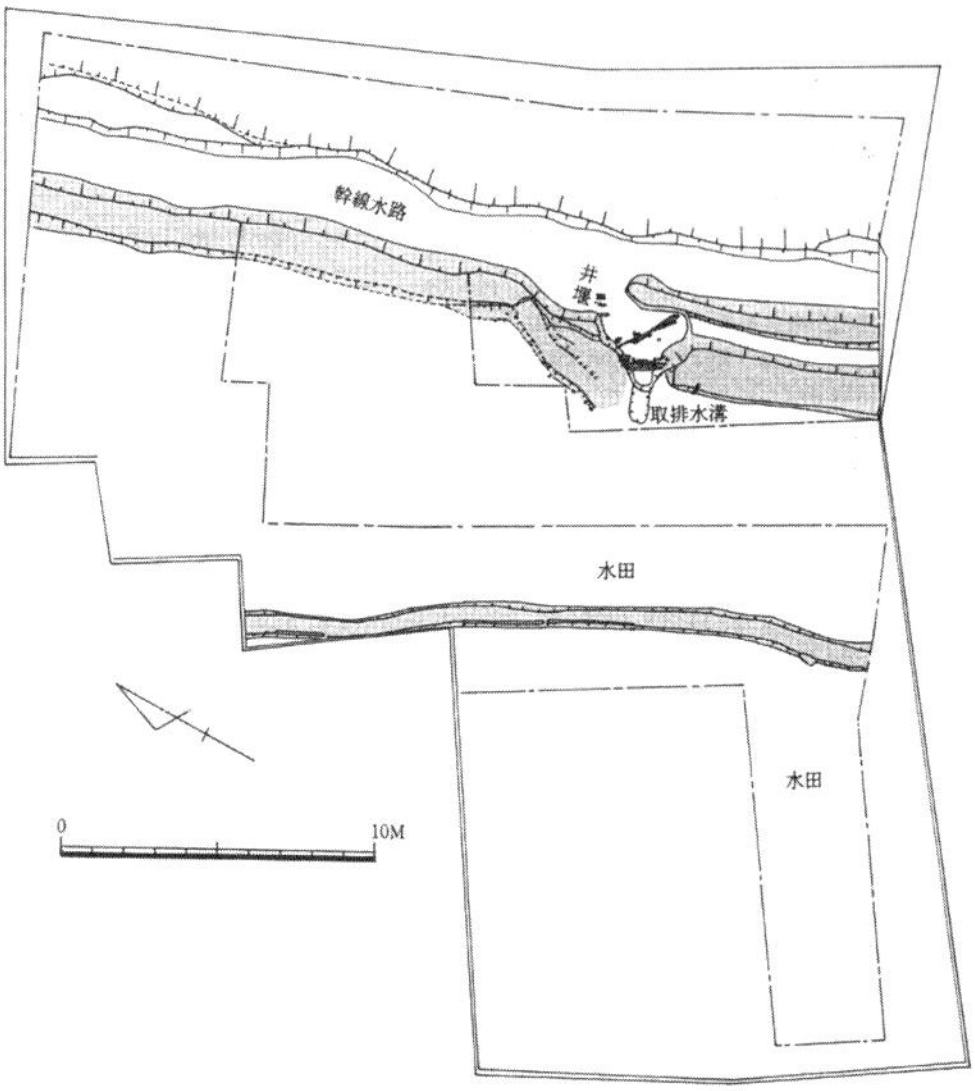

図1　突帯文期の水田（板付遺跡）　福岡市教育委員会〔1999〕埋蔵文化財調査報告書第601集より

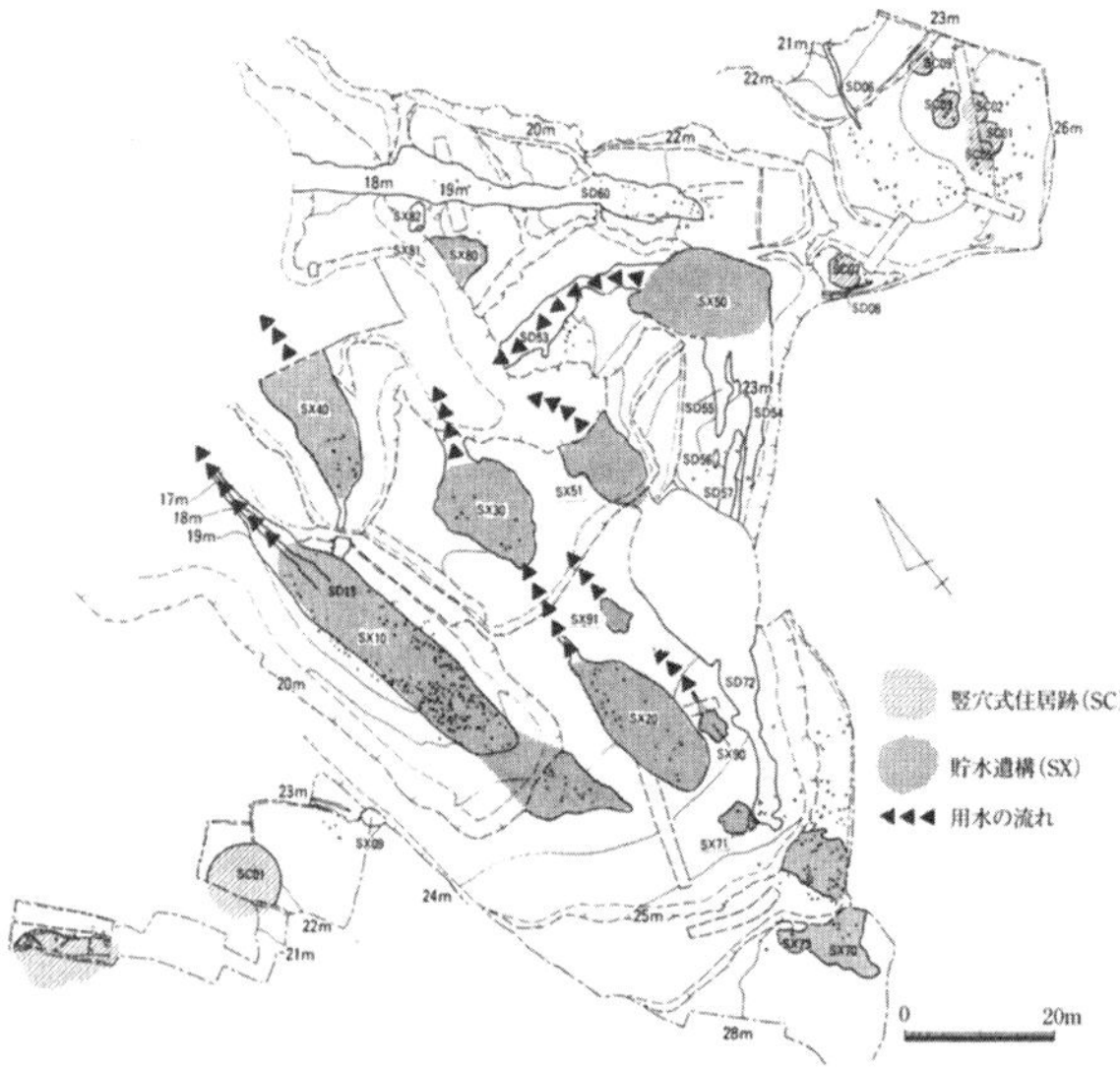

図２　灌漑用の貯水施設（三苫永浦遺跡）　田﨑〔2002〕より

（弥生時代後期）で一〇～五〇㎡、奈良県の秋津遺跡（弥生時代前期）で六～八㎡と、地形面の勾配などによって異なっています。

また、水源に関しては、玄界灘に面する低丘陵に立地する福岡県の三苫永浦《みとまながうら》遺跡（弥生時代中期～後期）で、尾根と尾根の間の細長い凹地で灌漑用水の貯水施設が複数発見されました（図２）。丘陵縁辺の海岸線沿いに想定される狭い水田域へ給水するために、いくつかの沢の水を貯めて水源としていたのです。玄界灘沿岸部の丘陵縁辺で見つかった水田には、谷地形に立地する佐賀県の菜畑《なばたけ》遺跡が知られます。弥生時代前期の初頭から複数時期営まれていた水田（ⅢA類）は、水路を谷の中央に設け、丘陵との間を水田域とし、湿性な土地条件にあって、水路は排水を主な機能にしていました。用水は沢水あるいは湧水を水源としていますが、背後の丘陵に貯水施設があった可能性もあります。

東北地方の弥生水田の灌漑　東北地方では、宮城県の富沢遺跡の水田（弥生時代前期～後期）、青森県の垂柳《たれやなぎ》遺跡（図３）や高樋《たかひ》（３）遺跡の水田（弥生時代中期）のように、平野中央部の低平な地形面に造田しているのに、一区画の面積が一〇㎡前後の小区画水田が営まれている水田（ⅡB類）が多くあります。水源は河川水あるいは湧水に求めています。垂柳遺跡では、数多くの水田区画の中に休耕田が認められ、それらは、イネの生育に伴って田面に日光が届きにくくなる生育水田とは異なり、日光で温めた水を生育水田へ注ぐ機能（昇温灌漑）が考えられます。そして、近代の農業では、水田稲作の北限域だった北海道やサハリン南部において、移植栽培（田植え）に比べて直播栽培（点播）の有効性が確認されています。東北地方に多く、小さな苗代田を並べたような水田（ⅡB類）は、寒冷地における工夫として、点播による直播栽培と、昇温灌漑を組み合わせてイネを生育させる農法を生み出して、東アジアの水田稲作北限域を形成していたのです。

図３　**垂柳遺跡の弥生時代中期の水田**　青森県教育委員会〔1985〕『垂柳遺跡』第88集より

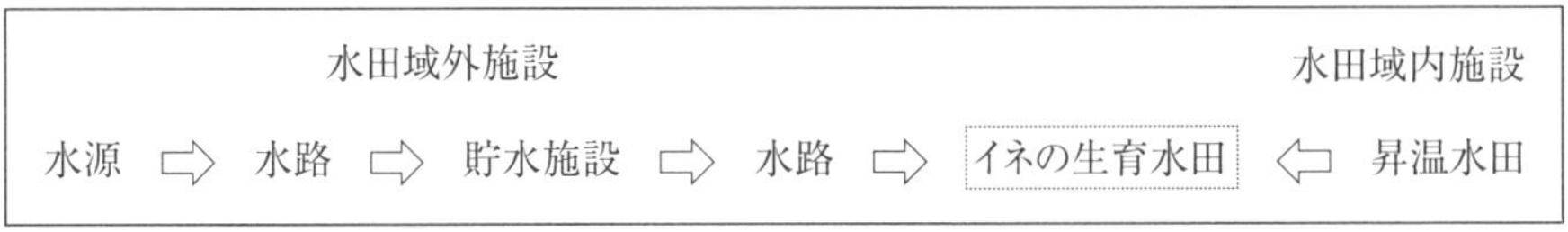

図４　**灌漑水田模式図**　矢印は用水の流れを示します。灌漑施設の各要素は、水田によって有無があります。

また、丘陵縁辺に立地する水田は、福島県の番匠地《ばんしょうち》遺跡と青森県の砂沢遺跡で見つかっています。番匠地遺跡では、水田は谷地形に営まれています（弥生時代中期：ⅢB類）。水田域は谷の中央部にあり、背後の丘陵に通じる水路を水田域の両側に設け、水田区画は平坦面をさらに区画して一四〜二〇㎡にしています。この水田は、沢水を水源として丘陵に設けた貯水施設で水温を上昇させ、水田域では湛水灌漑とともに昇温灌漑を行っていたと考えられます。砂沢遺跡では、水田は丘陵縁辺の緩傾斜面に営まれています（弥生時代前期：ⅠA類）。丘陵に通じる水路から、地形面の勾配に合せて区画した水田に湛水灌漑をしています。

湛水灌漑と昇温灌漑　弥生水田に認められた湛水灌漑と昇温灌漑にかかわる要素を想定し、模式図にしました（図４）。各水田でみると、東北地方では、昇温灌漑があり、貯水施設に昇温機能もあったと考えられます。

○九州地方

板付・野多目（ⅠA類）

水源（河川水）⇓水路⇓［生育水田］

三苫永浦

水源（沢水）⇓水路⇓貯水施設⇓水路⇓［生育水田］

菜畑（ⅢA類）

水源（沢水・湧水）⇓ 生育水田

○東北地方

砂沢（ⅠA類）

水源（沢水）⇓水路⇓貯水施設⇓水路⇓ 生育水田

垂柳・富沢（ⅡB類）

水源（河川水・湧水）⇓水路⇓ 生育水田 ⇑昇温水田

高樋（3）（ⅡB類）

水源（河川水）⇓水路⇓ 生育水田 ⇑昇温水田

番匠地（ⅢB類）

水源（沢水）⇓水路⇓貯水施設⇓水路⇓ 生育水田 ⇑昇温水田

灌漑水田と畑作　弥生時代前半の農業の地域性をみると、中部・関東地方では、土器圧痕の研究からアワ・キビを主な作物として畑作を主体とした農業を営んでいましたが、集落の規模は小さく、畑やそれに伴うような施設は見つかっていません。一方で、イネを主な作物として、東北地方では湛水と昇温の機能をもつ灌漑水田、西日本では主に湛水の機能をもつ灌漑水田を主体とした農業が営まれ、集落の規模は大きく、西日本のいくつかの遺跡では畑も見つかっています。これらの農業を支える社会の労力を想定すると、灌漑は、水田域だけでなく水源域を含めた貯水や導水の施設の維持管理を必要としており、水田稲作は畑作に比べると労力が多くかかり、また昇温灌漑も組織化していた東北地方は、西日本に比べると労力はより多かったと言えます。その多様性は、列島にもたらされた農耕技術を受け入れるときに、作物と気候・地形の関係、集落規模や社会組織の違いにもとづいて、当時の人々が試行的な栽培経験を通して確立した地域性を帯びた農業の方法と理解されます。　（斎野裕彦）

〔参考文献〕山崎純男「北部九州における初期水田—開田地の選択と水田構造の検討—」『九州文化史研究所紀要』32（九州大学、一九八七年）、田崎博之「日本列島の水田稲作」後藤直・茂木雅博編『東アジアと日本の考古学Ⅳ生業』（同成社、二〇〇二年）、設楽博己編『農耕文化複合形成の考古学（上・下）』（雄山閣、二〇一九年）、斎野裕彦「東北地方の弥生文化からみた中里遺跡」長友朋子ほか編『南関東の弥生文化』（吉川弘文館、二〇二二年）

コラム6

東京都向ヶ岡貝塚

一八八四年、一つの壺形土器が東京の弥生町にある向《むこう》ヶ《が》岡《おか》貝塚から発見されました。この壺形土器は、一八七七年に発掘された東京都大森《おおもり》貝塚や一八八三年に発掘された茨城県陸平《おかだいら》貝塚から出土した縄文時代の土器とくらべて形も色も異なっていたために、東京大学の人類学教室の人たちにより、地名にちなんで「弥生式土器」と呼ばれるようになりました。

その後研究が進み、日本各地から弥生式土器の仲間が発見されるとともに、稲や青銅器や鉄器などの金属器がいっしょに出土することもわかりました。それらを欠いた縄文土器の時代と区別されて、弥生式土器を用いていた時代は弥生時代という名で呼ばれるようになりました。いまでは「式」をはずして、弥生土器と呼んでいます。向ヶ岡貝塚は、弥生時代、弥生文化、弥生土器の名前が生まれた地として、大変重要な遺跡です。

月日がたってこの遺跡の周辺に家が建てこんでくると、向ヶ岡貝塚がどこにあったのかわからなくなってしまいました。東京大学の農学部の付近だということは記録に残っていましたが、一九七五年に工学部の敷地に建物を建てるために土をけずったところ、通りかかった中学生によって貝塚が発見されました。この貝塚から出土したのは弥生土器で、それも弥生土器第一号と同じ弥生後期の土器です。そこで、ここが向ヶ岡貝塚に違いないとされました。しかし、その貝塚から出土した貝の種類が壺形土器発見時の記録に残る貝と種類が違うことなどから疑問視されています。

その一方で、発見者の一人である人類学・考古学者の坪《つぼ》井《い》正《しょう》五《ご》郎《ろう》の記録をもとに、もっと西にある異人坂《いじんざか》を上がりきったところが向ヶ岡貝塚だという説も現れました。ほかにもいくつかの候補地がありますが、坪井の描いたスケッチや地図などから異人坂の地点が有力です。

（設楽博己）

〔参考文献〕石川日出志『「弥生時代」の発見 弥生町遺跡』（シリーズ遺跡を学ぶ50、新泉社、二〇〇八年）

Q23 コメと雑穀について教えてください

A 二〇〇〇年代以降に増えた穀物の実物資料や土器圧痕《あっこん》資料によって、コメは縄文時代の終わりごろに、雑穀のアワやキビも同じころに日本列島にもたらされたことが明らかになりました。ムギ類は弥生時代後期から確認され、穀類の種類や地域によって出現の時期差もわかってきました。

コメと雑穀　「雑穀」とは何でしょうか。コメは植物学的にはイネと呼ばれます。イネは主穀《しゅこく》という、イネ科の作物のうち、主食となる穀物です。世界でみると、主穀は三大穀物である「イネ・ムギ・トウモロコシ」が相当します。日本列島での主穀はイネです。イネに対して、雑穀はイネ科の中で小さい果実をつけるアワやキビ、ヒエなどを指し、英語ではミレット（millet）と呼ばれ、複数の穀物を指します。一般的には主穀と雑穀が穀物として知られています。

考古学から見たコメと雑穀　コメや雑穀が、いつから日本列島に存在し、栽培が行われていたのかは農耕の開始を議論する上で重要な問題です。穀物は、どのような資料や方法によって明らかになってきたのでしょうか。

考古学的に最もわかりやすい資料は、コメや雑穀の実物資料が出土し、その年代が保証されることです。特に熱を加えられて炭になった状態である炭化米の存在は古くから注目されており、狩猟採集社会と農耕社会を区分する重要な位置づけを示す遺物とされてきました。地下水位が高い低湿地遺跡では、生の籾《もみ》など、イネや雑穀の殻の部分が残存します。ただし、発掘調査中にこれら穀物を発見するのはまとまって出土するか、塊となるか、土器のお焦げとして炭化して出土しない限り困難です。このため、穀類が含まれている可能性が高い、調理や加工した場所、保管場所などの土壌を回収し、篩《ふるい》などの道具を使って水洗または乾燥篩がけを行って抽出する方法が行われています。

日本列島の土壌は通常酸性のため、生の種実《しゅじつ》は残存せず、バクテリアなどで分解されてしまいます。このため、台地上の遺跡では燃えて炭になった炭化種実を探索します。しかし、当時の人々が意図的に炭化させた穀類でない限り、調理や加工中、あるいは火事などによって偶発的に炭化した穀類を探すのは容易ではありません。また、炭化の過程で発泡したり、破片になったりして種類の判別が難しい場合も多いのです。

さらに大きな問題は、生や炭化したイネや雑穀はそれ自体では年代を示さないことです。このため、種実に伴っている土器などの遺物や出土した遺構、含まれている堆積物などで時期を判断します。ただし、生や炭化した種実は、後世の種実が昆虫による運搬などの何らかの要因で古い時代の土壌に混入する危険性が常にありました。

二〇〇〇年代になると、イネであれば一点で年代測定ができるAMS法による放射性炭素年代測定が普及し、穀類自体で年代測定が行われるようになりました。この結果、従来縄文時代とされてきたイネや雑穀類（ヒエ以外）は新しい時代からの混入で、古くとも縄文時代晩期の終わりごろにならないとイネやアワ、キビは出現しないことが明らかになりました。最近では「超微量放射性炭素年代測定法」の開発により、アワやキビなどの直径二㎜以下の微小種実でも状態が良ければ、一点で年代測定ができるようになりました。穀類自体の年代により、出現時期が高精度で明らかになっています。

同時にこれまでの定説が次々と覆されています。たとえば、青森県八幡《やわた》遺跡では、弥生時代前期の竪穴住居跡から穀類がセットで出土していましたが、イネとアワ、キビ、ヒエの炭化種実で年代測定をした結果、イネのみが弥生時代前期で、雑穀はすべて古代から中世の年代になり、後世の混入と判明しました。このように、わずかな出土数で弥生時代の穀物とされている例は、年代の見直しが必要になっています。

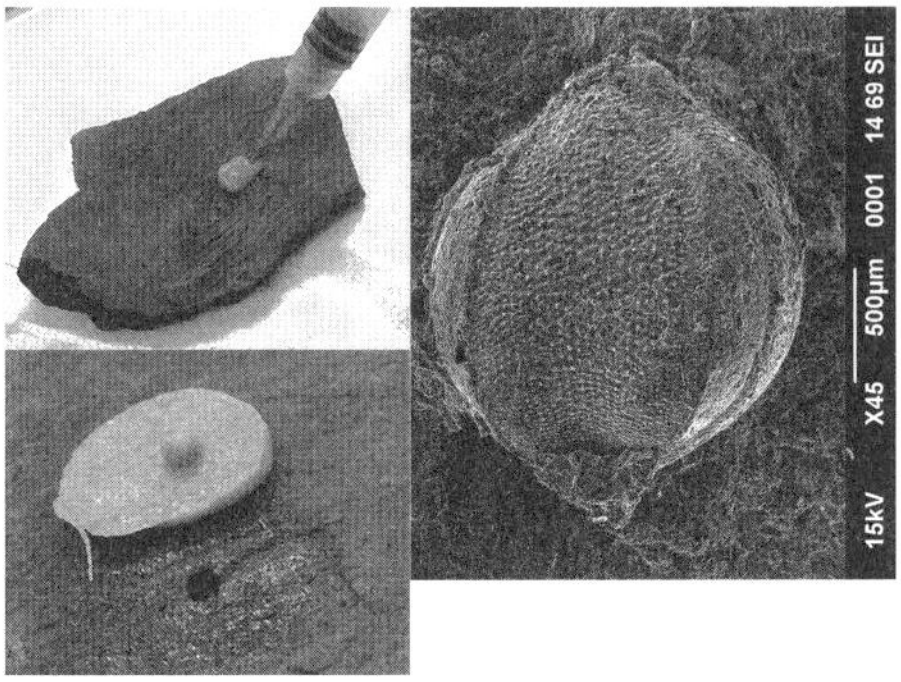

図1　弥生時代前期のアワの圧痕とレプリカ
昭和女子大学歴史文化学科提供

土器圧痕からみたコメと雑穀　穀類の出現時期を詳細に検討できるようになったのは、土器の表面や断面にくぼみとして

食生活

残る土器の圧痕研究が進んだこともあげられます。土器圧痕にシリコーン樹脂を入れて型取りを行う「レプリカ法」により高精度な同定が可能になりました。土器圧痕は、土器の時期が保障されれば、後世の混入のおそれがない資料です。土器に穀類の圧痕が確認されれば、土器づくりの場に穀類が存在していたことを証明できます。ただし、雑穀類は直径二㎜程度以下で小さく、土器から雑穀の可能性がある圧痕を探索する作業には訓練が必要です。

それでは、年代が確実な生の種実や炭化した種実、土器圧痕の種実からイネと雑穀はどこまでわかったのでしょうか。

イネ　日本列島にはイネの野生種は生育していません。野生のイネは中国大陸に生育し、八〇〇〇年前ごろに野生種から栽培化されたといわれています。栽培種になると、自然に結実した実が落下するための装置である脱粒性が喪失し、完熟した籾が落下しないことで人間による収穫がしやすくなる形質に変わります。イネの栽培種は、その後中国大陸や韓半島を経て、日本列島の九州と山陰地方に起源前一〇世紀ごろにもたらされました。その後、五〇〇年ぐらいの時間をかけて本州東北地方まで広がっていきました。また、導入時期の耕作地は、水田の区画が確認できないような湿地を利用した稲作と推定されています（那須二〇一四）。

アワ・キビ　イネとほぼ同時期の縄文時代終末ごろに九州地方にもたらされました。アワの野生種はエノコログサ、いわゆるネコジャラシで日本列島に自生します。キビの野生種は日本列島に自生しません。アワとキビは中国大陸の黄河流域で一万年前ごろに栽培化されて、日本列島に紀元前一〇世紀ごろ渡来したといわれています。導入されて一〇〇年ぐらい

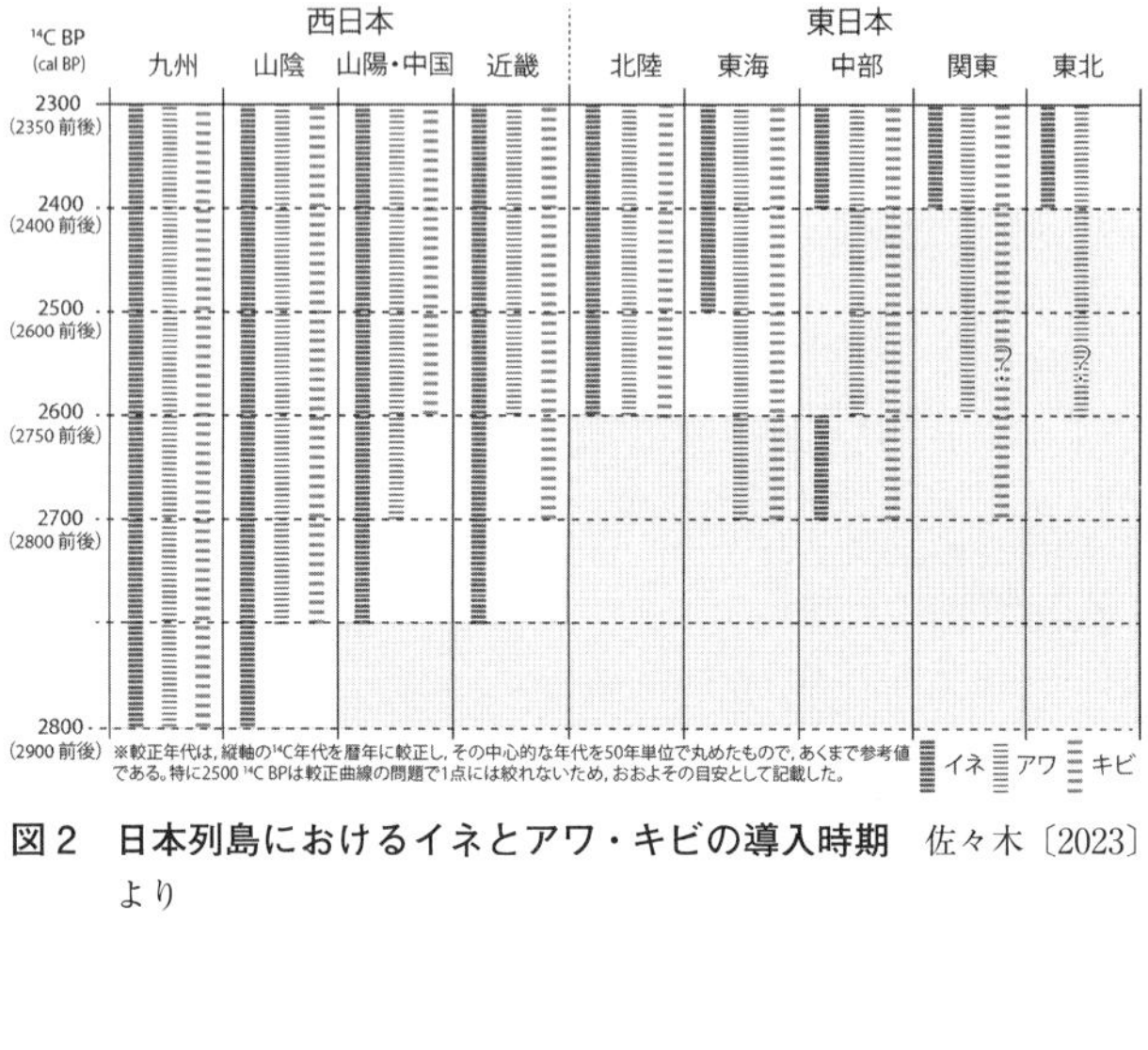

図2　日本列島におけるイネとアワ・キビの導入時期　佐々木〔2023〕より

の間に関東地方まで広がりましたが、東北地方で確実なアワとキビの例はさらに一〇〇年ほど遅れた弥生時代中期後半ごろです。エノコログサと似た植物にアキノエノコログサがあります。アキノエノコログサの種実圧痕が宮崎県相原《あいはら》第1遺跡の一万年前ごろの土器から見つかりました。アワと同様に食用可能な種類で、利用の可能性を示すおもしろい事例です。ただし、縄文時代のエノコログサの確実な出土例は不明です。

ヒエ　野生種のイヌビエが日本列島に生育しています。縄文時代前期ごろから北海道と本州東半部を中心に、「縄文ヒエ」が出土しています。これは、野生種のイヌビエと異なり、やや胴部が膨らんだヒエ属で、ヒエは日本列島で独自に栽培化された可能性が高いと指摘されています（那須二〇一四）。東北北部や北海道では縄文時代中期に種子が大型化しますが、縄文時代後・晩期の出土例や、弥生時代のヒエの出土例が少なく、一時的な人間の選択により大型化したのか、栽培化したのかは未解明です。

その他　ムギ類は弥生時代後期に壱岐にあるカラカミ遺跡にコムギ炭化種子の出土例がありますが、本州で確実な弥生時代の出土例は現在のところ確認されていません。

コメと雑穀研究の課題　イネとアワ、キビが導入された頃の日本列島は、堅果類やベリー類などの森の恵みが主要な植物資源として利用されていて、穀類を獲得しやすい森林の縁の湿地やその微高地を切り開いて、稲作と畠作を生業に組み入れていた可能性が考えられています（佐々木二〇二三）。神奈川県中屋敷《なかやしき》遺跡では弥生時代前期のイネと雑穀とともに堅果類やベリー類が炭化して土坑から出土しています。穀類が導入されて植物利用が一変したのではなく、在来の植物資源利用とうまく融合して生活に取り込まれたと考えられます。その後施設を伴う灌漑水田にいち早く移っていく地域があるなど、地域差や時間差などを知るためには、穀類だけでなく随伴して出土する野生の樹木や草本の種実などの他の資源や道具と合わせて検討する必要があります。

現在、遺跡の土壌を篩がけし、土器圧痕調査を取り入れている発掘調査機関や大学は多くはありません。しかし近い将来、膨大な発見や成果が目に見えない土の中と土器を発掘することで生まれることを期待しています。（佐々木由香）

〔参考文献〕那須浩郎「イネと出会った縄文人—縄文時代から弥生時代へ—」工藤雄一郎ほか編『ここまでわかった！縄文人の植物利用』（新泉社、二〇一四年）、佐々木由香「植物資源利用—縄文時代晩期終末の特質—」『季刊考古学別冊四〇』（二〇二三年）

Q24 弥生人はドングリを食べていましたか

A

稲作の開始に特徴づけられる弥生文化でも、ドングリは食べられていました。その利用技術は縄文文化から引き継がれたものと考えられますが、一般的には食料としての重要性はイネよりも低いものでした。ただし、イネに混ぜて調理することでイネの消費量を抑える、イネの不作の年にそれを補うなどの点では一定の役割を果たしていたと考えられています。また、もともと稲作にあまり適さない山間部や海岸段丘が発達する地域などでは、イネよりも木の実への依存度が高かった地域も弥生文化のなかに点在していたはずです。

利用できる木の実　図1は、日本列島の先史時代に利用されていた代表的な堅《けん》果類《かるい》です。右側に、オニグルミ、クリ、トチノキがあります。これらはドングリではありませんが、縄文文化、弥生文化においては、重要な植物質食料でした。特にクリは、東日本の縄文文化の担い手にとってきわめて重要な食料であり、木材でもありました。ドングリはブナ科コナラ属の木の実の通称ですが、ここでは図1に示すようにシイやカシ、マテバシイの仲間も含めて、広い意味でドングリとします。これらも縄文、弥生文化の人々にとって欠かせない食料であり、特に西日本ではイチイガシが重要な意味を持っていたからです。

主に冬に落葉するブナ林帯が広がる東日本では、クヌギ、ミズナラ、コナラのドングリが豊富です。これに対して、冬でも落葉せず、葉の表面に艶がある照葉樹林帯が発達する西日本では、アカガシ、アラカシ、イチイガシ、ツブラジイ、スダジイ、マテバシイなどのドングリをたくさん入手することができます（南西諸島にはまた異なるドングリの木があります）。ドングリは秋にたくさん実る点では共通していますが、すぐに食べることができるものと、渋みが強すぎてアク抜きをしないと食料にならないものがあります。

　シイの仲間はアク抜きが不要で、西日本で育った人は子供のときにシイの実をそのまま食べた記憶がある方もいらっしゃると思います。近年、シイの仲間は関東地方でも街路樹や公園の植樹に頻繁に使われていますので、普段はあまり気にしていなくても、そのまま食べることができるドングリを目にしている人はかなり多いと思います。

　しかし、それ以外のドングリは大抵アク抜きが必要です。カシの仲間はアク抜きが比較的簡単で、水晒しだけで食べることができますが、コナラやミズナラは水晒しだけではなく加熱処理が必要といわれています。里山の代表的な樹種であるクヌギのドングリは大きく、丸みがありますので、すぐに食べることができれば食料としてとても有用です。しかし、非常に渋みが強く、アク抜きが大変なドングリです。根気強くアク抜きをすれば食べられないわけではありませんが、現在の日本ではアク抜きの技術自体がすでに途絶えており、恒常的に利用している地域はないと考えられています。ただし、縄文文化の遺跡からクヌギが出土することは珍しくありませんので、おそらく当時の人々は効率的なクヌギのアク抜き技術を持っており、食用にしていた可能性はあると思われます。

　こうしたドングリのほか、日本列島にはクルミの仲間、クリ、トチノキといった非常に有用な木の実があることも忘れてはなりません。現代のスイーツに欠かせないクルミやクリはアク抜きが不要で、非常に美味しく食べることは

民俗分類	属	種	森林帯	他の堅果類
A. クヌギ類（アク抜き伝承が途絶えたもの）	コナラ亜属	クヌギ	落葉広葉樹林帯（日本列島東北部）	オニグルミ（クルミ科）
B. ナラ類（水さらし＋加熱処理）	コナラ亜属	ミズナラ	落葉広葉樹林帯（日本列島東北部）	
		コナラ		
C. カシ類（水さらしのみ）	アカガシ亜属	アカガシ	照葉樹林帯（日本列島西南部）	クリ（ブナ科クリ属）
		アラカシ		
D. シイ類（アク抜き不要）	アカガシ亜属	イチイガシ	照葉樹林帯（日本列島西南部）	トチノキ（トチノキ科）
	シイノキ属	ツブラジイ		
		スダジイ		
	マテバシイ属	マテバシイ		

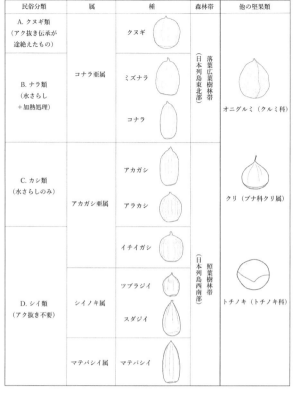

図1　日本列島の堅果類　渡辺〔1986〕に追記して作成

多くの方が知っているでしょう。栃餅《とちもち》などにも利用されるトチノキの実は、加熱しないアク抜き法も知られてはいますが、多くの場合、加熱を伴うアク抜きを経たのち食されていたと考えられています。

東日本の堅果類利用　これら堅果類のアク抜き技術は縄文文化のなかで確立され、弥生文化の人々もそれを継承していました。集落の近くを流れる小川のなかに木枠を組んだ遺構は、そのなかにドングリを入れて水晒しに利用できる施設です。たくさんの穴倉（貯蔵穴）が発掘されることも少なくなく、そのなかからはかごや編み物のなかに保管されていた堅果類が見つかることもあります。

弥生土器にくらべて、縄文土器では容量の大きな土器（たとえば一〇ℓ以上）が多数を占める傾向がある事実は、堅果類の加熱処理を効果的に行うことと関係していると考えられています。一方で、弥生土器において煮炊きに使う甕の容量が小さいのは、イネを炊く、あるいは煮るためと考えられています。また、木の実を擦りつぶすために利用することができる石皿や磨石といった道具が多いことも、東日本の縄文文化の特徴です。

ただし、東日本の縄文文化では手間のかかるドングリよりも、アク抜きが不要なクリやクルミのほうが好んで利用されていました。弥生文化期になっても、イネとともにクルミが出土します。しかし、東日本の弥生文化の人々が、アク抜き場や貯蔵穴をたくさん作って、多くの堅果類を利用しようとしていたのかどうかについてはまだ解明されていません。むしろ、これらの施設がほとんど見つかっていないことを考えると、組織的に堅果類のアク抜きを行ったり、それを貯蔵したりすることには積極的ではなかったようにみえます。

西日本の堅果類利用　それに対して西日本では、縄文文化のみならず弥生文化の人々も、ドングリをふくむ堅果類の利用を重視していたことがはっきりと読みとれます。たとえば、京都府の奈具谷《なぐだに》遺跡ではトチノキのアク抜きを行ったと考えられる遺構が（図2）、福岡県長野小西田《ながのこにしだ》遺跡ではドングリの選別とアク抜きが必要なドングリの水晒しが行われたと考えられる遺構が見つかっています（図3）。

ドングリの貯蔵穴は、奈良県唐古《からこ》・鍵《かぎ》遺跡、大阪市高宮八《たかみやはっ》丁《ちょう》遺跡、山口県綾羅木郷《あやらぎごう》遺跡・荻峠《おぎだお》遺跡、長崎県浦田《うらた》遺跡など多くの弥生文化の遺跡で発見されています。水晒しや貯蔵施設を作るためにかなりの労力をかけていますので、堅果類は単なる救荒食以上の意味を持っていたと考えたほうがよいでしょう。イネと混ぜて調理したりすることは日常的に行われていた可能性が高く、広い水田を作ることができない山間部などではイネを補う植物質食料として意識されていた可能性があります。

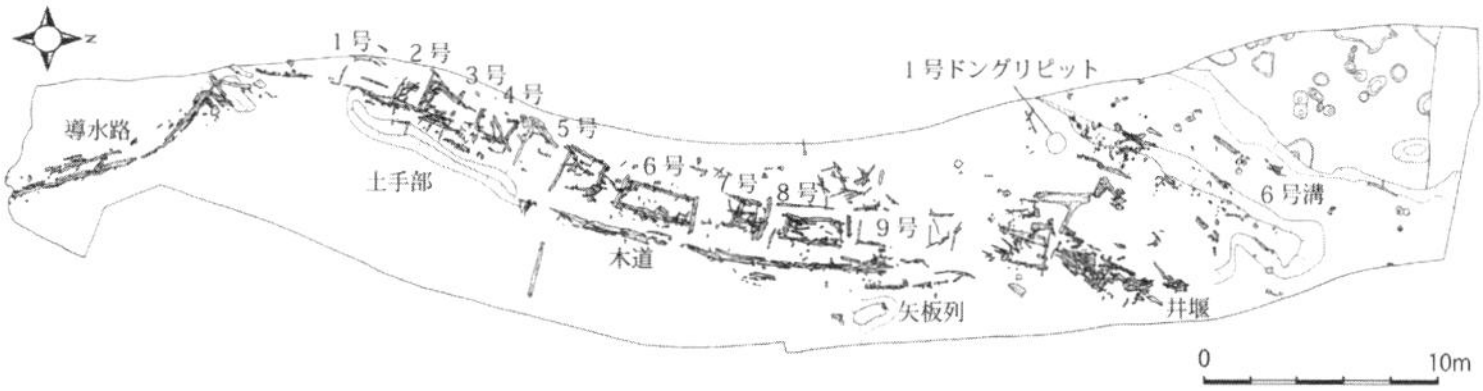

図2　京都府奈具谷遺跡の水場遺構　田代編〔1994〕より

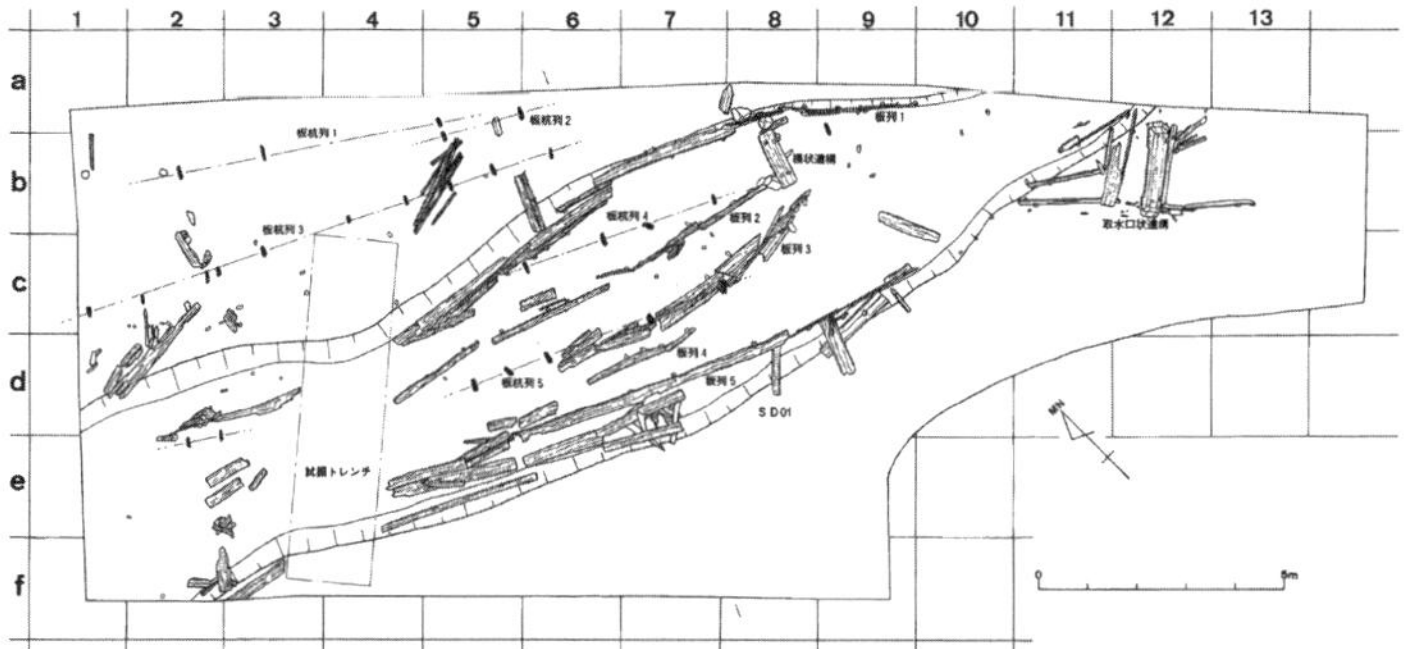

図3　福岡県長野小西田遺跡の水場遺構　前田・佐藤〔2001〕より

弥生文化の貯蔵穴は、地下水位が高い場所に作られていることが多く、内部に蓄えるだけで木の実のアク抜きを行うことができる施設です。しかし不思議なのは、内部に蓄えられていたドングリの多くがアク抜き不要のイチイガシなのです。アク抜きが必要なカシの仲間やコナラ亜属が全くみられないわけではありませんが、多くの場合、イチイガシが多数を占めています。アク抜きのいらないイチイガシが最も人気のあるドングリであったことは理解できますが、なぜそれらをわざわざ水分の多い貯蔵穴に保管しなければならなかったのかはまだ不明です。同じ問題は、東日本の縄文文化にも残されています。やはり水分の多い貯蔵穴から、アク抜き不要のオニグルミが見つかる場合が多いからです。

（高瀬克範）

〔参考文献〕渡辺誠「堅果類」（『季刊考古学』14、一九八六年）、田代弘編「奈具谷遺跡」（『京都府遺跡調査概報』六〇、財団法人京都府埋蔵文化財調査研究センター、一九九四年）、前田義人・佐藤浩司『長野小西田遺跡2』（財団法人北九州市教育文化事業団埋蔵文化財調査室、二〇〇一年）、高瀬克範「弥生時代の雑穀栽培と木の実食の評価」設楽博己・藤尾慎一郎・松木武彦編『弥生時代の考古学5　食糧の獲得と生産』（同成社、二〇〇九年）

Q25 どのような魚や貝を食べていましたか

A

遺跡を発掘すると、貝殻や骨が見つかることがあります。当時の人々が捨てた生ゴミです。出土した貝殻や魚の骨を調べることによって、弥生時代の人々が実際に食べた魚や貝を知ることができるのです。

西日本を中心に、弥生時代の遺跡から多くの魚や貝が確認されています。鳥取県の青谷上寺地《あおやかみじち》遺跡では、少なくとも二七種類の貝類と四九種類の魚類が見つかりました（図1）。他に、カニ類やカメノテ、フジツボ類、ムラサキウニも出土しています。この中には、キクスズメのように他の貝殻に付着して一緒に集落へ持ち込まれて食用にならなかった可能性のある貝も含まれていますが、それでも非常にさまざまな魚や貝を食べていたことがわかります。

貝を例にすると、弥生時代の遺跡から多く出土するのは、マガキやハマグリ、アサリ、ヤマトシジミです。今の私たちにも馴染みのある貝類を弥生時代の人々もよく食べていました。また、周辺の海に岩場が広がっていれば、アワビやサザエ、スガイ、イガイなどの貝類を採集していました。

沿岸部だけではなく、高地性集落や内陸部でも海の魚や貝が見つかることがあります。また、淡水に生息する魚類や貝類がよく出土することも弥生時代の大きな特徴で、水田や環濠といった人工的な淡水域も漁場となっていたことがわかります。

地域や集落周辺の水域環境によって生息する種類が異なるため、具体的にどのような魚や貝を食べていたのか、地域ごとに実際に出土した遺跡をみていきましょう。

九州　玄界灘や壱岐島、周防灘などで多くの貝層が確認されており、福岡県の前田山《まえだやま》遺跡では約一〇万個分の貝殻が出土しています。

九州北西部に広がる玄界灘沿岸をみると、福岡県の鹿部《ししぶ》東町《とうのまち》貝塚はマガキやアサリ、カワニナ、長浜《ながはま》貝塚はマガキ、浄泉寺《じょうせんじ》遺跡はアサリやマガキとともに、淡水域に生息するヒメタニシも数多く出土しました。糸島半島にある御床松《みとこまつ》原《ばら》遺跡では、アサリやハマグリ、フトヘナタリ、オキシジミとともに、サザエやスガイといった岩礁性の貝類も採集していました。佐賀県の宇木汲田《うきくんでん》貝塚は、マガキを主体とする貝類やサバ属、ニシン科、ハゼ科、タイ科、アジ科などの魚類も出土しています。壱岐島にある長崎県のカラカミ遺跡では、アワビやサザエ、スガイが多く、マダイ、フエフキダイ科、ハタ科などの魚類が多くみられました。

周防灘を望む福岡県の前田山遺跡はヤマトシジミが約半数を占め、マガキやハマグリも多く出土しています。竹並《たけなみ》遺跡もマガキとハマグリに集中していました。

中国・四国　山頂や丘陵にある高地性集落でも食べた貝殻や魚の骨が見つかっています。香川県の紫雲出山《しうでやま》遺跡は、瀬戸内海に突き出た荘内半島にある有名な高地性集落です。標高三五二mの山頂にもかかわらず、サザエ、レイシガイ、イシダタミ、スガイといった岩礁性貝類やアサリ、ウミニナなどが多く、マダイ、クロダイ属、イシダイなどの魚類も出土しました。また、標高一三二mの丘陵頂上部にある広島県の水《すい》晶城《しがじょう》遺跡では、約一万二〇〇〇個分の貝殻が見つかり、マガキやハマグリ、フトヘナタリが多く含まれていました。貝

【魚類】

軟骨魚綱

ネコザメ科	ツノザメ属
アオザメ属	エイ目

硬骨魚綱

ウナギ属	イサキ
アナゴ属	ヘダイ
ハモ科？	クロダイ属
マイワシ	マダイ亜科
コノシロ	キス属
カタクチイワシ	ウミタナゴ科
フナ属	シマイサキ科
コイ科	イシダイ属
ドジョウ科	ベラ科
アユ	コブダイ
サケ属	アイナメ属
ボラ	ハゼ科
メナダ属？	アイゴ属
サヨリ属	サバ属
トビウオ科	ソウダカツオ属
ダツ科	マグロ属
フサカサゴ科	ヒラメ科
コチ科	カレイ科
スズキ属	ウシノシタ類
ハタ科	カワハギ科
ブリ属	フグ科
マアジ？	ハリセンボン科
フエダイ科	

【貝類】

腹足綱

ベッコウガサ	カワアイ
カモガイ	キクスズメ
サザエ	アラムシロ
ヒメクボガイ	レイシガイ
オオコシダカガンガラ	クリフレイシ
イシマキガイ	アカニシ
コゲツノブエ	マルタニシ
イボウミニナ	カワニナ
ヘナタリ	

二枚貝綱

サルボウ	イタヤガイ
イガイ	チリボタン
ケガイ？	キクザル
マガキ？	ヤマトジジミ
イワガキ	オキシジミ

図1　鳥取県青谷上寺地遺跡から出土したさまざまな貝類と魚類

殻成長線分析によって、ハマグリは夏期に集中して採集されたことが明らかになっています。

近畿　大阪府の池上《いけがみ》・曽根《そね》遺跡は、大阪湾南岸にある環濠集落です。オオタニシやチリメンカワニナといった淡水性貝類とともに、バカガイやヘナタリが多く出土しました。魚類はマダイやフグ科が多く、サメ類、ハモ属、ボラ科、スズキ属、クロダイ属、ヒラメ、コイ科なども出土しています。また、膨大な数の蛸壺が見つかっており、タコも食べていたと考えられます。

海の魚は、内陸部にも運ばれていました。奈良県の纒向《まきむく》遺跡や唐古《からこ》・鍵《かぎ》遺跡では、コイやフナ属、ナマズ属、アユ、ウナギ属などの淡水魚とともに、ニシン科、ボラ科、スズキ属、アジ科、サバ属、マダイなどの多様な海水魚の骨が見つかっています。

中部　伊勢湾奥部も弥生時代の貝塚が数多く見つかっている地域です。愛知県の朝日《あさひ》遺跡、西志賀《にししが》遺跡、高蔵《たかくら》遺跡では、ハマグリやマガキ、ヤマトシジミが貝層の主体を占めていました。そして、貝層や灰層をフルイにかけて微細な資料も回収した結果、さまざまな魚類が見つかっています（図2）。各遺跡で出土した魚類は、立地の違いが反映されていました。沖積平野に位置する朝日遺跡、一色青海《いっしきあおかい》遺跡、西志賀遺跡ではクロダイ属やスズキ属などの海水魚だけでなく、コイ科やナマズ属などの淡水魚も多く含まれていました。一方で、台地上に位置する高蔵遺跡は、マイワシを主体とするニシン科などの海水魚が多く、淡水魚はあまり出土していませんでした。

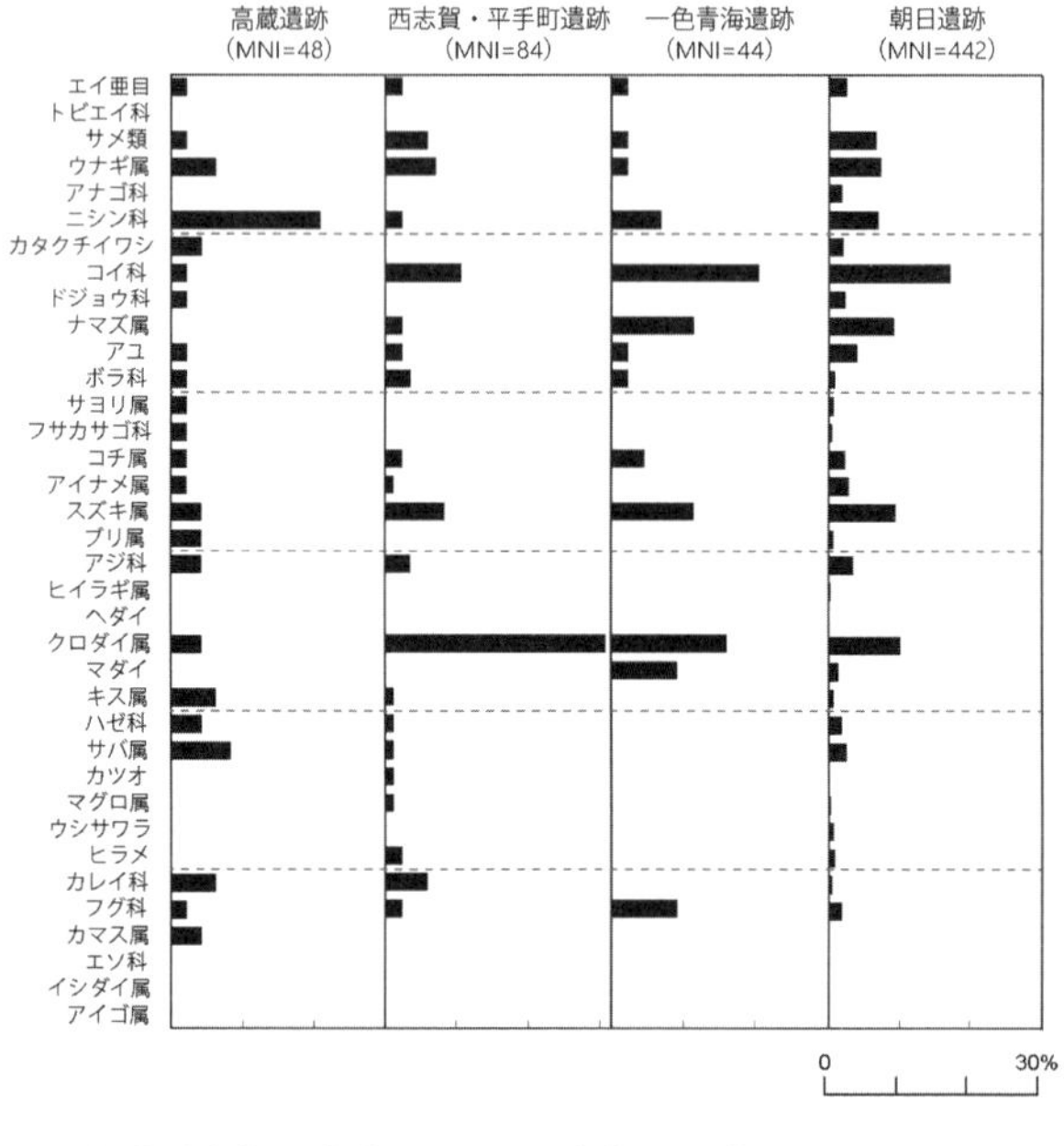

図２　伊勢湾奥部の遺跡で出土した魚類の組成

関東・東北　縄文時代には東日本を中心として数多くの貝塚が形成されましたが、弥生時代になると貝塚は減少して、小規模になります。それまで採貝活動を活発にしていた季節に、農耕活動をするようになったからと考えられます。

それでも、東京湾沿岸にある千葉県の草刈《くさかり》遺跡では、使われなくなった数多くの竪穴住居跡の窪みに貝殻が捨てられており、合計で約七万個体の貝類が分析されています。イボキサゴを主体とし、ハマグリ、マガキ、シオフキなども多く含まれていました。イボキサゴは殻幅一～二㎝程度の小さな巻貝で、私たちがシジミ汁を飲むように、身を食べるよりも汁物のダシやうま味として重宝されたようです。

また、三浦半島南部の海蝕《かいしょく》洞穴では、洞穴を利用した人々が食べた貝殻が見つかっています。神奈川県の雨崎洞穴《あめさきどうけつ》遺跡では、メガイアワビやマダカアワビ、サザエ、スガイ、クボガイなどの岩礁性の貝類とともに、マダイやサメ類、カツオなどの魚類が出土しました。同県の間口洞窟《まくちどうくつ》遺跡もアワビやスガイが多く、クロダイ属、マダイ、カツオなどが出土しました。

東北地方では、福島県の薄磯《うすいそ》貝塚からタマキビ、レイシガイ、スガイ、クボガイといった岩礁性の巻貝が多く、マダイも出土しています。

北海道・沖縄　出土人骨の同位体分析による食性研究によって、弥生文化と併行する続縄文文化期の北海道や貝塚文化期（後期）の沖縄の人々は、海産物を中心とした食生活をしていたことが明らかになっています。

北海道北部の利尻島にある種屯内《たねとんない》遺跡では、貝層や魚骨層と名付けられるほど貝殻や魚骨が集中して見つかり、クロタマキビやエゾアワビなどの貝類、マダラやフサカサゴ科などの魚類が確認されています。ウニの殻や骨も非常に多く出土しており、貝層や魚骨層の一部を分析しただけで、約四〇〇〇個分のウニ類が含まれていました。

貝塚文化期（後期）の沖縄諸島では、ブダイ科、フエフキダイ科、ベラ科といった魚類やイソハマグリやマガキガイ、シャコガイ類といった貝類など、サンゴ礁域やその周辺に生息する魚や貝を主に食べていました。

（山崎　健）

〔参考文献〕西本豊弘編『動物の考古学』（人と動物の日本史1、吉川弘文館、二〇〇八年）、設楽博己・藤尾慎一郎・松木武彦編『食糧の獲得と生産』（弥生時代の考古学5、同成社、二〇〇九年）、山崎健『農耕開始期の動物考古学』（六一書房、二〇一九年）

Q26 どのような動物を飼っていましたか

A 弥生時代になると、縄文時代までの動物観（動物に対する価値観や態度）が大きく変わりました。その典型が飼育された動物（家畜や家禽《かきん》）にみられます。

弥生時代の人々は、イノシシ（ブタ）、イヌ、ニワトリを飼っていました。飼育ではありませんが、弥生時代になると縄文時代にはほとんど出土しなかったドブネズミなどのクマネズミ属も目立つようになり、水田稲作の伝播とともに増加しています。近年では、壱岐島にある長崎県カラカミ遺跡で出土した弥生時代のネコが飼育されたイエネコではないかと推定する所見もあります。

『魏志《ぎし》』倭人伝《わじんでん》には牛や馬、羊といった家畜が倭人の地にいないと書かれており、実際に弥生時代の遺跡からウシやウマ、ヒツジは見つかっていません。東京都の伊皿子《いさらご》貝塚遺跡から弥生時代のウシが出土したことが知られていましたが、年代測定の結果、弥生時代ではなく、古代のウシであったことが判明しています。ウシやウマが出土するのは古墳時代以降になります。

どのように家畜と判断するのか　遺跡で出土した骨から、その動物が飼われていたと判断する根拠には、以下のようなものがあります。

まず、その動物が自然に分布する範囲の外で見つかれば、人為的に動物が持ち込まれたと考えられるため、飼育していたと推定できます。最近では、ＤＮＡ解析によって遺伝的に異なる系統を抽出できるようになり、人為的な移入を論じることが可能となりました。

また家畜化に伴って、動物の大きさや形態が変化することが知られています。野生動物の狩猟と家畜の利用では、出土する動物の種組成や年齢構成も異なるため、重要な手がかりになります。安定同位体分析からも、その動物が野生下と異なる食性であると餌付けや残飯処理といった人為的な影響の可能性が出てきます。

イノシシ（ブタ）　イノシシは雑食性で、人間の生活空間にも適応することができ、高い繁殖力を持っているため、人間にとって飼いならしやすい動物でした。

イノシシは縄文時代の主要な狩猟獣でしたが、北海道南部や伊豆諸島など自然分布しない地域から出土しており、縄文時代にもイノシシを飼養していた可能性があります。

弥生時代になると、動物種組成（イノシシの比率増加）、年齢構成（幼獣・若獣の増加）、歯や骨の形態や大きさなど、遺跡から出土するイノシシにさまざまな変化が生じたため、縄文時代よりもさらに家畜化が進んだと考えられ、「弥生ブタ」と呼ぶ研究者もいます。

この弥生ブタは、日本列島に生息していた野生のイノシシを家畜化したのではなく、アジア大陸から持ち込まれたのではないかと想定されていました。実際、DNA解析によって、長崎県の宮下《みやした》貝塚、愛媛県の宮前川《みやまえがわ》遺跡と阿方《あがた》遺跡では大陸系の家畜ブタが移入された可能性が高いことが明らかとなっています。

同位体分析によって、イノシシの食べ物から飼育された可能性も検討されています。奈良県の唐古《からこ》・鍵《かぎ》遺跡や神奈川県の池子《いけご》遺跡から出土した弥生時代のイノシシは、食性が異なる二つのグループに分けられました。縄文時代のイノシシにはみられない特徴であり、人為的な影響が示唆されます。

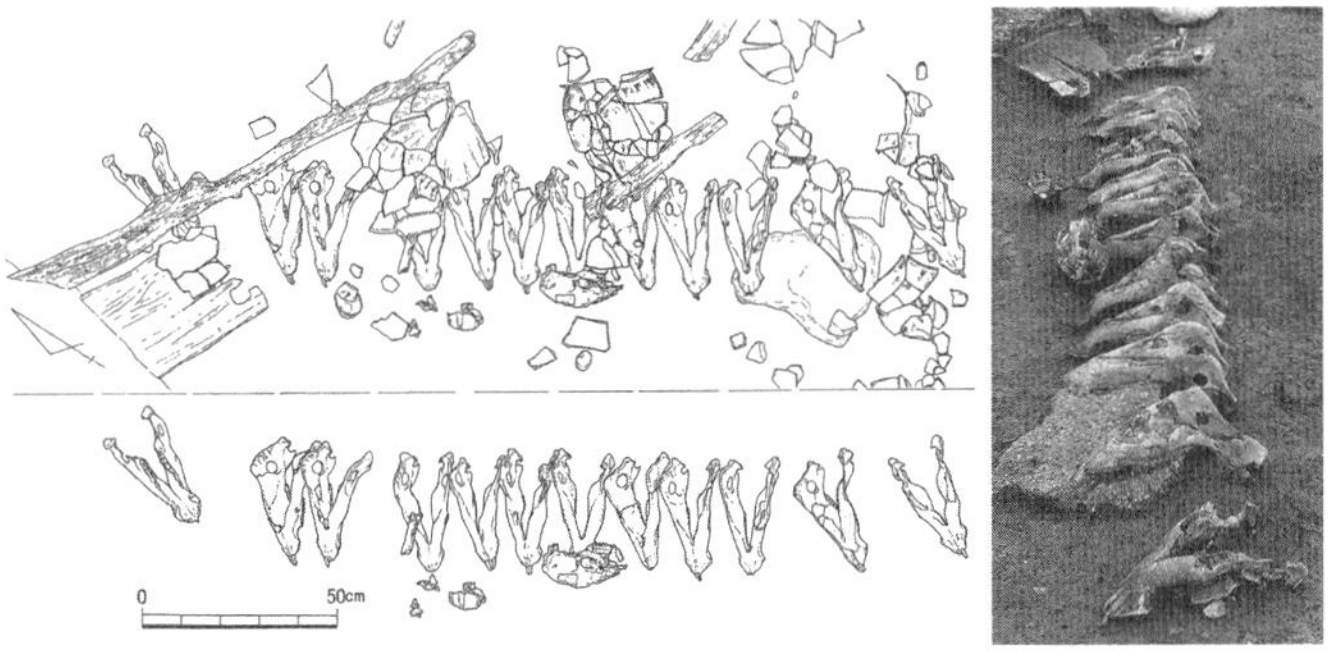

図1　岡山県南方遺跡でみつかったイノシシの下顎骨　岡山市教育委員会〔1996〕『岡山市埋蔵文化財調査の概要（1994年度）』より

家畜化だけでなく、イノシシに対する扱いにも変化がみられました。西日本を中心とした弥生時代の遺跡からは、孔のあいたイノシシの下顎骨が並んで見つかることがあります。岡山県の南方《みなみかた》遺跡では、イノシシの下顎骨が一二個並んで出土し、儀礼ではないかと推定されています（図1）。下顎骨には孔があいていることから、棒や紐が通されていたようです。

また、琉球列島には、本州や四国・九州に分布するニホンイノシシよりも小型のリュウキュウイノシシが生息しています。縄文文化と併行する沖縄本島の野国《のぐに》貝塚群B地点、弥生文化と併行する伊江島の阿良《あら》貝塚や宮古島のアラフ遺跡といった貝塚文化期の沖縄県の遺跡では、DNA解析によって、リュウキュウイノシシとは異なる遺伝的特徴を持つイノシシが出土していることが判明し、イノシシが人為的に持ち込まれていたことが明らかになっています。

イヌ　イヌは最古の家畜といわれており、縄文時代は猟犬として飼われて、丁寧に埋葬されることもありました。

図2　伝香川県出土銅鐸に描かれたイノシシ猟　東京国立博物館所蔵　出典：Colbase（https://colbase.nich.go.jp/）

伝香川県出土銅鐸にイヌを使ったイノシシ狩りの様子が描かれているように（図2）、弥生時代になっても猟犬などとして飼われていたと考えられますが、イヌに対する扱いは大きく変わりました。死後に埋葬されなくなり、他の野生動物と同じように、解体して肉や毛皮などを利用するようになったのです。

図3　鳥取県青谷上寺地遺跡から出土したイヌ
鳥取県地域づくり推進部文化財局〔2021〕『青谷上寺地遺跡発掘調査研究年報2020』より

長崎県の原《はる》の辻《つじ》遺跡では数多くのイヌが出土しましたが、埋葬されてはいませんでした。イヌの骨は散乱した状態で見つかり、上腕骨や大腿骨には胴体から四肢を切り離す際についたと考えられる傷跡が残されていました。鳥取県の青谷上《あおやかみ》寺地《じち》遺跡でも、解体痕跡のあるイヌの骨がたくさん見つかっています（図3）。頭蓋骨や下顎骨には皮を剥ぎ取る際についた傷跡が認められ、橈骨や尺骨、脛骨といった四肢骨には肉を切り離す際についた傷跡が残っていました。

続縄文文化期の北海道では、礼文島や利尻島などでイヌが大量に出土する遺跡が見つかっています。礼文島の浜中《はまなか》2遺跡では、少なくとも五〇頭分のイヌの骨が出土しました。この遺跡で同時期に出土した哺乳類の七五％にあたる数です。

生後八ヶ月以上の成獣は少なく、幼獣や若獣が非常に多く含まれており、すべて散乱した状態で見つかりました。野生哺乳類の少ない島嶼部であることを考慮すると、狩猟や犬ぞりなどの利用よりも、若い個体を対象とする肉や毛皮の利用の方が重要であったと考えられます。

ニワトリ　私たちが日常的に肉や卵を食べているニワトリは、東南アジアに分布するセキショクヤケイを飼いならした家禽です。

長崎県のカラカミ遺跡や原の辻遺跡、福岡県の酒見貝塚《さけみ》や塚崎東畑《つかさきひがしはた》遺跡、大阪府の宮ノ下《みやのした》遺跡、奈良県の唐古・鍵遺跡、愛知県の朝日《あさひ》遺跡といった西日本の遺跡から、ニワトリやその可能性のある骨が出土しています（図４）。縄文時代の遺跡からは出土していないため、ニワトリは弥生時代に持ち込まれた家禽であることが明らかになっています。

イノシシ（ブタ）に比べると、見つかる遺跡や出土量が非常に少ないため、ニワトリは食用のために飼育されていたわけではなさそうです。骨の大きさや形態から、出土したニワトリの性別がオスに偏っていたため、鳴いて時を告げるオスの生態が重宝されたと考えられます。

（山崎　健）

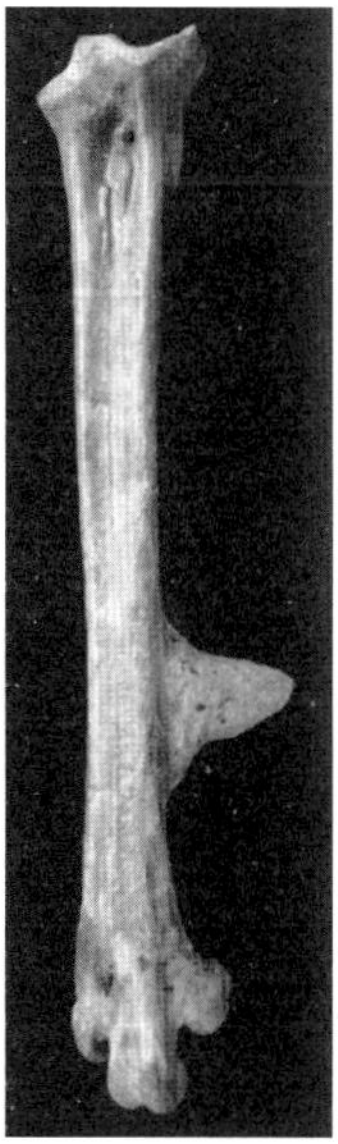

図４　奈良県唐古・鍵遺跡から出土したニワトリ　田原本町教育委員会〔2018〕『唐古・鍵ミュージアム常設展示図録』より

〔参考文献〕西本豊弘編『動物の考古学』（人と動物の日本史1、吉川弘文館、二〇〇八年）、設楽博己・藤尾慎一郎・松木武彦編『食糧の獲得と生産』（弥生時代の考古学5、同成社、二〇〇九年）、内山幸子『イヌの考古学』（同成社、二〇一四年）

食生活

Q27 狩りと漁について教えてください

A

弥生時代は水田稲作を基礎とする農耕文化であるため、教科書の復元図や博物館の展示で、弥生時代の人々が狩りや漁をしている様子をあまり見かけないかもしれません。

Q25の「どのような魚や貝を食べていましたか」でみてきたように、弥生時代の人々はさまざまな魚や貝を食べていました。ここでは、狩猟具（石鏃など）や漁具（釣針や刺突具、錘など）と獲物（動物の骨）がともに出土している遺跡を中心として、弥生時代の狩りや漁についてみていきたいと思います。

狩猟活動　濃尾平野に位置する愛知県の朝日《あさひ》遺跡では、イノシシやコイ科、カモ科のような集落周辺に広がる低湿地へ近づいてきた動物を積極的に利用していました。

それに対して、ニホンジカは森林から完全に離れて生活することは少ないため、集落からやや離れた森林地帯で主に狩猟されたと推測されます。こうした森林には、タヌキやキツネ、イタチなども生息していますが、朝日遺跡からはほとんど出土していませんでした。つまり、朝日遺跡の人々は集落からやや離れた森林で、ニホンジカを狙った狩りをしていたと考えられます。歯の萌出・交換による推定により、ニホンジカの猟期は主に冬季であることが明らかとなっています。

朝日遺跡からは、弓矢猟の実態を示す資料も出土しました（図1）。石鏃《せきぞく》が刺さったニホンジカの第六腰椎です。X線CT撮影によって、右前約六〇度の方向から、腰椎の真横に石鏃が打ち込まれていることがわかりました。鹿の右斜め前方から、下腹部に向かって、ほぼ水平に矢を射たと復元することができます。

また、石鏃先端が脊髄までは達しておらず、石鏃も骨増殖によって覆われていました。刺さった矢では致命傷とならずに、この鹿は石鏃が刺さったままでしばらくの間生きていたと判断できます。ただし、この骨が朝日遺跡から見つかっていることから、一度は矢が刺さったままで逃げ切ったのですが、のちに別の機会で捕獲されたと考えられます。

仕留められたニホンジカは、集落へ運ばれて解体されました。肉や骨髄を食料にして、角や骨からさまざまな道具を製作しました。特に角は狩猟だけではなく、流通によっても獲得しており、道具の素材として重宝されていました。狩猟は、単に食料を得るための活動だけではなく、道具素材を獲得する活動でもあったのです。

図1　石鏃が刺さったニホンジカの骨とX線CT画像　宮腰健司ほか〔2011〕「朝日遺跡から出土した石鏃の刺さったシカ腰椎について」（『研究紀要』12）より

長野県の湯倉《ゆぐら》洞窟でも、ニホンジカを主体とした狩猟活動をしていました。幼獣が多く含まれていたため、毛皮を目的としたシカ猟の可能性が指摘されています。

イノシシやニホンジカといった哺乳類だけでなく、鳥類も狩猟対象になっていました。壱岐島の長崎県カラカミ遺跡では、ウミウを含むウ科、キジ科、トキ科、カラス科が多く出土しました。ウミウは、主に岩礁性の海岸部に生息するために、海岸や海洋で鳥類を狩猟していたと推定できます。また、河内平野にある大阪府の宮ノ下《みやのした》遺跡では、遺跡周辺の湿地や湖沼でカモ亜科、ツル科、ガン族、サギ科などの鳥類を狩猟していました。ツル科やガン族は冬季に河内平野に飛来する冬鳥であるため、冬季に狩猟したと考えられます。

漁労活動　鳥取県の青谷上寺地《あおやかみじち》遺跡は、日本海に面する浅い内湾の近くにあった低湿地遺跡で、通常の遺跡では残らない木や骨などの有機質遺物が大量に出土しました。釣針、ヤス、銛頭《もりがしら》、網枠、錘、浮子《ふし》、ヘラといったさまざまな漁労具が見つかっており、釣漁、刺突漁、網漁、潜水漁をしていたことがわかります。

漁獲対象をみると、淡水～外洋域に生息する多様な魚の骨が出土していますが、クロダイ属やスズキ属、コノシロとい

図2　結合式ヤスの出土状況（鳥取県青谷上寺地遺跡）
鳥取県埋蔵文化財センター〔2001〕『青谷上寺地遺跡3』より

った内湾や河口の汽水域を好む魚類が多く、遺跡前面に広がる内湾を主要な漁場としていました。クロダイ属やスズキ属などは主に刺突漁、さまざまな小型魚は主に網漁で漁獲したと考えられ、実際に四本の結合式ヤスが内湾の水底に刺さった状態で見つかっています（図2）。釣針は、単式釣針だけでなく、二つの部品を組み合わせた大型の結合式釣針もあり、サメ類やマグロ属、マダイ、ハタ科などの大型魚が主な対象であったと推定され、網や銛などと合わせて使用したのかもしれません。青谷上寺地遺跡からは、丸木舟や準構造船の破片も出土し、サメや船を描いた木製品や土器も見つかっています。魚類以外では、岩場に付着するイガイが非常に多く、イワガキやムラサキウニも多く出土しました。鹿角《ろっかく》を扁平に加工したヘラを使って、岩から外していたようです。

　相模湾に面する神奈川県の池子《いけご》遺跡では、釣針、銛やヤスといった刺突具、石錘などの漁具が見つかっています。出土した魚類を体長ごとにみると、一m以上の大型魚はサメ類が大半を占め、三〇～六〇cm程度の中型魚はカツオが非常に多く、三〇cm以下の小型魚はカタクチイワシやサバ属が主体でした。ここから、主にサメ類を対象とした刺突漁、カツオを対象とした釣漁、カタクチイワシやサバ属などの小型魚を対象とした網漁が想定されます。カツオ、カタクチイワシ、サバ属は、相模湾への来遊する春～秋頃が漁期であったと推定されています。

　弥生文化と併行する続縄文文化期の北海道では、縄文時代に比べて魚類の出土量が増加することから、漁労活動が活発化したと考えられます。特に大きな魚を選択的に漁獲していたようです。北海道南西部の渡島《おしま》半島東端にある恵山《えさん》貝塚では、ヒラメが非常に多く出土しました。体長七〇cm以上の大型のヒラメに集中し、体長九〇cm～一mと推定されるような個体も見つかっています。ヒラメは季節によって生息する水深が異なり、成魚は沖合の水深一〇〇～二〇〇mといった深い場所にいますが、春～夏頃になると産卵のために沿岸の浅い場所へ移動します。そのため、恵山貝塚の人々は、大型の釣針や魚形石器《ぎょけいせっき》などの漁具によって、春～夏頃に沿岸に近づいてきた大型のヒラメを狙って漁獲した可能性があります。単なる食料を得るための活動以上に、名声を得るための威信的な漁労活動であったのではないかと考えられています。

また、貝塚文化期（後期）の沖縄諸島では、サンゴ礁域やその周辺で主に漁労や採貝をしていました。本州の鹿角と同様、単に食料獲得だけではなく、貝製品の素材獲得も重要な活動でした。大型の巻貝であるゴホウラは、殻が厚くて磨くと白色になるため、九州を中心に成人男性の腕輪素材として利用されました。ゴホウラは奄美諸島以南に分布し、貝殻の集積が沖縄諸島から多数見つかっており、沖縄諸島で採集されたゴホウラが九州まで運ばれていたことがわかります。鹿児島県の高橋《たかはし》貝塚のように、ゴホウラ交易の中継地と考えられる遺跡も見つかっています。

このゴホウラは、サンゴ礁の水深約一〇mに生息するため、潜水漁によって捕獲しなければなりません。しかし、遺跡から出土したゴホウラの殻口内部には、ヘビガイ類などの他生物が付着した痕跡が認められることがあります。これは死んだ貝殻であったことを示唆しています。身を食べるのではなく、貝殻が目的であれば、生の貝を採集する必要はありません。腕輪の素材を獲得するために、浅場に運ばれた死殻を採集することもあったのです。

（山崎　健）

〔参考文献〕設楽博己・藤尾慎一郎・松木武彦編『食糧の獲得と生産』（弥生時代の考古学5、同成社、二〇〇九年）、山崎健『農耕開始期の動物考古学』（六一書房、二〇一九年）、高瀬克範『続縄文文化の資源利用』（吉川弘文館、二〇二二年）

Q28 お酒はありましたか

A

出土品としての確実な例はありませんが、状況証拠をみるかぎり、かぎりなくあったと言えるでしょう。たとえば、『魏志《ぎし》』倭人伝《わじんでん》には「喪主哭泣、他人就歌舞飲酒（喪主は声をあげて泣き、他人はその周りで歌舞・飲酒する）」「其會同坐起、父子男女無別。人性嗜酒（集会での振る舞いには、父子・男女の区別がない。人々は酒が好きである）」という記述があります。歌舞飲「酒」とあるため、遅くとも弥生時代後期にはアルコール飲料が存在し、人々はそれを好んだとみられます。

酒の製造法　それでは、どのように酒を手に入れていたのでしょうか。醸造《じょうぞう》酒の製造は、比較的簡単です。糖分の多い果物類があれば酵母の働きでアルコール発酵が起こり（単発酵）、イネやイモであれば、それらのデンプン質を酵素が糖に分解し、それを酵母が食べることで、アルコール発酵が起こります（複発酵）。したがって、野生の果実やイモ類を用いたアルコール発酵は縄文時代にもあった可能性が指摘されています。果実類の果汁を土器などの容器に入れ、発酵させることができれば、酒を製作できるのです。弥生時代では、イネが有力な候補となりますが、コウジ菌を用いてイネのデンプンを糖分に変えなくてはなりません。そこで人の唾液に含まれる酵素アミラーゼを利用し、炊いたコメを口に含んで噛んだものを容器に吐き溜める工程が想定されていますが、考古学的な証明は困難です。わずかに弥生時代後期に増加する穿孔を持つ鉢を、もろみから原酒と酒粕《かす》に分けるために用いる「濾《こ》し器」とみる解釈がある程度です（佐原一九八七）。

酒の原料　縄文時代の酒の原料として考えられている果実に、落葉広葉樹で低木のニワトコがあります。縄文時代前期の青森県三内丸山《さんないまるやま》遺跡ではニワトコ属を主体とする種実遺体からなる層が検出され、その総量は少なくとも二七〇ℓと見積られました。同時期の秋田県池内《いけない》遺跡では種実遺体のみからなる塊が一一個検出され、塊の最大量は七ℓでした。塊の周囲は細かな繊維状の植物によって包まれていたため、絞り濾された残滓《ざんし》と推定されています。二遺跡の種実遺体はともにニワトコ属を主体としており、他にクワ属やキイチゴ属、マタタビ属、キハダ、ブドウ属、ミズキ、タラノキの種実が共通していて、これら八種の果汁が利用されたと考えられています。また三内丸山遺跡では別のニワトコ種子集積層からショウジョウバエ亜属かその近縁の種のサナギが多数出土していて、人が捨てた果実類が腐敗、熟成したことを示唆するとされています。二遺跡の果実を検討した辻（二〇〇五）によると、絞り濾された液体は祭祀儀礼にかかわるもので、アルコール発酵が容易なため酒の可能性が高いとされました。

これに対し、エゾニワトコを主体とした配合の発酵実験が行われ、アルコール濃度は一％未満であったという結果が最近得られました（平岡ほか二〇二二）。濃度が低い要因として、エゾニワトコには発酵に必要な糖度が七・二％と非常に低いことがあげられています。エゾニワトコはビタミンCやEを比較的多く含んでいること、日本のニワトコは枝葉の呪術・祭祀への利用が目立つことから、ビタミン源としての食用と呪術・祭祀への利用の両側面から検証する必要性が指摘されています。

こうした果実利用に対し、吉崎（一九九九）はニワトコより酒造に向くブドウ属の積極的な利用の痕跡が見つかっていないことや、アイヌ民族に果実での酒造の確実な事例がみられないことから、果実酒の存在には懐疑的で、陶酔剤や麻薬としてイケマやアサ、キノコなどを利用していた可能性を示唆しました。実際に、アサの果実は生や炭化、土器圧痕として縄文時代早期以降に出土し、縄文時代では北海道南部から中国地方まで、弥生時代でもほぼ同じ地域から見つかっています。

縄文時代後期の東京都下宅部《しもやけべ》遺跡などでは土器内面に付着した炭化したニワトコ果実が確認されており（図1）、ニワトコ果実を煮たり煎《せん》じたりして加熱し、食用や薬用にしていた可能性が考えられています。

ニワトコ属が多く出土する遺跡は弥生時代中期ごろまで確認されています。宮城県北小松《きたこまつ》遺跡では、縄文時代晩期後葉のニワトコ属種実が集中する箇所が複数得られ、特にA－二五区からは種実がまとまって出土し、ニワトコ属が一〇〇gあたり二万五〇〇〇個と、極めて多く確認されました。そのほかにクワ属やヤマブドウ、マタタビ、サルナシ、タラノキ、キイチゴ属、サンショウ、クマヤナギ属なども伴ってい

図1　土器内面に炭化して付着したニワトコ果実とその拡大（東京都下宅部遺跡）　東村山市教育委員会提供

ました。

東北地方では、弥生時代前期後半から中期初頭の前四世紀前後にイネが存在したことは確実ですが、アワとキビはほとんど確認できていません。また、イネを除けばクリが多く、オニグルミやトチノキといった堅果類と、キハダやニワトコなどの液果類、マメ類、シソ属といった縄文時代から続く有用植物が確認されています（佐々木二〇二三）。そして稲作や畠作が本格的に導入されたと考えられる弥生時代後期にも、これら有用植物の利用が確認されています。

こうした点から考えると、ニワトコもしくはエゾニワトコ単体では果実酒として用いられた可能性は低いものの、複数の果実と組み合わせて発酵させ飲料とした可能性や、土器で煮詰められて薬用などの何らかの利用がされた可能性が考えられます。さらにはニワトコやエゾニワトコの民俗例では葉や根などの利用や呪術的な意味合いが強く、多用途に用いられた果実である可能性があります。

興味深いのは、ニワトコ属果実などの明らかに人為的な利用を示す残滓が集積する例が、イネや雑穀利用が高まると急速に失われていく点です。北海道などでは古代でもニワトコ属が住居内でまとまって出土しますが、本州ではみられなくなります。想像力をたくましくすれば、果実酒などとして多量に利用されていた果実が、イネ科穀類を原料とする酒に変化したために利用されなくなったのでしょうか。今後、ニワトコ果実が付着する土器に酵母菌があるのかどうかを含め、成分分析などで検証していく必要があると考えています。

墓前の宴会　では、どのような場面で酒は飲まれたのでしょうか。沖縄には清明祭（シーミー）というお墓参りのスタイルがあります。年に一度、旧暦の二月から三月に行われる行事で、墓前に親戚一同が集まって、掃除をした後に、各世帯が持ち寄った料理や酒をお供えし、ともに飲食することを通して、親族の親睦を深める行事です。もっとも、この祖先供養の行事自体は、一八世紀中頃に中国から伝来した新しい習俗です。

近親者が亡くなった通夜後の「通夜振る舞い」などで、久々にあう兄弟や叔父、叔母、いとこと故人の思い出を語り合うことを通して、親交をあたためた経験をお持ちの方も多いでしょう。このように冠婚葬祭の後半二つ、葬儀をさす葬と先祖の霊をまつる法事やお盆をさす祭の場は、今もアルコールを伴う会食を通して、親族関係、社会関係を再確認する場として機能しています。

弥生時代の人々も、祭なのか、葬なのかの区分は難しいですが、これらに近いイベントを墓の周囲で行っていたことが出土品から推定できます。北部九州の甕棺墓群近くの凹みや、本州島の広い範囲にみられる方形周溝墓の溝内からは、煮炊きの道具である甕や貯蔵用の壺、そして飲食に使う高坏が無造作に廃棄された状況で見つかるからです。さきに紹介した「歌舞飲酒」を彷彿とさせます。

弥生時代の墓前での飲酒　具体像をみてみましょう。弥生時代中期後葉に属する大阪府の加美《かみ》Y1号墓は南北二五m、東西一五mと長方形のお墓です（図2）。周溝から検出された木製品の年輪年代法などから紀元前五〇年前後と推定されており、墳丘平坦面からは合計二三基の埋葬施設が検出されています。

周溝内からは八〇点を超える土器や木製品が検出され、墳

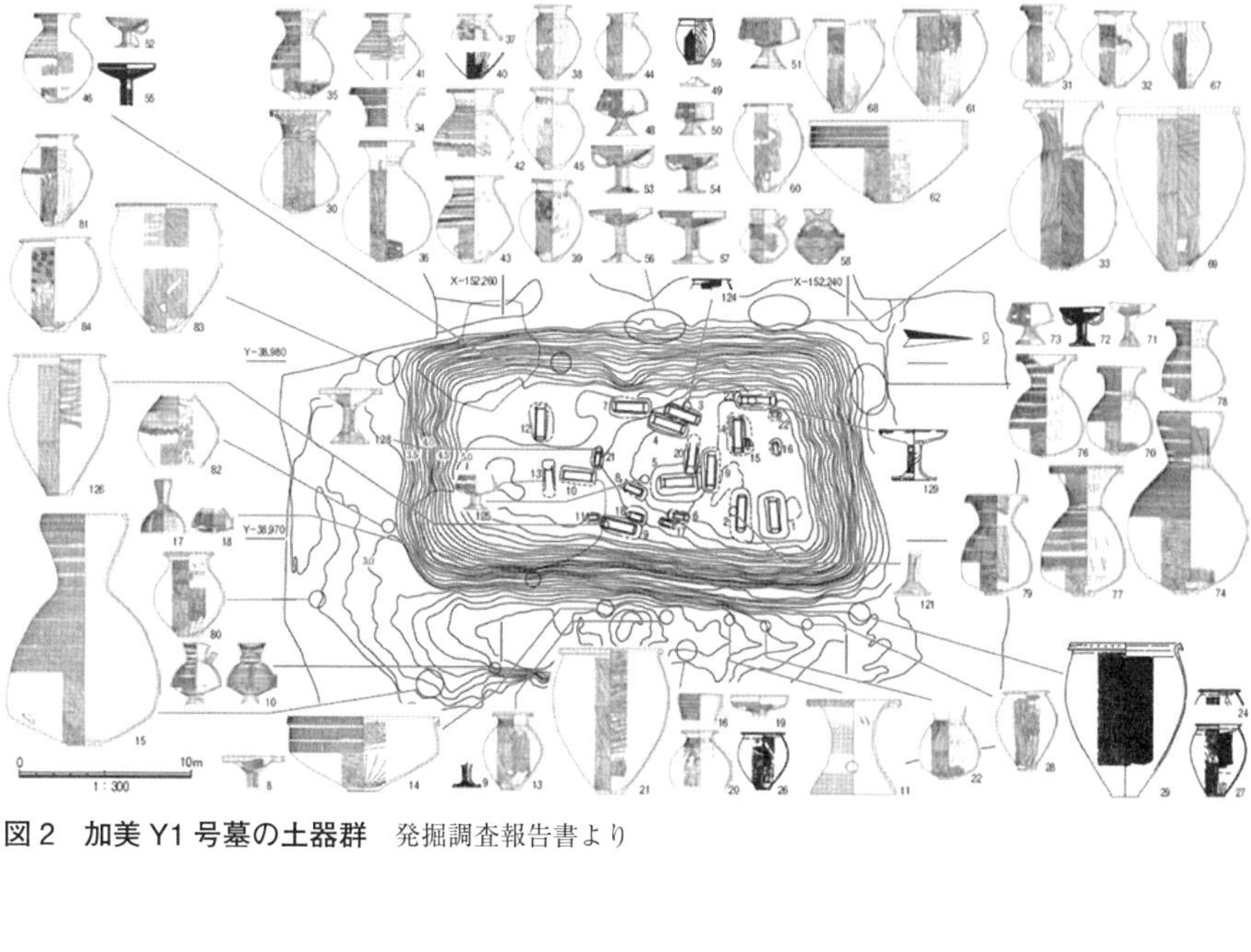

図2　加美Y1号墓の土器群　発掘調査報告書より

丘墓外で行われた飲食を伴う儀式の痕跡と推定されています。貯蔵具である広口壺二九点、細頸壺六点、台付無頸壺五点、調理具である甕が二二点、食器である高坏九点、台付鉢五点、大型鉢二点、水差三点が出土しています。ただし、広口壺のうち一六点にはススが付着していて、煮炊き、すなわち調理具として使われたことが判明しています。蓋や器台を除くと土器は合計八一点となり、貯蔵具二四点（二九・六%）、食器一九点（二三・五%）、調理具三八点（四六・九%）となります。ただし、焼却を逃れた木製の高坏や鉢が数点みつかっていることから、本来はかなりの量の木製高坏や木製鉢が使用されていた可能性が考えられます。これらのうち、壺を酒の保管容器、口径一五㎝前後の把手付き高坏を酒器、そして水差しを容器から注いだ酒を各人にそそぐピッチャーとみれば、現代に通じる宴席の場面がイメージできます。

（佐々木由香・寺前直人）

〔参考文献〕佐原真「煮るか蒸すか」（『飲食史林』7、一九八七年）、吉崎昌一「窓―まど　ドラッグと縄文人」（『植生史研究』7、一九九九年）、辻誠一郎「縄文時代における果実酒酒造の可能性」（『酒史研究』22、二〇〇五年）、平岡和ほか「縄文時代におけるニワトコ果実の用途の推定」（『植生史研究』30、二〇二二年）、佐々木由香「植物資源利用―縄文時代晩期終末の特質」（『季刊考古学別冊40』、二〇二三年）

Q29 調理法について教えてください

A

縄文時代には、魚や肉とともに、ドングリやクリ、椎の実などの堅果類《けんかるい》を食べていましたが、弥生時代になると、水稲農耕がはじまり米を食べるようになります。また、アワやキビといった雑穀も普及しました。『魏志《ぎし》』倭人伝《わじんでん》には弥生時代の人々が生野菜を食べたこと、アワビなど海の魚や貝を採取して食べたことが記されています。穀物や魚、肉、野菜などの食材を、弥生時代の人々はどのように調理したのでしょうか。

弥生時代の調理法は住居の調理施設から推測することができます。また、先史時代の人々は、土器を用いて調理をしていましたので、遺跡から出土した弥生土器の形と使用の痕跡からも、弥生時代の調理方法を知ることができます。

調理の道具と施設　弥生時代の土器には、貯蔵具として用いられる頸部《けいぶ》の絞まった壺と、調理用の頸部の広い甕《かめ》がありま

す。また、浅くて口の広い鉢《はち》、浅くて広い杯に脚の付いた高坏《たかつき》は、食器として用いられました（図1）。縄文時代には、深鉢《ふかばち》（深鍋）と呼ばれる土器が調理に用いられましたが、縄文時代後期や晩期の深鉢と弥生時代の甕を比較すると、弥生時代の甕の方が容量の小さいことがわかります。一度に調理する量が減ったのでしょうか。あるいはほかの理由があるのでしょうか。

弥生時代の調理は、炉で行っていました。竈《かまど》が導入されるのは、古墳時代になってからです。住居の中央にもうけた炉に平底の甕を置き、燃料の薪を周囲に置いて調理をしていました（図2）。ところが、弥生時代後期になると甕の底部が小さくなり、河内地域東部の生駒山西麓や奈良盆地東南部で製作された、庄内式甕《しょうないしきがめ》と呼ばれる終末期の甕は尖り底になります。また、同じ時期の他の甕も、小さな底部へと形が変化します。この不安定な形の甕を置くために、土製支脚《しきゃく》が作ら

食生活

れます。ただし出土するのは山口県周辺など限られた地域ですので、そのほかの地域は石などを用いていたのでしょう。このように、弥生時代後期や終末期になると、煤は底面にもつくようになり、内面の底にも焦げがみられるようになります。このことから、中期まで炉に置いて用いた土器は、後期以降になると、浮かして底から加熱するようになり、熱効率が良くなったと考えられます。

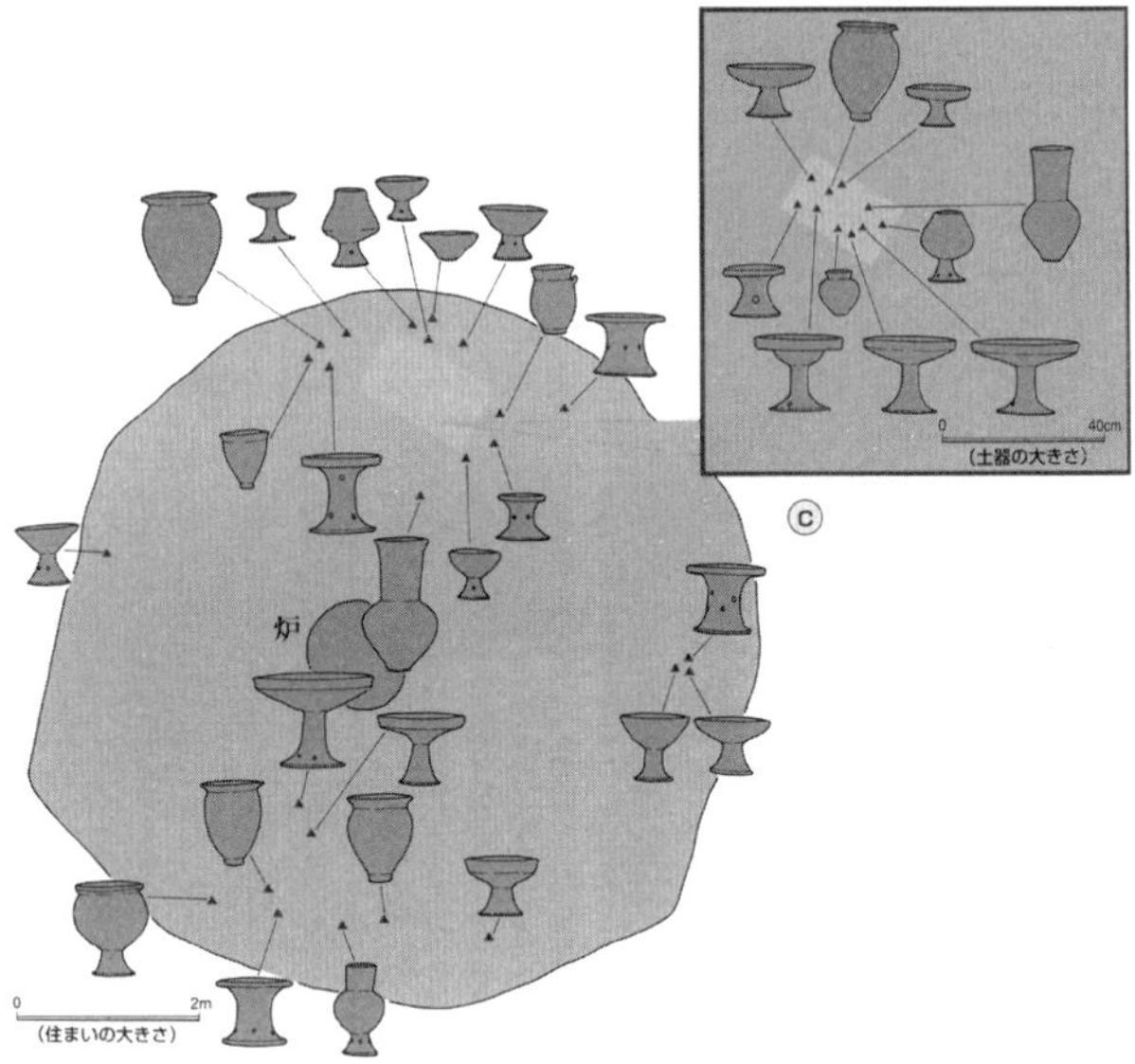

図１　大阪府城山遺跡の住居から出土した土器　大阪府立弥生文化博物館〔1995〕『弥生人の食卓２』より

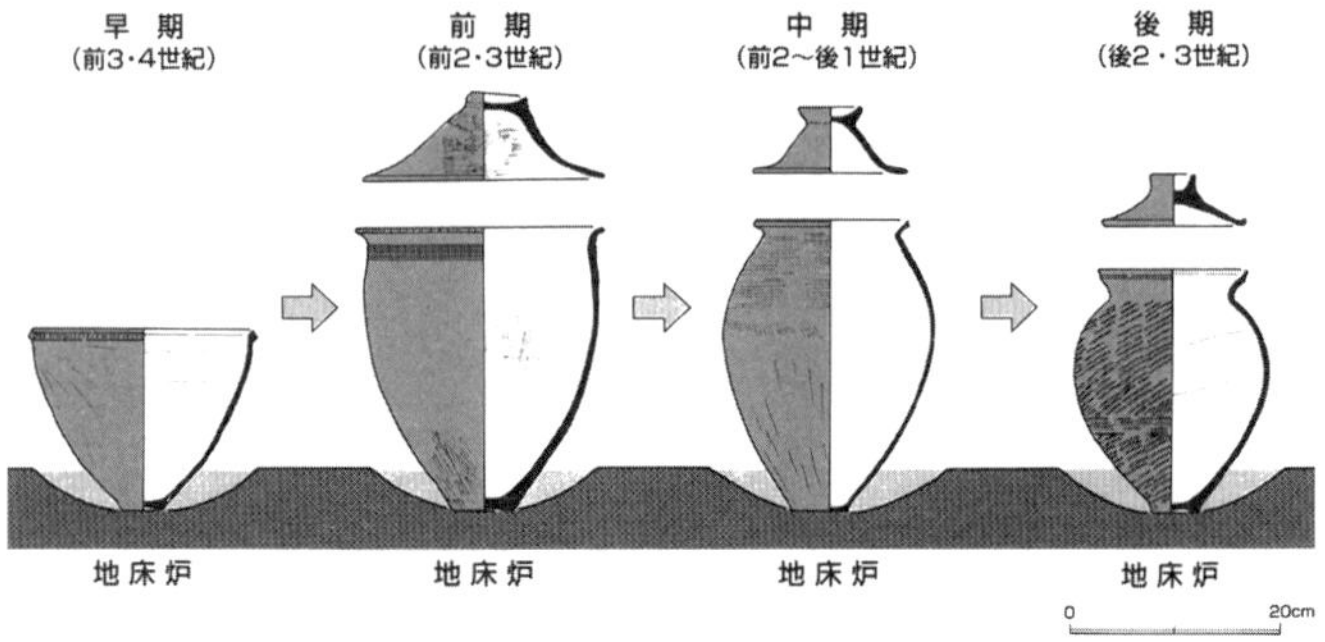

図２　弥生時代の住居内の炉と鍋（甕）　大阪府立弥生文化博物館〔1995〕『弥生人の食卓』より

土器の形と使用痕跡からみた調理方法

甕の使用痕を調べると、煤は平底の底面にはつかず、胴部に付着していることがわかります。火にかけた甕は胴下部から胴上部まで煤が付着し、使用回数が多いと口縁部にも煤のつくことがあります。

さらに、胴下部は煤が消えて赤くなっている場合があります。これは調理時に火を強く受けて土器表面が酸化した痕跡です。

土器の内面には、焦げが残っている場合があります。円形や不整円形の焦げが胴下部に付く場合と、胴上部に水平に焦げが薄くつく場合があります（図3）。土器の煮炊き実験では、米など穀物を炊くと前者の痕跡が、水分の多い状態で煮ると後者の痕跡ができました。このことから、遺跡から出土した甕の内面胴下部につく円形や不整円形の焦げは米など穀物を炊いた跡、胴上部に水平に薄くつく焦げは水分の多いスープ状の内容物を調理した痕跡であると推測できます。さらに、前者の土器内面には時に、粒状に焦げのはがれた痕跡のつく例があり、米などの穀物を炊いたことがわかります。そして、胴下部に円形や不整円形の焦げの付く甕は容量が大きく、胴上部に水平の薄いコゲのつく甕は容量の小さい甕であることが多いのです。

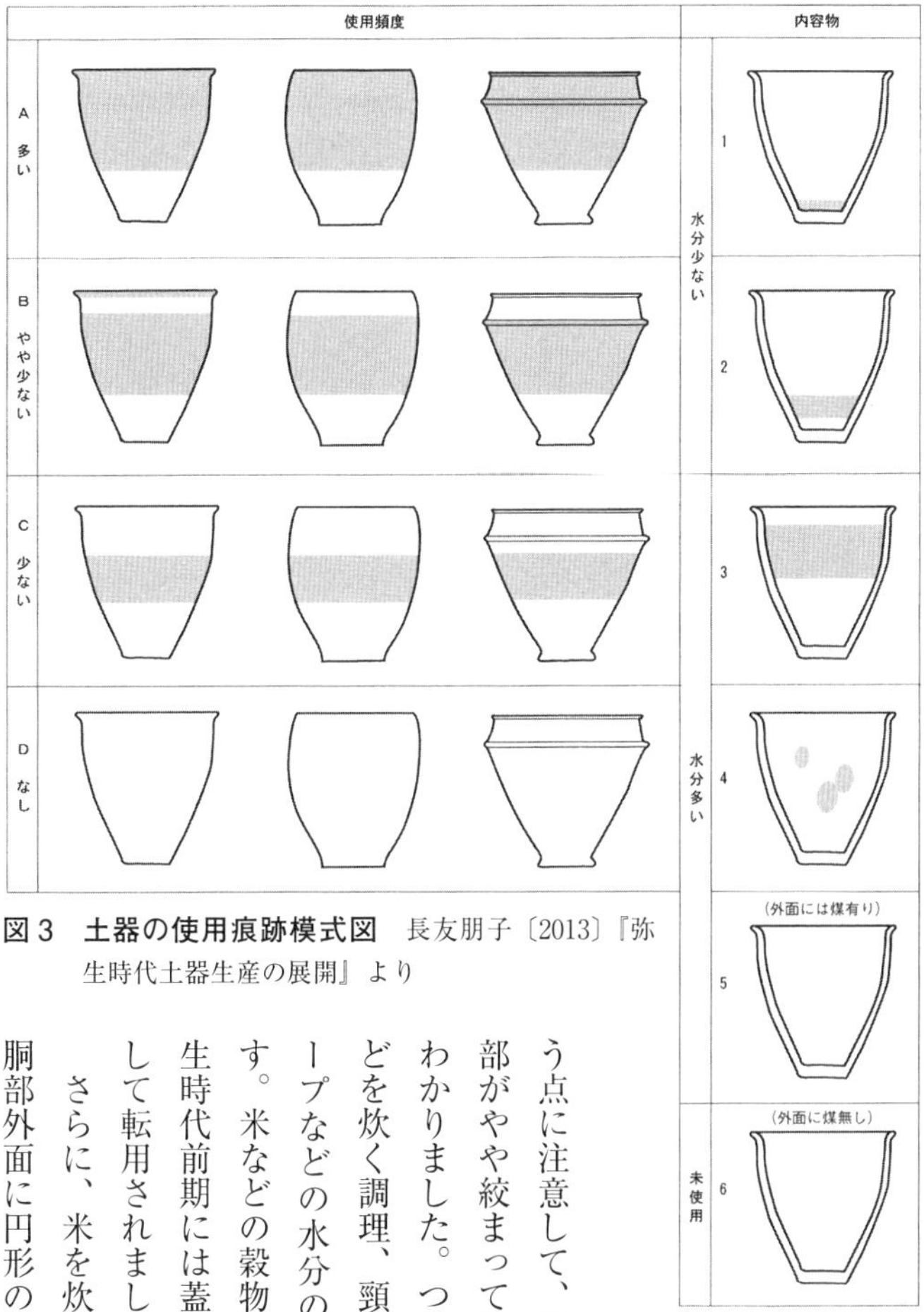

図3　土器の使用痕跡模式図　長友朋子〔2013〕『弥生時代土器生産の展開』より

　頸部は広い方がかき混ぜやすいという点に注意して、甕の形態を調べると、容量の大きな甕は頸部がやや絞まっており、容量の小さな甕は頸部の広いことがわかりました。つまり、頸部の絞まった大型の甕では穀物などを炊く調理、頸部が広くかき混ぜやすい小型の甕では、スープなどの水分の多い内容物を調理していたと推測されます。米などの穀物調理には、蓋が用いられたのでしょう。弥生時代前期には蓋が出現し、中期になると、高坏の脚が蓋として転用されました。

　さらに、米を炊いた痕跡のある土器を詳細に観察すると、胴部外面に円形の煤がみられることがあります。東南アジアでは、水を入れて米を炊いた後、水を捨てて再び鍋を炉の上に転がして米を蒸す調理方法が行われています。大型甕の煤と焦げの痕跡から調理法を復元すると、この東南アジアと同じ調理法であったと推測されます。このように、煮炊きの調理は縄文時代から行っていましたが、弥生時代になると、主食と副食用の甕を使い分け、米を炊く主食と、魚や肉、野菜を炊く副食に分けて調理するようになりました。

酒を温める　老若男女問わず「歌舞飲食す」という『魏志』倭人伝の記事からは、弥生時代の人々が酒を嗜んでいたことがわかります。弥生時代の酒がどのようなものだったかはわかりませんが、殺菌して雑味を消すため、酒は煮沸する必要がありました。そのような視点から土器を見ると、酒を温めるのに使用したと推測できる土器があります。それは、文様のない広口壺や、片口の口縁を持つ胴のやや長い壺です。これらの壺には、火を受けて煤の付着したものが多くあります。主食や副食は甕で調理をしますので、甕よりも頸部の絞まった壺を火にかける理由は、水分の多い内容物を煮沸したからだと推測されます。お湯を沸かすのに加え、酒を温める役割も果たしたのでしょう。

弥生時代の調理方法　旧石器時代には、肉は焼いて調理しました。また、縄文時代早期の上《うえ》野《の》原《はら》遺跡では、燻製に用いられたと推測される穴も見つかっています。縄文時代に、土器を使用するようになると、水分の多い内容物を長時間火にかける、煮る調理が行われるようになります。さらに、穀物を食べるようになると、水分の少ない炊く調理がはじまります。弥生時代に調理具（甕）の容量が小さくなった理由は、食事をする人数が減ったからではなく、主食と副食を作り分けるようになったからだと考えられます。古墳時代になると、大陸から竈の導入とともに、蒸す調理が伝わり、さらに時代を経て炒める調理が行われるようになります。現代の私たちの基本的な調理方法は、古来より一つひとつ獲得されたのです。

（長友朋子）

〔参考文献〕長友朋子「弥生時代における食事および調理方法の変化」『弥生時代　土器生産の展開』（六一書房、二〇一三年）、小林正史「鍋の形・作りの変化」小林正史編『モノと技術の古代史　陶芸編』（吉川弘文館、二〇一七年）

Q30 食器は何を使っていましたか

A

弥生時代の人々は、どのような食器を用い、どのように食べていたのでしょうか。魏志倭人伝によると、「食飲するに籩豆を用い手食す」つまり、高坏《たかつき》に盛った食べ物を手で食べたと記されています。遺跡出土の遺物からは、どのような食事の風景が描けるのでしょうか。私たちは食事をするとき、食卓の上に食器を置いて食事をします。明治維新以降、西洋の生活や食事様式が導入されるまで、人々は床に座って食事をしていました。そして、食器を置く台が出現したのは、弥生時代になってからです。また、個人用食器が出現するのは、弥生時代からとの考えもあります。佐原真は、これを銘々器《めいめいき》と呼びました。

素材の異なる食器の組み合わせ　現代の私たちは、陶器製の茶碗でご飯を、木製の椀で汁物を食べます。陶器製の椀は米が付着しにくく、木製の椀は熱を伝えにくいというように、用途に適した素材の食器を組み合わせて使用しています。

弥生時代の人々も、土製と木製という素材の異なる食器を用いていました（図1）。遺跡から見つかる弥生時代の食器の大半は土器です。木製品は腐るため残りにくいからです。ただし、水につかって酸素が遮断される状態で保存された場合、大量の木製品が見つかります。その場合、土器のように同じ形の木製容器が多く見つかっても良いはずです。しかし、そうではないのです。木製容器は土器よりも量が少なく個々に形の異なるものを生産していたからでしょう。残存しにくいことを差し引いて考えても、弥生時代の人々は多くの土器と少量の木製食器を組み合わせて用いていたと考えるのが自然です。

土製食器は野焼きで低温焼成された食器なので、水が外へしみだしてしまいます。お粥を入れると器壁の孔がふさがり、水漏れは軽減されたでしょう。それでも、土製鉢や高坏

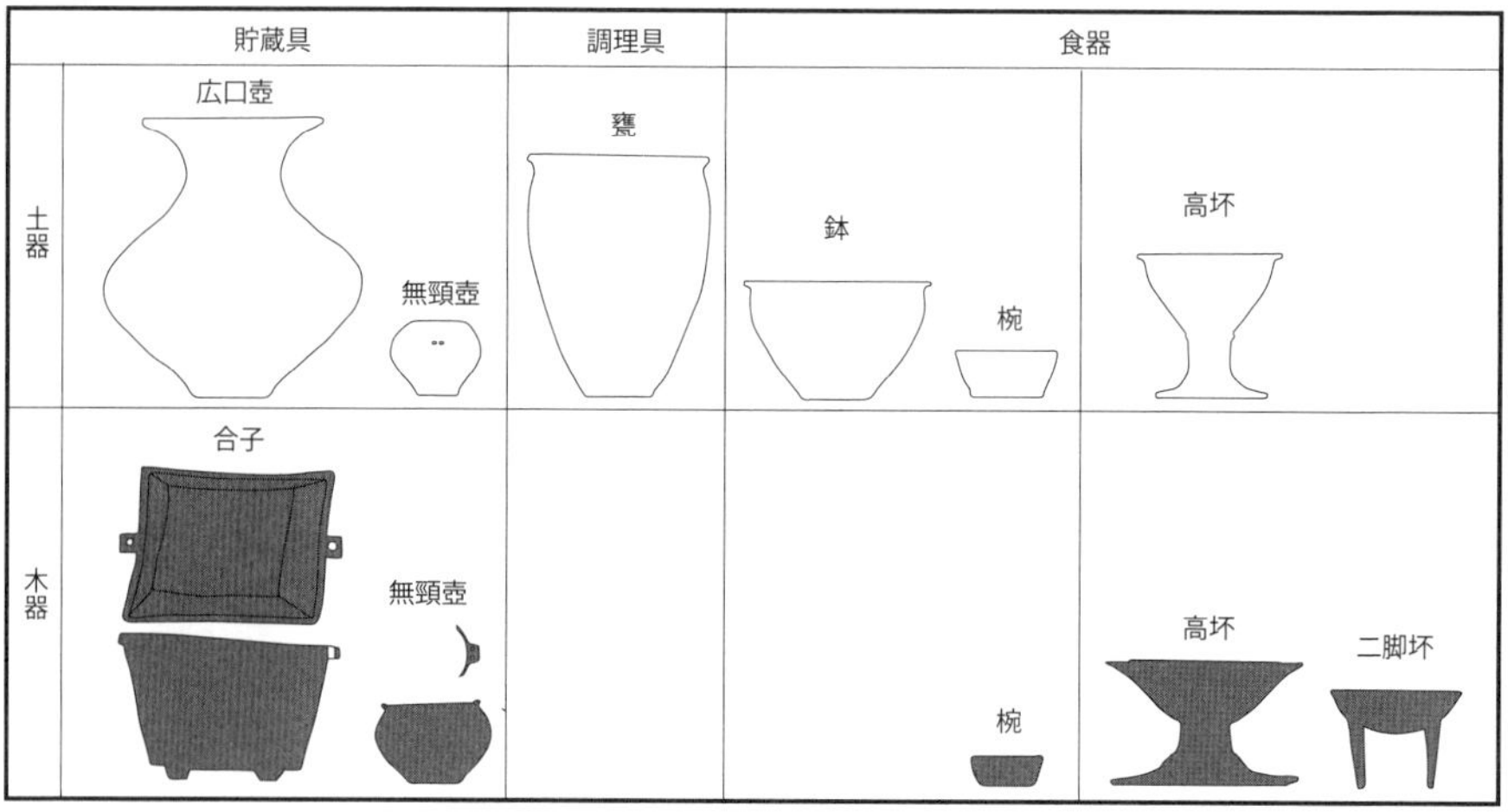

図１　食器組成　長友朋子〔2013〕より

は、汁物よりも炊いた米や水分の少ない粥、果実、野菜、肉などのような固形の状態の食物を入れるのに適した食器だと考えられます。木製容器はヤマグワという堅い種類の木で製作されることが多く、漆を塗布しない白木でした。こちらは、熱い汁や酒を入れるのに適した食器だったのでしょう。

土製食器と木製食器の形を比べると、同じ形のものと異なる形のものがあります。異なる形のものも、食器組成全体をみると、蓋があるという点で共通していたり、脚があり杯を持ち上げるという点で共通している場合があります。類似した用途と推測される、同形異素材の代表的な食器は高坏です。類似した用途で異形異素材の代表的な食器は高坏と二脚坏です。木製になく土製のみにみられるのは、火にかける甕であり、基本的に土製では実用品が作られず木製で製作されるのは、匙《さじ》のような食事具です。では、どのような食器があったのでしょうか。まずは土器からみてみましょう。

土製食器　土器は、壺、甕、鉢、高坏という種類があり、このうち食器として用いられるのは、鉢と高坏です。鉢は、口が広く浅い形態をしており、高坏は浅い杯に脚をつけています。弥生時代中期になると、西日本では鉢に加え、高坏が盛んに作られるようになり、後期には土器全体に占める鉢と高坏の量が増加します。このことから、弥生時代後期頃に個人用食器が出現したと考えられています。

木製食器　木製品には、高坏や椀、皿、把手付の木製品、蓋のある合子などがあります。木製高坏は土製高坏と似た形をしており、土製高坏のように米や果実、野菜、肉などをのせて食べる食器と推測されます。他方、椀や把手付椀は、汁物や水、酒を飲むときに使用した食器だと考えられます。蓋のある合子は食物以外の貴重品を保存した容器の可能性もあります。

箸と匙　現代の私たちはご飯を食べるときに箸を使い、スープを飲むときなどに匙を使います。箸は、中国から伝わったと考えられ、日本では古代の遺跡から多く出土します。中国の戦国時代には、箸が普及していたと考えられますが、飯をつまむのは手であり、箸は汁物の具をつまむために用いたと記述されています。

　他方、食事具は縄文時代の遺跡からも見つかっており、弥生時代になると、種類が増えていきます。平面形が卵形をして棒状の柄が斜めにつくものが匙、コップ形に棒状の柄が縦方向につくものが縦杓子《しゃくし》、浅い杯形に湾曲した柄が横方向につくものが横杓子です（図2）。横杓子は、飲食器兼用の食事具と考えられます。汁物を縦杓子ですくい、食膳具へ盛り付けて食べたと考えられます。匙は今のスプーンよりも深くやや大きいので、器へ盛り付ける際に使用したと推測されます。

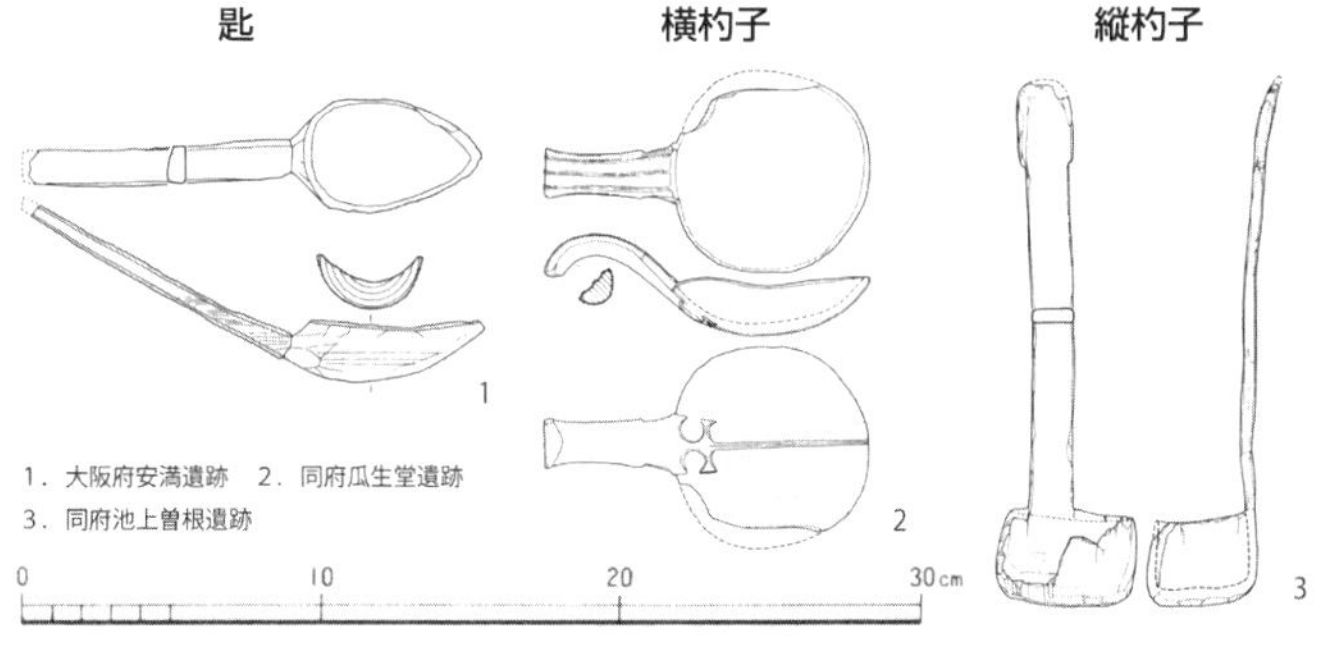

図2　匙・杓子

案の出現　弥生時代には、天板に脚を付けた木製台があり、食事に用いる木製台を案《あん》と呼びます（図3）。脚の高い一木《いちぼく》作《づく》りの案（B類）に加え、後期になると、新たに組み合わせ式（A1・A2類）が出現し、古墳時代になると案は広く普及します。組み合わせたA1類の案は一三もの部材からなる複雑なもので、長さを揃えて板を切りとり、その部材を組み立てる、これまでにはない新しい技法で製作されました。天板と脚は栓で固定しました。A1類の天板には、併行する切り傷が多数残ることから、切案（俎板《まないた》）として用いられたと考えられます。この案と同じ形の部材が、朝鮮半島南部の慶山林堂《きょうさんいむだん》遺跡や機張《きじゃん》古村《こそん》遺跡より出土しています。徐々に形が複雑になって完成したのではなく、弥生時代後期に完成した形で北部九州に突然出現することからも、朝鮮半島から北部九州へ新たな技術とともにこの案が伝わったことがわかります。また、この案と同じ技術を用い、多数の部材を組み合わせる柱状脚の案（A２類）は食器をのせる案として用いられました。

古墳時代の組み合わせ式の案（A４類）は、天板の裏に併行に溝を穿ち、この溝に脚板をスライドさせてはめ込み固定する方法で製作されます。そして、この案は近畿地方や東海地方まで分布します。

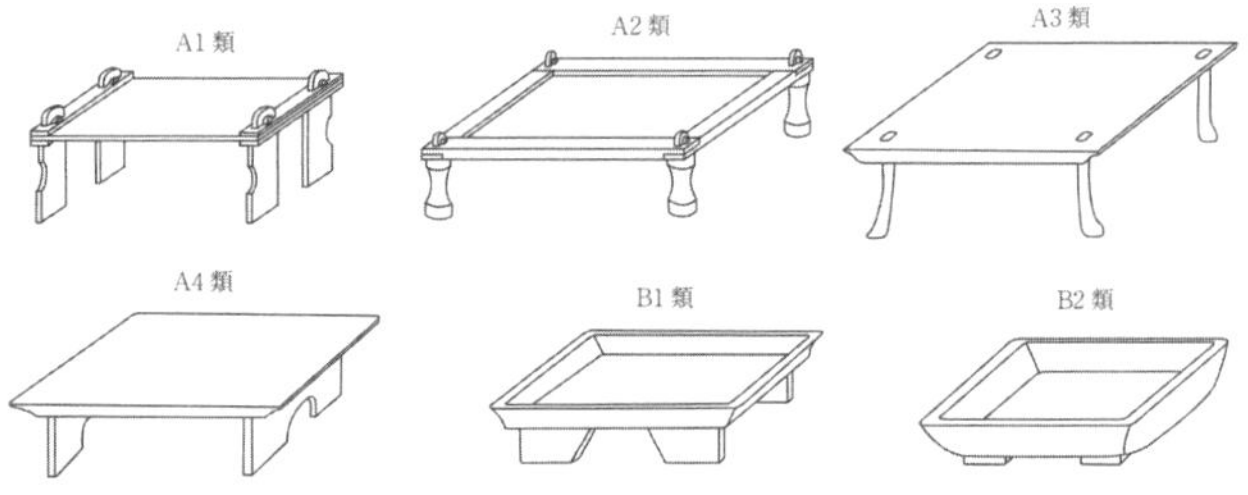

図３　案　長友朋子〔2013〕『弥生時代における土器生産の展開』より

このように、案の分布は、食器を台の上にのせて食事をする食事様式の広がりを示し、鉢や高坏という食器の量が増加することと関係すると考えられます。つまり、個人用食器が徐々に広まり、食器を案の上に置いて食事をする食事様式が、弥生時代後期以降普及したと考えられます。ただし、案を用いた食事は、日常的に行われていたわけではありません。切案は楽浪土器の杯が多数見つかった福岡県今宿《いまじゅく》五郎《ごろう》江《え》遺跡で出土するなど、遠方の人々と交渉をした拠点地で見つかることがあります。また、古墳時代の例では、京都府小《こ》樋尻《ひじり》遺跡のように水の祭祀の場でも使用されました。このように、交渉や交易、祭祀のような特別な儀礼の場面において、案が用いられたと考えられます。朝鮮半島から伝わり弥生時代後期の北部九州でのみみられる俎板は、儀礼や祭祀の場で切る所作を見せるために用いた道具だったのではないでしょうか。

（長友朋子）

〔参考文献〕佐原真「箸と茶碗」『食の考古学』（東京大学出版会、一九九六年）、高倉洋彰『箸の考古学』（ものが語る歴史26、同成社、二〇一一年）、長友朋子「弥生時代における食事および調理方法の変化」『弥生時代土器生産の展開』（六一書房、二〇一三年）、小林正史・北野博司・宇野隆夫「食器」小林正史編『モノと技術の古代史　陶芸編』（吉川弘文館、二〇一七年）

第四部　生業と道具

Q31 男女の分業はありましたか

A

アメリカの人類学者G・P・マードックは、世界中の伝統的な暮らしを営んでいる人々の労働が男女によってどのように分担されているのか、調査を行っています。この調査は二二四という大変な数の種族を対象にしたもので、一九三七年に行われました。

マードックは、労働を四六種類に分けて、それらを男性だけが受けもつ労働、男性が優位で女性が補助的な労働、ほぼ均等に分担される労働、女性が優位で男性が補助的な労働、女性だけが受けもつ労働という五つに分類し、それぞれの労働の女性優位率と男性優位率を出しています（図1）。

労働にも様々なカテゴリーがありますが、食料調達や加工にかかわる労働、道具の製作にかかわる労働に分けて、その比率をみてみましょう。それを参考にしながら、弥生時代の性別分業を考えます。

人類学による性別分業の検討　食料調達には自然物の捕獲・採集と植物の栽培がありますが、前者では狩猟が男性優位率九八～九九％で男性優位、小動物の捕獲が約九五％で男性優位、漁労が約八六％で男性優位、野草や種子の採集が女性優位率約八四％で女性優位、木の実の採集が約七六％で女性優位、貝の採集が約六七％でやや女性優位です。

後者では調理・水運びが九〇％以上で女性優位、燃料集めが七〇～八〇％台で女性優位と調理にかかわる仕事は女性優位です。穀物の収穫は約六六％と女性がやや優位なのに対して耕地の開墾は約七六％と男性優位で穀物製粉は約九二％が女性優位ですが、耕作と植え付けは約五〇％で酪農も約五七％と半々に近い比率を示します。

このように、狩猟・漁労といった捕獲労働は男性優位で植物や貝の採集は女性優位の傾向が明らかです。それに対して農耕・牧畜に関しては、男女で労働を分かち合っているよう

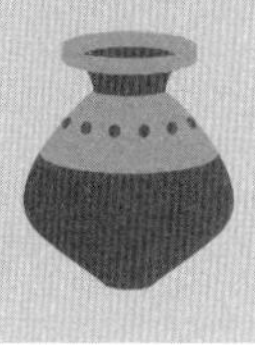

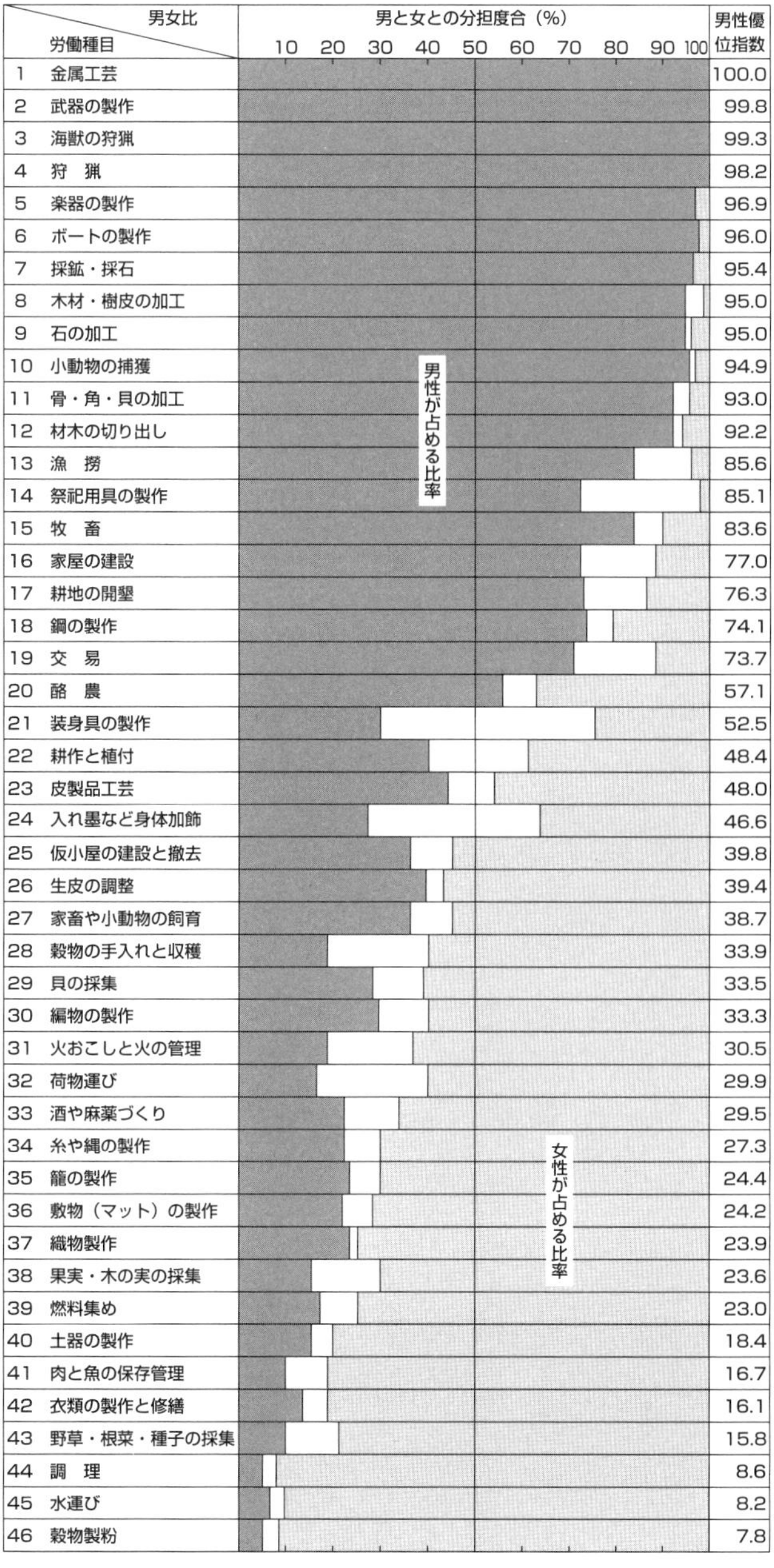

図1　非文明社会の性別の労働分担比率　都出〔1989〕より

です。耕地の開墾に男性の比率が高いのに対して穀物製粉がほぼ女性に限られる労働であるのは、開墾が筋力を使う労働であるのに対して、製粉という調理にかかわる労働は野生植物と栽培植物を問わず基本的に女性の役割であることを示しています。

道具の製作では、金属工芸や武器の製作、石の採掘や加工、骨や角、木の伐採が男性優位です。それに対して織物や敷物、糸や縄、編物の製作は女性優位の傾向があります。粘土による土器の製作も女性優位です。ハードな素材の製作・加工は基本的に男性が受けもち、ソフトな素材のものは女性

図2　性別分業をうかがわせる銅鐸絵画（伝香川銅鐸）　国立歴史民俗博物館〔1997〕『銅鐸の絵を読み解く』より

が受けもつ率が比較的高いと言えます。

銅鐸の絵画から　考古学の遺物によって弥生時代の性別分業や協業のあり方をさぐることはできるでしょうか。その手がかりは銅鐸《どうたく》の絵画にあります。銅鐸は弥生時代の祭りのカネですが、表面に絵を描いた銅鐸が知られています。動物や人物、まれに舟や建物が描かれますが、ここでは人物に注目しましょう。絵画のある銅鐸のなかでも、香川県から出土したと伝える銅鐸に描かれた人物の絵画は性別の分業を考えるうえでとても貴重な情報を持っています。

臼をはさんで向き合う人物は、長い棒のようなものを振り上げて交互に臼を突き合っています。杵で臼をつく脱穀のシーンです。隣にはイネをおさめたであろう高床倉庫が描かれていますので、脱穀しているのはイネでしょう。人物の頭は△の形をしています。弓を握った人物がシカを狙っています。また、数匹のイヌが取り巻くイノシシに弓で矢を放つ人物が描かれています。それらの人物の頭は○です。マードックのデータを参考にして、△は女性を、○は男性を表していると考えられています。『魏志《ぎし》』倭人伝《わじんでん》には倭人は女性が髪を折り曲げて結っていると書いています。絵画の頭の形は遠目でも識別できる髪形による男女の区別だったのではないでしょうか。

そこで議論になるのが、手にH形の器具を持ち、足を折って座る人物です。○頭で描かれています。魚とともに描いている銅鐸もあることから、魚取りのシーンで手に持つのは漁具だという意見があります。その場合は男性を描いたとされます。それに対して手に持つのは機織《はたお》りにつかう杼《かせ》という糸を巻き付ける道具だという意見があり、その場合は女性を描いたとされます。頭の形からすれば前者の方が適切ですが、このような形の漁具は出土遺物にありません。

そこで注目したいのが、水田に引く水路に設けられた堰《せき》に備えた板をはずして田に水を入れるシーンを描いたという内《うち》山純蔵《やまじゅんぞう》の意見です。弥生時代には魚をとるために水路に簀《す》が仕掛けられた例がありますので、魚を描くのも合理的です。耕作と植え付けは男女半々の参与率ですが、水路や堰の構築は男性が担ったとすれば○頭で描くのもなるほどとうなずけます。

このように、銅鐸の絵画からすると狩猟が男性の、脱穀が女性の役割であった可能性が高く、弥生時代に性別の分業があったことがうかがえます。

土器の絵画から　性別分業について、弥生土器に描かれた絵画からどのようなことが考えられるでしょうか。弥生土器には司祭者を描いたのではないかと考えられる絵画があります。奈良県清水風《しみずかぜ》遺跡や坪井《つぼい》遺跡などから出土した土器には、翼をつけて鳥に扮した人物の絵が描かれていました。奈良県唐古・鍵遺跡の人物は女性器を木の葉のような形で描いているので、女性であることは明らかです。

男性の司祭者もいます。清水風遺跡の土器に描かれた絵画はいくつかのシーンからなるパノラマ画のような雰囲気があります。大小二人の人物は、右手に戈《か》という武器を持ち、左手に盾《たて》を持っています。頭には羽のような飾りをつけているので、鳥に扮しているのでしょう。それとともに描かれるのは矢を受けたシカとイネをおさめた高床倉庫です。魚の群れとともに描かれるのは、先程の解釈からすると堰でしょうか。

図３　戦士を描いた土器（奈良県清水岡遺跡）

弥生時代にシカは銅鐸や土器の絵画の筆頭です。伝香川銅鐸には、脱穀や高床倉庫のほかに水辺の小動物がたくさん描かれています。それらを総合して稲作の祭りのシーンを描いたとされていて、秋に落ちて翌春生え変わるシカの角をイネに見立てた古代の神話をも参考にして、シカは弥生時代に土地の神と理解されていたのではないかというのが有力な意見です。銅鐸や土器に描かれた動物では鳥もまた主役で、鳥はイネの霊を運搬する動物として弥生人の信仰の対象になっていたとされています。

これを認めれば、清水風遺跡のパノラマ画は稲作儀礼のシーンを描いたとするのが妥当です。ここで問題になるのは武器を持った人物ですが、稲作を邪魔する邪悪なものをしりぞける鳥に扮した戦士的な司祭者とみてよいでしょう。武器を持っているのはこの司祭者が男性であることを示しています。

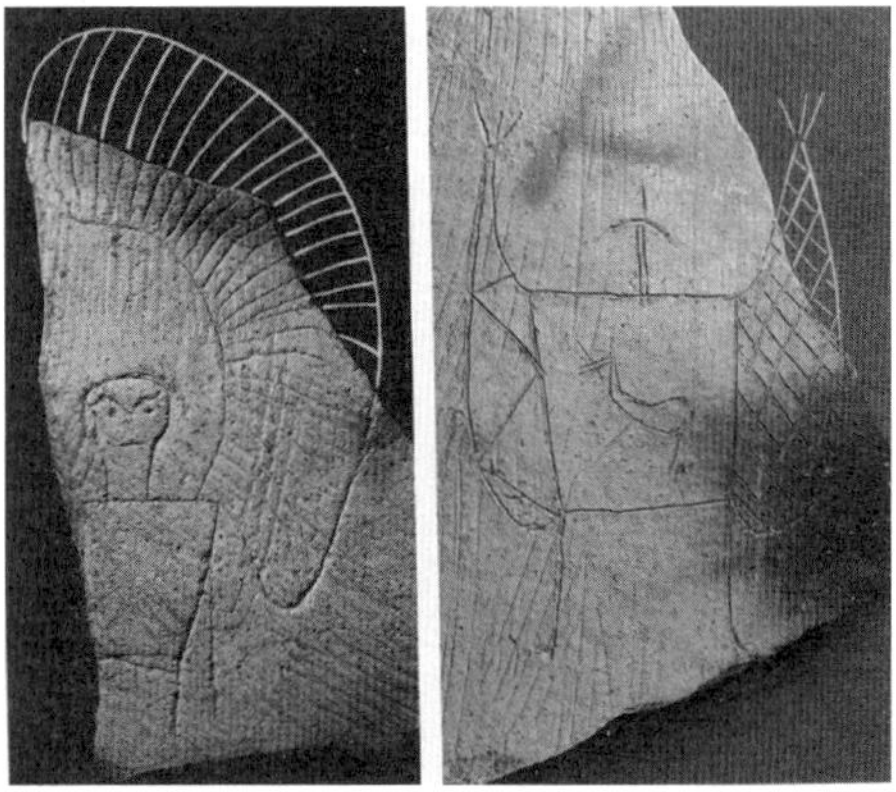

図4　奈良県坪井遺跡の線刻画土器　歴史に憩う橿原市博物館所蔵

土器の人物画は桜ケ丘銅鐸のように頭を男女で描き分けていません。しかし、上のような特徴からすれば、弥生時代の祭りは男女によって行われていたと考えてよいでしょう。この場合は分業ではなく協業になります。マードックのデータで、男女協業の労働には農耕にかかわるものがありました。近世の稲作風景を描いた絵画には、男女が共同で働いている構図を多々目にすることができます。開墾は主に男性が担い、脱穀は主に女性が担うように、稲作のなかでも労働の種類によって男女の別がありました。それは筋力の必要度合いの大小による、縄文時代以来の性別分業が引き継がれているのでしょう。しかし、イネを作るといったものを生み出す作業は男女によってなされるので、そのための儀礼も男女によって執り行われたのではないでしょうか。

マードックのデータによる道具の製作の男女別分業が弥生時代に適応できるのかどうかですが、鎌倉時代にできた『石《いし》山寺《やまでら》縁起《えんぎ》絵巻《えまき》』にある女性が糸紬《いとつむぎ》を行っている絵や、『正倉《しょうそう》院文書《いんもんじょ》』の土師器は女性が作るという記述からさかのぼって弥生時代の機織りや土器の製作は女性が主に担っていた可能性が考えられる程度で、同時代の適切な考古資料がなく残念ながらこれ以上の推測はできかねます。

（設楽博己）

〔参考文献〕都出比呂志『日本農耕社会の成立過程』（岩波書店、一九八九年）、都出比呂志・佐原真編『古代の論点2　女と男、家と村』（小学館、二〇〇〇年）

コラム7

弥生土器研究

東京都文京区弥生町で発見された土器は、縄文土器とは異なる特徴があり、一八九六年、蒔田鎗次郎《まいたそうじろう》により弥生式土器と呼称されました。その後、弥生土器の用いられる時代に、水稲農耕が行われていることが明らかになりました。『弥生式土器集成図録』『弥生式土器集成』といった土器の集成された本が出版され、土器の文様や形の変化が明確になっていきました。その成果をふまえ、小林行雄《こばやしゆきお》は一括で出土した土器群を基礎に、奈良県唐《から》古《こ》・鍵《かぎ》遺跡の土器を五つの様式に区分し、弥生土器編年の枠組みを作りました。東日本においては、山内清男《やまのうちすがお》の型式概念を重視しながら編年研究が進められました。

一九八〇年代から二〇〇〇年代に刊行された『弥生土器の様式と編年』シリーズでは、旧国ごとの編年が提示され、各地の編年研究の進展とともに地域差も浮き彫りになりました。この時期に地域色研究が盛んに行われ、佐《さ》原真《はらまこと》は政治的影響を念頭に畿内地域の優位性を説き、都《つ》出比呂志《でひろし》は女性土器製作者の通婚圏が小地域色の背景にあると捉えました。

二〇〇〇年代になると、型式学的研究だけでなく、民族調査や実験成果を援用した研究が行われるようになりました。小林正史《こばやしまさし》らにより土器焼成時に形成される黒斑から焼成方法が推定され、開放的な野焼きから、藁などの草燃料と泥や灰で土器を覆って焼く方法へと変化することが示されました。さらに、調理時の使用痕観察により、大きさの異なる甕を使い分けて、汁物を中心とした副食調理と穀物を炊く主食調理が行われていたことがわかりました。また、現在の東南アジアで行われている叩き成形の観察から土器製作時間が明らかになり、それをふまえると弥生時代後期を画期として、製作時間が短縮され、量産されることがわかります。

考古学と植物学や理化学的分析など学際的共同研究も進められてきました。土器内面に付着した焦げから^{14}C年代測定が行われ、土器型式と測定年代の対比が試みられました。また、土器製作時に付着した圧痕から当時利用した穀物の種類を特定する研究や、土器胎土の蛍光X線分析によって在地産か搬入品かも検討されています。このように、時間の物差しを提示するだけでなく、地縁集団を把握したり、技術や生産により社会の成熟度を解明したり、生業活動を明確にするなど、多様な視点から土器研究が進められています。

（長友朋子）

土器はどのように作りましたか

弥生時代に調理具や食器として用いられた土器は、どのように製作されたのでしょうか。また、製作技法から、どのようなことがわかるのでしょうか。

A

土器製作のプロセス　まず、粘土を採取し、砂などを混ぜて素地を作ります。これが土器製作の中で最も体力のいる大変な仕事です。次に、成形を行います。弥生土器の内面には紐《ひも》積《づ》み成形《せいけい》された痕跡がしばしば観察されます。このことから、粘土紐を積み上げて成形したことがわかります。粘土紐は積み重ねる際に、指や板状工具で接合しながら形を整えていきます。粘土を積み上げると胴下部が分厚くなるので、表面が少し乾燥し形が固定された段階で、器壁を削って薄くする場合があります。また、削ると工具が胎土中の石に引っ掛かり土器の表面が荒れるので、先の丸い石などで、削りの後に表面を磨いて器面を美しく整え、同時に水漏れを防ぐ仕上げをする場合もあります。成形後のこのような技法を調整と呼びます。口縁部は、なでて形を整えます。最後に、文様や彩色を施して土器を装飾します。装飾は、煮沸に用いられ煤のつく甕よりも、貯蔵具の壺や食膳具の鉢、高坏に施されることが多いです。仕上げを行った土器は、屋外でよく乾燥させます。乾燥できたら、土器を野焼きします。

土器の焼成　土器をよく観察してみると、縄文土器は黒っぽく、弥生土器は明るい色調が多いことに気づきます。この色調の違いは、採取する粘土の違いに起因する場合がありますが、集落の周辺で土器を採取したならば、同じ遺跡から出土する縄文土器と弥生土器の色の違いは、粘土の違いではなく、焼き方に原因がある可能性が考えられます。

ところで、大阪府池上曽根《いけがみそね》遺跡では、藁《わら》の圧痕《あっこん》が付着した焼けた粘土の塊が見つかりました。中国南部や東南アジアで

は、現在も野焼きの土器を製作し使用しています。中国雲南省では土器を藁で覆い、その上から泥をかぶせて土器を焼成するのです。この焼成方法では、覆いの泥も焼成され、藁の圧痕の付いた粘土塊になって廃棄されます。これは、まさに池上曽根遺跡で出土したものと同じです。藁と泥で覆うので、考古学者は覆い型野焼きと呼称するようになりました。これに対し、縄文時代の野焼きを開放型野焼きと呼びます。藁や薪の炭素が土器に付着すると黒くなりますが、これを黒《こく》斑《はん》と呼びます。実験をすると、覆い型の焼きでは、黒斑以外の部分は明るい色調に焼きあがるので、黒斑の輪郭は明瞭になります（図1）。また、黒斑の形や色むら、付着位置からも、土器の焼き方や設置の方法がわかります。

覆い型野焼きでは、温度がゆっくりと上昇し、覆いの内部の温度が均質に保たれます。そのため、焼きむらがでにくく明るい色調に焼きあがります。これに対し、開放型野焼きでは揺らめいた炎が直接土器にあたるので、煤が土器全体に付着し、土器の表面が暗い色調に仕上がります。

製作技法と工程連鎖　開放型野焼きよりも、覆い型野焼きの温度上昇速度は遅いですが、それでも窯に比べると急激です。急に温度が上昇すると熱で粘土が膨張するので、土器が割れやすくなります。粘土に混和材《こんわざい》を混ぜると土器の破損を防ぐことができます。他方、一〇〇〇度を超える温度で窯焼成する場合、耐火度の高い粘土が必要です。このように焼成方法に応じた土作りをします。

ところで、北タイの野焼き土器は粘土紐を積み上げるため、胎土の組織が複雑に絡み合います。そのため、叩き板で土器を叩いて器壁を締める工程は一回だけ行います。ところが、東北タイでは、最初に粘土の塊に指で穴を開けて筒形を作るだけなので、胎土が複雑に絡み合っていません。そのため、叩き工程を三回繰り返してしっかりと器壁を締めます。このように、素地作りと焼成や、成形と仕上げ方は相互に関連しています。これを工程連鎖といいます。

製作技法の変化と地域性　弥生時代前期から中期、後期へと土器の製作技法は変化します。また、地域によっても土器の様相は大きく異なります。

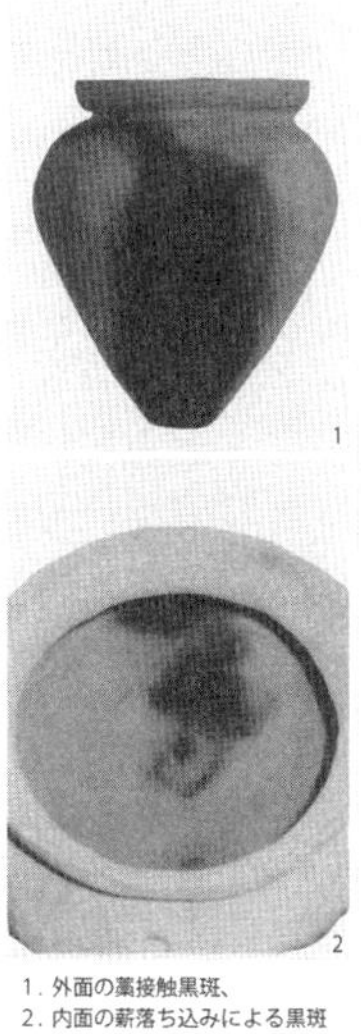

1. 外面の藁接触黒斑、
2. 内面の薪落ち込みによる黒斑

図1　焼成実験土器の黒斑　長友朋子〔2013〕『弥生時代土器生産の展開』より

弥生土器は、縄文土器の製作技法を基盤としつつ、朝鮮半島の無文《むもん》土器の影響を受けて成立します。幅広い粘土紐を外側に傾けて貼り付ける技法が導入されました。これにより、頸部《けいぶ》の絞まった形の壺を容易に作れるようになりました。このような技法で製作された土器を遠賀川式《おんががわしき》土器と呼びます。遠賀川式土器は、水稲農耕の広がりとともに東の地域へと拡散します。その範囲は東北地方にまで及びました。

前期の遠賀川式土器は形が斉一的でしたが、中期になると、各地域で異なる形や製作技法を採用し、地域色が強くなります。また、装飾が盛んに施され、多種類の土器が作られました。北部九州では赤く彩色し美しく磨いた丹塗《にぬり》土器が製作されました。中国地方から近畿、東海地方にかけては櫛《くし》状工具で回転運動を利用して描く文様が流行し、さらに、凹線《おうせん》文《もん》という文様が広まります。中部や関東地方でも各地に特徴のある文様が流行します。

しかし、弥生時代後期になると、西日本では装飾が施されなくなり、回転運動を利用した製作技法は衰退していきます。回転運動にかわって多く用いられるようになるのが、叩き技法です（図2）。叩き技法とは、土器の内面から当て具で支え、外面から叩き板で叩きながら器壁を締め変形させ、時には粘土紐の接合も兼ねる技法です。初期の叩き調整の痕跡は弥生時代前期に確認でき、中期中頃には西日本で普及します。後期になると成形にも叩き技法が導入されます。また、土器の種類は少なくなり、効率的な土器製作が目指されるようになります。一方で、細頸壺は美しく磨かれるなど、粗製《そせい》土器と精製《せいせい》土器の区別が明瞭になります。

土器製作と弥生社会　弥生時代前期の遠賀川式土器の広がりは、水稲農耕の技術伝播と一定の重なりを見せ、生業とともに、貯蔵具を含む土器組成と新しい土器製作技術が伝わったことがわかります。弥生時代中期に盛んに装飾される土器は、集団のアイデンティティを表し、隣合う地域の集団間で交換されました。そのため、どの地域の人々がどの地域と交流したのかを土器を通じて知ることができます。後期になると、装飾を施さなくなり小地域色がみえなくなります。集団の表象する器物としての役割は小さくなり、器としての機能が重視されて効率的な土器作りが目指されるようになったのです。さらに、終末期になると、近畿地方の生駒山西麓や、吉備、山陰などの一部の地域で、薄くて軽い甕が製作されるようになります。中期の土器とは大きく異なり、終末期の薄甕は、河内地域から吉備地域さらに北部九州など、遠方へ持ち運ばれました。そして、遠方から搬入した土器が多量に出土するのは拠点的な集落です。このことから、各地で台頭し

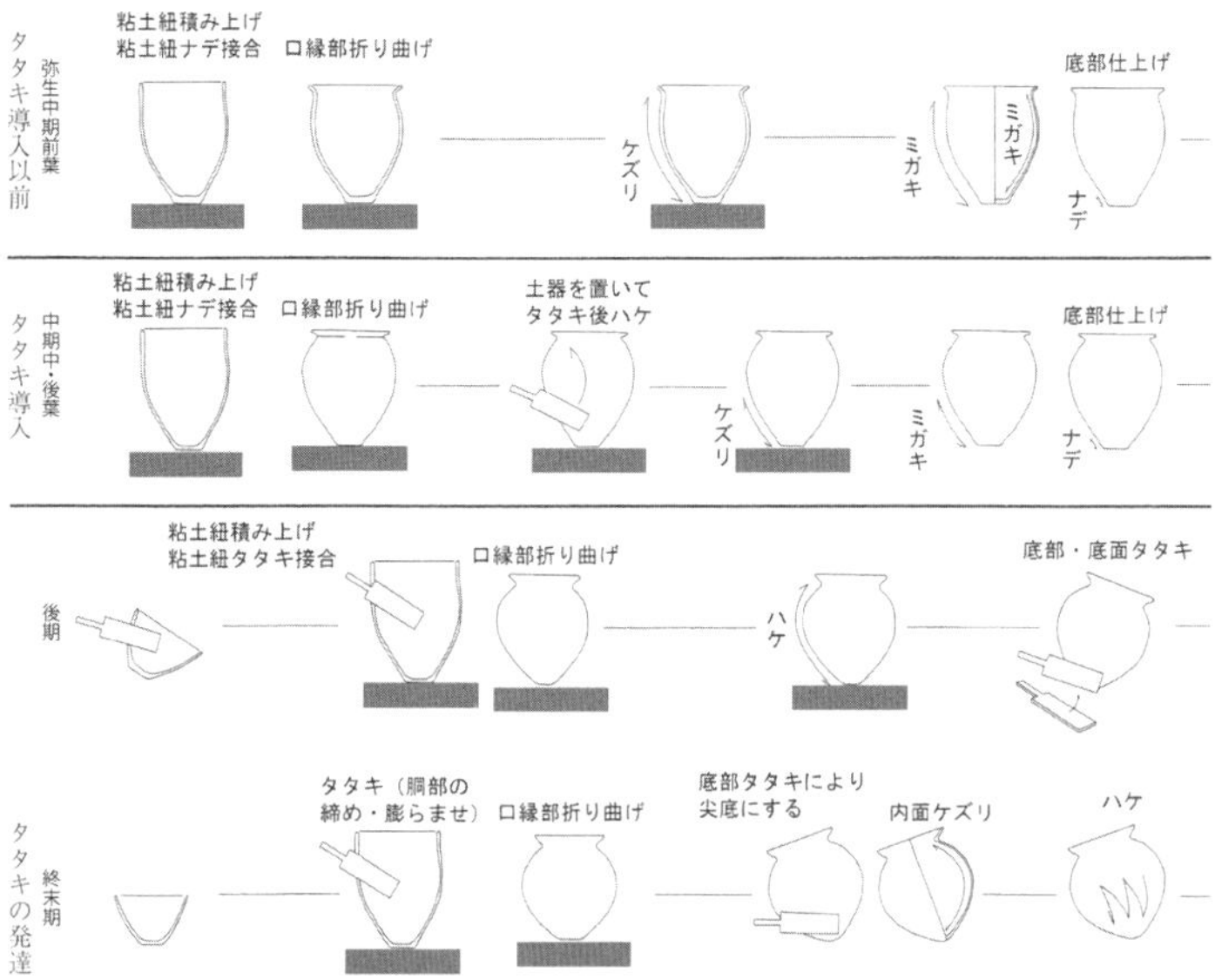

図2　近畿河内地域における弥生土器の製作工程　長友朋子〔2013〕『弥生時代における土器生産の展開』より

たリーダー同士が積極的に交流した状況を、土器を通じて知ることができます。また、その搬出量は、前期や中期、後期よりもはるかに多かったでしょう。庄内式《しょうないしき》土器は、薄甕の他には数少ない器種だけを製作することにより、効率的で多量生産ができたと考えられます。さらに、土器が運ばれるだけでなく、製作技法が他地域へ伝わる場合のあることから、土器製作者も交流に加わっていたことがわかります。

以上のように、弥生時代の遺跡から普遍的に多量に出土する土器は、編年の指標となるだけでなく、土器の製作技法を復元することで生産体制の変化をうかがうことができます。また、土器の地域性から集団や地域のまとまりを捉えることができます。そして、地域性の強い土器の搬入関係から、どの地域とどの地域が盛んに交流していたかがわかるのです。

（長友朋子）

〔参考文献〕田崎博之・小林正史・北野博司・庄田慎矢・鐘ヶ江賢二「土器焼成と生産」『土器研究の新視点』（考古学リーダー9、六一書房、二〇〇七年）、長友朋子「弥生土器の生産」佐藤由紀男編『弥生土器』（考古調査ハンドブック12、ニューサイエンス社、二〇一五年）

Q33 弥生土器はなぜあのような形・文様をしていますか

A

縄文土器は口が波打った波《は》状《じょう》口縁《こうえん》が特徴的です。それに対して弥生土器の口縁は水平なものが目立ちます。縄文土器の装飾は立体的で曲線的なのが特徴的でしたが、弥生土器は平板で直線的な装飾が好まれました。これらの違いはどのようにして生まれたのでしょうか。

弥生土器の形　弥生土器の基本的な形は、壺《つぼ》、甕《かめ》、鉢《はち》、高坏《たかつき》です。用途によって形が異なっています。壺は貯蔵用で、胴が球形で首がくびれて口が開くスタイルが多いのは、貯めたものが湿気を帯びるのを防ぐ目的があるからです。湿気を嫌う貯蔵品として穀物がありますが、弥生時代は穀物栽培の農耕がはじまった時代であり、壺形土器が多いのはそれを反映しています。

壺形土器は死産児などの遺体、あるいは成人の遺骨を入れて埋葬に用いられる場合もありました。九州地方で甕棺《かめかん》と呼ばれる土器で作った専用の棺が盛んに使用されましたが、これはもともと壺形土器で、巨大化することで胴部のふくらみがなくなり、甕に近い寸胴になったためにこの名前で

図１　弥生土器の基本セット（福岡県板付遺跡）

呼ばれています。

甕は口縁部が屈曲あるいは湾曲して外びらきした形で、縄文土器では深鉢《ふかばち》と呼ばれる煮炊き用の土器です。弥生土器では甕というのが慣例です。私たちの生活ではこの用途の器を深鉢や甕と呼ぶことはあまりないので、鍋《なべ》と呼ぶこともあります。壺、甕のいずれも蓋がセットで用いられ、壺用と甕用で蓋が作り分けられる場合もあります。

鉢はボウルのような比較的浅めの器で、食事を取り分けるときなどに使います。高坏は高い台の上に鉢がのった形で、食料などを捧げるための器で、儀礼に用いられたと考えられています。

図2　高坏（手前）と器台（奥）

そのほかに器台《きだい》、水差し形などがありますが、地域や時期によって限られた表れ方をします。器台は高坏の鉢部に孔をあけたものや筒状の形をした台で、壺などをのせて組み合わせて使う儀礼用と考えられます。九州地方の中期の土器は器台や壺が真っ赤に塗られて祭りに華を添えました。器台は後期になると吉備地方で大型化するとともに装飾が豊かになり、墳墓に置かれるようになります。これが発展をとげて古墳時代の円筒《えんとう》埴輪《はにわ》に変化しました。水差し形土器は近畿地方を中心に主に中期に発達した土器です。片口で把手がついており、傾けて液体を注ぐ役割を果たしていました。井戸から出土することがあるので、釣瓶《つるべ》としても用いられたのでしょう。

弥生土器は大きさにバリエーションがあります。たとえば壺は高さが二〇cm以下の小型壺、二〇～四〇cmほどの中型壺、それ以上の大型壺に分けることができます。小型壺の多くは儀礼用と考えられ、口の広い大型壺はあるいは水甕として使われたのかもしれません。甕も大きなものは水甕の可能性があり、全部が煮沸に用いられたわけではないことに注意が必要です。その判別の決め手は煮沸痕があるかないかといった使用状況ですが、土器についたススやお焦げなど、煮炊きの痕跡やその部位などを観察して分析することで、どのような用いられ方をしていたのか、あるいはその目的などにアプローチする研究が進められています。

たとえば岡山県上東《じょうとう》遺跡の甕形土器は胴部に吹きこぼれの痕がついており、コメを蒸していたのではなく炊いていたことがわかりました。さらに甕の火の当たり方加減を観察することでコメの調理方法も推測されています（Q29参照）。土器を製作して実際に調理を行い、ススやお焦げのつき方に照らし合わせて検証を行う実験考古学も土器の用途問題の解決に有効です。あるいは土器のお焦げの炭素窒素同位体比《たんそちっそどういたいひ》を分析して、なにが調理されていたのかさぐる、考古科学的分析も進展してきました（Q20参照）。

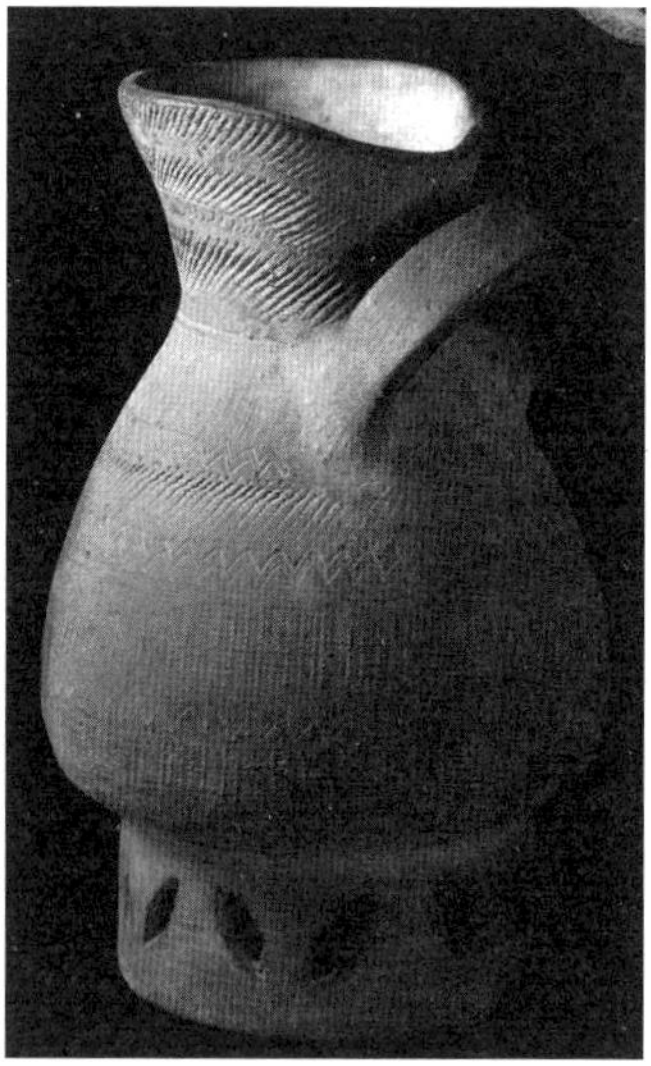

図３　把手のついた水差し形土器
（奈良県新沢一遺跡）

弥生土器の文様　北部九州をはじめとする西日本の縄文時代終末には、突帯文《とったいもん》土器という簡素な文様の土器が使われていました。突帯文土器の使用期間中に稲作がはじまりましたので、最古すなわち早期の弥生土器は突帯文土器になります。

前期になると突帯文土器を一新した土器が誕生しました。福岡県板付《いたづけ》遺跡の名をとって、板付Ⅰ式土器と呼ばれています。最も大きな変化は甕形土器ですが、突帯文は姿を消して無文あるいは口縁部に段や一条の沈線を施す程度の土器になりました。壺形土器にも重弧文《じゅうこもん》などが沈線でつけられますが、遠賀川式土器になると木葉文《このはもん》など華麗な文様が展開します。福岡県の遠賀川《おんががわ》河床にある立屋敷《たてやしき》遺跡の土器を標識とする遠賀川《おんががわ》式土器は、水田稲作とともに西日本一帯に広まった象徴的な土器でした。

遠賀川式土器が用いられた前期の西日本は地域の差があまり顕著ではありませんでしたが、中期になると農耕の定着により各地で独自性の強い土器が作られるようになりました。北部九州では文様はますます簡素になり、無文の土器あるいはせいぜい一～二条の突帯をつけたくらいの土器が多数を占めるようになります。そのかわり、装飾としては煮炊きに使う甕を除いて真っ赤に塗るのが流行します。近畿地方では前期にヘラで一本一本沈線文を描いていたのが櫛歯《くしば》状の工具により一気に数条の沈線文を描くようになり、それによって文様の範囲も広がって器の大部分に描いたりあるいは流水文《りゅうすいもん》風にアレンジするようになりました。ところが後期になると文様は一斉になくなり、土器の仕上げも手を抜き、機械的な量産化の時代に入りました。東海地方は後期になっても櫛描文《くしがきもん》や赤彩で飾る土器が盛んで、パレススタイル（宮廷式）と呼ばれる美しい土器も作られました。

ここまで西日本の土器に目をとおしてきましたが、東日本はどうでしょうか。東日本の弥生土器の文様の特徴は、縄文です。それだけ縄文土器の伝統が根強いと言ってよいでしょう。磨消縄文《すりけしじょうもん》も大いに発達しました。文様ばかりではなく、造形もそうです。波状口縁が多く、縄文時代の土偶に起源のある顔面のついた土器も縄文文化の伝統をうかがわせます。特にそれが前期、中期前半の東北地方や関東地方に顕著なのは、そこが縄文文化のメッカだったからと思われます。中期中葉以降に壺形土器の比率が増すとともに波状口縁が衰退していくことに農耕文化の定着がうかがえると同時に、それだけ縄文文化から遠ざかっていったことがうかがわれます。

図４　いろいろな壺形土器（1. 大阪府船橋遺跡、2. 福島県五本松遺跡、3. 愛知県高蔵貝塚、4. 長崎県カラカミ貝塚）

縄文土器との比較　弥生土器と縄文土器を比較してみましょう。まず、製作方法ですが、いずれも粘土を紐のようにしてそれを積み上げて作る方法は同じですが、整形の段階でヨコナデという手法が弥生土器に顕著です。口縁部に布をあてがい、かなり高速にヨコナデするので、横方向に細かな筋ができます。ロクロほど高速ではないにせよ回転台を用いたのか、土器は動かさずに作り手が長いストロークで素早く布ぶきをしたのか、いずれにしても縄文土器にはあまりない技術です。

さらに、焼成の方法も違います。両者ともに須恵器《すえき》づくりのような穴窯《あながま》は用いない露天の野焼きですが、弥生土器には覆い焼きという焼成方法が認められます。これは稲作に付随して生じた藁《わら》や籾《もみ》などで土器を覆って焼成する技術です。これにより、赤味の強い硬く締まった土器ができますが、スリップ磨き焼成という独特の技術との関連もうかがえます。スリップ磨き焼成は、ベンガラをまじえた化粧土を土器に塗り、よく磨き込んでから焼きます。そうすることで赤彩は土器の表面に深く沈着して見栄えがよくなるとともに、洗ったくらいでは容易に落ちないほど定着します。覆い焼きにより定着度が増したと考えられます。この技術は朝鮮半島から大陸にルーツが求められるので、農耕とともに大陸から伝播した技術でしょう。

穀物貯蔵などに用いた壺形土器の比率が高く、土器全体の半数に及ぶ場合のあることも縄文土器との違いです。立体的な装飾と平板な装飾の違いも大きいです。土器に描いた絵画にもそれが如実に表れており、縄文土器の絵画が立体画と呼ばれるように半肉彫りあるいは粘土を貼り足して描いているのに対して、弥生土器のそれはヘラ先による線刻画です。弥生土器の絵画の多くは、シカ、鳥、高床倉庫など稲作の儀礼にかかわると言ってよいでしょう。それに対して縄文土器の立体画はヘビ、カエルなど変態動物である場合が多く、循環的な再生思想にもとづくもの、つまり自然の秩序の表現と捉えられています。縄文土器と弥生土器は、儀礼的な意味でも当時の世界観を体現して異なる表現をとっていたと考えられるのです。

（設楽博己）

〔参考文献〕佐原真編『弥生土器』（ニュー・サイエンス社、一九八三年）、設楽博己編『特輯　弥生土器』（国華第一五〇八号、国華社、二〇二一年）

Q34 農具はどのようなものがありましたか

A

弥生時代は、コメ、アワ、キビといった大陸系穀物の栽培がはじまる時代です。特にコメは灌漑施設を持つ水田で栽培されるため、低湿地に営まれることが多い水田に適した道具が使用されるようになります。この新しいスタイルの農業は中国大陸南部に起源を持ち、朝鮮半島を経て、玄界灘沿岸の福岡県や佐賀県に伝わり、それが日本列島の西から東へ広がっていきます。したがって、農業に必要な道具のセットや使い方も朝鮮半島から伝播したことがわかっています。

農具の種類　農具といってもその種類はさまざまです。開墾や土を起こすための道具、収穫時に使用する道具、収穫後の農作物を加工する道具と、場面場面でいろいろな道具が使われます。また、その素材は柄や刃先に用いられる木器と、刃先を担う石器と青銅器、そして鉄器に区分できます。刃先の木以外の素材は前半の弥生時代早・前期は石器が担い、中期以降になるとそれに青銅器と鉄器が加わります。ただし、刃先素材の変遷は、地域によって大きく異なります。これは金属器の入手のしやすさや、加工の技術の定着度、あるいは耕作地の土質と関連があります。

開墾や耕起のための農具　弥生時代の最も一般的な農具としては、鍬と鋤があげられます。いずれも地面を耕す道具です。

鍬は主として手の運動を利用して刃先を土壌に打ち込む道具で、構造や柄と刃先の角度から打鍬《うちぐわ》と引鍬《ひきぐわ》に大別することができます。打鍬は強靱なつくりで、身に対して柄は七〇～九〇度。最も威力のある道具で、開墾や土木工事に適しています。遠心力を用いて、刃先を土に振り下ろし、耕起します。引鍬は全体に軽快なつくりで、身に対して柄は五〇度。浅く耕す中耕や除草、溝さらえなどの軽作業に適しています。また、両者の中間的な形状の鍬もみられます。鍬は刃先を有する身と柄を別材で作り、組み合わせるタイプが一般的でした。

鋤は足の踏む力を用いて、刃先を土に刺し込み、次に土壌をすくい上げる動作によって土を掘り起こすので、鍬よりも深く耕すことができます。今日ではスコップやシャベルと呼ばれる道具と同じ使い方をする道具です。鋤については、一本の木から柄と身を削りだした一本鋤と、柄と身を別の材から作って組み合わせた組合わせ鋤があります。

縄文時代に盛んに使われた刃先として、細長い板状の打製石器があげられます。打製石斧と呼ばれていますが、先端の擦痕などの観察から基部には柄が取り付けられて、土を掘る道具として使われたものが主流であることがわかっており、石鍬や土掘具とも呼ばれています。大小さまざまなサイズがありますが、神奈川県中里《なかざと》遺跡からは、弥生時代中期中頃の住居から全長四三・七cm、刃部最大幅一八・五cm、重量三〇二〇gをはかる巨大なものも見つかっています（図1）。通常のサイズは全長一〇～二〇cm程度なので、その数倍の大きさとなります。打製石斧は東日本や九州の一部では弥生時代を通じて使用され、長野県南部地域では五世紀前半まで使用されています。

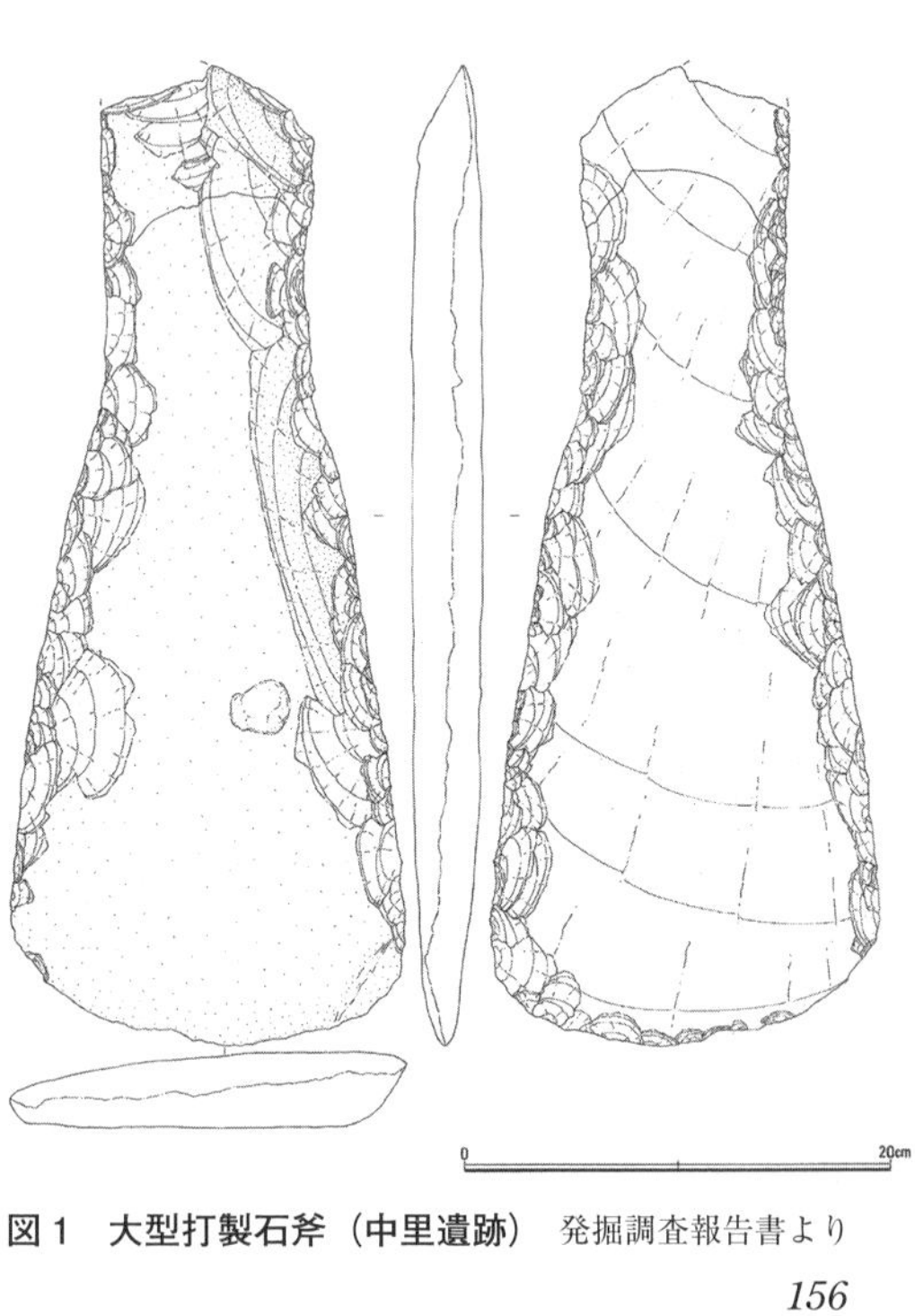

図1　大型打製石斧（中里遺跡）　発掘調査報告書より

一方で弥生時代中期後半以降になると金属製の刃先も登場します。図2のように鉄板の両端を折り曲げて木製の身部に装着したと考えられる鉄器が、長崎県カラカミ遺跡や原《はる》の辻《つじ》遺跡で出土しています。青銅製のものもあります。ただし、出土例は少なく、古墳時代にも継続しません。大半は福岡県や佐賀県であることから、墓坑を掘るのに使用した葬礼用だとする説もあります。

収穫のための農具　穀物の穂、特に稲穂を摘み取る穂摘具は、弥生時代を特徴づける道具の一つです。遺跡から見つかるのは石製の石庖丁が主流ですが、ほかに木や貝で作られた例もみられ、木庖丁や貝庖丁とも呼ばれます。収穫具であるにもかかわらず、これらを「庖丁」と呼んでいるのは、次のような事情があります。それは一九世紀末から二〇世紀初頭の日本考古学黎明期に民族例の肉切りナイフとの比較から庖丁であると認識が持たれ、石庖丁という名称が普及していったからです。ただし、一九二〇年代にスウェーデン人のJ・G・アンダーソンが中国新石器時代の類似資料を穂摘み用と指摘したことを受けて、山内清男《やまのうちすがお》らにより日本列島の石庖丁も稲穂を摘む収穫具であるという理解が示され、その後徐々にその理解が定着していきました。

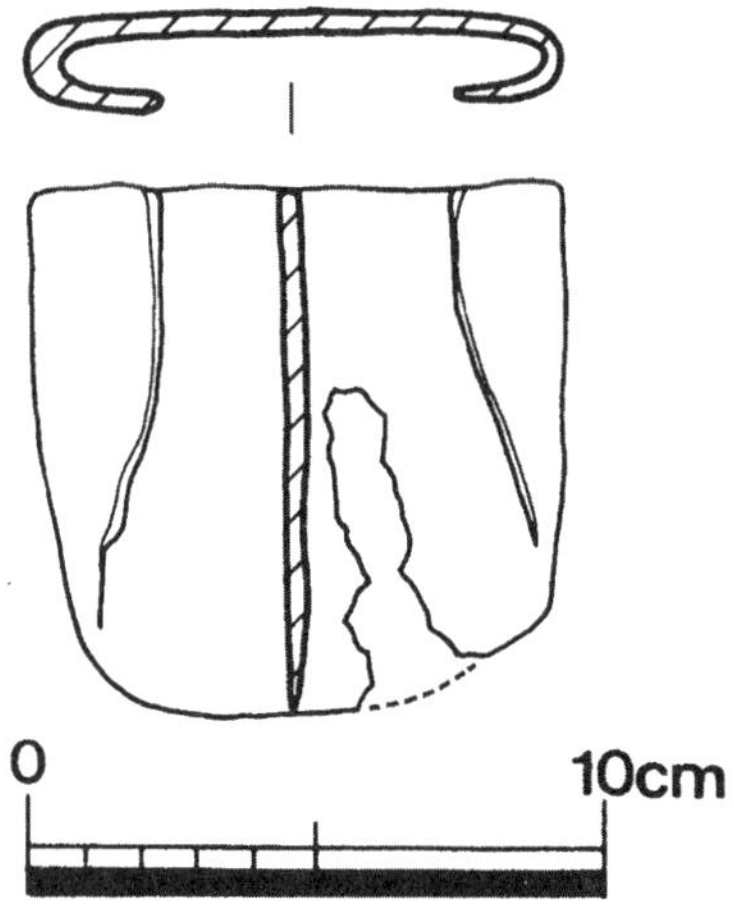

図2　鉄製の鋤・鍬先（原の辻遺跡）
川越〔1993〕より

　石庖丁は長辺の一方が刃となり、もう一方の刃を持たない長辺は背と呼ばれます。磨製品には片刃と両刃がみられますが、前者が主流です。全長は一〇～二〇cm、幅五cm前後、厚さは〇・五～一cm程度です。片手で用いるのに適した大きさです。また、多くには双孔が穿たれています。孔には紐ずれがみられ、表裏で紐ずれの方向が違う例から、双孔に通した紐のなかに人差指、中指をかけ、片刃のついた面に親指で穂を押し当てて、手首をかえし回転させることによって、穂をねじ折ったと考えられます（図3）。このことは使用痕光沢面の観察からも支持されています。使用痕跡から用途を推定する方法は次の通りです。まず、実験用石器を作成し、さまざまな用途で使用して、その表面に形成される痕跡を顕微鏡で観察、記録します。次に出土石庖丁にみられる痕跡を同じように観察し、類似する痕跡を特定することにより用途を推定するのです。石庖丁や次に紹介する石鎌には、シリカ含有量の多いイネ科植物を対象に使用した際にみられる痕跡が認められています。

　収穫具としては、他に石鎌、大型石庖丁、大型直縁刃石器があります。

農産物を加工するための道具　収穫した作物を加工するため

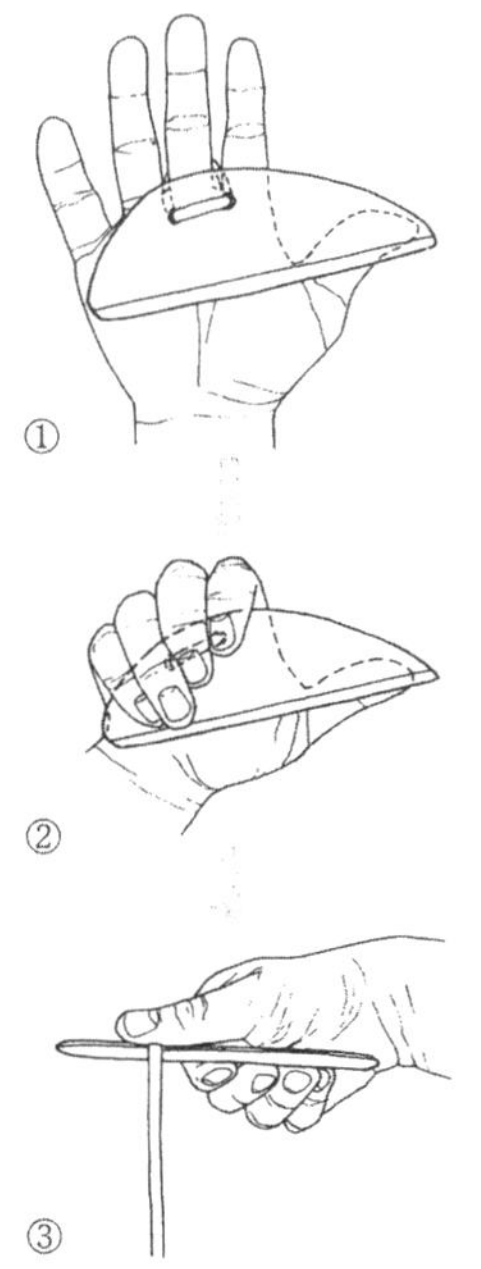

図3　石庖丁の使い方　上田〔2005〕より

の道具も弥生時代には豊富です。代表的な工程としては、穂先から籾を分離する脱穀や籾すりがあげられます。この一連の作業は、竪杵と木臼が担っていたと考えられています。乾燥させた稲穂を、臼にいれて竪杵でトントンとついてゆくと、脱穀と籾すり、そして精米までが可能です。後はザルなどを使って風で軽い籾を除去することでコメを得ることができます。竪杵と木臼の使い方は銅鐸絵画にも見ることができます（Q31図2）。ただし、これらの道具は稲を粒食する過程で使う道具であり、すりつぶして粉末化し、粉食するには別の加工具が必要です。穀物の食用利用は、世界的にみると粒食より粉食が目立ちます。小麦、トウモロコシ、大麦、ソバなど、穀物の多くは粉食での消費が主流なのです。粉末化された穀物は火の通りが早く調理の時間が短くなり、いろいろな食品に加工しやすいといった長所があります。日本列島でも縄文時代において堅果類は、台となる石皿の上に置き、磨石ですり潰して粉末にして食されていたと考えられています。弥生集落からも引き続き堅果類が出土しており、福岡県の長野《ながの》小西田《こにしだ》遺跡や京都府の奈具谷《なぐだに》遺跡では大規模な堅果類アク抜き用の水場施設が見つかっており（Q24図2・3）、縄文時代以来の石皿や磨石も見つかっています。弥生時代になるとコメとともにアワやキビが朝鮮半島から伝わることが、土器に残された穀物痕跡や土器内部の付着物の分析から明らかになっており、これらは粒食だけでなく、堅果類のように粉末化されていた可能性が指摘されています。

水田に特化した道具―田下駄とえぶり―　ぬかるみで泥に足をとられると作業どころではありません。それを防ぐために弥生時代からすでに用いられていたのが、田下駄です。水田などの湿地での作業のためだけではなく、水田土の塊を砕き平らにする代踏みや、縁肥のふみこみなどにも使用されたと考えられています。板に紐通しのための孔が四箇所ほど穿たれたシンプルなものや枠付きのものもあります。また、水田を平らにならす道具として、えぶりもあります。グラウンドをならすトンボ（グラウンドレーキ）と同じ形の木器が見つかっています。

現代とつながる弥生時代の農具　さて、ここまでみてきた道具、特に木や金属でできた道具は、考古学に詳しくない方も見覚えがある形が多かったのではないでしょうか。ホームセンターの園芸や土木コーナーに並んでいる道具のなかには、弥生時代の道具と似たものがあります。また、つい最近まで使われていた農具が並ぶ民俗資料館の展示品にも、そっくりなものがあります。水田稲作が大々的に開始される弥生時代の農具は、その後数千年にわたり使用されつづけるのです。一方で牛馬導入前の弥生時代には畜力を利用する犂《すき》（からすき）や、部品に車輪や歯車を持つ道具はみられません。これらは古墳時代以降、中国大陸・朝鮮半島からもたらされる農具なのです。

（寺前直人）

〔参考文献〕上原真人『木器集成図録近畿原始篇』（奈良国立文化財研究所、一九九三年）、川越哲志『弥生時代の鉄器文化』（雄山閣、一九九三年）、上田健太郎「近畿地方における直線刃半月形石庖丁の成立」『待兼山考古学論集―都出比呂志先生退任記念―』（大阪大学考古学研究室、二〇〇五年）、樋上昇『木製品から考える地域社会』（雄山閣、二〇一〇年）

Q35 木工具にはどのようなものがありましたか

A

工具としての金属器がそれほど普及していなかった弥生文化では、木工具の主役は石器でした。特に石斧《せきふ》が重要な役割を果たしており、大きくみて木を伐採するための斧と、木を加工・整形するための斧は明確に作り分けられていました。このほか木材を分割するための楔《くさび》も非常に重要な道具で、木製の楔のほか、石庖丁《いしぼうちょう》や石斧などの石器を転用した楔もあったと考えられています。

木工具の重要性　建築材、容器、舟、井堰《いせき》など、縄文文化でも弥生文化でも木材の利用は多岐にわたります。しかし、縄文と弥生のあいだにみられる最も大きな違いは、農業が開始された弥生文化でたくさんの農具が必要になったという点にあります。農具には、耕作具、収穫具、脱穀具などがありますが、収穫具以外はほとんどが木で作られています。これら農具は使っているうちに必ず壊れますので、農具の切れ目のない生産と供給が、基盤経済の維持にとって重要な課題になっていました。

弥生文化の人々は、いくつかの方法でこの課題を解決していました。ひとつは農具の耐久性をあげる点です。耕作具はどんな木からも作られていたわけではなく、西日本では堅いカシ類が、それが入手しにくい東日本ではクヌギ類が選ばれて使われていました。これには、作業目的の効率的な達成だけでなく、道具を壊れにくくする意図もあったはずです。

第二に、質の高い農具を安定的に供給する体制の構築です。地域によっては、専業性の高い集団が農具の生産・分配にあたっていたことが石製収穫具などから推定されています。同じことは木製農具でも行われていたとしても、何ら不思議はありません。

第三に、生産の効率性を高めるために、作業目的に応じて木工具を細分化することです。次にみるように、縄文文化の

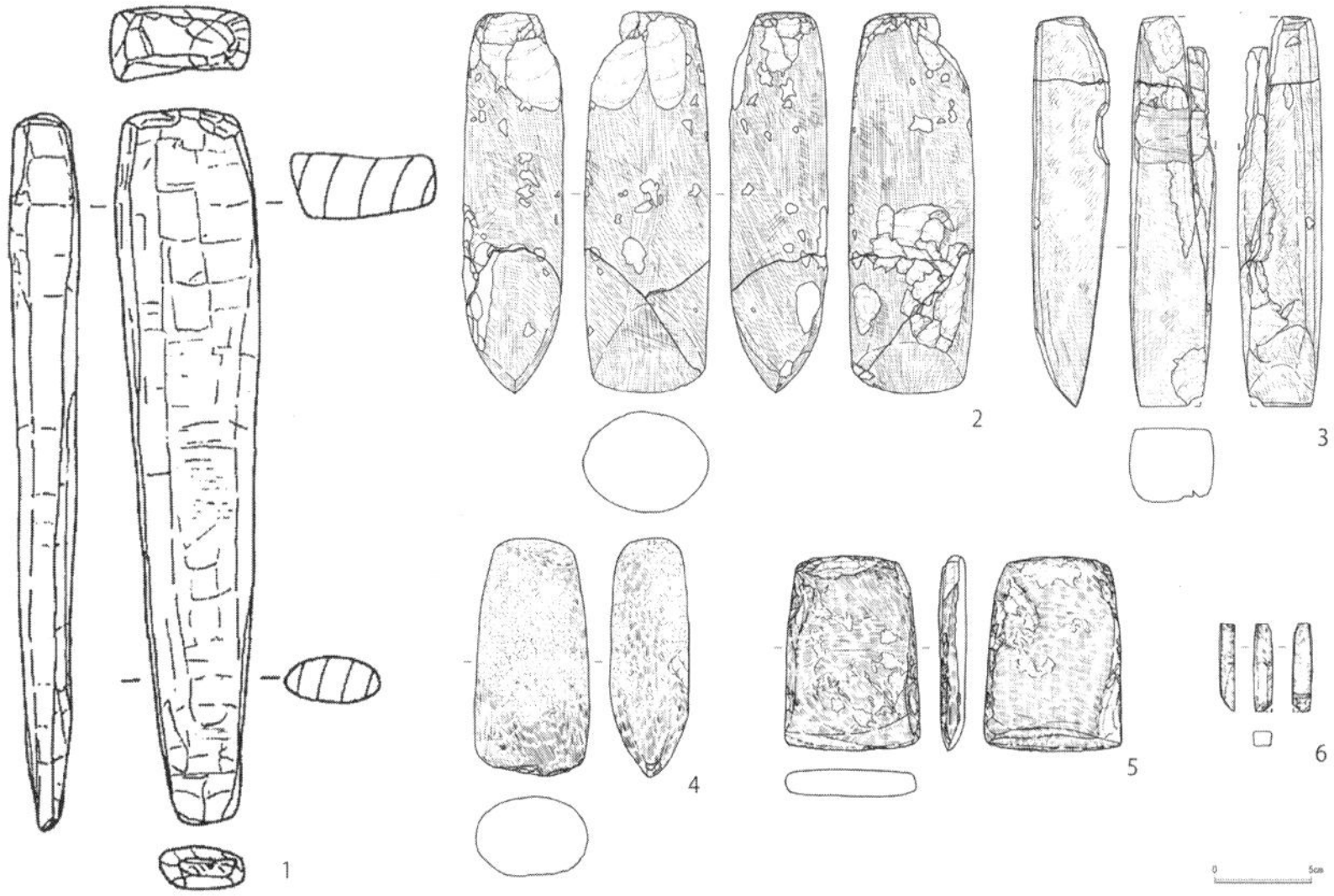

図1　弥生文化の木工具　1：木製楔（木箭）　2：太型蛤刃石斧　3：柱状片刃石斧　4太型蛤刃石斧（小型）　5：扁平片刃石斧　6：柱状片刃石斧（小型）　1：神奈川県池子遺跡出土、村上〔2002〕、2-6：鳥取県青谷上寺地遺跡出土、鳥取県埋蔵文化財センター〔2016〕

斧にはない性能と組み合せがみられる「大陸系《たいりくけい》磨《ま》製石器《せいせっき》」のなかの石斧が、木製農具の生産効率の向上に貢献していたと考えられます。

伐採と分割　分厚い刃を持つ太型《ふとがた》蛤《はまぐり》刃《ば》石斧《せきふ》は、木を切り倒すために使われる伐採具です（図1－2・4）。野球のバットのように先端が重い直線的な柄の孔にはめこんで、木の幹に対してやや斜めに振り下ろすことで伐採します（図2－1）。縄文文化の石斧よりも大きく、重いことにより、先史時代の石斧のなかでは伐採具としての性能が飛び抜けて高かったと推定される石斧です。

切り倒された木は、そのままではすぐに加工することができません。不要な枝葉を取り除くことはもちろん、目的とする製品にあった形と大きさに分割したうえで、細かな加工を加えていく必要があるからです。丸太の長さを短くしたり、枝を除去したりする作業には、伐採斧がそのまま用いられた可能性もありますが、後述する加工用の斧が用いられた可能性もあります。

丸太の分割に威力を発揮するのが、楔です。木製の楔（図1－1）、とともに太型蛤刃石斧や次にみる加工用の斧の破損品を再利用した石製の楔が使われていました。これら楔の基部には強くたたかれた痕跡が残っていますので、石斧を楔に転用した場合でも判別が可能です。鳥取県青谷上寺地《あおやかみじち》遺跡の太型蛤刃石斧には、長さが一三cm以上のものと（図1－2）、それよりも小さなものがあり（図1－4）、小さなものの基部にはたたかれた跡が残っているものがあるため、最終的に楔として利用されたと考えられています。大阪府池上曽《いけがみそ》根《ね》遺跡では、おびただしい量の石庖丁が出土しています。多くの資料に背中の部分に敲打痕《こうだこん》が残るため、収穫具として利用されたのち楔に転用された可能性が考えられています。

　こうした楔は、一個だけ使ってもあまり効果的に機能しません。いくつもの楔を丸太に並べて打ち込むことによって、効率的な木材の分割が可能になります。そのため、一時期に多数の楔がストックされ、そのなかにはさまざまな原料や来歴（石斧や石包丁に由来するもの）、多様な大きさ・厚さの楔が含まれていたと思われます。それらを用いて、適当な厚みをもった木材に分割されていたのでしょう。

木材加工　さらなる細部の加工にも石斧が用いられます。大きく分けて分厚いものと薄いものの二種に分かれますが、ともに刃が片刃《かたば》である点が特徴です。伐採斧の場合、石斧の両面を研ぐことによって刃がつけられているのに対して（両刃《りょうば》と呼びます）、加工用の斧は斧のどちらか一方の面のみを研ぐことによって刃がつけられます。

　これが片刃石斧ですが、そのうち分厚いものは柱状片刃《ちゅうじょうかたば》石斧《せきふ》（図1－3）、薄いものは扁平片刃石斧《へんぺいかたばせきふ》（図1－5）とよばれます。これら片刃石斧の刃は、柄の長軸方向とは直行する方向に固定されます（横斧《よこおの》、いわゆる手斧《ちょうな》、adzeです）（図2－3・4）。これに対して伐採用の斧の刃は、柄の長軸方向と同じです（縦斧《たておの》、いわゆる斧、axeです）（図2－1・2）。

　横斧は、上から下に振り下ろすことにより木をくり抜いたり、溝を彫ったり、表面を削ったりするのに適しています。特に薄い扁平片刃石斧は木製品の表面を薄く削る（はつる）のに適していますので、クワやスキの刃部表面、建物の扉など平面的な部分を持つ木製品の整形に用いられていたと考えられます。これに対して、分厚い柱状片刃石斧はより多くの木材の除去に適していますので、耕作具の仕上げ整形のまえの粗い整形、建築材の溝・切込みの作成、容器や丸木舟などのくり抜きなどに多用されたと思われます。

　柱状片刃石斧にも非常に小さなものがあり（図1－6）、より細やかな加工が必要な箇所に用いられたと考えられます。いずれにしても、これら木工具のどれかひとつを持っていれば木工作業全般をうまく行うことができたわけではありません。いくつもの木工具をセットで保持し、それらを目的によって使い分けることが重要で、また、それらがいつでも

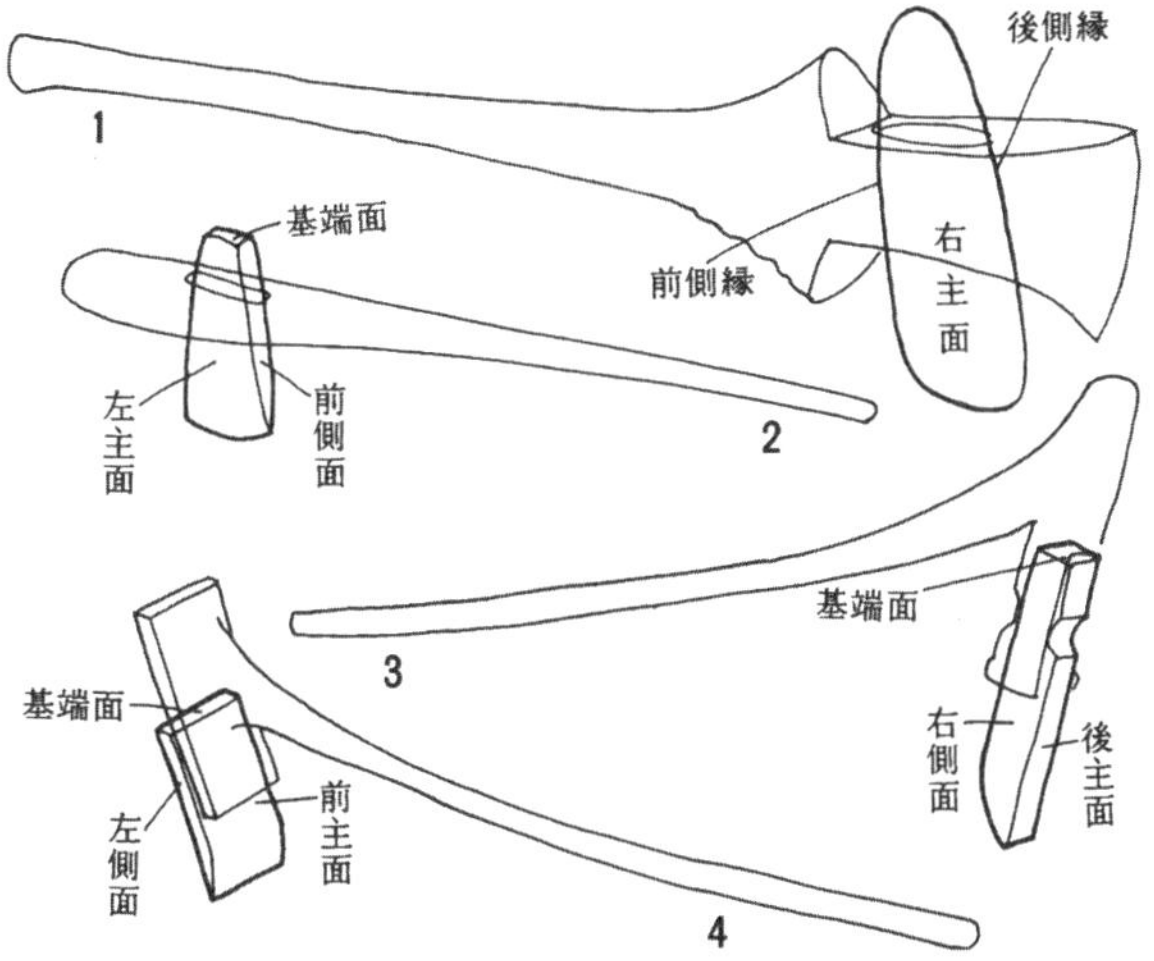

図２　斧の名称　1：弥生文化の伐採斧　2：縄文文化の斧　3・4：弥生文化の加工斧　（佐原〔1991〕より）

使えるようにメンテナンスしておくことも必要なのです。

なお、柱状片刃石斧にも基部にたたかれた跡がみられるものもあり、石斧の破損品のなかには最終的に楔に転用されていたものも多かったと思われます。また、すべての石斧が柄に装着されたうえで使用されたのではなく、一部の石斧は直接手に持って使われた可能性も考えられます。鉄器は弥生文化の木工具の主役であったとは考えにくいですが、一部の工程でそれが利用されていた可能性は十分に考えられます。特に、大陸から輸入された鋳造鉄斧を分割してできた鉄片に刃をつけ、薄く、細いノミのような刃物が木工具として利用されていたことは確実視できます。これは、石斧よりもさらに細かな加工がしやすい道具になりますので、クワに柄をとおすための孔をあけたり、木製容器の透かし彫りや浮き彫りの文様を作出したりするのに優先的に使われた可能性が考慮できます。

（高瀬克範）

〔参考文献〕佐原真『斧の文化史』（東京大学出版会、一九九四年）、村上由美子「木製楔の基礎的論考」（『史林』85－4、二〇〇二年）、鳥取県埋蔵文化財センター『青谷上寺地遺跡出土品調査研究報告一一　石器（2）』（鳥取県埋蔵文化財センター、二〇一六年）

Q36 木製品について教えてください

A

木は、人類にとって最も身近な素材です。道具のみならず、最大の動産である船を作るための材料としても、不動産である建物の部材や柵、橋などの素材としても重要です。燃料としても不可欠です。弥生時代は水田稲作を大規模に行う時代ですので、自然河川から水を取り込み、制御するための護岸施設や、水流を堰き止める堰を構築するために大量の板や杭が消費されています。木材の大消費時代がはじまったと言えるでしょう。もう一つの特徴は、木製の利器は他の素材と組み合わさって使われることが多い点です。石や金属でできた鍬先や斧身は木製の柄に装着しなければ使用することはできません。いずれにせよ、木以外の代替品はありません。したがって弥生時代は、森林資源である木材の安定的な入手が各集団にとって死活問題になったと考えられます。

木製品の分類　出土数が少なく遺存状況もよくない出土木製品の研究は、土器や青銅器に比べると必ずしも盛んではありませんでした。しかし、各地で低湿地の調査が進展し、現在では個別の分析や総合的な分析が進んでいます（樋上二〇一〇・二〇一一、飯塚二〇二二、鶴来二〇二三）。それらの成果を参考に分類していきましょう。

まず、大きさにもとづく分類です。樋上昇は木材は大径木（直径六〇cm以上）、中径木（直径二〇〜六〇cm）、小径木（直径二〇cm未満）に分け、それぞれの用途を整理しました（樋上二〇一一）。

大径木の丸太材は、木臼に用いられます。丸太材に楔《くさび》を打ち込んで分割した二分割材からは船や大型の容器（槽・高坏）、四分割材からは縦杵、縦斧柄、ヨコヅチを、柾目材へと製材していました（図1）。広葉樹は丸太材や分割材から製品を作り出すことが多いのに対して、スギ・モミ属などの針葉樹からは幅広の板目材がとられ、木製盾などが製作されます。アカガシ亜属、クスノキ、ケヤキ、クワ属などの広葉樹やヒノキ科（ヒノキ、サワラ、ネズコ、アスナロなど）、スギ、コウヤマキ、モミ属などの針葉樹が利用されます。これらのうち船材にはスギが、棺材にはコウヤマキが多く用いられます。

中径木の丸太材からは柱、四分割材からは縦斧柄や縦杵、八分割材から曲柄平鍬、楔などが作られます（図2）。大径木の樹種に加えて広葉樹ではコナラ節、クヌギ節、クリ・エノキ属、シイノキ属・サクラ属、針葉樹ではマキ属・マツ属がしばしば利用されます。

小径木の場合、ほぼ丸太材（心持材）が利用され、枝分かれ部分を利用した横斧柄などがあります（図3）。弓には縄文時代以来、継続してイヌガヤが用いられています。

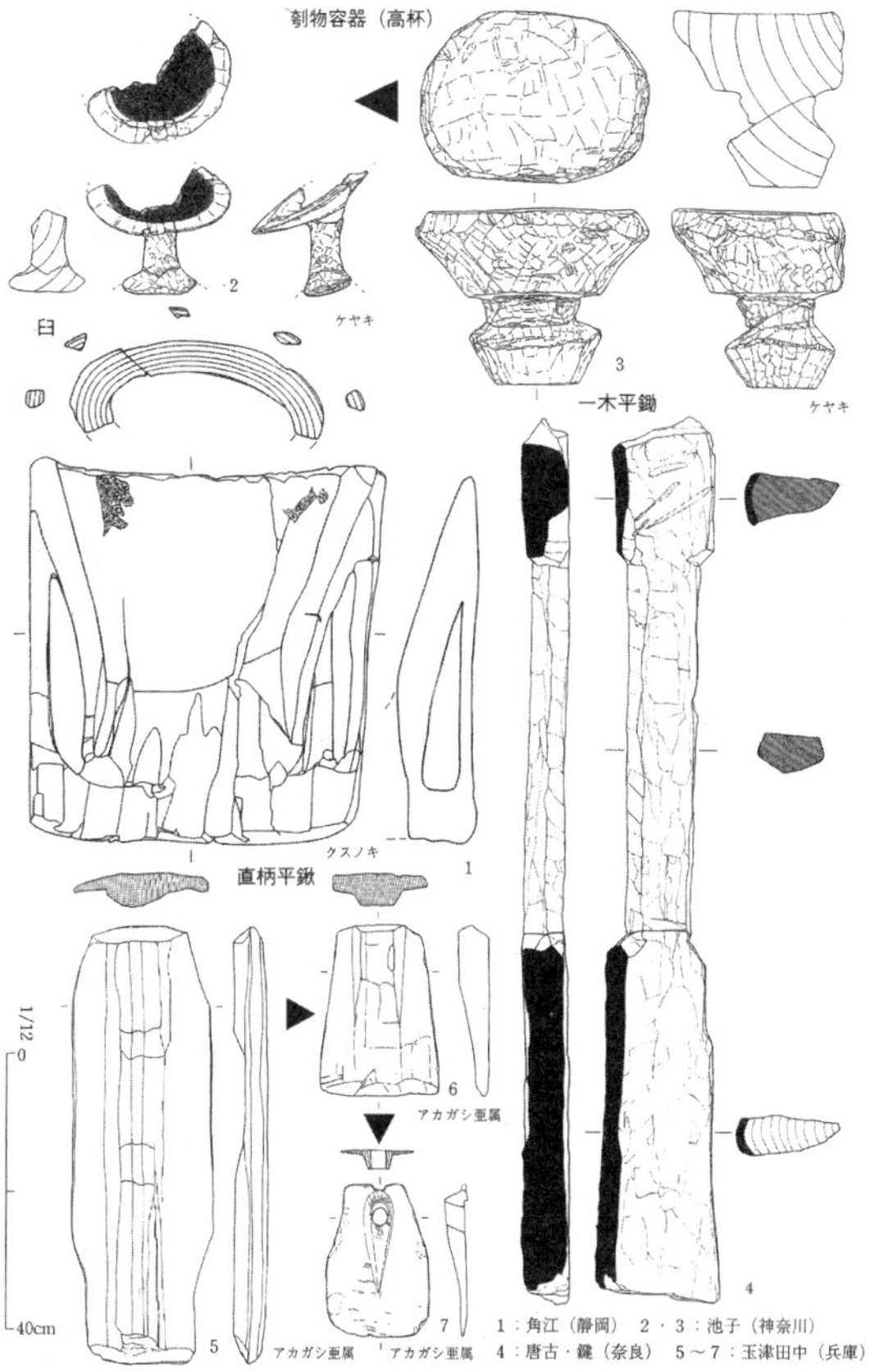

図1　大径木を利用した木製品・未成品　樋上〔2011〕より

木材の性質と用途　針葉樹は道管を持たないなど組織構造が単純で、樹種の差があまりありません。空気を通すための孔が多いため細胞の密度が小さいので、軽く軟らかいという性質があり、割裂性が高いので板材にするのに適しています。広葉樹は針葉樹より複雑な組織構造を持つので性質をひとくくりにすることは難しいですが、空隙が少ないため重く堅いものが多く、放射方向に割れやすいという傾向があります。比重が高いアカガシ亜属は衝撃に強いので、耐久性が必要な鍬身や斧柄として重用されます。アカガシ亜属の植生分布からはずれる東北地方では、材質は堅く強度があるものの、割れや変形が生じやすいクヌギ節であえて代用するようです。一方、斧柄のなかでも粘り強さが期待される扁平片刃石斧や柱状片刃石斧などと組み合わされる横斧柄には、しなりを期待してサカキが用いられます（Q37図2）。こうした使い分けは、すでに縄文時代前期の福井県の鳥浜《とりはま》貝塚にもみられます。
　また、『日本書紀《にほんしょき》』にはスギとクスノキは船材に、ヒノキは宮殿の用材に、マキを棺材に用いることが記されており、弥生時代の考古資料の樹種鑑定と一致します。

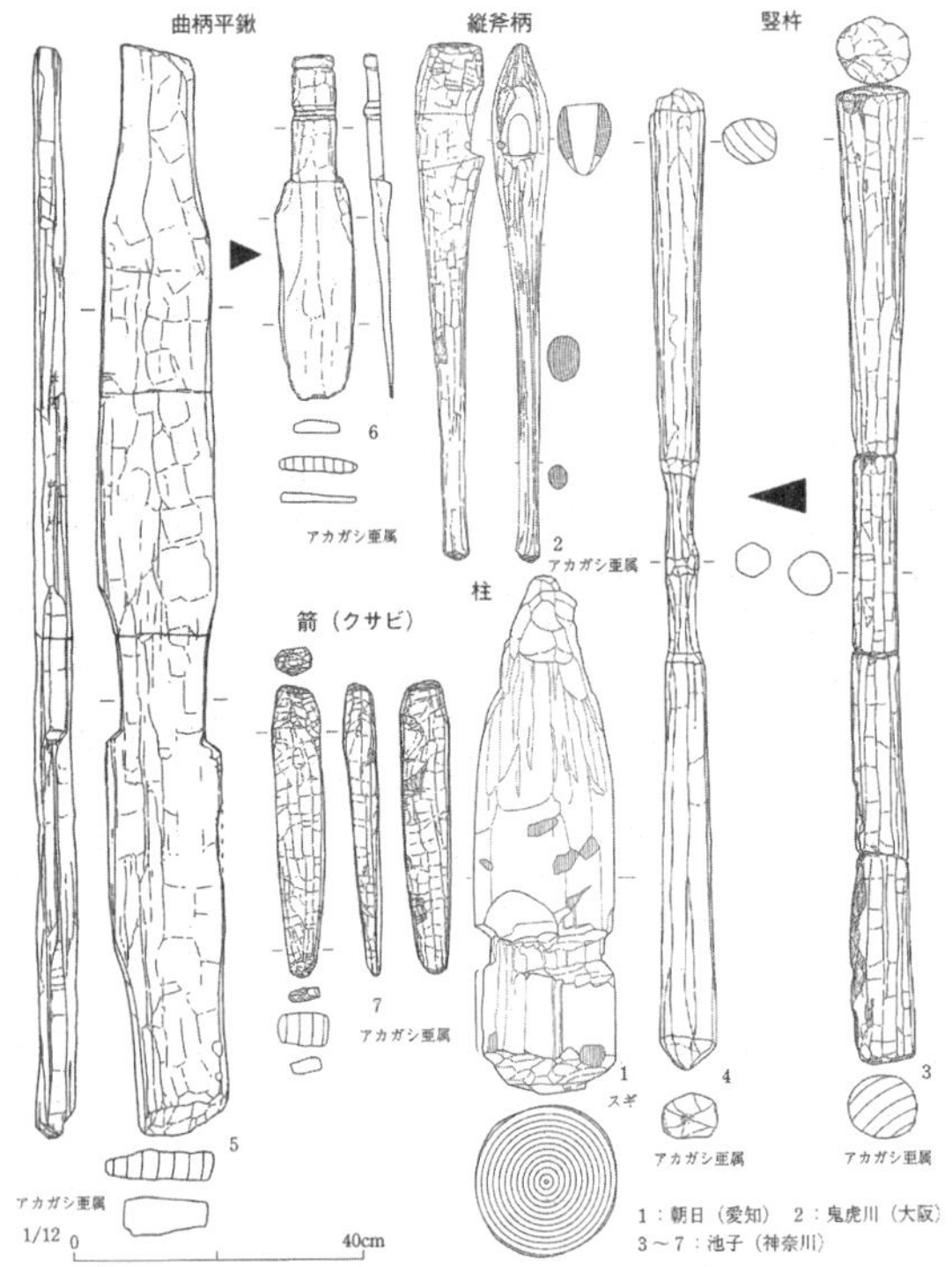

図2　中径木を利用した木製品・未成品　樋上〔2011〕より

　このように樹種による道具の使い分けは、それぞれの性質を熟知したうえでの適材適所での利用と言えます。このような理解にもとづいて、当時の人々の用材選択から出土木製品の用途を推定することも可能です。たとえば、武器形の祭祀具だと考えられていた木製品の一部にアカガシ亜属が用いられていることから、実用的な武器を含む研究（寺前二〇〇一）や、櫂状木製品や打棒と呼ばれてきた道具に堅いコナラ属が使われていることから刈払具と推定する研究（村上二〇〇九）があります。

製作の工程　木製品の製作にも、さまざまな道具が使用されていたと考えられます。伐採には大型の両刃石斧や鋳造の袋状鉄斧や板状鉄斧を木柄に装着した斧が用いられます。分割には楔とそれを打ち込む掛矢やヨコヅチが用いられたと考えられます。愛知県の朝日《あさひ》遺跡からは、二カ所に楔痕が残る全長八〇cm前後のクヌギ節ミカン割材が出土しています（図4）。施溝切断などをへて適度な大きさとなった原材は、用途に応じて加工されていきます。刳物《くりもの》とも呼ばれる一木造《いちぼくづく》りの容器類は、木工具を対象箇所に直接打ち付けて内刳りや全体の形をととのえます。ある程度内刳りが進むと、より小さな工具を用いて細部の加工を進めます。次に叩きノミや鉇《やりがんな》を用いて細部を加工します。高坏や合子のような精製品のみならず、実用的な道具の手に握る部分などには研磨が施されます。研磨具は特定できませんが、砥石のほかに樹皮や木賊《とくさ》などの植物などが用いられたとみられます。精製品では掘り込みにより刻線で文様が施されたものや、漆の塗布や彩色が実施されるものがあります。

　また、製作時に注意が必要なのが、乾燥による変形です。

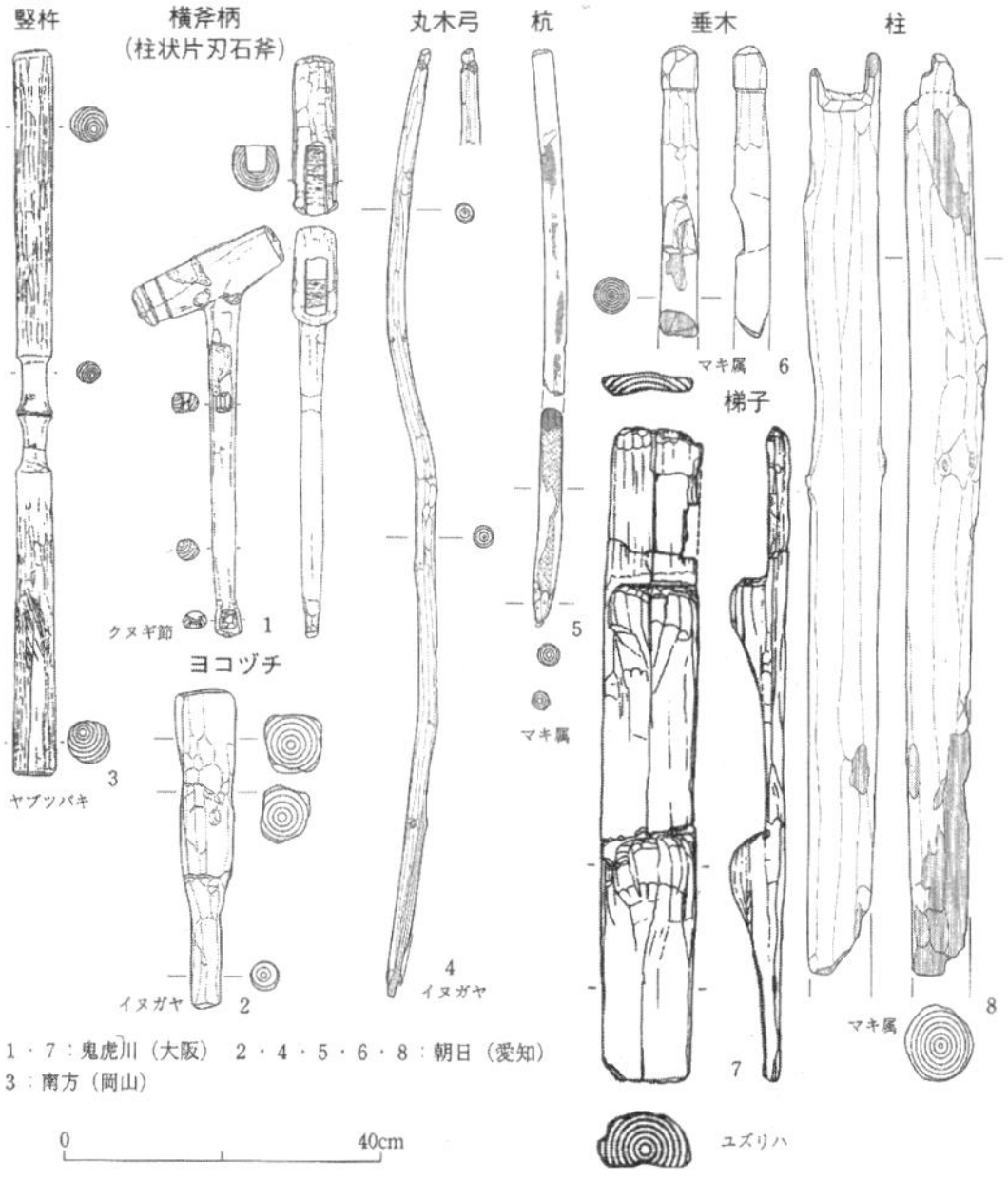

図3　小径木を利用した木製品　樋上〔2011〕より

樹木は幹に近い心材よりも、樹皮外のほうが水分を多く含むので、特に板目材は収縮率の違いから変形や割れが起こりやすいのです。したがって、木材を利用する前に乾燥工程を設けることが必要であり、現代では機械を用いた人工乾燥法が主流です。弥生時代には流路や環濠《かんごう》から分割材や未成品がまとまって検出されることが多く、矢板《やいた》などを伴う貯木施設も各地で検出されています。これは保管とともに水漬状態で放置することで水中乾燥もねらっていたと考えられています。浸透圧の効果で乾燥が促進され、その後に地上で乾燥されることに

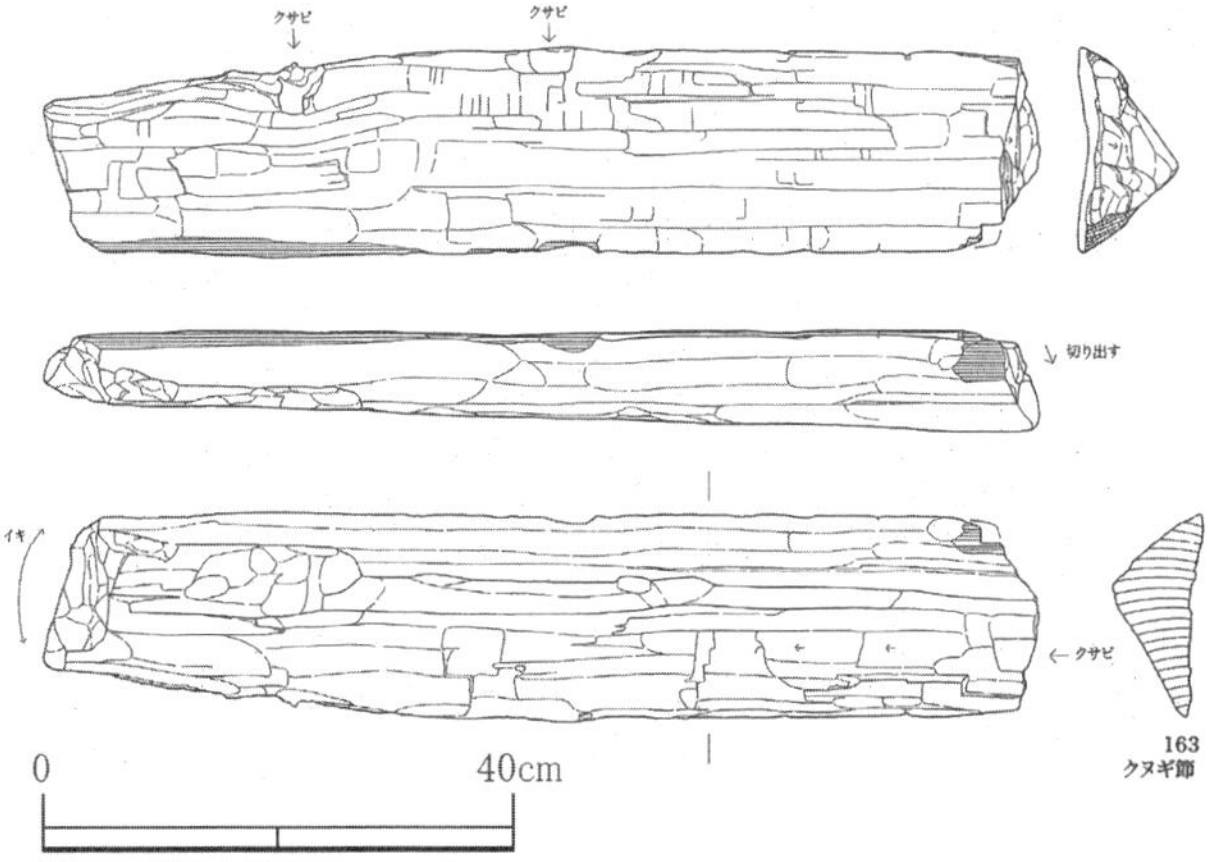

図4　クヌギ節みかん割材（朝日遺跡）　樋上〔2011〕より

より、割れが少なく色味の良い材に仕上がります。

精製の木製品　遺跡から見つかる木製品の多くは生産活動や生活に不可欠な日常品ですが、高度な木工技術を駆使した精製品もみられます。最も一般的な木製品としては容器・食器類があります。すでに縄文時代から漆などによって彩色を施したものがありますが、その比率は弥生時代になると低下します。一方、器種のバリエーションは増加します。大小さまざまな高坏や合子、桶などが登場し、用材にもヤマグワやケヤキなどに強いこだわりをみせます（Q40図1）。なかでも木製高坏は弥生時代前期から継続して各地にみられ、中期以降は木製高坏を模倣した土製高坏が増加していきます。木製と土製の関係については、前者を上位層の所持品だとする理解や、両者ともに同一の用途とする解釈などがあります。なかでも弥生時代後期の日本海沿岸に登場する花弁高坏は、北陸地方で大型化し、それが弥生時代終末期の奈良県の纒向《まきむく》遺跡などでも出土することが知られており、注目されています。弥生時代後期には、脚付の蓋付容器が登場します。形態などから古墳時代前期後半に碧玉《へきぎょく》などで製作される石製合子との関係が注目されています。

製作の担い手と木材の入手　樹種に精通し、目的ごとに選び分けていたとはいえ、どの集落の近辺にもすべての樹種がそろっていたわけではありません。特に直径六〇cmを超えるアカガシ亜属やヒノキ、コウヤマキなどが、どこでも豊富だったわけではないのです。また、当初は大径木が豊富にある環境でも伐採が進めば森林資源は枯渇してしまいます。実際に花粉分析などによって、前期段階では落葉樹林が分布していたのが、中期にはマツ属やコナラ亜属が増加し、草地化が進んだことが各地の集落で指摘されています。このような枯渇から、平野のムラと丘陵部のムラは木材運搬に適した河川を介して結びついていったことが考えられます。木材の大量消費は地域と地域の結びつきを促進する役割もあったのです。

（寺前直人）

〔参考文献〕寺前直人「弥生時代の武器形木器」（『考古学研究』48—1、二〇〇一年）、村上由美子「木製刈払具の検討」『木・ひと・文化』（出土木器研究会、二〇〇九年）、樋上昇『木製品から考える地域社会』（雄山閣、二〇一〇年）、樋上昇「木工技術と地域社会」『弥生時代（上）』（講座日本の考古学5、青木書店、二〇一一年）、飯塚武司『木工の考古学』（雄山閣、二〇二二年）、鶴来航介『木材がつなぐ弥生社会』（京都大学出版会、二〇二三年）

Q37 石製品は使っていましたか

A

前段階である縄文時代と同様、生活のさまざまな場面で石の道具が使用されていました。

すでに縄文時代にも磨製と打製の石器が使用されており、弥生時代にはそれらの系譜をひく石器群と、大陸系穀物の伝来に伴って新たにもたらされた石器群があります。特に後者は大陸系磨製石器とも呼称されており、用途としては武器、農具、木工具、紡績具があります。また、大陸系磨製石器の影響を受けつつ、日本列島で独自に変化した石器群もみられます。なお、弥生時代や古墳時代の研究では、石製品という用語のほかに石器という用語も使われます。両者を区別なく同じ意味で使う研究者もいますが、斧やヤジリなどの実用的な資料は石器、装身具や非実用的な祭祀具を石製品として意識的に呼び分ける研究者もいます。ここでは、石材で作られた人工物全体をみていくことにします。

縄文時代から継続して使用される石器

多くの実用利器に、縄文時代と同様の石材が用いられます。黒曜石やサヌカイトは打製石器に、片岩《へんがん》や粘板岩《ねんばんがん》は磨製石器に使用されます。打製石器にはもっぱら刃部を有する石器、鏃《やじり》や孔をあける錐《きり》、肉を切ったり、皮を剥ぐ際に使う不定形の刃器などがあります。また、片岩や砂岩《さがん》など割面がそれほど鋭くならない石材を用いた打製石斧《だせいせきふ》も縄文時代に引き続き、各地にみられます。「石斧」という名称から伐採や木工に使ったと思われがちですが、多くの資料は土堀具、つまり木棒の先に装着して耕起に用いられたとみられています（Q34図1）。

打製石鏃は、縄文時代と同じ石材で同様の形態のものが各地で継続して生産されます。多くの地域では中期までは使用され続けました。鳥取県の青谷上寺地《あおやかみじち》遺跡ではイノシシの肩甲骨に打製石鏃が嵌入《かんにゅう》した例が、愛知県の朝日《あさひ》遺跡ではシカの腰椎骨にチャート製打製石鏃が嵌入した例（Q27図1）が知られています。したがって、大型哺乳類の狩猟に使用されていたとみられます。一方で、埋葬施設から打製石鏃が検出されることから、対人武器としても使用されたとみられます。岡山県南部・香川県といった中部瀬戸内地域、兵庫県南部・大阪府・奈良県北部の近畿中部、三重県北部・愛知県の伊勢湾沿岸地域では、弥生時代中期以降、打製石鏃の大型化が進みます。ただし、東海地方東部、関東地方、東北地方において弥生時代の石鏃の大型化はみられません。そもそも、これらの地域では中期以降は打製石鏃自体の出土量も少ないのです。

磨製石器も豊富ですが、状況はやや複雑です。縄文時代には両刃で横断面が方形になる定角《じょうかく》石斧と楕円形となる乳棒状石斧があり、どちらも刃部が広く基部がすぼまる扇形の形状をしています。また、両刃で横断面が扁平な楕円形になる磨製石斧（図1－1）もみられます。これら縄文的な形態の磨製石斧は弥生時代前期まで各地で継続して製作、使用されていますが、一方で次に述べるような朝鮮半島に由来する新たな伐採・木工具が徐々に普及することもわかっています。

儀礼的な石器は、縄文的なものが継承される傾向があります。代表的な器物としては石棒類や独鈷石《どっこいし》があげられます。前者については、大阪湾沿岸地域において片岩製の長径五㎝を超える大型粗製品が初期農耕集落から出土することが知られています。また、中期にいたっても、奈良県の唐古《からこ》・鍵《かぎ》遺跡や愛知県の朝日遺跡をはじめとする列島中央部の拠点的集落において、縄文系石剣・石刀（小形石棒類）の使用や製作が継続していた可能性があります。関東地方でも群馬県沖《おき》Ⅱ遺跡や同県の八《や》城《しろ》二《に》本杉《ほんすぎ》東《ひがし》遺跡では剣状に加工された完形の小形石棒類が出土しており、次に述べる大陸系の石製短剣の影響を受けて変形した可能性があります。独鈷石の継続も重要です。独鈷石とは、東日本を中心に縄文時代後・晩期に盛行する磨製石器です。両端が尖り、中央に

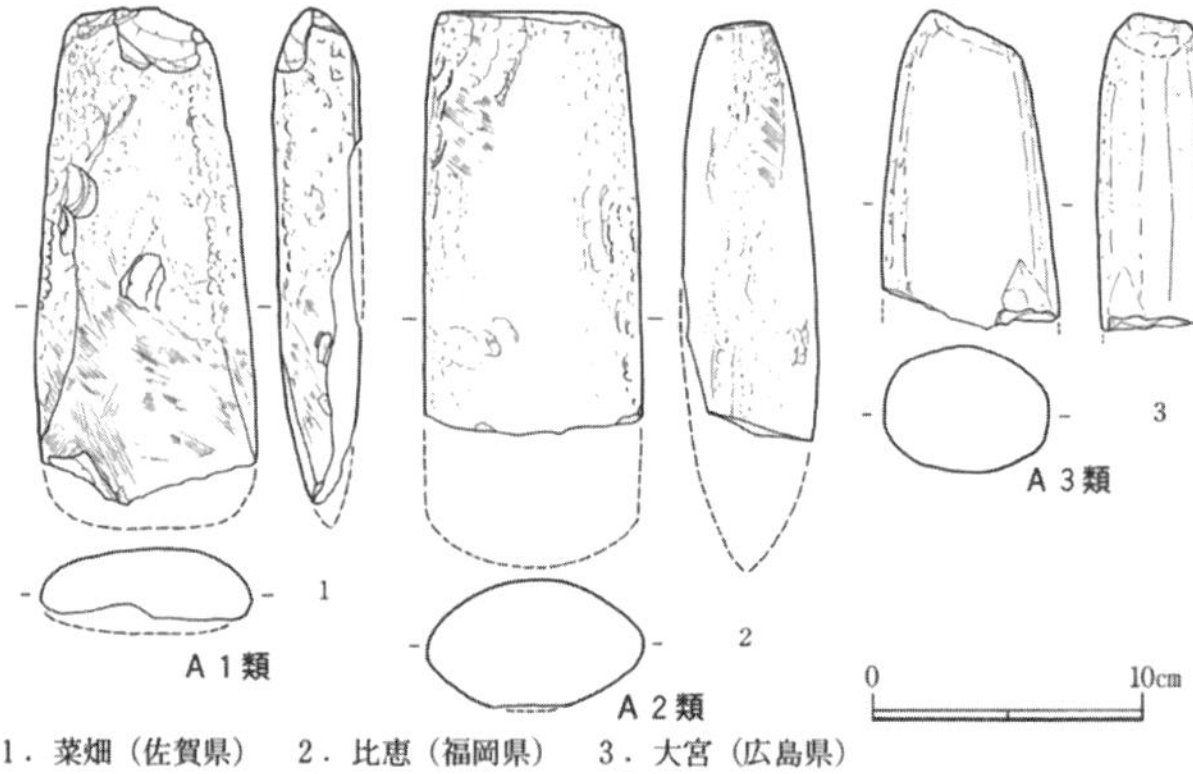

1．菜畑（佐賀県）　2．比恵（福岡県）　3．大宮（広島県）

図1　磨製石斧

一対の隆帯がめぐるその形状が仏具の独鈷に似ていることから、独鈷石と命名されています。柄との装着の際に塗布されたとみられるアスファルト痕跡が認められる資料があることから、長柄の先端に装着され、両刃斧の用途が想定されていますが、大小さまざまなサイズがあり、着柄せずに儀器として使用されたものも含まれており、そのありかたは弥生時代の武器形青銅器の多様性にも似ています。このような石器が弥生時代にも継続しており、唐古・鍵遺跡や兵庫県の加茂《かも》遺跡など近畿中部の遺跡でもみられ、長野県の松原《まつばら》遺跡、静岡県の将監名《しょうげんみょう》遺跡、埼玉県の前中西《まえなかにし》遺跡といった東日本の著名な弥生集落からの出土も目立ちます。

朝鮮半島から伝わった石器　朝鮮半島から灌漑施設を伴う水田農耕が、アワやキビなどとともに伝わるとともに新しい道具や技術も登場します。このなかに大陸系磨製石器も含まれます。まず、片刃の木工具群です。図2－3の柱状片刃《ちゅうじょうかたば》石斧、図2－4の扁平片刃《へんぺいかたば》石斧、図2－5のような鑿状《のみじょう》石斧は新たな木工のためのセットであり、水田稲作とともに西から東に広がっていきます。特に柱状片刃石斧は青森県荒谷《あらや》遺跡からも見つかっており、早い段階で東北地方北部までもたらされます。また、分厚い伐採用石斧（図1－3）も徐々に普及していきます。分厚い磨製石斧は側面からみた刃部形態と厚さから太形《ふとがた》蛤《はまぐり》刃《ば》石斧とも呼ばれますが、その定義はあいまいです。伐採斧に適した比重が重く壊れにくい石材を容易に手に入れることができる場所は限られていますので、入手できる石材の大きさや性質に応じて、地域ごとに形態差が生じているが実際です。

農具としては、石庖丁《いしぼうちょう》（図2－1）をはじめとする収穫具の存在が目を引きます。農具に関してはQ34でも紹介していますが、弥生時代に入ると穂摘具である石庖丁や鎌などさまざまな形状の収穫具が登場します。九州島北部、瀬戸内海沿岸、近畿中部、長野県南部、東北地方南東部ではそれぞれの地域で採取できる板状に割れる石材を利用した石包丁生産が盛んに行われています。長崎県壱岐の原《はる》の辻《つじ》遺跡では菫青石《きんせいせき》

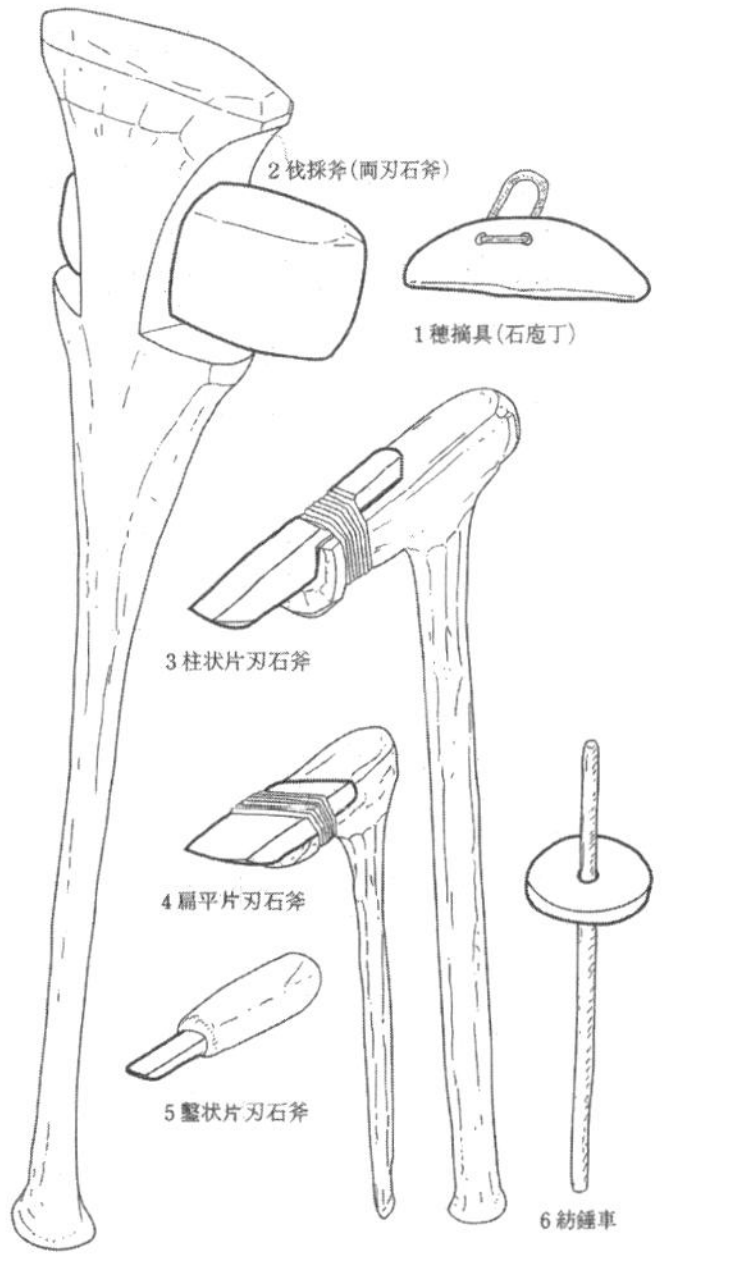

図2　大陸系磨製石器各種

ホルンフェルス、福岡県の立岩《たていわ》遺跡では赤紫色泥岩、近畿中部の淀川流域では京都府の神足《こうたり》遺跡などにおいて粘板岩、南部では大阪府の池上曽根《いけがみそね》遺跡などにおいて緑泥片岩、そして福島県の浜通り地域では粘板岩を用いた磨製石庖丁の生産が確認され、周辺に流通しています。

　対人用に特化した新しい武器も重要です（Q19）。朝鮮半島に近い玄界灘沿岸を中心に弥生時代早・前期において全長五〜一七cmの長大な磨製石鏃（図3）が登場します。副葬品が目立ちますが、福岡県の新町《しんまち》遺跡24号墓では大腿骨に嵌入した例もあり、鏃として実用されることもあったと考えられます。これらと軌を一にして、磨製短剣も玄界灘沿岸地域を中心にみられるようになります。磨製短剣には柄と剣身が同一の石で製作された一体式短剣（Q19図1－4・5）と、剣身と別材の柄と装着時に接する茎部で構成された組合式短剣（Q19図1－1・2）があります。後者と組み合わされた柄の類例は少ないですが、韓国の忠清南道松菊里《ソングンニ》遺跡ではQ19図1－2・3のような例があります。これらは、弥生時代前期にうちにみられなくなります。

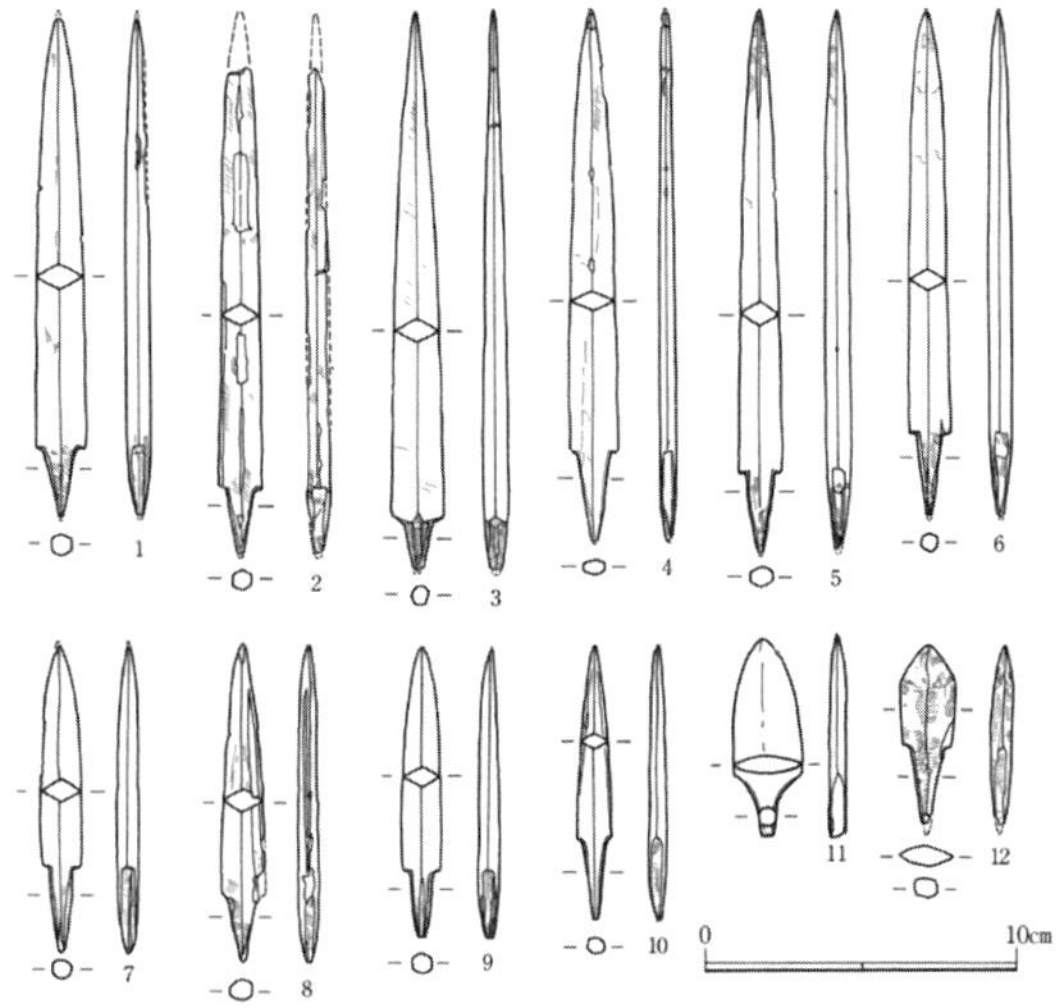

1〜6．伯玄社：24号木棺墓（福岡県）　7〜10．雑餉隈：ＳＲ015号墓（福岡県）
11．寺福童：Ｒ４号墓（福岡県）　12．江辻５地点：第36号土壙墓（福岡県）

図３　磨製石鏃

弥生時代になって新たに登場した石器　朝鮮半島の石器文化の影響を受けて独自に発達した石器群です。例えば、半島系の磨製短剣を模して生み出された打製短剣があげられます。出現は弥生時代前期にさかのぼります。近畿地方を中心に分布し、全長は一三〜二〇cm、幅三cm前後の扁平な打製石器です。下半部の八cm前後が刃潰しされ、樹皮が巻かれている例も散見されます。樹皮巻きは手のひらのサイズに等しいので、片手で使用する短剣であると考えられます。奈良県の唐古・鍵遺跡では木製鞘に収められ、下半に樹皮巻が施された例も見つかっています（Q19図2－1）。石戈《せっか》も独自色の強い石器です。石戈は、祖型と柄との装着方法の違いから、銅戈形と目釘式に区別できます。両者とも弥生時代前期末以降にみられます。前者は朝鮮半島から伝播した銅戈を模倣した磨製石器であり、身の基部近くに紐を通して柄と緊縛固定するための二孔を持ちます。北部九州や近畿地方に多く、中部高地から関東でも散見されます。後者は身の下半中央に穿孔、あるいは片側面に抉《えぐ》りを持ち、木釘を用いて柄と固定する石戈で、直接の祖型は不明です。唐古・鍵遺跡では木目釘が打ち込まれた目釘式打製石戈が見つかっています。中部瀬戸内以降では磨製品とともにサヌカイトを用いた打製品も普及します。

（寺前直人）

Q38 金属製品は使っていましたか

A

自然界ですぐさま使うことのできる金属は限られ、鉱石などから金属を取り出す技術を確立して初めて人々は金属を今のように使えるようになりました。金属の特性は何より鋭く硬いことで、刃物としての機能に優れ、世界史的には主たる刃物素材が何であったのかにもとづいて、石器時代・青銅器時代・鉄器時代の時代区分・呼称を採用しています。しかし、金属に求められた特性は鋭さだけでなく、種類ごとに異なる金属の色合いや光沢、打ち鳴らした際の乾いた音も、人々を魅了してきました。このような金属は、溶かして鋳型《いがた》に流し込む鋳造《ちゅうぞう》でも、打ち伸ばして形を整える鍛造《たんぞう》でも、高温を駆使して初めて製品となりました。その技術を獲得して、日本列島で金属製品が使われはじめたのが弥生時代です。

金属製品の登場　水稲農耕をはじめた弥生時代には、青銅器や鉄器が早々に登場していたとかつては考えられていましたが、放射性炭素年代測定をはじめ理化学的な年代分析の進展を契機に、弥生時代前半の約五〇〇年間は、金属製品のほとんどない石器時代が続いていたと、現在では認識されるようになりました。

確実に時期の特定できる最古の金属器は、弥生時代前期にさかのぼる青銅斧片で、完品の金属器は銅剣《どうけん》など武器形青銅器や多鈕細文鏡《たちゅうさいもんきょう》が登場する中期初めを待たなければなりません。その時期には、中国・朝鮮半島で作られた鋳造鉄斧《てっぷ》の破片が小型刃物に転用される形で、鉄器も登場します。前期の青銅斧片も同様の利用を意図した可能性が高く、青銅器・鉄器いずれも破片を小型刃物とする形で登場すること、そして青銅器と鉄器の登場にあまり時間差のないことが、日本列島における金属製品登場の大きな特色です。

青銅器をどう使ったのか　完品として最初に登場した青銅器

に、九州北部を中心とした銅剣・銅矛《どうほこ》・銅戈《どうか》があります（図1）。これらは、折れた先端部が人骨に刺さったまま出土した例もあり、木製などの柄に着けられ、実際に武器として用いられていたことは間違いありません。ただし、日常的に武器として手入れされ使い込まれた痕跡は意外に少ないまま、甕棺墓《かめかんぼ》などの副葬品となっています。武器としての威力よりも、武器を身に帯びることが威信を高めていたことをうかがわせ、多鈕細文鏡や小銅鐸《しょうどうたく》も同様に用いられたようです。そして、中期末葉の紀元前後には、多様な青銅器を使い分けて威信を高めるシステムが、九州北部では形成されるに至りました。

他方、近畿を中心に中期前葉頃に銅鐸が登場します（図2）。ただ、最初期は山陰や瀬戸内そして北陸や東海と、むしろ近畿の周縁に散在して、明確な中心地のないことが特徴的です。銅鐸は、中空の鐸身内部に棒状の舌《ぜつ》を吊るし揺らすことで金属音を響かせ、地域社会の祭祀で祭器の役割を果たしていたと考えられます。そのため、個人の墓に副葬されるのでなく、銅鐸そのものを埋めることを目的とした埋納《まいのう》と呼ばれる扱われ方が最終的になされ、これ自体を祭祀行為と位置づけることができます（Q52参照）。

九州北部では副葬品だった武器形青銅器も、中四国以東に

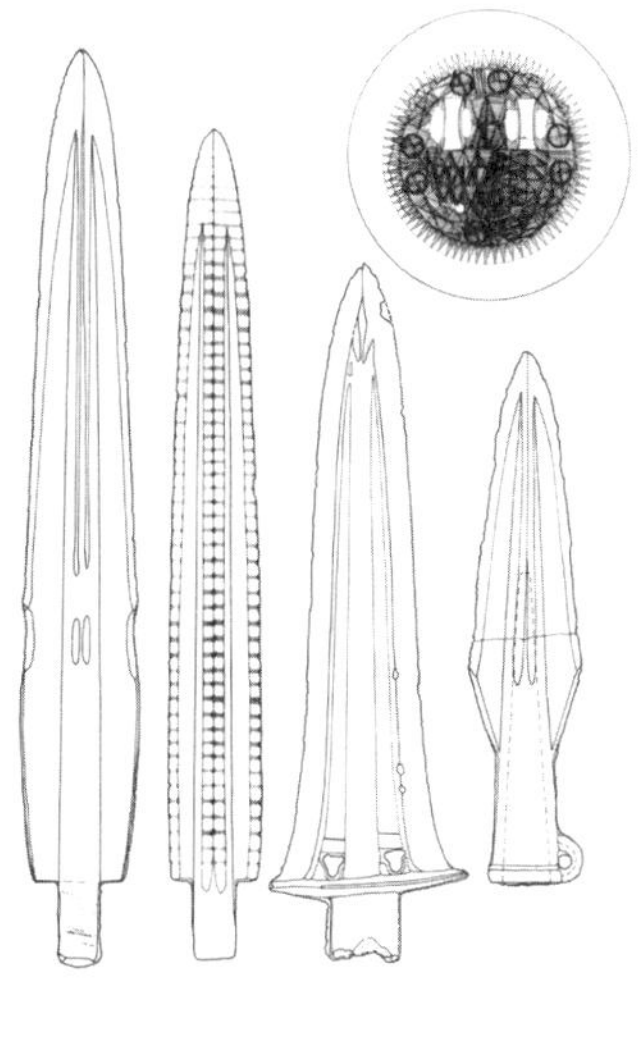

図１　福岡県吉武高木遺跡３号木棺墓出土青銅器　福岡市教育委員会〔1996〕『吉武遺跡群Ⅷ』より

図２　兵庫県松帆出土銅鐸・銅舌　南あわじ市教育委員会〔2020〕『松帆銅鐸調査報告書Ⅰ』より

もたらされると埋納品となり、そのような祭器としての用いられ方に伴い、武器本来の機能を次第に喪失し、鋳造技術の自由な造形性とも相まって、見た目を重視した大型化を遂げていきます。銅鐸も同様です。そして中期末葉には、九州北部でも埋納される祭器の中広形《ちゅうひろがた》銅矛が生み出され、山陰では中細形《ちゅうぼそがた》C類銅剣、瀬戸内南岸では平形《ひらがた》銅剣、そして近畿を中心に扁平鈕式《へんぺいちゅうしき》銅鐸と、地域ごとに異なる青銅祭器を奉じるようになります。

このような地域型青銅祭器も後期になると、中四国の大半で姿を消し、対馬を含んだ九州北部から南四国西半の広形銅矛と近畿から南四国東半の近畿式銅鐸、東海の三遠式《さんえんしき》銅鐸が残るのみとなります。一方で、銅鏡・小銅鐸・銅釧《どうくしろ》・巴形《ともえがた》銅器・銅鋤先《どうすきさき》・銅鏃《どうぞく》・筒状銅器《つつじょうどうき》・銅貨といった小型青銅器が登場し、青銅利用の広がったことも後期の特徴です。そして、大型青銅器破片の小型刃物素材への転用も後期まで連綿と続いていたことも見逃せません。

なお、弥生時代の青銅器のうち、小型青銅器の一部を除いて、次の古墳時代に直接継承されたのは銅鏡だけでした。青銅武器にも通じる磨き上げられた金属光沢、中国舶載品としての威信、鏡背文様の造形性やその観念から、威信財として尊重され、その地位を古墳時代にも拡大継承し、社会的に一層重要な役割を果たすようになります。

鉄器をどう使ったのか　青銅器に若干遅れて登場した鉄器は、転用された小型刃物としての登場に続いて、石器と分担する形で刃物としての役割を、弥生時代では主に担っていきました。種類も農工具と分類される、鉄斧（板状・袋状）・鉇《やりがんな》・刀子《とうす》・鉄鎌《てつかま》それに鉄鏃《てつぞく》が主体を占めています。

ただ量比や形状の多様性は、舶載品や素材入手の多寡、獲得した加工技術の高低において、朝鮮半島との窓口にあたる九州北部や、日本海側の山陰や北陸が卓越するなど、著しい地域差がありました。特に日本海側では、特殊な木器生産や玉《たま》生産に鉄器を充当した様子もうかがえます（図3）。これらの地域では、複雑な構造をもった鍛冶炉により高温を維持して、長大な製品や、袋状など複雑な形状の製作に及んでいます。他方、簡便な構造の鍛冶炉では、板状の素材から鏨《たがね》で切り離す程度の原始的な鍛冶に限られ、弥生時代の近畿以東では、そのような鉄器製作にとどまったようです。

生産活動に直結して鉄器が用いられた一方で、青銅器同様、九州北部では中期後半以降、鉄製武器が副葬されるようになります。鉄剣・鉄刀・鉄槍・鉄矛《てつほこ》・鉄戈《てつか》で、長大な鉄製武器を作り出す技術はなお限られ、多くが中国・朝鮮半島からもたらされたと考えられますが、九州北部で特徴的な鉄戈などもあり、列島内での一部製作も推測されます。そして、武器としての強靱さより舶載品ゆえの威信財として、被葬者の地位を高めるよう機能したことは、武器形青銅器と共通していたとやはり考えられます。

なお、副葬品としての鉄製武器は、農工具類より数は少ないながら、山陰から近畿北部、北陸、そして中部高地から関東へと弥生時代後期のうちに広がっています。また、中部高地から関東には、環状ないし螺旋状に仕上げられた装飾品の鉄釧《てつくしろ》もあり、その素材入手や加工も含め、特徴的な鉄器が急速に弥生時代後期の東日本へ及んでいました。

図3　鳥取県青谷上寺地遺跡出土鉄製工具　鳥取県教育委員会提供

弥生時代の金属器文化の特色　弥生時代中期以降、石器・青銅器・鉄器が混在する中で、きわめて特徴的な金属器文化が日本列島では展開しました。とりわけ、刃物としての機能は、鉄の入手量と必要技術に応じて、鉄器が石器と分担したのに対し、青銅器は刃物の役割を一部担いつつも、祭器という特殊かつ重要な役割を、弥生社会では果たしていました。それらが、時期・地域ごとに多様性を誇ったのが、石器時代から金属器時代への転換期としての弥生時代だったのです。

そして、青銅器であれ鉄器であれ、弥生時代においては一貫して日本列島外に金属素材を求めなければならなかったことも、その特色を強めた大きな要因でした。しかもその状況は古墳時代へも続き、古代にいたって初めて列島内での確保がかなうようになったのです。

（吉田　広）

〔参考文献〕藤尾慎一郎「金属器との出会い」藤尾慎一郎編『弥生時代って、どんな時代だったのか？』（国立歴史民俗博物館研究叢書1、朝倉書店、二〇一七年）、吉田広「青銅器のまつり」（同前）

Q39 布はありましたか

A

稲作が北部九州に伝わった時、磨製石器や木製農具などとともに機織りなど紡織にかかわる技術が伝わり、縄文時代よりも軽く薄い衣服を速く製作できる革命がおきました。ここでは遺跡出土の布資料を取り上げつつ、弥生の布が列島各地にどのように伝わったかを検討するため、布を作るための道具である紡錘車の検討を中心に考えてみましょう。

弥生時代の布の種類　弥生時代の布については、弥生時代の終わりころの『魏志』倭人伝に記載があります。まず、男性の身なりについて木緜《ゆう》という楮《こうぞ》の皮の繊維を素材とした布があったとされます。また班布《はんぷ》とされる苧麻《ちょま》や麻の布、平織の絹である縑《かとり》・緜《めん》（蚕《かいこ》の繭《まゆ》を真綿状にした絹の綿）などがありました。その他、魏国へ献上したものとして倭錦《わきん》（錦は様々な色の糸を用いて織り出された絹織物）、絳青縑《こうせいけん》（経と緯の糸の色が異なった布）、緜衣《めんい》（真綿を入れた衣服）、帛布《はくふ》（壁のように美しい白絹の織物）などがあったようです。そのほか、魏の皇帝から様々な高級な布や毛織物などが賜与されています。これらの布は、いずれも弥生時代の遺跡からの出土例はほとんどなく、極めて特殊で貴重な布であったことがわかります。

一方遺跡から出土している布は絹のほか、植物繊維では麻・大麻・苧麻などから作られたものがあり、多くは平織《ひらおり》（経糸《たていと》と緯糸《よこいと》を交互に交差させて織った布）です。遺跡から出土した布は、一cm幅の中に何本の糸が入るのかを経緯それぞれで計測することで導き出す織り密度によって比較されます。この織り密度の記述は、たとえば二五（経糸）×一〇（緯糸）のように示されます。弥生時代の絹布は、平均で二七・九×一七・八で細かく織られています。麻布の織り密度は、弥生時代前期に二一・七×一三・七と細密で、中期には

一六・一×九、後期には一七・七×九・一と新しくなるにつれやや粗くなります。これに対して、中期初頭（前四世紀頃）の奈良県唐古《からこ》・鍵《かぎ》遺跡では三〇×一六という絹布と変わらない非常に織り密度の高い麻の織物があります。なお、この布は高級な絹布である縑（糸を並べ合わせて織った緻密な布）に類似する可能性が考えられています。

このような高密度の麻布（苧麻も含め）は別格の高級品ですが、弥生時代の東日本にもかなり高密度な布が存在した可能性があります。弥生時代の中部地方から東北地方では、布自体は出土していませんが、布を下に敷いてその上で土器を作る際に、底の裏面に布が押された跡（布目圧痕）が残り、どのような布であったかがわかります。神奈川県子《ね》ノ神《かみ》遺跡から出土した中期中頃（前三世紀頃）の布目圧痕は、三二・七×三二・四という高密度でした。このような高密度に織られた布は同時期に東日本各地に広がっており、弥生文化の糸作りと機織り技術は相当に高く、さらに一気に各地に拡散したことがわかります。

布を作るための道具　布を作るためにはまず糸を用意する必要があります。糸は麻や苧麻などの植物繊維を用意した上で、一度撚りつなぎながら一本の長い糸を用意します。そして、紡錘車《ぼうすいしゃ》を用いて回転を利用して糸を撚りながら紡ぎます（図1）。紡錘車は、厚みのある円形をしており（紡輪《ぼうりん》）、土製品、土器の破片を再利用したもの、石製、骨製、木製などがあり、厚みのある円形の中心に穴を開け、そこに紡茎《ぼうけい》（棒状の軸）を装着します。そして、紡がれた糸は、原始機《げんしばた》（図2）と呼ばれる機織り機で織られます。この機織り機では、織り手の腰の幅、約三三cmの布の幅となり、長さは足を伸ばした長さになります。

以上の紡織具の多くは木で作られており、河川や溝などから出土しますが、常に出土するとは限りません。それに対して、紡錘車は多くが腐らない素材で作られているため全国各地から数多く出土し、弥生時代に布の生産がどのようにはじまり広がっていったのかなどを知ることができます。

紡錘車からみた布づくりの拡散　弥生時代早期（前一〇世紀）の北部九州では、福岡県曲田《まがりた》遺跡、佐賀県菜畑《なばたけ》遺跡な

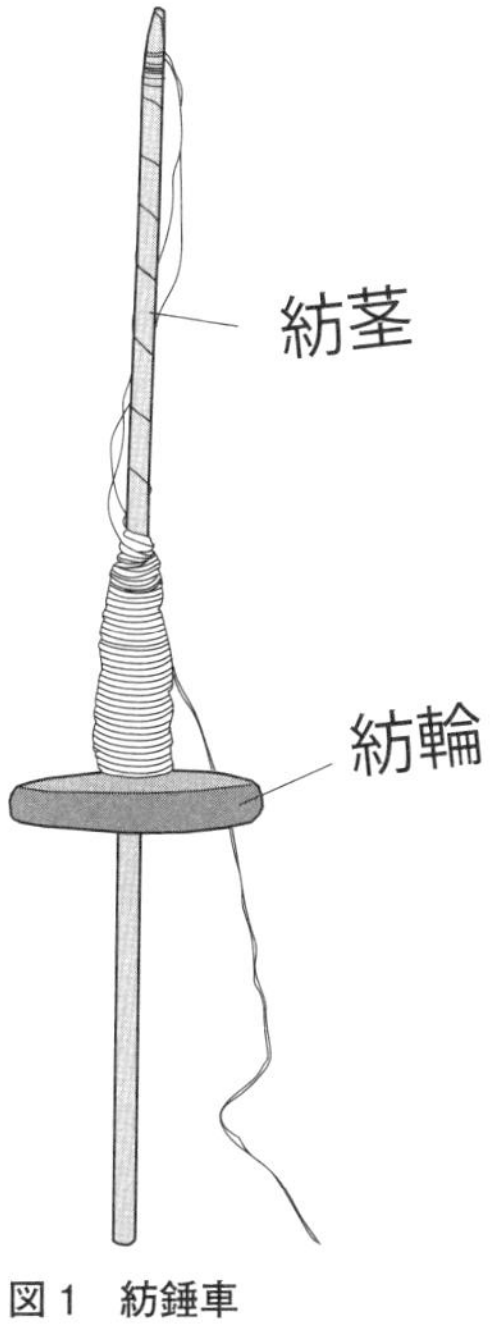

図1　紡錘車

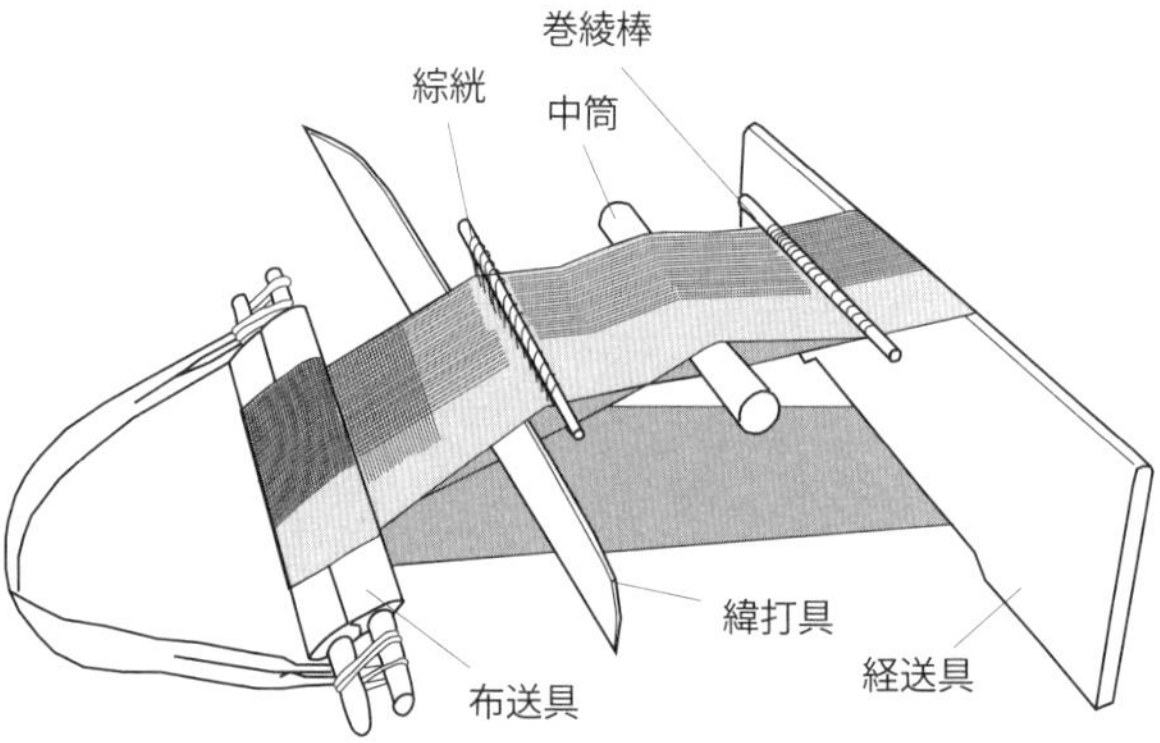

図2　原始機　東村純子〔2011〕『考古学からみた古代日本の紡織』（六一書房）より

ど糸島から唐津周辺で紡錘車が日本列島に最初に出現します。これらの遺跡の紡錘車は、土製品が主体で石製品が伴います。韓半島の無文土器《むもんどき》文化においては、土製品が主体で、弥生文化の初期の段階の紡錘車は韓半島の影響を受けていました。この傾向は、前期になっても継続し、中四国から近畿では、北部九州と同様に土製品が主体で、それに極めて少数の土器片を再利用したものが加わりました。

　次の中期になると、唐古・鍵遺跡では、第Ⅲ様式（中期中頃・前三世紀頃）に土器片を再利用したものが増加し、紡錘車の大きさの規格性が高まり、出土点数も急増します。この様相は、この段階に布生産が急に活発化したことを示しています。さらに、唐古・鍵遺跡ではこの段階に集落内の一角である南区で紡錘車が集中して出土する現象が見られるようになります。これは、布の生産が集中的に行われたことを示しており、専業的に布を作るようになったのでしょう。

　このような変化は西日本各地で生じたようで、それまで紡錘車の全く存在しなかった関東地方でも中期中葉段階に突然紡錘車が出土し、布の生産をはじめました。この中期中葉段階にはさらに中部地方から東北地方にまで紡錘車が広がります。そして、後期になるとさらに紡錘車を有する遺跡が日本列島各地に拡散し弥生布づくりが盛んとなったようです。

東北・北海道と沖縄の紡錘車　紡錘車は、弥生文化の範囲を超えて北海道の続縄文文化や沖縄の貝塚文化後期にも拡大しました。前期後半頃（前四世紀頃）に西日本の遠賀川《おんががわ》系土器が日本海を通じて東北地方北部に伝わり磨製石斧《ませいせきふ》なども伴っていました。この動きのなかで、少し後の中期前葉段階に青森県砂沢《すなざわ》遺跡などで紡錘車が出土します。関東地方などよりも先に東北地方で弥生布の生産がはじまったようです。

　また紡錘車は中期初頭頃の北海道の続縄文文化の恵山《えさん》式の礼文華《れぶんげ》遺跡などからも出土しています。続縄文文化では、後期にも紡錘車が出土する遺跡が少数あります。一方、沖縄の貝塚文化後期では屋久島・奄美大島・沖縄本島などで紡錘車が出土しています。これらの事例は前期から後期まで幅広く出土していますが、点数は少ないです。小規模な弥生布が作られていた可能性はありますが、すべてを自前でまかなうのは難しく、弥生文化との交易によって布を得ていたでしょう。

弥生布生産の広がり　紡錘車の拡散の過程とともに、各地でそれまでの縄文文化の伝統的な編布を衣服としていた段階から、機織りによる布を用いた新来の弥生の衣装に転換するようになりました。縄文系の衣服は苧麻などを原料に編まれたもので、重く肌触りがあまり良くありませんでしたが、弥生布による衣服は薄く軽いもので、おそらく暑い夏場の農作業には適した衣服であったでしょう。このように弥生布の出現は、革新的な出来事でした。なお、弥生布の出現についてはまだ多くの謎があります。九州の西北部から南部の縄文時代の終わり頃（前一〇世紀）と東北中部から東海西部あたりの弥生時代中期初頭頃（前四世紀）には、紡錘車がないにもかかわらず、弥生布と同じ布をすでに生産していたことが最近明らかになりました。これらの地域の縄文人や縄文系の人々は、弥生布をいち早く知り独自に試行錯誤して新しい時代の布を作りはじめたようです。

以上のように、弥生文化の糸作りと機織り技術は相当に高かったことがわかります。『魏志』倭人伝には、倭人が中国に何種類もの布を献上した記述がありますが、弥生時代における日本列島の布作り技術は、他国に製品を輸出できるほど成熟していました。（小林青樹）

〔参考文献〕東村純子『考古学からみた古代日本の紡織』（六一書房、二〇一一年）

Q40 漆を使った道具はありましたか

A 碗や盆、箸など、漆を用いた生活用具は、現代でも私たちの身近にあります。漆は湿潤な環境で固化するので、多湿な気候の日本列島では製作しやすく親しみのある素材です。漆は素材を保護しつつ美しく見せる効果があり、木に漆を塗布する木胎漆器《もくたいしっき》、籠などの編物に漆を施す藍胎《らんたい》漆器、土器へ塗布する漆器、金属へ焼き付けた漆器、絹を漆で固めながら重ねて形を作る夾紵棺《きょうちょかん》など、漆を施す素材により多種の漆器があります。また、塗布や装飾を目的とするだけでなく、接着材として使用される場合もあります。弥生時代の漆を知るために、まず、弥生時代前の縄文時代の漆について概観し、次に弥生時代と同時期の大陸でどのような漆利用があったのかを楽浪《らくろう》漆器を通じて把握します。そして、弥生時代の漆器について、考えてみましょう。

原始古代の日本列島の漆製品　日本列島では、縄文時代から盛んに漆が利用されました。漆の原産地は中国とされますが、樹種や花粉の分析から縄文時代には日本列島に漆の木があったことがわかります。日本列島では福井県鳥浜《とりはま》貝塚から縄文草創期の漆の木材が見つかり、島根県夫手《それて》遺跡や石川県三引《みびき》遺跡、北海道西島松《にししままつ》遺跡など日本海沿岸を中心に前期前半以前の漆製品が見つかりました。ただし、縄文時代全体では、その分布は東日本に偏在し、関東地方や東北地方の人々が漆製品を多く用いたことがわかります。ストロンチウム同位体分析からは、遺跡周辺で採集した漆を利用していることも明らかになりました。鮮やかな赤色の漆製品も多く、ベンガラが用いられていましたが、やがて朱《しゅ》も利用されるようになります。その技法は木固《きがた》めをしてから、一層または二層の赤漆を重ねるという方法です。製作された漆製品は、櫛《くし》や弓、木胎漆器など様々ですが、晩期になると藍胎漆器が盛んに作られました。また、鏃《やじり》と矢柄《やがら》を接続するための接着にも漆が利用されました。

楽浪漆器と朝鮮半島の漆製品　弥生時代と同時代の中国漢では、酒やおかずを入れる耳杯《じはい》や盤《ばん》などの食器、これらを運ぶ案《あん》、鏡などを入れる容器、文房具を置く案など、身の回りの様々な道具が漆を用いて製作されました。漆製品は青銅器よりも高価なものとして扱われ、下賜品にもされました。漆器に記された銘文から中央と地方の工房があることがわかります。現在の四川省にあった「蜀郡西工」と「広漢郡工官」の地方工房、「考工」、「供工」と記されたのが中央工房です。

ところで、弥生時代の北部九州の人々と交流関係のあった、朝鮮半島北部の平壌《へいじょう》に漢の設置された楽浪郡《らくろうぐん》を通じて漢と交流をしていました。楽浪漢墓には多くの漆器が副葬されていました。その銘文から、漆器の多くが地方工房、少数が中央の工房の生産品であることがわかります。光学顕微鏡やX線分析により、貞梧洞19号墳出土の盤などは、木胎に薄い絹を巻いてから骨粉を混ぜた下地を塗り、平らにしてから漆が薄く塗布されたことがわかりました。同様の技法がモンゴルの匈奴墓《きょうどぼ》の「考工」銘漆器で確認され、中央の工房で製作された品であることがわかりました。他方、「蜀郡西工」と記された漆器には骨粉が使用されていないことから、中央と地方の工房では、下地の技法に違いがあると推測されます。

楽浪郡の設置後、朝鮮半島南部では漆器の出土する遺跡が散見されるようになります。朝鮮半島ではその時代まで、剣の鞘《さや》など限られたものにしか漆が使われていませんでしたので、多量

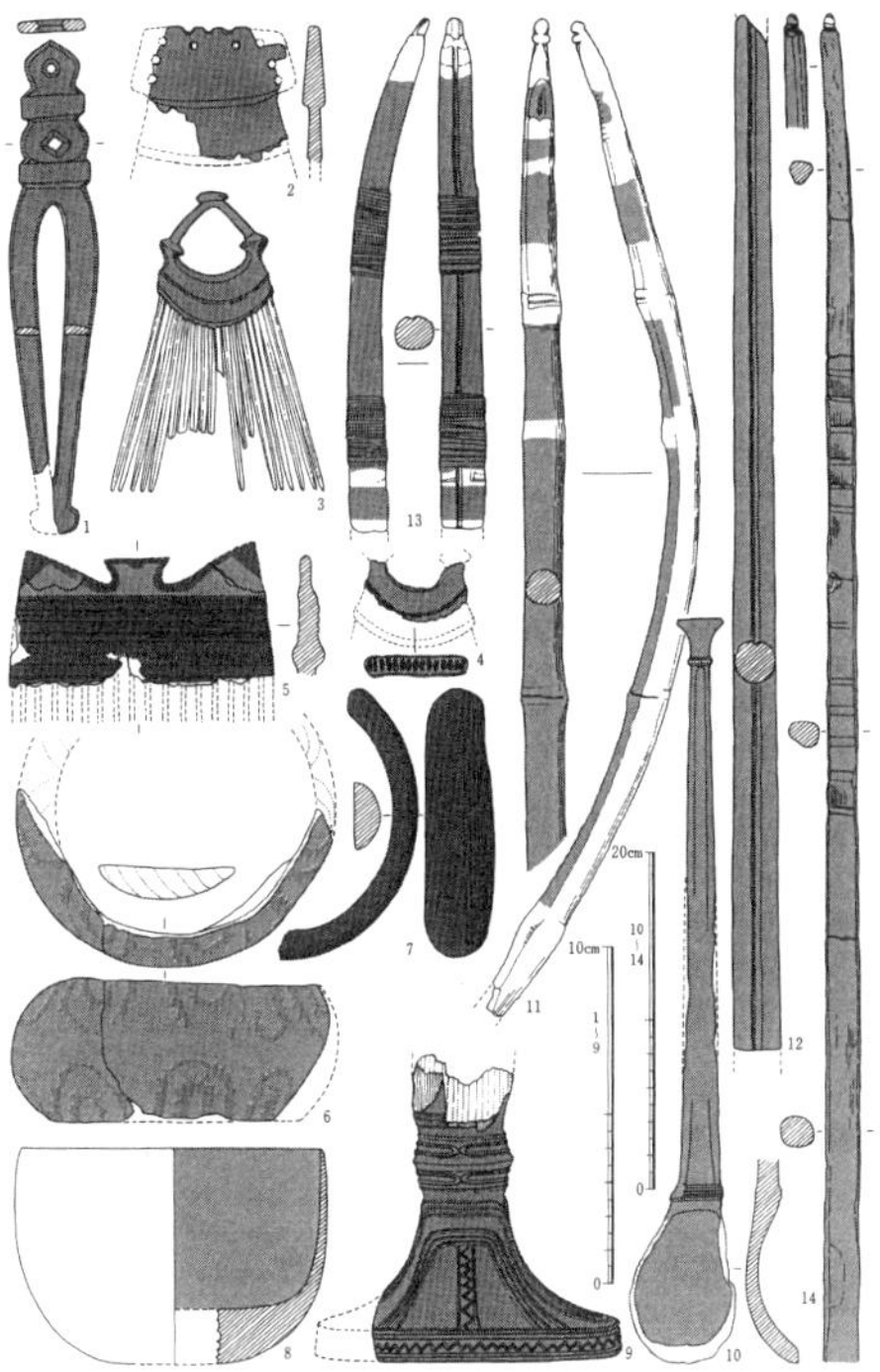

図1　各地出土の漆器　1～5竪櫛（1. 2大阪府安満，3三重県納所，4奈良県唐古・鍵，5. 福島県下徳力）6・7釧（6福岡県拾六町ツイジ，7唐古鍵）8. 椀（唐古・鍵），把頭（奈良県坪井），10杓子（佐賀県土生）11～14弓（11. 12唐古・鍵，13. 14愛知県朝日）　工楽善通1986「漆工技術」『弥生文化の研究6』雄山閣より

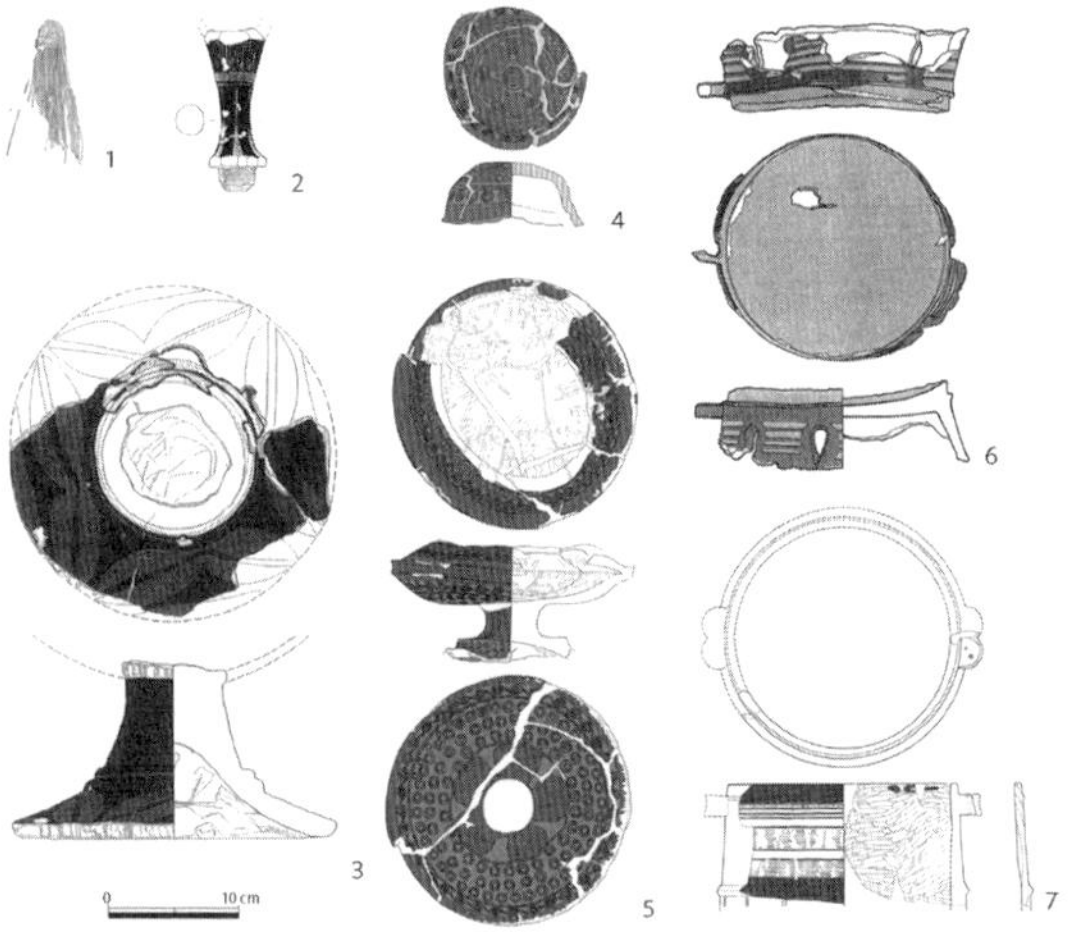

図２　弥生時代の漆製品　1，4~6：青谷上寺地遺跡　3：唐古・鍵遺跡　7：弓波コマダラヒモン遺跡

に漆器が出土する遺跡が見つかったのは、大きな発見でした。そのひとつに茶戸里遺跡があります。茶戸里遺跡の墓には、高坏《たかつき》、四脚付き皿、筒形杯、壺形容器や銅剣鞘、柄、弓など、多種多様な漆器が副葬されました。なかでも、高坏は長い脚や方形の杯を持つものがあり、楽浪漆器にはない独自の形態をしています。分析から、絹を貼らずに木胎に直接漆を塗り重ねて製作されたことがわかりました。漆器を高価な品として用いる漢の影響を受けたものの、茶戸里遺跡出土の漆器は、漢の技法は用いられず、在地の技法で製作されたのです。また、二世紀後葉とされる初期木槨墓《もっかくぼ》の蔚山下岱44号墓出土土器では、土器に漆を塗布した後に焼成する「焼き漆」という技法を用いていることもわかりました。

弥生時代の漆製品　縄文時代から弥生時代になると、漆製品の量や種類は大幅に減少します。また、縄文時代に盛んに製作されていたのは東日本でしたが、弥生時代になると西日本から出土するようになります。その漆製品は縄文時代から続く竪櫛や釧、弓、そして容器など（図1）でした。

漆塗りの案に漆塗りの食器をのせていた中国の漢とは異なり、朝鮮半島や日本列島では、基本的に白木の案に土製や木製の食器を置いて用いられましたが、数は少ないものの漆器の容器も使用されました。

高坏は、縦方向に長い形のもの（図2－2）と、口縁部の大きな浅い杯のもの（図2－3）の二種があります。また、筒状の木製品や曲げ物の底の部分にも漆が用いられる場合があります。鳥取県青谷上寺地《あおやかみじち》遺跡では、土器の壺と同じ形をした木製の漆製品（図2－5）もみられます。これらの漆製品は、炭粉と推測される黒色顔料を混入した漆で木地固めをした後、透明漆と赤漆を塗り重ね製作されています。漢の漆器のように絹を用いないので、技術的に最も類似しているのは、縄文時代や朝鮮半島南部の漆器と言えるでしょう。また、赤漆が特徴的だった縄文時代の漆製品に対して、弥生時代になると黒漆に赤で文様を描くようになりました。

漆の容器は各遺跡や地域で個性がありましたが、弥生時代後期になると、遠く離れた遺跡から同じ形と文様を持つ、画一性の高い容器が出土するようになります。杯部外面に花弁のような文様を陽刻する花弁高坏の出土遺跡は、鳥取市青谷上寺地遺跡や石川県西念《さいねん》・南新保《みなみしんぼ》遺跡など、遺跡間の距離が二〇〇kmも離れています（図3）。このような器物は上位階層者間あるいは地域間の関係を結ぶ重要な役割を果たしたのかもしれません。

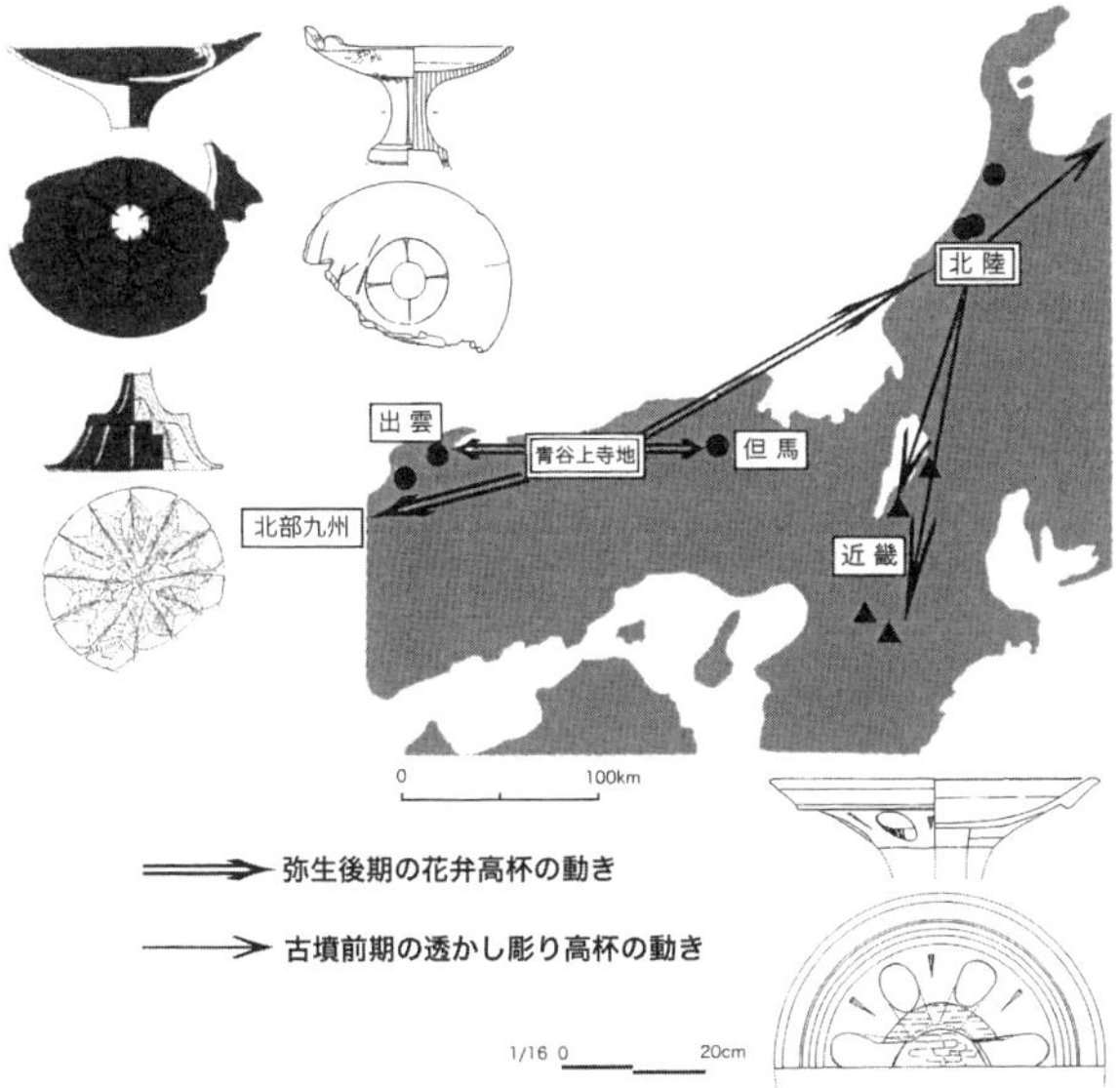

図3　花弁高坏の出土遺跡　樋上昇 2019「「北陸型」木製品の展開と地域間交流」『北陸の弥生世界わざとこころ』大阪府立弥生文化博物館

北部九州では中国から楽浪郡を通じて鏡を入手していましたが、ついにまとまった量の漆器を漢から手に入れることはありませんでした。楽浪土器は北部九州へ持ち運ばれており、往来があったので、漢や楽浪郡で漆器を高級食器として用いていたことは知っていたはずです。しかし、今のところ副葬された漆器は見つかっていません。弥生時代の人々は、楽浪の漆器や漢の漆器製作技術を手にすることはなく、在来の漆製品製作技術を引き継ぎながら漆製品を生産したのです。

（長友朋子）

〔参考文献〕永嶋正春「縄文・弥生時代の漆」（『季刊考古学』95号、雄山閣、二〇〇六年）、日高薫・工藤雄一郎編『学際的研究による漆文化史の再構築』（国立歴史民俗博物館研究報告225、二〇二一年）、金沢大学人文学類考古学研究室『特集韓半島で出土した漆製品の漆塗膜に対する分析』（『金沢考古』78、二〇二〇年）

コラム8

神奈川県中里遺跡

神奈川県中里《なかざと》遺跡は戦後まもないころから弥生時代の遺跡として知られていましたが、一九九〇年代から開発に伴って発掘調査されました。その結果、竪穴住居跡が一〇〇棟ほども出土し、面積が三haに及ぶ巨大な集落であることがわかりました。住居域のわきから方形《ほうけい》周溝《しゅうこう》墓《ぼ》という東海地方から近畿地方にさかえた墓も五〇基近く見つかり、別の地点ではさらに水田に使っていたと思われる水路や杭の列も出土して、本格的な農耕集落であることが判明したのです。

中里遺跡は足柄《あしがら》平野の沖積微高地に立地し、弥生中期中葉、紀元前三〜前二世紀ころに営まれたムラです。それ以前の弥生人の暮らしぶりは、台地のへりに点々と小さなムラを作り、アワやキビなどの雑穀を栽培する生活でした。それまでほとんど人が住んでいなかった平野の真ん中に大きなムラを作った理由は、水稲耕作を本格的にはじめたからです。川から水路で水を引いて灌漑《かんがい》を行い、大きな田んぼで稲作をするにはたくさんの人々の協力によらなくてはなりません。中里遺跡の登場は、台地のまわりに住んでいた人々が結集した結果でしょう。弥生時代中期中葉に千葉県域や埼玉県域の平野でも大きなムラが出現します。このころ、関東地方ではほぼ一斉に大きな農耕集落を築くことがはじまったようです。

中里遺跡は環濠集落ではありませんが、自然河道がその役割を果たしていたようです。住む場所と墓と水田をコンパクトにまとめたムラは、西日本の弥生時代の平野部にあるムラの姿と同じです。中里遺跡からは、近畿地方などによくみられる独立《どくりつ》棟持《むなもち》柱《ばしら》建物《たてもの》という祭りに使った特殊な施設や井戸が出土しています。土器を調べると、四%ほどがよその土器でした。それらには愛知県方面の東海地方の土器も入っていましたが、とくに明石周辺の東瀬戸内系の土器が目立っています。本格的な農耕集落を築くにあたって、地元の人々は集落設計のノウハウや先進的な農耕の技術を持った人々の知恵を借りながら進めたことでしょう。

（設楽博己）

〔参考文献〕小田原市教育委員会編『中里遺跡—東日本最大・最古級の弥生集落—』（小田原の遺跡探訪シリーズ12、二〇一七年）

第五部　経済と政治

Q41 どんな経済活動をしていましたか

A

経済とはモノやサービスを介した人と人、集団と集団のコミュニケーションです。したがって、経済活動は人類の登場以来、今日にいたるまで継続しています。具体的には他人が育てた農作物、獲った肉や魚、製作した道具を、何らかの対価を払うことにより手にいれることです。あるいは対価を払って労働を提供してもらうことも含まれます。弥生時代特有の経済活動を考えるうえで重要なのは、①穀物という定量化しやすく長期保存がきく交換や貯蔵、輸送に適した必需財が登場、普及することです。もう一つ、②貨幣を用いた一種の市場経済（Market economy）がすでに成立していた中国大陸との通交が開始された点もポイントです。この二つの視点から、弥生時代の経済活動は整理することができます。

交換財としてのコメ　いわゆる『魏志《ぎし》』倭人伝《わじんでん》には、現在の長崎県対馬の地域社会に言及するなかで「良田なく、海物を食して自活し、船に乗りて南北に市糴《してき》す」、一支国すなわち同県の壱岐に言及する部分でも「やや田地あり、田を耕せどもなお食するに足らず、また南北に市糴す」という記述がみられます。市糴とは「米を買う」という意味です。つまり、これらの地域では弥生時代後期ごろには交易でコメを入手していたと中国側は観察していたのです。では、どのような方法で島々の人々はコメを入手していたのでしょうか。

中国銭貨の用途　対馬海峡地域の特殊性として興味深いのは、中国銭貨の豊富さです。弥生時代中期以降、日本列島各地において中国で鋳造された銭貨の出土が認められます（Q42図1-1〜5）。それらのなかでも前漢時代末以降に作られた五銖銭《ごしゅせん》や王莽新代に作られた大泉五十《だいせんごじゅう》、貨泉《かせん》、貨布《かふ》などが長崎県の車出《くるまで》遺跡、シゲノダン遺跡、原《はる》の辻《つじ》遺跡から出土しています。特に原の辻遺跡からは五銖銭、大泉五十、貨泉の三種類がみられ、点数も一六点と一つの弥生時代遺跡から出土した量としては全国三番目となります。もっとも、点数が最多の一一六枚（半両銭《はんりょうせん》二〇枚、五銖銭九六枚）をはかる山口県の沖ノ山《おきのやま》遺跡例は朝鮮半島系の無文土器におさめられた一括品であり、貨泉二五枚が出土した岡山県の高塚《たかつか》遺跡も二四枚が袋状土坑内の一括品ですので、経済活動の「落とし物」が大半を占めるとみられる原の辻遺跡の点数は突出しています。他に一括出土以外で出土点数が多い遺跡としては、福岡県の御床松原《みとこまつばら》遺跡・新町《しんまち》遺跡の六枚（半両銭二枚、貨泉四枚）、元岡《もとおか》遺跡の九枚（五銖銭一枚、貨泉八枚）、今宿五郎《いまじゅくごろう》江《え》遺跡の五枚、鳥取県の青谷上寺地《あおやかみじち》遺跡の貨泉五枚、そして大阪府の亀井《かめい》遺跡の貨泉四枚があります。

興味深いのは、玄界灘沿岸地域における多数出土遺跡の性格です。原の辻遺跡を除くといずれも厚葬墓《こうそうぼ》が目立たない海浜に面した集落なのです。同様の傾向が朝鮮半島南部でもみられることから、中国貨幣は大きな拠点集落ではなく、それらの出先であり交易拠点であった「海村」において交易の場で対価として用いられていたとする説があります（武末二〇〇九）。

市場経済の芽生え　中国銭貨が複数出土する遺跡で注目されるのが、楽浪《らくろう》土器の存在です。楽浪郡とは、紀元前一〇八年に前漢によって設置され、紀元後三一三年まで存続した朝鮮半島北部の中国王朝の郡であり、朝鮮半島や日本列島と中国王朝との交流拠点となった中国の出先機関です。この地域で製作されたとみられるのが楽浪土器であり、その分布は中国系集団の移動や交易の考古学的証拠となります。原の辻遺跡をはじめとする玄界灘沿岸地域の中国銭貨複数出土遺跡からは、朝鮮半島南部の土器とともにより北部の楽浪地域で製作された土器が出土しています。日常的な煮炊きの鍋である植木鉢状の土器（花盆《かぼん》形土器）がみられることから、これらの集落には楽浪人が居住していたと考えられます。同様の楽浪土器の出土は対岸の朝鮮半島南岸でもみられます。中国にルーツをもつ交易者、楽浪系漢人に「巻き込まれる」かたちで貨幣経済に接した西日本海浜部の「倭人」の存在をここでは想起しておきたいと思います。

単位の統一　さらに興味深い資料として、権《けん》があります。権とは質量をはかる基準となるおもりのことであり、天秤ばかりや棹秤で用いられます。原の辻遺跡の祭儀場とされる部分から北側五〇mほどにある原地区より棹秤《さおばかり》用の青銅製の権が出土しています。現存高四・三cm、幅三・四九cm、重さ一五〇gの釣鐘《つりがね》状で断面は楕円形です（Q42図1-7）。頂部には半円形の鈕の痕跡が残っており、この部分に紐を通して使用する棹秤のおもりであると推定されています。鉛同位体比の分析結果は弥生時代後期の青銅器に一致することから、弥生時代後期のものであると推定されています。鉄や石製の類似品が、朝鮮半島南部の慶尚南道の勒島《ヌクド》遺跡から複数見つかっており、先述の青谷上寺地遺跡からも石製品（Q42図1－6）が見つかっています。同じく慶尚南道の茶戸里《タホリ》一号墓において筆と共伴した四点の銅環も重要です。銅剣鞘の飾りとして使われていた一点をのぞくと、重さがそれぞれ倍になることから小・中・大の権であると考えられています。類品は滋賀県の下鈎《しもまがり》遺跡から見つかっています。

　全く異なるアプローチから権を抽出した研究もあります。それは大阪府の八尾市と大阪市にまたがる亀井遺跡の土坑から砥石や朱付着の石杵とともに出土した一一点の磨製石器（Q42図1－8～11）の重さに関する分析です（森本二〇一二）。これらは報告書では磨石と考えられていましたが、質量を量ったところ二の累乗倍にそろうことが判明したのです。さらに亀井遺跡での基準質量（八・七g）を基準としたところ、大阪府の池上曽根《いけがみそね》遺跡、観音寺山《かんのんじやま》遺跡、奈良県の唐古《からこ》・鍵《かぎ》遺跡においても累乗倍となる磨製石器の存在が明らかになっています（中尾二〇一八）。何を計量していたかは不明ですが、中期後半には三〇㎞を越える範囲で共通の質量を基準とする計量技術が共有されていたと考えられます。

また、唐古・鍵遺跡では弥生時代中期前半に属する約七五本の稲をまとめた束が見つかっています（図1）。この分量の稲茎にみのったであろう稲籾の量が古代の一合（現在の四・六合）に相当するものだと推定されており、現物貨幣としてこのような分量が弥生時代中期から古代まで用いられていた可能性が指摘されています（北條二〇一四）。

　このような考古資料のありかたからは、①穀物という定量化しやすく長期保存がきく「財」を円滑に交換するための単

図1　唐古・鍵遺跡出土の稲の束　発掘調査報告書より

位の萌芽がみられること、②楽浪系漢人との直接的交渉によって貨幣を用いた市場経済活動が玄界灘沿岸地域では生じていたことがうかがえます。ただし、中国大陸的な経済活動は極めて限定的であり、その後の展開をみるかぎり朝鮮半島南部や玄界灘沿岸でも定着はしていなかったようです。

（寺前直人）

〔参考文献〕武末純一「三韓と倭の交流―海村の視点から―」『国立歴史民俗博物館研究報告』151（国立歴史民俗博物館、二〇〇九年）、森本晋「弥生時代の分銅」（『考古学研究』59－3、二〇一二年）、北條芳隆「稲束と水稲農耕民」『日本史の方法』11（奈良女子大学、二〇一四年）、中尾智行「弥生時代の計量技術―畿内の天秤権―」（『考古学研究』65－2、二〇一八年）

Q42 買い物はしていましたか

A

ここ数年、現金を持ち歩く機会は確実に減りました。日常の乗り物や買い物はほとんど電子マネーやクレジットカードで済ませています。とても便利になりましたが、子供の頃のお金のやりとりにはワクワク感があったような気がします。

「物々交換」が主流だったとみられる弥生時代ですが、中期初めには青銅武器の鋳造がはじまり、中期後半〜後期には中国の貨幣がもたらされるようになります。まず金属器や貨幣の分布から、交易の軌跡をたどってみましょう。

副葬品の変化　弥生中期のはじめ、九州北部の有力層の墓には剣、矛《ほこ》、戈《か》など青銅の武器や中国東北地方に起源を持つ多《た》鈕細文鏡《ちゅうさいもんきょう》が副葬されました。

約二二〇〇年前の中期中頃には鉄製武器の副葬がはじまり、中期後半には中国（前漢）への朝貢で得た中国鏡やガラス製品が副葬品に加わりました。何十枚という中国鏡を副葬した墓もこの時期に登場します。

度量衡の統一　中国では前四世紀ごろの戦国時代にお金が作られるようになると経済活動が盛んになりました。山西・河南省では農具の「鋤《すき》」をデザインした「布銭《ふせん》」、山東・河北省では「刀銭《とうせん》」が作られ、都市によって形の異なるお金が流通しました。そして前四世紀には貨幣の定番となる方孔円銭の「半両銭《はんりょうせん》」が登場しました。

度量衡《どりょうこう》の「度」は、長さの尺度となる物差し、「量」は計量カップである枡《ます》、「衡」は重さを表す分銅《ふんどう》です。前二二一年、秦始皇帝は、「寸法、容量、目方の単位統一」の詔《みことのり》を刻んだ分銅を国中に配りました。これによって地域ごとに区々《まちまち》だった租税や市場取引の基準が統一されました。

弥生時代の物差し　中国には漢代に使われた銅製や骨角製の物差しがありますが、弥生時代の遺跡で確実な物差しは見つかっていません。ただし福岡県三雲南小路《みくもみなみしょうじ》遺跡出土の有柄《ゆうへい》銅剣《どうけん》は後漢の二・三五cmを一寸とする尺度で設計されています。また同県平原《ひらばる》遺跡の大鏡（径四六・五cm）に円周率πをかけた一四六cmは、周制の八咫《やた》という数値に相当します。倭で製作されたとすると精密な「規矩《きく》」コンパスと物差しがあったはずです。ちなみに江戸時代に志賀島《しかのしま》で見つかった金印の一辺の長さは二・三五cmで、後漢の一寸になります。

次に「量」ですが、計量カップの桝《ます》にあたる容器の調査はあまり進んでいません。これからの研究分野と言えます。

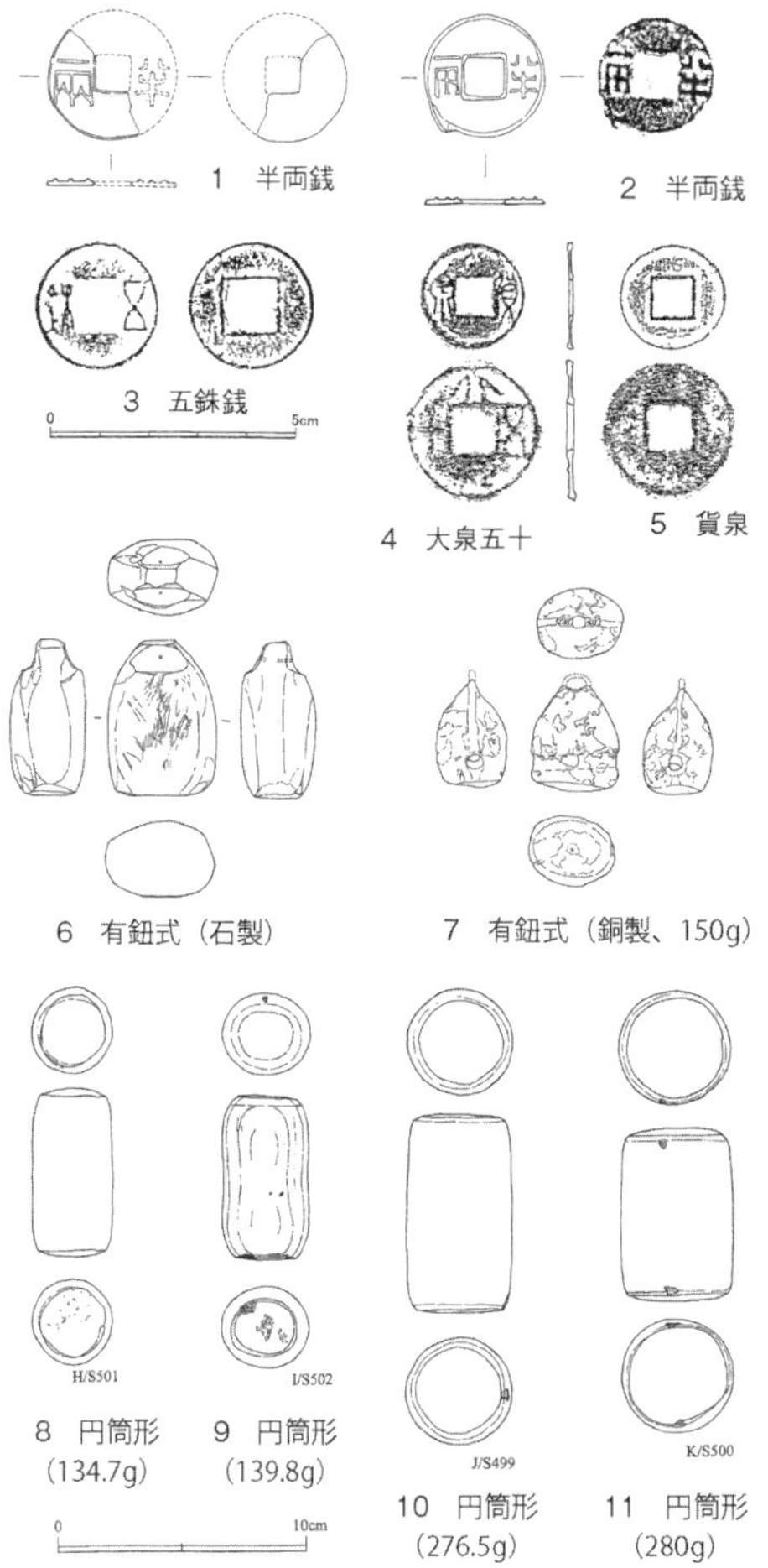

図1　弥生時代の中国貨幣と権　1・2：新町遺跡　3～5・7：原の辻遺跡　6：青谷上寺地遺跡　8～11：亀井遺跡

弥生時代の「権」　前一〇八年、前漢の武帝《ぶてい》が朝鮮半島に楽《らく》浪郡《ろうぐん》を置くと、九州北部を窓口に日本列島に中国鏡やガラス製品がもたらされるようになります。このなかには祭祀や葬送儀礼に使われた赤色顔料、中国産の辰砂《しんしゃ》（水銀朱《すいぎんしゅ》）も含まれていました。

大阪府亀井《かめい》遺跡の弥生時代の土坑から出土した円筒形の石製品は、計測によって最軽量のA（八・七g）の二、四、八、一六、三二倍の重さの六種類があることが確認されました。この土坑では水銀朱が付いた石杵《いしぎね》も出土しており、大小の石製品は「辰砂」の重さを計るための分銅「権《けん》」として注目されました。

亀井遺跡の調査を契機に、石製や土製、銅製の「権」とみられる資料が九州・四国から中国・近畿・北陸・東海の各地域で確認されました。「権」には有鈕《ゆうちゅう》式と円筒形、石斧《せきふ》を転用したものがあります。有鈕式は棹《さお》ばかり、円筒形と石斧転用品、環状の銅器は天秤ばかりのおもりだったと推測されています。

一方韓国では茶戸里《タホリ》遺跡（慶尚南道昌原）で銅環四点が出土し、勒島《スクド》遺跡（慶尚南道泗川）でも鉄製や石製の有鈕式の権が確認されています。茶戸里遺跡と勒島遺跡の「権」は弥生中期後半に相当する時期ですが、全州馬田遺跡（全羅南道）出土の円筒形石製品には、弥生時代の「権」よりも一世紀以上古い無文土器が伴っています。

中国貨幣の出土　弥生中期から後期にかけて秦の半両銭、漢の五銖銭《ごしゅせん》、新の貨泉《かせん》・大泉五十《たいせんごじゅう》などの中国貨幣が西日本各地で出土します。山口県沖ノ山では一八世紀に半両銭二〇枚と五銖銭九六枚以上が朝鮮系無文土器《むもんどき》に入った状態で見つかりました。また貨泉は、岡山県高塚《たかつか》遺跡の二四枚が一カ所で見つかった最も多い枚数です。

中国貨幣は弥生時代の湾岸部の遺跡に分布していますが、大阪湾岸以東の奈良県唐古《からこ》・鍵《かぎ》遺跡や愛知県朝日《あさひ》遺跡などの拠点集落ではまだ発見されていません。

市では売買に鉄を用いる　『三国志《さんごくし》』弁辰伝《べんしんでん》には「国には鉄が出て、韓《かん》、濊《わい》、倭がみな鉄を取っている。どの市でも売買に鉄を用いており、それは中国で銭を用いるのと同じである」と記されています。ここにある倭が倭人の領域とすると、三世紀頃の倭人は、朝鮮半島南部で鉄素材がお金のように使われていた光景を目にしていたことになります。

倭人伝の交易　「租税や賦役が徴収され、「邸閣《ていかく》」と呼ばれる租税を収める倉庫が置かれている。国々に市が開かれ、各地の物産「有無《うむ》」を交易し、大倭が命ぜられてその監督にあたっている」。『魏志』倭人伝には交易の場である「市」についての記述があります。発掘調査で「市」の痕跡を見つけるのは簡単ではありませんが、後漢の画像石にある市場には、（1）広場的な空間、（2）市を監督する建物、（3）出入り口に門のような構造物が描かれています。画像石の情報を手がかりに遺跡の分析が進むことが期待されます。

南北に市糴す　「南北に市糴《してき》す」とは、対馬国《つまこく》と一支国《いきこく》（長崎県対馬市・壱岐市）の人々が、「穀物を求めて各地と交易を行っていた様子」を述べたものです。また対馬国の「海物を食して自活し」や末盧国《まつろこく》（佐賀県唐津市付近）の「魚鰒《ぎょふく》（魚やアワビなど）をとらえるのが上手く、水深にかかわらず素潜りで取っている」の箇所は、海辺の集落で海産物がモリや釣り針、石錘などとともに交易された様子を彷彿させるすぐれた紀行文です。

まとめ　弥生人は、「コメ」や「海産物」、「織布」と「石斧」「石包丁」、「漁労具」、「狩猟具」などを求めて集落を行き来しました。そして「鉄素材」や新潟県域の姫川産のヒスイ、南海産の貝を求めて遠隔地との交易を行いました。
紀元前後から三世紀頃にかけて、西日本の湾岸部を中心に中国の貨幣が流入しました。文字が鋳出された金属片は弥生人にとって珍奇なものだったでしょうが、銭が買い物に用いられるようになるにはもう少し時間がかかりました。貨幣が本格的に広まるのは、七世紀末から八世紀にかけて、都の造営にあたった労働者の賃金が銭で支払われてからでしょう。銭を流通させるため国家はさまざまな政策を打ち出しましたが、律令体制が弱体化すると田畑の取引は織布や稲籾での決済に逆戻りしました。貨幣が普及するのは、宋銭が多量に輸入された鎌倉時代頃からと考えられます。（常松幹雄）

〔参考文献〕林巳奈夫『中国古代の生活史』（吉川弘文館、一九九二年）、国立歴史民俗博物館『お金の玉手箱―銭貨の列島二〇〇〇年史―』（一九九七年）、森本晋「弥生時代の分銅」（『考古学研究』59―3、二〇一二年）、武末純一「日韓の権」『新・日韓交渉の考古学』（新・日韓交渉の考古学―弥生時代―日本側事務局、二〇二〇年）

Q43 船はありましたか

A

ヒトとモノは移動します。ヒトは効率よくモノを運ぶために様々な運搬具を使います。陸上であれば、壺や袋などの運搬容器を作り、それを運ぶために背負子《しょいこ》や篭《かご》を使い、さらにはそりや荷車にのせて移動しました。人間はヒトやモノを移動させるために運搬具を作り、物質文化として発展させてきたのです。海に囲まれた日本列島では陸上にもまして水上での移動手段として運搬具が不可欠でした。また輸送の面においても、大型石材や大形木材のような重量物の移動や大量の運搬物をまとめて輸送するためには水上運搬具である船が効率的であることは今も昔も変わりません。

大陸文化を受容しながら発達した弥生時代において、東アジア・大陸・朝鮮半島と日本列島の往来に船が果たした役割は大きいことは言うまでもないでしょう。

船は舟とも書きますが、ここでは「船」に統一して話を進めていきましょう。

海上活動の類型　弥生時代の人々は海の上でどのような活動をしていたのでしょうか。船を使った活動は「周回行動」・「搬送行動」・「移送行動」の三つの行動類型にまとめることができます。

周回行動は、出港した場所に直接帰る行動で、漁労や製塩など、自分たちの日常生活のために生活しているところから海へ出て、またその場所に帰ってくる行動であり、その範囲は一日で往来できる範囲が基本になります。

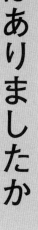

搬送行動は、人や物資をのせて別の場所へ移動する行動で、人が船などの海上運搬具を使って一日で移動できる範囲が基本になります。

移送行動は、海辺で生活をしていた人たちが日常から逸脱し、時には船中泊をしながら遠距離を航海する行動です。こうした行動はモノを運ぶ行為以外にも使者・冒険・遭難・逃避・離散など、様々な要因が考えられ、結果的に遠距離間の物流を担うことになりました。

準構造船の登場

弥生時代になって初めて出現する船に準構《じゅんこう》造船《ぞうせん》があります。これは縄文時代から使われている丸木船と同様の刳《く》り抜き材を船底にして、その横側に板（舷側板《げんそくばん》）を取り付けて船体を大きくした木造船のことで、刳り抜き材を使わず板材だけで作られた構造船《こうぞうせん》の前段階の船として準構造船と呼ぶようになりました（図1）。こうして出現した準構造船は舷側板を取り付けることによって積載量が増え、一度にたくさんのものを運ぶことができるようになり、弥生時代以降、海上（水上）交通に欠かせない船となっていきました。

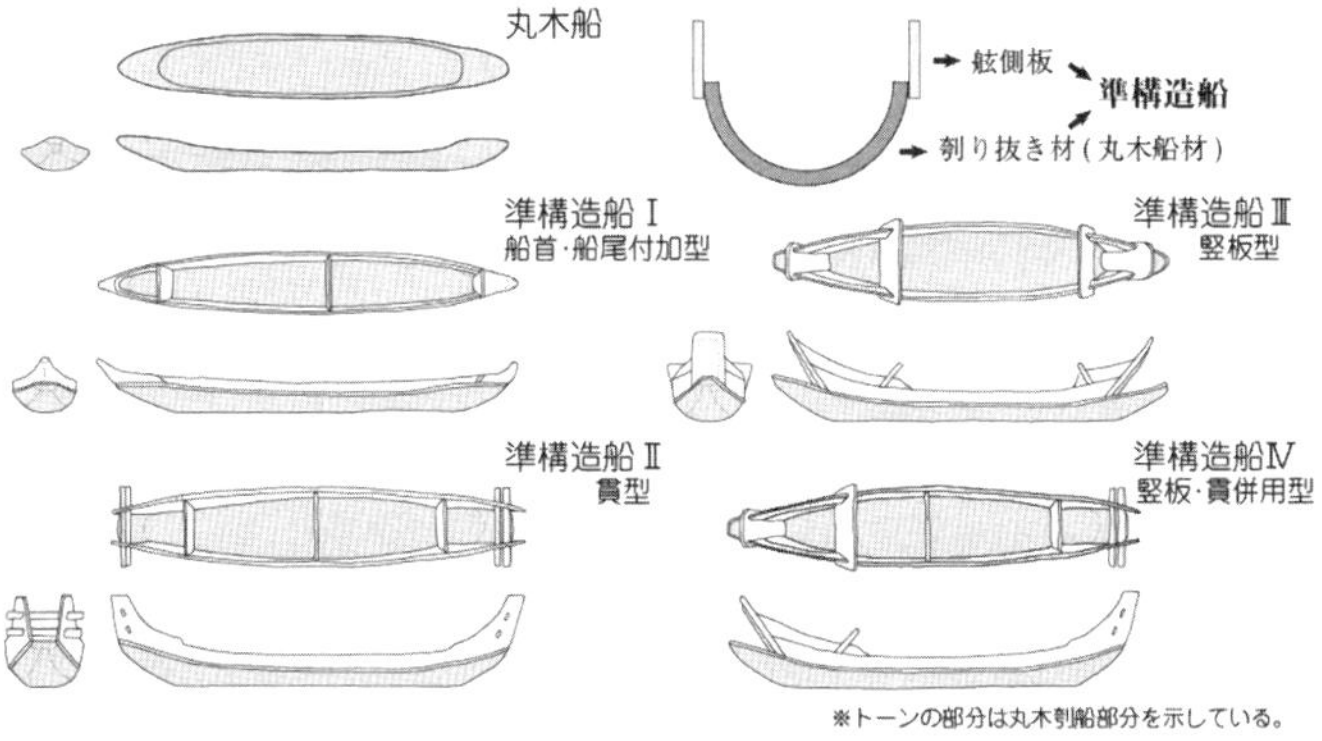

図1　丸木船と準構造船

準構造船の存在を示す舷側板は弥生時代前期に出現します。それは東シナ海に面した鹿児島県中津野《なかつの》遺跡で出土したカヤ製の舷側板で、長さ二・七m、幅三〇cmを測り、炭素年代測定によって弥生時代前期後半（前五世紀末〜前五世紀初）の年代が示されており、船の形状は不明ですが、日本列島最古級の舷側板に位置付けることができます（図2）。

やがて舷側板は弥生時代中期後半には石川県南新保《みなみしんぽ》C遺跡や島根県稗田《ひえだ》遺跡など、日本各地で出土するようになり、弥生時代に準構造船が普及する様子がよくわかります。

描かれた弥生時代の船

弥生土器に描かれた船の絵画には、小さな船を描いたものやたくさんの漕ぎ手が乗る大型船を描いたものがありました。絵画の船は描き方が様々で、実物の船を想像するのは難しいものの、いずれも船首と船尾が反り上がったゴンドラのような船が描かれているのが特徴です（図3）。土器の他に外縁付鈕式銅鐸《がいえんつきちゅうしきどうたく》である福井県井向《いのむかい》1号銅鐸にもゴンドラ形の船が描かれていました。イネ科植物のアシやヨシで作られた葦《あし》舟なども想定できますが、弥生時代から古墳時代の葦舟が見つかっていないことから、描かれたゴ

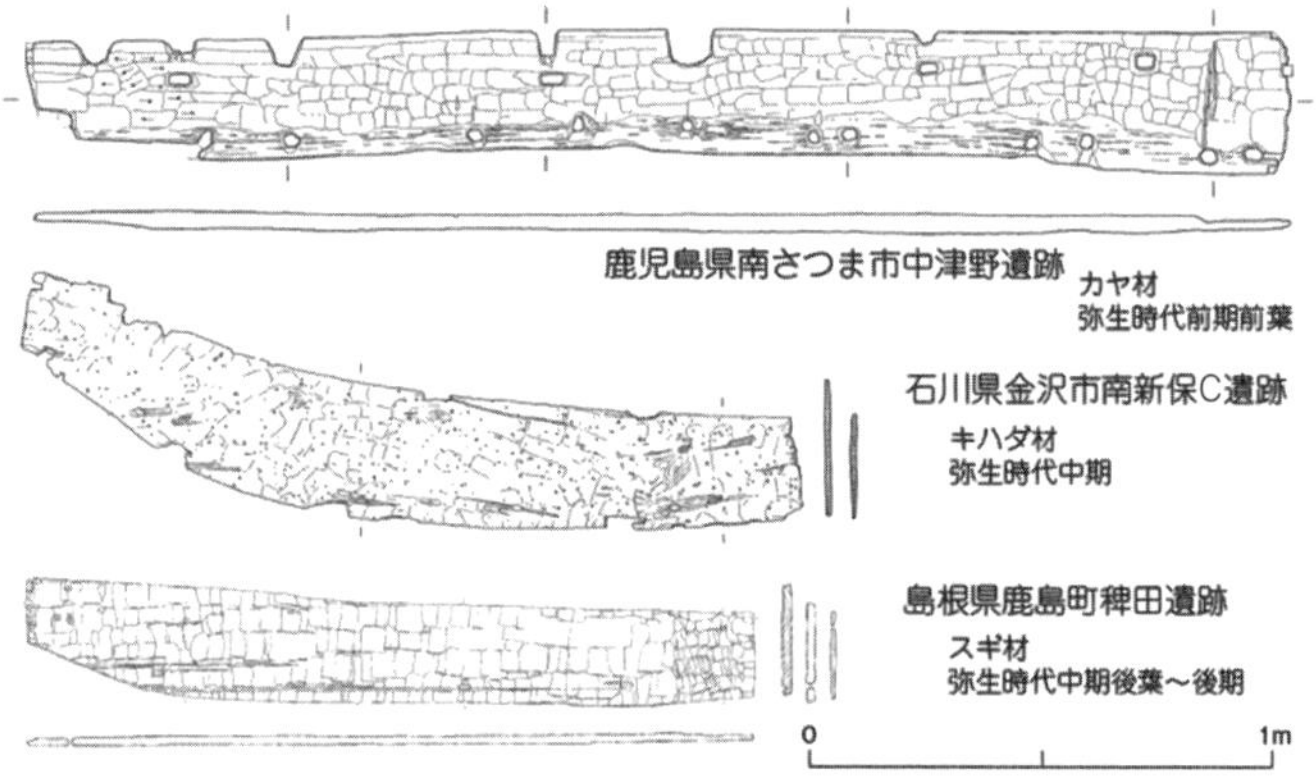

図2　弥生時代の舷側板

ンドラ形の船の多くは木造船と想定し、以下、弥生時代の木造船を概観します。

弥生時代の船　丸木船は、丸木を刳り抜いて成形した船で刳船《くりぶね》とも呼ばれ、縄文時代以降、原初の船として使われ続け、新潟県のドブネなど、民俗事例として現代にも残る木造船です。弥生時代の丸木船には刳り抜きの深さを変えたり、船首船尾船底を加工したり、多様な形態が含まれています。また一本の木を刳り抜いて作った単材刳船と前後に別木の刳り抜き材を継ぎ足す複材刳船があります。

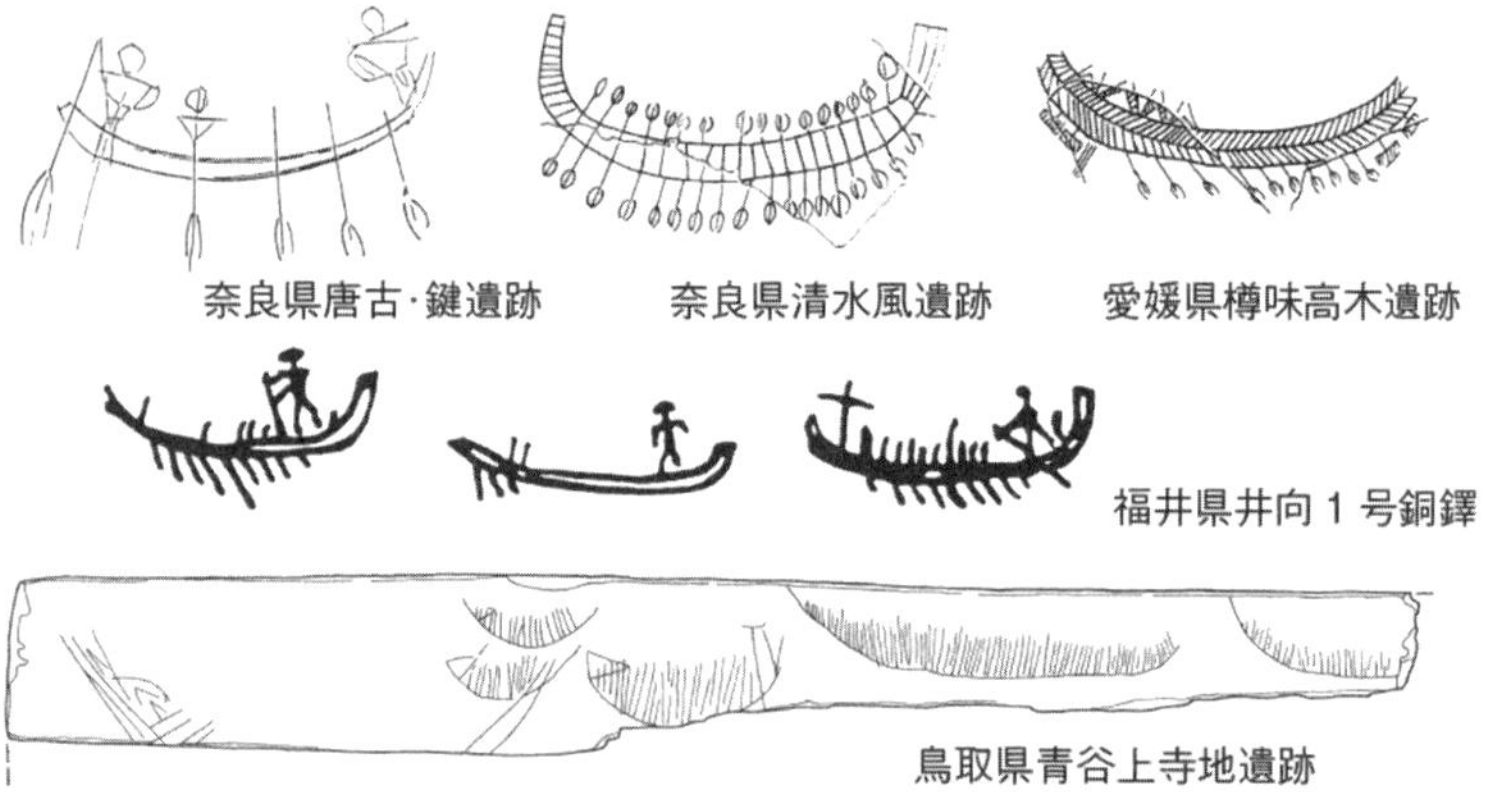

図3　描かれた弥生の船

準構造船はⅠ型からⅣ型の四つに分けることができます（図1）。

準構造船Ⅰ型（船首・船尾付加型）は、船首・船尾と舷側板を丸木船の船縁の形状に合わせて「コベリ」と呼ばれる高さの低い舷側板を取り付け、船首と船尾にも別材を付加する船で、丸木船から準構造船へと発達する弥生時代前期に出現し、前期末～中期初頭には西日本で分布するようになります。

準構造船Ⅱ型（貫型）は両舷側板の前後に貫《ぬき》や梁《はり》を通して舷側の左右がずれないように固定するゴンドラ形の準構造船

で、Ⅰ型の舷側板が発達することによって生まれました。おそらく朝鮮半島の木造船の発達と連動していたと考えられます。舷側板の厚みや高さによって舷側側面は様々な形状になります（図2）。おそらく地域差があったのでしょう。Ⅱ型は、絵画土器や出土舷側板をみると弥生時代中期後半には出現し、弥生時代後期には広く普及するようです。

準構造船Ⅲ型（竪板型）は、船首・船尾に波よけの役目もある竪板を取り付け、舷側板の先端を固定する準構造船です。船体の側面形状は船首と船尾の側面形状が二つに分かれたように見えるため、『日本書紀《にほんしょき》』や『古事記《こじき》』では二股船や両枝船と呼ばれていました。Ⅲ型は、遅くとも弥生時代後期には出現していたようです。

準構造船Ⅳ型（竪板・貫併用型）は、竪板と貫を併用したハイブリッド型の準構造船です。兵庫県袴狭《はかざ》遺跡で出土した船団を描いた古墳時代の板絵にはこの船が描かれています。Ⅳ型はⅢ型が登場した弥生時代後期以降には出現したと考えられ、遅くとも古墳時代前期には存在していたようです。

海を渡り、やがて古墳時代を迎える　弥生時代は活発にヒトやモノが移動しました。海上における人間活動は漁労や製塩などの活動に伴い、周回行動や搬送行動によって情報や物資を隣接地に伝え、運びました。そして航海術などの海技に長けた集団は、移送行動として長距離を移動することで、遠隔地に非自給物資を運び、交易の仲介者になりました。

そして積載量を増した準構造船は、一度に運べる輸送能力を増していきます。やがて古墳時代に入ると頻繁に大陸や半島を往来するようになり、鉄素材や馬匹《ばひつ》、木材などの資源の相互交易を実現させていくのです。

四方を海に囲まれた日本列島では海を介して稲作が伝わり、海を介して社会が発展し王権が誕生したと言っても過言ではありません。船は弥生時代の社会において欠かすことができない運搬具だったのです。

（柴田昌児）

〔参考文献〕『弥生人の船』平成25年度大阪府立弥生文化博物館夏季特別展図録（大阪府立弥生文化博物館、二〇一三年）、辻尾榮市『舟船考古学』（ニューサイエンス社、二〇一八年）

コラム9

福岡県比恵・那珂遺跡群

『魏志《ぎし》』倭人伝《わじんでん》には、末蘆国《まつろこく》、伊都国《いとこく》、奴国《なこく》など玄界灘沿岸の紀行が記されています。比恵《ひえ》・那珂《なか》遺跡群（福岡市博多区）は、南北三km・東西〇・七km（比恵六五ha、那珂八三ha）の二万余戸を擁した奴国の大規模集落です。二〇二三年までに約三六〇地点（比恵一六〇次、那珂一九五次）で発掘調査が行われています。

那珂遺跡西側の竹下駅の近くでは外径一〇〇mの二重に掘られた環濠が見つかりました（三七次）。稲作開始期に板付遺跡とならぶ環濠集落の存在が明らかになりました（三六六集）。

比恵遺跡では前三世紀頃（中期前半）に木槨墓《もっかくぼ》や甕棺《かめかん》墓《ぼ》を溝で囲った区画墓が築かれました。比恵遺跡（六次）の甕棺墓には絹布《けんぷ》が巻かれた細形銅剣《ほそがたどうけん》が副葬されていました（九四集）。那珂遺跡の北側（二一一次）では前一世紀頃（中期後半）の一辺約三〇mの大型区画墓で、丹塗りの祭祀土器や「◯」や「U」の浮文《ふもん》を貼りつけた装飾壺が出土しています（二九一集）。

弥生時代中期後半から後期にかけて比恵遺跡群を北から西に幅五m、深さ二mのクランク状に掘られた大溝の周辺に掘立柱建物の倉庫が集中することから、大溝は物流機能を持つ運河のような水路と考えられます。

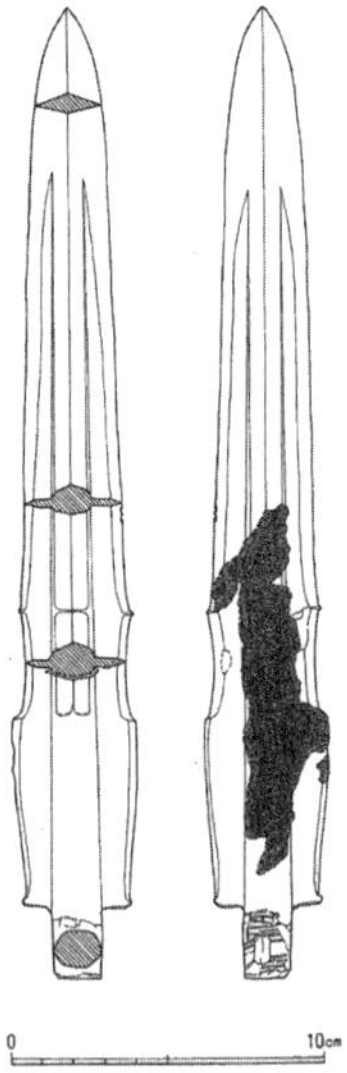

絹布が巻かれた銅剣　比恵6次

比恵遺跡一次調査とその近郊では水路の北東で一辺三〇m四方の区画溝と大型建物の一部とされる柱穴や井戸が見つかりました（1号環溝・鏡山一九七二）。一辺七〇mや四〇m、九〇mの長大な溝（2～4号環溝）は有力層の居館を囲む区画溝であった可能性があります。

比恵・那珂遺跡群では銅矛・銅剣・銅戈などの青銅器やガラス製品の生産に使われた石製や土製の鋳型、取瓶《とりべ》が出土しています。特に那珂遺跡（一二五次）で出土した青銅器の鋳型は、江戸時代に井原鑓溝《いわらやりみぞ》（糸島市）で出土した巴形《ともえがた》銅器と同型式であることから、福岡平野で作られた銅器が一世紀の伊都国王の墓に副葬されたことが明らかになりました（一一五五集）。

一〜二世紀、福岡平野は青銅器やガラスの生産拠点、糸島平野は中国鏡や装身具が集中する有力層の墓、というように、東西で機能が分かれていたようです。

比恵遺跡群では中期後半から後期（前一世紀頃）の道路の痕跡がおよそ一kmにわたって確認されています。

三世紀には福岡平野最古とされる前方後円墳、那珂《なか》八幡《はちまん》古墳（全長七五m）が築造されました（一四一集）。古墳の西側には全長二kmにわたって比恵・那珂の丘陵の中央を貫く三世紀代の道路がはしっています。道路状遺構は両側に側溝を持つ幅六〜七mの立派な構造です。

那珂八幡古墳は道路状遺構を意識して築造されたと考えられます。

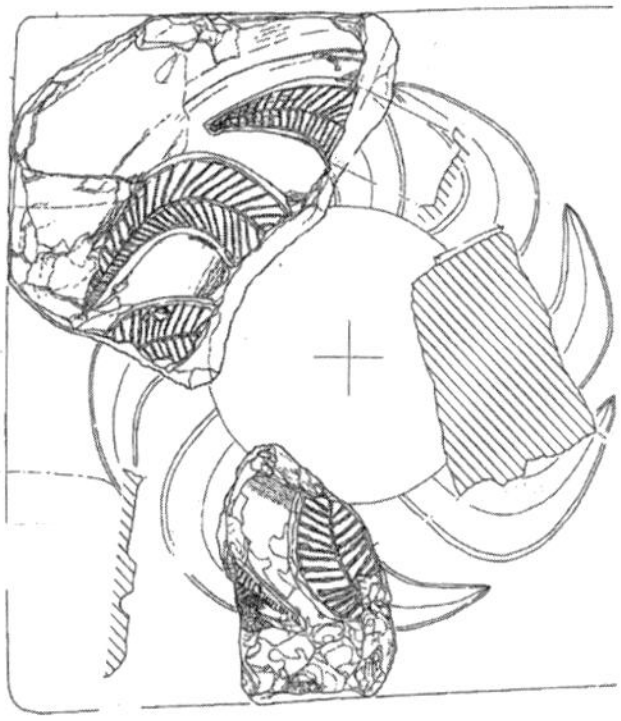

巴形銅器の鋳型　那珂125次

比恵・那珂遺跡群は稲作開始期には二重環濠を持つ集落が作られ、中期前半から後半になると区画墓が築造されました。中期後半には運河と倉庫群、道路状遺構など最先端のインフラを備えた、湾岸からは少し奥まった安全な立地の拠点集落として古墳時代にかけて機能したのです。

（常松幹雄）

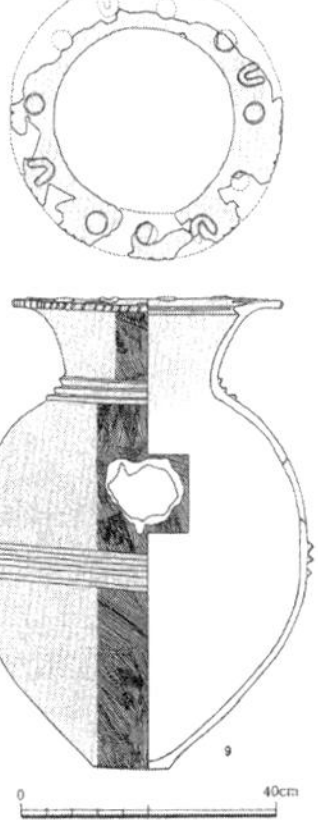

「O」や「U」の浮文のある壺　那珂21次

〔参考文献〕鏡山猛『九州考古学論攷』（吉川弘文館、一九七二年）、福岡市博物館『新・奴国展』（二〇一五年）

※集の数字は福岡市埋蔵文化財調査報告書の番号をさす

Q44 列島の外の人と交流していましたか

A

交流には様々なケースがあります。移住、経済的交易活動、政治的交渉、広くみると戦争も交流の一種と捉えることもできます。弥生時代には、物だけでなく技術も輸入し、その最も重要なのが水稲農耕技術です。その後も交流を通じて、新しい技術や器物を大陸から積極的に取り入れました。

弥生時代開始期の交流　日本列島の外の人々と交流し、水稲農耕を受容した弥生時代の人々の生業は、大きく変化しました。狩猟や漁労、貝類の採集をし、植物質食料を栽培していた生活から、本格的な農耕がはじまり、貯蔵に適した米やアワ・キビといった穀物栽培が生活の中心となって、水田をフィールドとして虫や小動物、水鳥を捕獲してタンパク質を補う生活へと変わったのです。そして、食料としてだけでなく、交換物としても用いることができる米は経済的にも重要な役割を果たしたでしょう。

朝鮮半島の無文土器《むもんどき》は、水稲農耕の伝わった北部九州で他地域より多く出土することから、水稲農耕を伝えたのが朝鮮半島の人々だとわかります。また、朝鮮半島の人々は高顔で縄文時代の人々は低顔でしたが、弥生時代になると北部九州で高顔になることがわかりました。弥生時代開始期の人骨はあまり見つかっていませんが、開始期の後の弥生時代の人骨の形質の特徴から、朝鮮半島の人々が渡来して、一定数定住したと推測されます。なぜ、朝鮮半島の人々は北部九州へ来たのでしょうか。縄文時代晩期から弥生時代のはじめの時期は、寒冷であったことがわかってきました（Q6参照）。また、朝鮮半島ではこの時期に集落が増加しますので、その人口を養うための食料が必要だったと推測されます。そのため、朝鮮半島の人々は、水稲農耕を行う地を求めて、北部九州へ来たのでしょう。堅果類《けんかるい》などの貯蔵を通じて安定的に食料を確保する一年のサイクルを身につけていた縄文時代の人々は、穀物栽培を通じて食料を確保し、より生活が豊かになる道を選択しました。水稲農耕は、やがて東へと拡散していきます。

弥生時代前期末から中期前葉の交流　朝鮮半島では、粘土帯《ねんどたい》土器《どき》が作られ初期鉄器時代がはじまるころ、朝鮮半島から北部九州へ青銅器と鉄器が伝わります。北部九州の人々は、青銅器を積極的に輸入しました。青銅器製作に用いられる鋳型とともに粘土帯土器が見つかることから、渡来人から技術を受け継ぎ青銅器生産がはじまったことがわかります。この技術を伝えた朝鮮半島の人々は、一定期間北部九州に移住し技術を伝えたのでしょう。和歌山県堅田《かただ》遺跡、京都府鶏冠井《かいで》遺跡、愛知県朝日《あさひ》遺跡、福井県下屋敷《しもやしき》遺跡などで鋳型の出土することから、東へ青銅器製作技術が速やかに伝わったことがわかります。これに対し、鉄器製作技術はなかなか円滑には広まりませんでした。鉄器利用の初期には、輸入した中国東北部の燕系《えんけい》鉄器を分割し、木器加工具として用いました。燕の鉄器は朝鮮半島西南部で多く出土するので、馬韓《ばかん》の人々を介してこの鉄器を得たのでしょう。鉇《やりがんな》や鏃《やじり》のような小型鉄器も製作しましたが、棒状の鉄器の先を加工し、あるいは切り取って形を整えるような簡易な加工技術でした。既に当時、鉄が朝鮮半島東南部で産出することが知られていましたので、この地域の人々とも交流し、素材となるものも含めて鉄器を得たのでしょう。

弥生時代中期中葉・後葉の交流　弥生時代中期中葉になると、青銅器の生産地が増加し、青銅原料の輸入量が増加したことがわかります。鉛同位体比《なまりどういたいひ》分析によると、青銅に混ぜる鉛の産地が朝鮮半島から中国北部へ移行したことがわかり、朝鮮半島との交流から、朝鮮半島を経由した中国北部との交易へと変化したと考えられます。また、鉄器出土量の増加から、鉄器の輸入量も増加したことがわかります。鉄は主に朝鮮半島東部から輸入したと考えられます（図1）。

このように青銅器や鉄器の入手をめぐり、朝鮮半島や朝鮮半島を介した中国北部との交易が活発になります。鉄器の出土量が多いのは、北部九州、山陰地域、北陸地方といった日本海沿岸地域であり、青銅器の鋳型は北部九州や播磨灘沿岸、淀川流域や河内平野東部から出土するので、青銅原料は北部九州から瀬戸内海を通じて東へ流通したと考えられます。山陰地域の出雲にも多量の青銅器が出土する遺跡がありますので、こちらも経由地の可能性があります。

やがて、朝鮮半島北部に楽浪郡《らくろうぐん》が設置されると、漢から楽浪郡を通じて北部九州へと、鏡など中国の文物が伝わりま

図1　弥生時代中期中葉の交易　中村〔2022〕より

す。福岡県須玖岡本《すぐおかもと》遺跡の甕棺墓には、三〇面ほどの前漢鏡が副葬されていました。この被葬者は、隔絶した力を鏡の副葬により示したのでしょう。それを可能にしたのは海外との交流や交渉だったのです。

弥生時代後期~終末期の交流　五七年に金印を授受したとの『後漢書』東夷伝の記述から、中国からの文物には経済的交流により得た物だけでなく、政治的交渉により入手した下賜品も含まれていたと考えられます。このような文物を所持することで、中国漢との朝貢関係を背景に北部九州の首長たちは威信を高めたのでしょう。

他方、弥生時代後期初頭に貨泉《かせん》が西日本へ入ってきます。これは、中国の前漢《ぜんかん》が衰退した後に興った新《しん》の王莽《おうもう》が発行した貨幣です。新は短命な国家のため、まさに紀元後のわずかな時期に海外と交流のあったことがわかります。北部九州を中心として分布し副葬された漢鏡が、政治的交渉により入手されたと推測されるのに対し、貨泉の西日本への広がり方や出土状況からは、むしろ経済的活動により持ち運ばれたと考える方が自然です。

青銅器の祭祀は九州地方と近畿・東海地方を中心に継続し、祭祀具は大型化の一途をたどります。鉄器の出土量もさらに増加し、西日本が中心であった鉄器の分布が東日本へも拡大します。石器出土量が減少する一方で、鉄器生産遺跡が増加し、石製から鉄製へと道具の素材が変化しました。青銅器や青銅原料と鉄器はますます大量に必要とされ、朝鮮半島や朝鮮半島を介した中国東北部との交流は活発化していきました。

弥生時代における日本列島の外との交流　弥生時代の灌漑水稲農耕技術や、高温操業を伴う青銅器の製作技術は、朝鮮半島の人々の移住も含めた交流によるものでしょう。これに対し、初期の鉄器製作では、燕《えん》の鋳造鉄斧《ちゅうぞうてっぷ》を割って複数の工具に作り替えるという日本列島独自の方法が採用されたことから、技術者が日本列島へ来たとは想定しにくい状況です。朝鮮半島から製鉄技術を持つ人が渡来したのではなく、鉄器や原料となる鉄の棒などを交易により入手し、必要に応じて加工したのでしょう。

朝鮮半島の青銅製武器や楽浪郡を通じて得た漢鏡などは、北部九州において首長が威信を示すために利用されました。これらは、首長が政治的交流関係により海外から入手したと考えられます。このように、弥生時代の人々は、移住や政治的関係、経済的交易という様々な形で朝鮮半島や中国の人々と交流を持ったことがわかります。

弥生時代開始期の水稲農耕技術や中期初頭の青銅器製作技術は、まず、北部九州にもたらされました。その後、青銅器やその原料は北部九州だけではなく近畿や北陸、東海地方へももたらされました。鉄器も北部九州に多く流通し、中期中葉には西日本へ、後期になると東日本へ流通網が広がりました。では、日本列島から朝鮮半島へは、何が運ばれたのでしょうか。北陸地方の碧玉《へきぎょく》や沖縄諸島などの南海産の貝などが、朝鮮半島へもたらされた物品の候補としてあげられます。

朝鮮半島南岸の勒島遺跡には、糸島半島の土器が多数出土しています。また、壱岐の原《はる》の辻《つじ》遺跡でも朝鮮半島の土器が多く見つかりました。朝鮮半島と日本列島の間の中継地を経由して、列島外との交流が行われ、経済活動は活発化したのです。

（長友朋子）

〔参考文献〕中村大介「楽浪郡設置以前の黄海東部交易と弥生文化」長友朋子・石川日出志・深澤芳樹編『南関東の弥生文化』（吉川弘文館、二〇二二年）、中村大介「漢の拡大と環黄海東部の多層交易」大西秀之編『モノ・コト・コトバの人類史』（雄山閣、二〇二二年）、村上恭通編『鉄の考古学・最新研究の動向』（『季刊考古学』162、雄山閣、二〇二三年）

Q45 中国や朝鮮と外交はありましたか

A

弥生時代は、古代中国の前漢・後漢・魏、そして韓半島の国々との外交がはじまった時代です。近年、さらに前四世紀前半頃から春秋戦国時代の七雄の一つである燕国と交流していたことが明らかとなりました。ここではこうした弥生時代の外交の歴史について漢との外交を中心に考えてみましょう。

外交の萌芽　これまでの弥生時代の外交については、前二世紀頃、中国の前漢《ぜんかん》時代に韓半島北部に楽浪郡《らくろうぐん》が設置されて以降に弥生社会は中国と朝貢外交をはじめたと考えられていました。しかし、近年、さらに二〇〇年以上前に弥生社会が春秋戦国時代の七雄であった燕《えん》国と交流していた事実が明らかとなりました。燕国は、今の北京付近に中心があった国で前二二二年に始皇帝の秦国《しんこく》に滅ぼされました。中国戦国時代から漢《かん》の頃を記した地理書である『山海経《せんがいきょう》』には、「蓋国《がいこく》は鉅《きょ》燕《えん》の南、倭の北に在り。倭は燕に属す」という倭に関する記載があります。こうした記事を裏付けるように、弥生時代の前期末から中期初頭頃（前四世紀前半頃）以降に西日本各地から燕国で作られた鋳造《ちゅうぞう》鉄器が出土しています。鋳造鉄器とは、鉄鉱石を溶かして鉄製などの鋳型に流し込み鉄器を製作するもので、弥生社会には斧が多数流入しました。石川県八《よう》日市地方《かいちじかた》遺跡からは、こうした鋳造された斧を装着する木製の柄が多数出土しており、多くの燕国系の鉄器が伝わったようです。その他、佐賀県吉野ケ里《よしのがり》遺跡からは、木簡《もっかん》で書き間違った際に表面を削る文房具である青銅製の素環頭《そかんとう》付き鉄製刀子《とうす》が出土しており（図1）、すでに外交や交易などが行われていた可能性が考えられます。

本格的外交のはじまり　前二〇二年に前漢が成立して以降、中国の史書である『漢書《かんじょ》』・『後漢書《ごかんじょ》』・『魏志《ぎし》』と順に弥生社会と中国の外交に関する記事が登場します。ここでは弥生社会の漢との外交についてみていきましょう。

前一〇八年、前漢の武帝の頃になり韓半島北部に楽浪郡など漢四郡が設置され、特に楽浪郡は弥生社会にとって大陸先進文化の窓口となりました。紀元後一世紀頃の『漢書』地理誌に記載された「楽浪海中に弥生有り。分かれて百余国を為し、歳時を以て来たり献見すと云う」という記事は、楽浪郡設置から前漢滅亡の頃までの記録と考えられています。

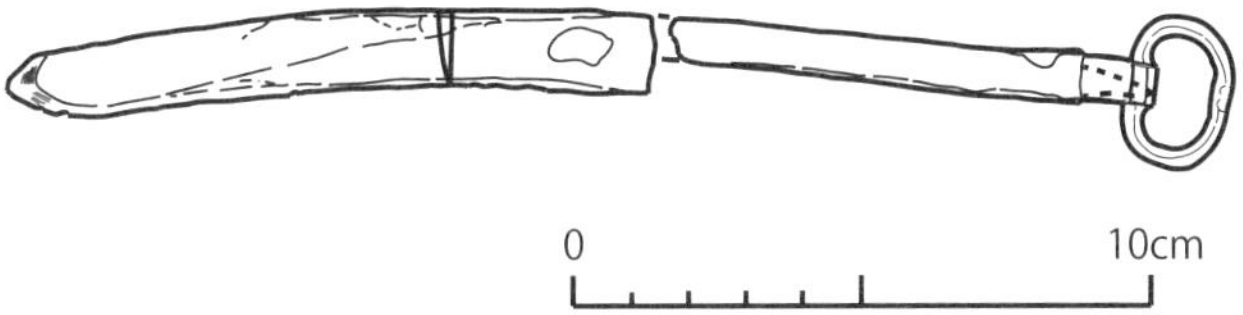

図１　鉄製刀子（吉野ヶ里遺跡）　小林青樹〔2017〕『弥生文化の起源と東アジア金属器文化』（塙書房）より

この楽浪郡から北部九州まで達する初期のルートの途中の韓半島南部には、楽浪郡からもたらされた楽浪系土器や弥生社会の弥生土器が出土した勒島《ヌクド》遺跡があります。この頃の韓半島は、馬韓《ばかん》・弁韓《べんかん》・辰韓《しんかん》とそのほかの小国からなる原三国《げんさんごく》時代と呼ばれる時代でした。次の段階になると、交流の拠点は壱岐の原の辻《はるのつじ》遺跡に移行し、楽浪系土器など多彩な地域の土器が多数出土しています。近年はさらに中国遼寧省の遼東地域の土器もこの遺跡に含まれていることが判明しています。そして、同時期には特に伊都国の拠点とされる福岡県三雲番上《みくもばんじょう》遺跡で楽浪系土器が集中して多量出土する地点があり、渡来した漢人が居住していたと考えられています。こうした各地の土器の動きから、弥生社会の外交のルートがわかります。

鏡にみる漢との外交　前漢以降の中国と弥生社会の外交に関する関係を具体的に示すものとして鏡があり、多くは北部九州で出土します。前漢では、身分の高位の人物ほど鏡の面径の大きいものを保有し副葬していました。したがって、鏡をみれば前漢帝国が考える弥生社会の位置付けがわかります。これらの鏡は、小型鏡（一四cm以下）、中型鏡（一四・一～一九cm）大型鏡（一九・一～二五cm）、超大型鏡（二五・一cm以上）の面径に分ける考え方があり、この漢鏡の面径の大小や他の副葬品の組み合わせが当時の階層性に対応し、玄界灘沿岸地域の三雲・須玖《すぐ》を中心として同心円的に序列がなされていたと考えられています。

具体的に面径に注目してみると、福岡県三雲南小路《みくもみなみしょうじ》遺跡一号墓と須玖岡本《すぐおかもと》遺跡D地点墓からは、面径が二五・一cm以上の前漢の大型鏡が三〇面以上とガラス製品の璧《へき》などが一緒に出土しています。両遺跡の首長は、楽浪郡に朝貢して前漢鏡を贈られたと考えられています。またガラス璧《へき》は王侯貴族が有する最上の祭具・葬具である玉製に準じた器物で、これが副葬されていることは漢王朝から厚遇されていたことがわかります。

その後、後八年の王莽《おうもう》による前漢の簒奪《さんだつ》などの混乱期には鏡の流入量も大幅に減少し外交関係も低調でしたが、二五年に後漢《ごかん》王朝が成立すると再び外交が活発化しました。これを示すのが『後漢書』に記載された建武中元二年（五七）に倭の奴国《なこく》が洛陽《らくよう》に朝貢し光武帝《こうぶてい》が印綬を賜った記事です。こうした外交によって、一世紀後半から二世紀の弥生時代後期になると再び漢鏡が北部九州各地の墓に副葬されました。

『後漢書』に記載された「漢委奴国王」の印綬については、福岡県志賀島《しかのしま》出土の金印であるとされます。金印を贈られる対象は漢の諸侯王や丞相《じょうしょう》に準じた位置づけで、それが奴国の王に与えられたのは異例なことでした。この奴国の印綬の鈕については、通用の亀鈕ではなく元々駱駝《らくだ》であったものを蛇に変えてその差を区別していたようです。

なお、この時期には伊都国の糸島の井原鑓《いばらかぎ》遺跡で漢鏡の大量副葬があり奴国の実態は不明ですが伊都国と競っていたことがわかります。こうした時期の外交を経て邪馬台国時代の外交へと移行します。

硯と外交　近年、前漢の時期以降の外交の存在を具体的に示す硯《すずり》の出土が相次いでいます。当時の硯は前漢の山東省金雀山《きんじゃくさん》出土の漆《しつ》盒長方硯《ごうちょうほうけん》（図２）のように長方形の木の台に薄い長方形の板状石硯《せっけん》（図の網かけ部分）を装着して用いました。これまでに石硯のみが西日本各地で多数出土していることが判明し、外交に必要な文字が予想以上に普及していたと考えられています。また、先に述べた書《しょ》刀《とう》とされる鉄製の刀子が、弥生時代後期になると西日本各地で出土量が増し、もしこれらが文書にかかわるとすればかなり文字が普及していたことになります。ただし、

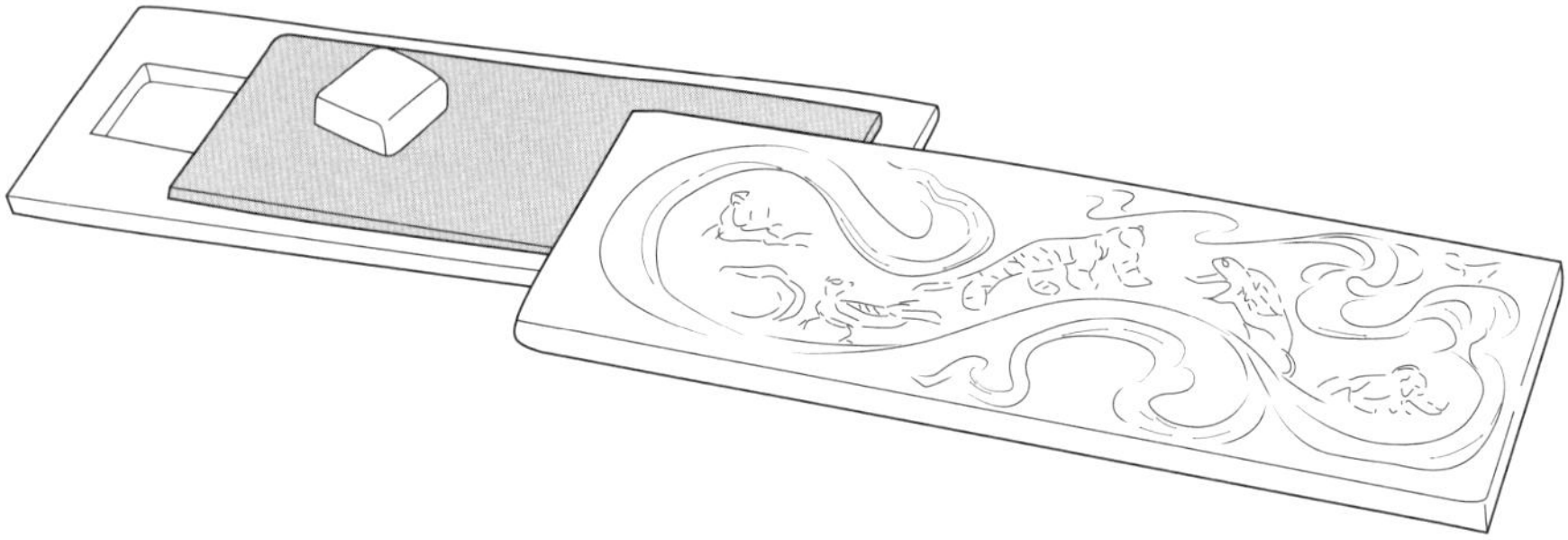

図２　漆盒長方硯（山東省金雀山）　孙机〔1991〕『汉代物质文化资料图说』（文物出版社）より

国内での木簡や竹簡《ちっかん》の出土は皆無で、弥生時代の文字の利用は日常的な利用ではなく外交や貿易に限られたと考えられます。

韓半島との外交　韓半島との外交の歴史は、燕国と弥生文化の間ですでに外交があったとすれば、前四世紀ころまでさかのぼります。同時期に北部九州では、韓半島系の土器が多数出土する渡来系集団の集落も発見されています。その後、前三～二世紀頃の弁韓の慶尚南道茶戸里《タホリ》遺跡の墓からは、筆などの文房具が出土しており、文字を用いた漢との外交が存在した可能性が高く、この遺跡の系統の土器は北部九州から出土しているので、この頃から外交が本格化したようです。そして、先述のような楽浪郡から倭国に至る外交ルート上の拠点が形成され、その後は原三国時代の三韓の土器や小銅鏡が壱岐・対馬、北部九州各地から出土し頻繁な交流があったことがわかります。こうした韓半島との緊密な関係については、『魏志』弁辰伝によれば弁辰の国々から鉄を産出する記事があり、弥生文化側はこうした韓半島の鉄資源に依存していました。

弥生時代後期になると、三韓土器は山陰や瀬戸内、さらには中部高地でも出土し、丹後では墳墓や副葬品の特徴が弁・辰韓地域の影響を受けており、西日本の各地域の首長が個別に韓半島と交渉をしていたことがわかります。以上のような韓半島との交流は、鉄資源をめぐり古墳時代まで継続しました。

（小林青樹）

〔参考文献〕武末純一ほか『列島の考古学　弥生時代』（河出書房新社、二〇一一年）

Q46 北方との交流について教えてください

A

弥生文化では現在の青森県まで稲作が行われていましたが、狩猟・採集経済が継続していた当時の北海道は続縄文文化の分布圏です。続縄文文化の人々は縄文文化にはなかった資源利用体系を確立し、それに伴って社会格差が拡大します。そこで上位層の人々がステータスシンボルとして求めたのが弥生文化の装身具でした。そのため、本州以南の弥生文化の人々と積極的に交流し、自分たちにとって必要な物資を輸入していました。また、続縄文文化の後半になると、北海道でも石器の利用が低調になります。この時期、鉄器を媒介とした交流が、本州と北海道のあいだで活発化してきます。

津軽海峡を渡った弥生文物　弥生文化の稲作は、前期後葉（紀元前四世紀ごろ）までに現在の青森県域まで広がりました。しかし、津軽海峡は越えずに、当時の北海道では狩猟採集経済が継続したと考えられています。ただし、そこでの経済の内容は縄文文化と同じではありませんでした。続縄文文化では縄文文化よりも魚への依存度が高まり、しかも大きなヒラメやメカジキなど縄文文化ではほとんど利用されていなかった魚の捕獲を重視する地域もでてきます。

墓の副葬品からみると、当時、社会格差がかなり拡大したと考えられ、漁労・狩猟の熟練者が、交易や儀礼も制御できるような権力を握るようになったと考えられます。つまり、たくさんの狩猟具・漁労具が副葬されている人物の墓から、多くの威信財、儀礼具も発見されるのです。それに対して、狩猟具・漁労具がない人物の墓には、それ以外の副葬品も非常に少ない傾向があります。当時の威信財は、玉類や貝製品などの装飾品が中心で、そこには本州以南で製作された管玉《くだたま》や貝製品も含まれていました。有力者は、イネなどの穀物などには全く関心を示していないかわりに、弥生文化の装身具を競って入手していたのです。

最も遠くから運ばれてきたのは、南西諸島産の貝を利用し

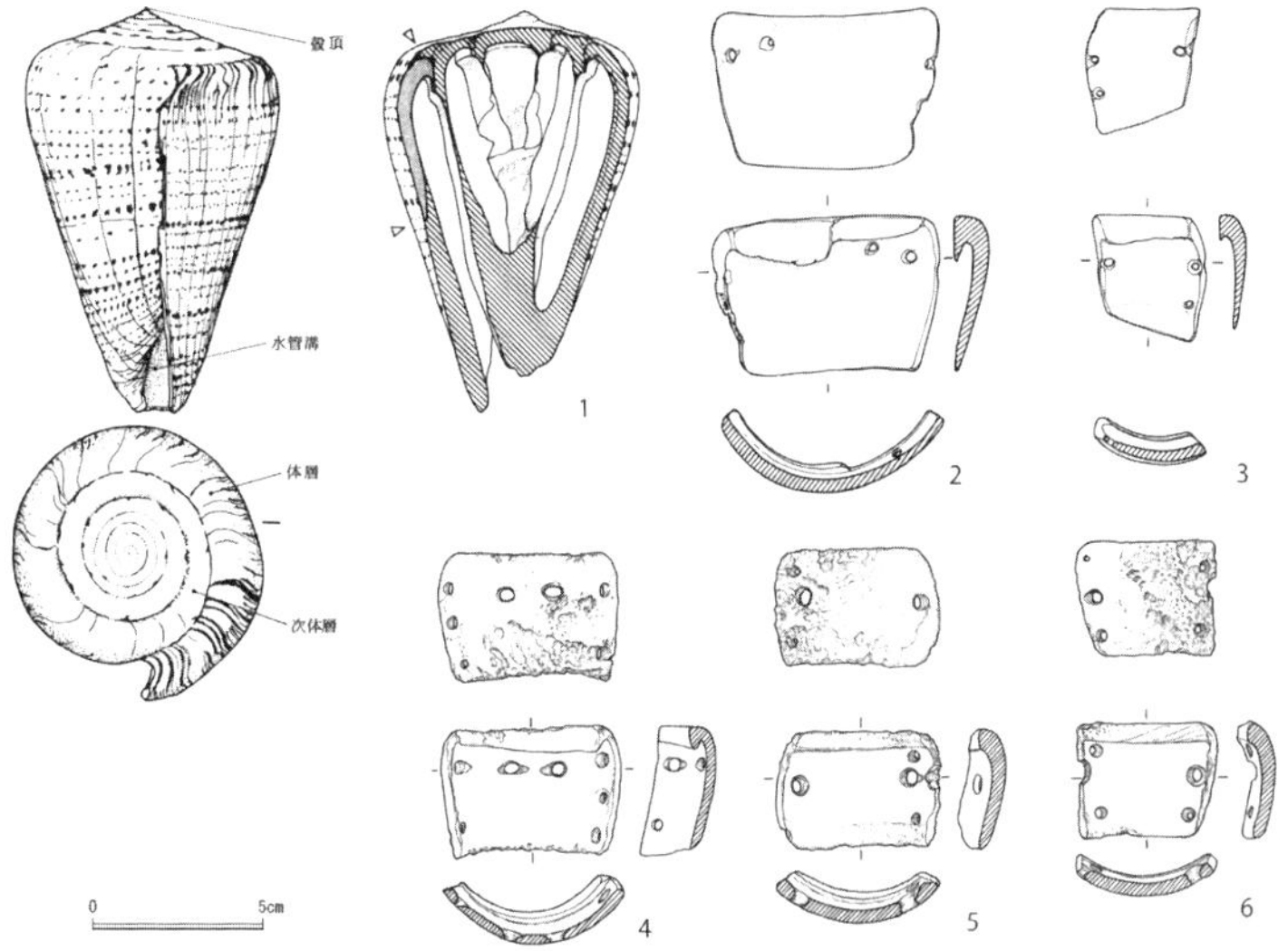

図1　ダイミョウイモと貝輪　1：ダイミョウイモと断面図　2・3：長崎県佐世保市宮の本遺跡出土貝輪　4－6：北海道伊達市有珠モシリ遺跡出土貝輪（1〜3：佐世保市教育委員会〔1981〕，4〜6：伊達市教育委員会〔2003〕）

た装飾品です。北海道伊達市の有珠《うす》モシリ遺跡ではイモガイ科、カタベガイ科などの貝を利用した装飾品を持つ人物の墓が発見されています（図1－4〜6）。北部九州から日本海側をリレー式に運搬されてきたものと考えられますが、必ずしも北部九州で一般的なものが北海道まで渡ってきているわけではないことに注意が必要です。イモガイ科の側面を使って貝輪が作られる場合、なるべく大きく四角い部材をとったうえで大きな孔をひとつあけ、そこに腕を通せるようにするのが一般的です。しかし、有珠モシリで見つかった腕輪は、イモガイ科の側面を四角く切り取り、そこに複数の小さな孔をあけて紐で連結するブレスレットです。本州から九州では、このタイプのイモガイ製貝輪は、ほかに長崎県佐世保市の宮の本遺跡でしか知られていません（図1－2、3）。弥生文化圏内においても特殊なタイプが、北日本まで流通していたようです。

なお、弥生文化の水田遺跡である青森県垂柳遺跡では、このタイプの貝輪を凝灰岩で作った模倣品が複数出土しています。稲作を行っていない北海道の人々が本物の貝輪を入手していたのに対して、稲作を行っていた青森県域には模倣品しかなく、しかもそれは本物よりも大きなサイズで作られています。こうした現象がなぜ生じたのかが、興味深いところで

す。

続縄文文化の人々が弥生装身具を入手するために、緑色《りょくしょく》泥岩《でいがん》製の石斧《せきふ》、その他石器の原料となる黒曜石《こくようせき》などの鉱物資源を本州へ輸出していたことは確実です。しかし、それ以外にもサケ科や動物の毛皮など、遺跡に残りにくい物資もすでに当時の輸出品目に含まれていたのかもしれません。

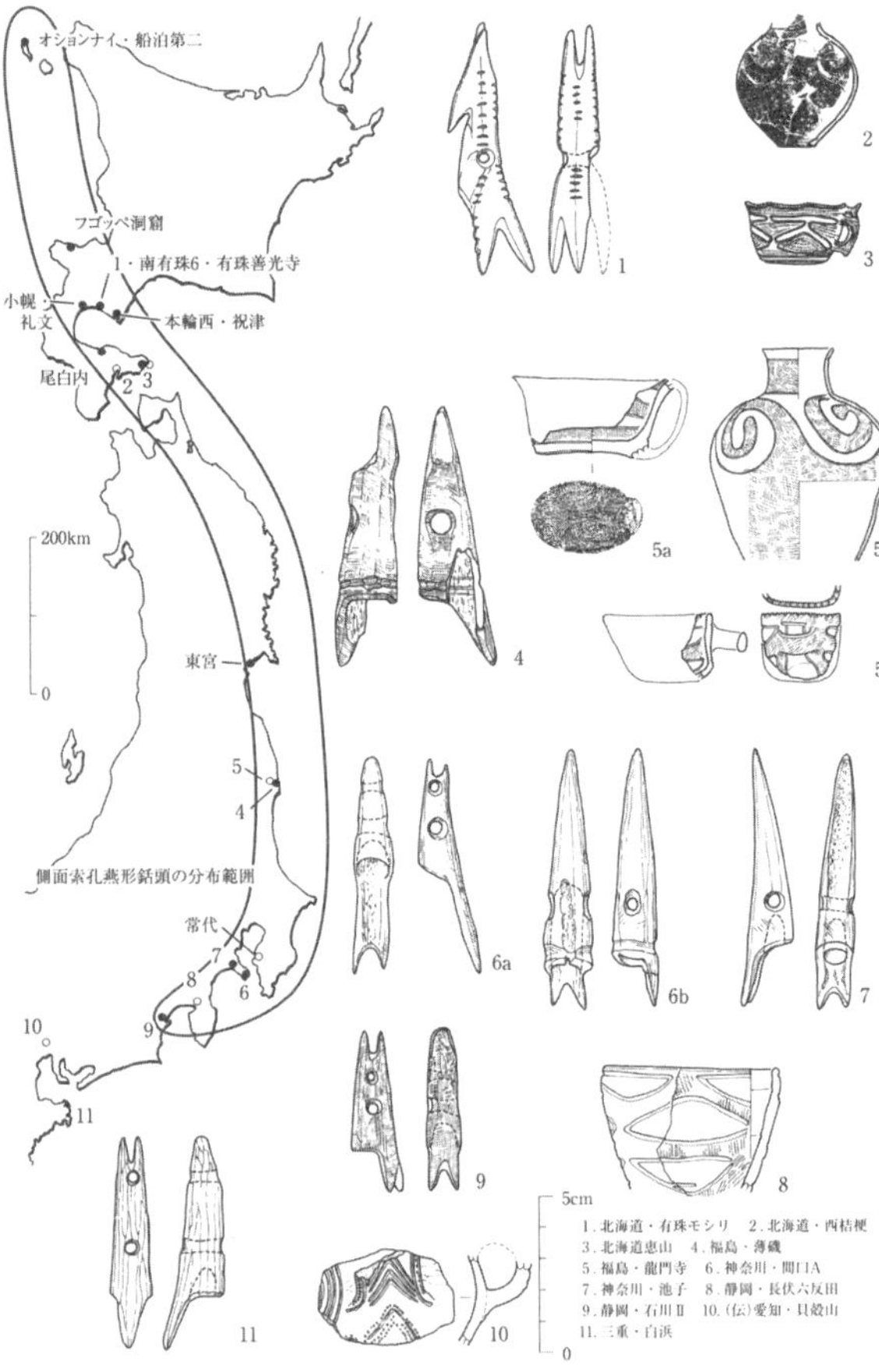

図２　漁労集団の動きをしめす資料　設楽〔2017〕より

「漁労集団」の動き　近年、弥生文化のなかには専業的に漁労を行う集団が存在しており、この集団が続縄文文化の人々にも影響をあたえていたとの理解が示されています（図２）。たとえば、続縄文土器と共通する特徴を持った土器が福島県の浜通り地方で出土したり、銛頭《もりがしら》の特徴が弥生文化と続縄文文化で同時に同じような内容で変化したりしています。また、特殊な釣針が北部九州から北海道まで伝播したとの考えもあり、日本列島全体を広く動きまわり、広域なネットワークを持っていた集団が、こうした現象にかかわっていたとの仮説があるのです。

弥生文化のなかには定着的な農耕民だけではなく、専業的な漁労集団がいたことは多くの研究者が注目しはじめているところです。ただし、こうした集団が、稲作の拡大や交易の面でどのような役割を果たしていたのかは、具体的にはまだ解明されていません。続縄文の人々も海産物に高度に依存した生活を送っていたことは確かですが、この集団自体が本州から九州まで広く移動していたのかどうかもまだ不透明です。専業的な漁労集団が果たした役割は、今後の研究の重要なテーマであることは間違いありません。

弥生文化後期の変化

弥生文化後期〜古墳文化にあたる紀元後三〜六世紀は、続縄文文化後期にあたります。この時期、続縄文文化には大きな変化が生じ、交流の内容も様変わりします。続縄文の人々は竪穴住居の利用をやめ、簡便なテントでの暮らしに移行したと考えられています。広範囲を、頻繁に移動する生活へと変化したためです。その背景にあるのが、本州からの鉄製の道具の入手です。石器の製作・利用を衰退させることで、石器の原料となる岩石を産地までとりにいったり、それを他集団から入手したりする必要性は低下しました。そのかわり、東北地方へと積極的に足を運んで交易を行い、鉄器を北海道へと持ち帰ってくる必要性が高まりました。本州から輸入した鉄器が利器の大部分を占めるようになったために、鉄器がないと自分たちの生活が立ちゆかなくなったためです。

そして、東北地方に住み着いていた続縄文の人々もいたようです。これは、東北北部から北海道系の墓が数多く見つかることからわかります。北海道から頻繁にやってくる仲間を受け入れ、物資運搬をサポートし、交易が円滑に進むような役割を担っていたと思われます。続縄文前期まで北海道から運び出されていた鉱物資源は、この時期に輸出品としての意味はほぼなくなっていました。明確な証拠はやはり得られていませんが、魚や動物の皮などが重要な輸出品であったとみられます。このような社会的背景のもとで、土器をはじめとする物質文化はかなり類似したものが東北から北海道全域、そして千島列島まで分布するようになりました。続縄文前期には、北海道内でも文化圏がいくつかに分かれていたことを考えると大きな変化と言えます。

生業は、食料だけでなく輸出品の入手にもつながるサケ科（遡上してきたシロザケは乾燥して保存可能）やエゾシカなどの捕獲を重視する戦略に変わったと考えられます。地域内でのステータス獲得につながる漁労活動が中心であった続縄文前期にくらべると、より本州との交易に対応するための経済に変貌をとげたと言えるでしょう。

（高瀬克範）

〔参考文献〕佐世保市教育委員会『宮の本遺跡』（佐世保市教育委員会、一九八一年）、伊達市教育委員会『図録有珠モシリ遺跡』（伊達市教育委員会、二〇〇三年）、設楽博己『弥生文化形成論』（塙書房、二〇一七年）、高瀬克範『続縄文文化の資源利用』（吉川弘文館、二〇二二年）

Q47 南方との交流について教えてください

A

弥生時代の沖縄・奄美諸島は、同時代の本土の弥生文化とは異なり、稲作を行わず採集や漁労活動を生業とする貝塚文化後期と呼ばれています。沖縄・奄美諸島では九州の弥生人が好んで装身する貝製腕輪の素材が採取できることから、貝塚文化後期と九州の人々の間で交流が盛んでした。ここではこうした交流の歴史について考えてみましょう。

貝の交易　沖縄・奄美諸島は縄文時代からすでに本土との間で頻繁な交流がみられていました。そして前一〇世紀頃の弥生時代早期以降、九州の弥生土器が沖縄・奄美諸島で出土しており、活発な交流の痕跡を認めることができます。なお、沖縄・奄美諸島は弥生時代のうちに稲作などが行われず、弥生文化の範囲には含めず、貝塚文化《かいづかぶんか》後期という独自の文化として区別されています。

沖縄・奄美と本土の遠隔地交流を最も強く示すのは、ゴホウラやイモガイという奄美・沖縄諸島で産出する貝輪に適した貝類の動きで、「貝の道」と表現されています。

ゴホウラやイモガイ製の貝輪（図1）は、沖縄・奄美諸島の岩礁で採集され、海岸砂丘上で粗く加工されたのち、本土に搬出されたと考えられています。沖縄県嘉門《かじょう》貝塚などからは、最初期のゴホウラとイモガイの貝殻集積が発見されており、沖縄の貝塚文化後期人と九州弥生人との間で行われた貝交易にかかわる遺構と考えられています。この貝殻集積には、腕輪製作のために粗く加工された貝殻があり、貝輪粗加工品・貝輪素材と呼ばれています。

その後、弥生時代前期前半（前八世紀頃）の長崎県大友《おおとも》遺跡において、朝鮮半島の支石墓《しせきぼ》と呼ばれる遺体を埋めた墓壙《ぼこう》の上に巨大な石をのせる墓地である五七号支石墓から、ゴホウラの背面を円形に使った組合式の腕輪二個が、二枚貝腕輪

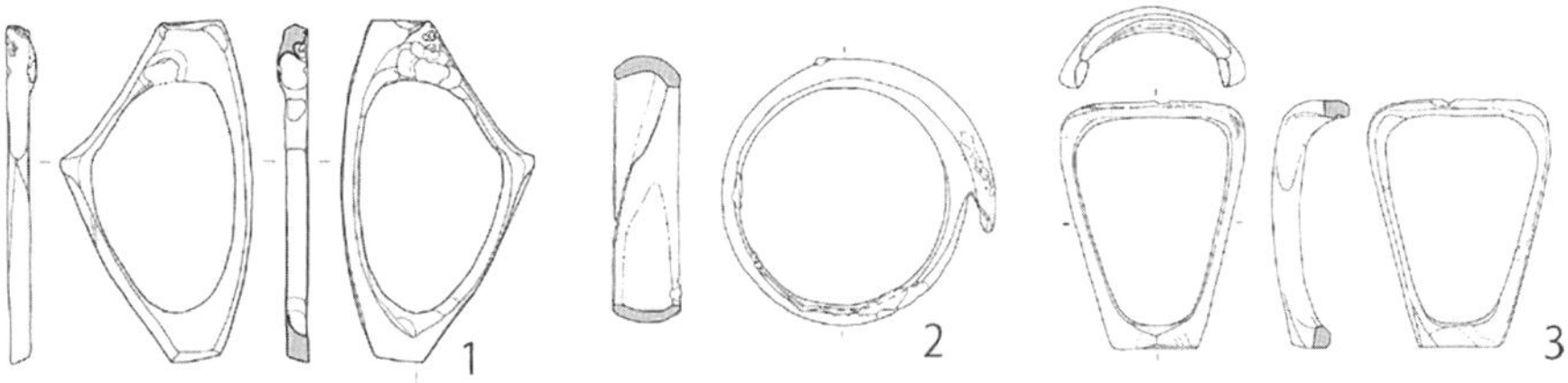

図1　南海産貝輪（1：ゴホウラ　2：イモガイ）　木下尚子〔2021〕「貝殻集積からみた先史時代の貝交易」（『国立歴史民俗博物館研究報告』第228集）より

一個とともに成人男性の右腕にはめられていました。時期的にみて、これは最古のゴホウラ製貝輪です。大友遺跡では続く時期にゴホウラ製貝輪が六点出土しており、大友遺跡の人々はこのタイプの貝輪素材を輸入していた可能性があります。墓に埋葬されていた人物は漁労民で、縄文時代から貝輪を使用していた人々でもあり、彼らがまず二枚貝のベンケイガイやオオツタノハ製貝輪の素材をトカラ列島に求め、次いで沖縄・奄美諸島の貝類へ移り、西北九州の人々を通じてやがて北部九州で南海産の貝輪が大量に消費されたと考えられています。

沖縄貝塚文化後期人と、九州弥生人との貝交易は、こうした大友遺跡の事例を端緒に、前六世紀頃の弥生前期後葉から前三世紀頃の中期中葉になると、北部九州平野部の弥生人によるゴホウラ・イモガイ類の貝殻消費がはじまり、ゴホウラ・イモガイ腕輪粗加工品が沖縄から搬出されます。前三世紀から一世紀頃の弥生中期後半になると、弥生社会のゴホウラ・イモガイ類の消費数が最大となり、前一世紀の弥生中期末から後一世紀頃の後期初頭になると、九州の貝殻需要が衰退して金属製の腕輪が登場し貝交易が終息していきました。ゴホウラ・イモガイ腕輪などの装飾品は、北部九州のほか、西日本では近畿地方付近にまで拡散しています。

こうした貝交易の変遷の過程で問題となるのが、沖縄の貝塚文化後期社会に首長墓《しゅちょうぼ》などが見られないことです。九州との貝交易が盛行すれば貝塚文化後期の社会の階層化が進行し、ある程度突出した人物の墓などが出現してもよいはずですが、貝交易盛行時の首長墓は発見されていません。しかし、貝殻集積が多数発見された遺跡は、貝輪製作の拠点であるとともに外来遺物の保有量の高さからみて一般的な集落とは格差があり、貝交易を通じてある程度の社会の階層化は進行していたようです。なお、貝交易の沖縄側への九州からの見返りは、沖縄奄美では紡錘車《ぼうすいしゃ》が少量しか出土しておらずあまり機織りをしていないと考えられることから、おそらく布

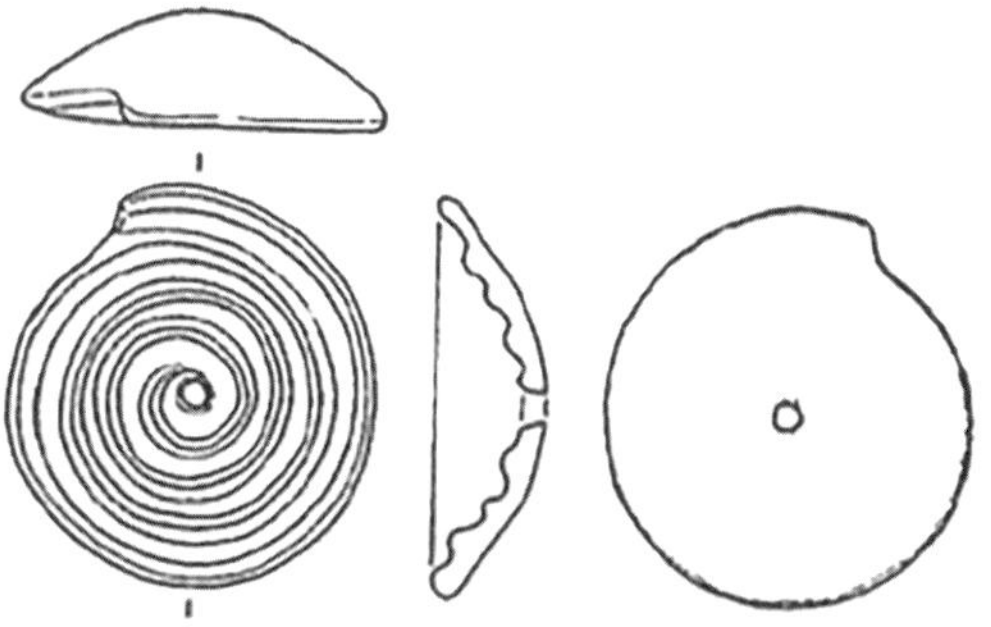

図2　イモガイ形土製品（是川中居遺跡）　小林青樹〔2007〕「東日本系土器の西漸と交流」『日本の美術499』（至文堂）より

が第一の候補と考えます。

亀ヶ岡系文化との交流

南海産貝類の装飾品は、東北からも出土します。驚くべきことに、東北の縄文文化である亀ヶ岡《かめがおか》系文化も南海産の貝を手に入れていたようです。青森県是川《これかわ》中居《なかい》遺跡などからは、イモガイを模倣した土製品が多数出土しています（図2）。これは南海産の貝であるイモガイの螺頭部《らとうぶ》裏側の渦巻のような部分を抽出し、真ん中に穴をあけてアクセサリーにしたものです。亀ヶ岡系文化の遺跡からは貝であるイモガイ製自体を加工した製品も出土しており、同じような形態で石製品が北海道南部から多数出土しています。亀ヶ岡系文化と北海道南部でイモガイを模倣した装飾品が流行していました。

近年、以上のような交流を示すように亀ヶ岡系文化の土器（大洞系土器と呼ばれる）が沖縄県平安山原《はんざんばる》遺跡から出土しました。沖縄・奄美諸島からは、他にも類似する土器などが出土していますので、密接な交流があったと考えられます。亀ヶ岡系文化のイモガイを模倣した装飾品の出土の多さから、貝製品自体も相当量がもたらされていたと推定されます。いまのところ、弥生時代前期前半の西北九州から出土する南海産貝輪は先にみた大友遺跡のゴホウラ製貝輪で亀ヶ岡系文化の交流の方が少し前のことでした。すなわち、亀ヶ岡系文化の人々は、北部九州の弥生人よりも先駆けて南海産貝に注目し手に入れていたことになります。

大陸との交流

貝塚文化後期では中国戦国時代の燕国《えんこく》や北海道の続縄文文化とも交流をしていた可能性があります。まず注目されるのが近年、沖縄から中国戦国時代の七雄の一つである燕国の遺物が多数出土していることです。読谷村の中川《なかがわ》原《ばる》貝塚からは、燕国系の鋳造の鉄斧などの破片が出土しています。また沖縄からは燕国の貨幣である明刀銭《めいとうせん》が二個出土しています（図3）。沖縄出土の明刀銭は、戦国後期の最も新しい段階のもので、前三世紀のものです。この他、中部西海岸側では、同時期の燕国や斉国のものと考えられる滑石《かっせき》を含む土器が多数出土しています。こうした土器群は九州系土器と共伴することが多く、弥生土器は南島を出発し九州南部から西海岸を経由して北部九州へ持ち込まれたと考えられており、このルートと同じ動きで持ち込まれたと考えられます。こうした動きは貝の道でもあり、燕国や斉国の滑石を含む土器の出土地は、いずれもリーフが発達し南海産大型貝採集に適した沖縄西部の沿岸部に集中し、貝交易と関連する可能性があり、おそらく鉄片を硬く鋭い刃に加工して貝輪製作に用いたのでしょう。

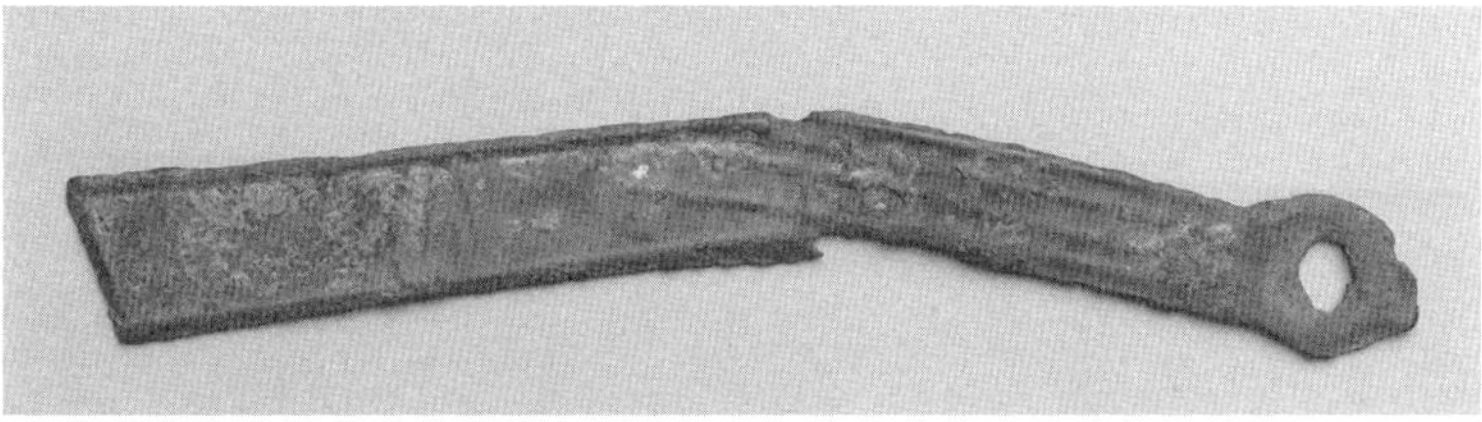

図3　明刀銭（城嶽）　東京大学考古学研究室所蔵

弥生時代中期後半に併行する時代になると、沖縄では漢《かん》の貨幣であった五銖銭《ごしゅせん》が出土し、特に久米島に分布が集中しています。出土地はいずれも交易拠点であったと考えられる遺跡およびその周辺遺跡で、貝集積遺構と伴う例も多く、戦国時代後期の遺物と同様な動きのなかでもたらされたようです。なお、この頃には、韓半島北部の楽浪郡《らくろうぐん》にある貞柏洞《ていはくどう》八号墓からイモガイ製品が出土しており、また中国遼寧省遼東の漢墓にタカラガイが多数副葬されている事例も沖縄諸島との関連性が指摘されています。沖縄からの貝の道はさらに遠隔地に到達していたようです。

一方、貝塚文化後期の貝輪はさらに北海道続縄文文化の有《う》珠《す》モシリ遺跡の墓から紐で連結する横型貝輪が出土しています。これを装着していた人骨の年代は後一世紀代で、二〇〇年近く伝世したものと考えられています。中期の青森県垂《たれ》柳《やなぎ》遺跡から同形態の石製品が出土しており、少なくとも中期のうちに沖縄から北部九州を経由して東北に到達していたようです。以上のように、弥生時代には沖縄から北海道、そして中国や韓半島までをつなぐ交流・交易のルートが開拓されていました。

（小林青樹）

〔参考文献〕木下尚子『南島貝文化の研究』（法政大学出版局、一九九六年）

コラム10

大阪府池上曽根遺跡

大阪府和泉市池上《いけがみ》町と同泉大津市曽根《そね》町とにまたがる弥生時代を代表する環濠集落の一つです。標高は八～一三m、低位段丘もしくは段丘化した扇状地に立地し、現在の海岸線までの距離は二km程度です。南北一・五km、東西〇・六kmの範囲に広がる総面積六〇万㎡に達する大遺跡です。弥生時代前期後半に人々の生活が開始され、中期には最盛期を迎え、後期になると人口を減少させていきました。これまでの発掘調査によって、さまざまな建物跡やそれらを囲む大溝《おおみぞ》、方形周溝墓《ほうけいしゅうこうぼ》をはじめとする墓域などが見つかっています。確実な水田遺構こそ発掘されていませんが、大量の石庖丁《いしぼうちょう》と遺跡の立地からは水田稲作を営む大集落であると考えられます。

二〇世紀初頭にはその存在が知られていましたが、大規模な発掘調査は一九六九年から一九七一年に、大阪万博にむけての国道二六号線バイパス（第二阪和国道）の整備に伴い実施されました。国道部分にあたる幅三〇m、南北のべ約六〇〇mという広大な範囲が調査されたのです。一九九〇年代には史跡公園整備に向けた調査が進み、集落中央から大型掘建柱建物と大型井戸が見つかったことで脚光を浴びました。また、この建物のヒノキ柱材五本が年輪年代測定され、紀元前五二年に伐採あるいは立ち枯れした木材を利用していたことが判明しました。柱掘方埋土《ほりかたまいど》には中期後半（Ⅳ－3）の土器が伴っており、この土器型式の属する暦年代が明らかになったことも重要な成果です。

集落の構造は時期ごとに変遷しますが、最盛期である中期後半には二条の濠《ほり》を有し、外側には方形周溝墓群が広がります。濠に囲まれる範囲は南北、東西ともに約四五〇m、面積一二～一四万㎡となり、内郭の中心には棟持柱《むなもちばしら》を持つ大型建物を中心に建物群が配されていました。祭祀空間あるいは首長の居館などさまざまな解釈がありますが、集落の中心的な空間であったことは間違いありません。重要なのは、これらの建物は同じ場所で何度も建て替えられているという事実です。居住域を囲む環濠《かんごう》も中期には何度も繰り返し掘り返され、機能が維持されていましたが、中期末以降は掘削されなくなります。後期には小集団に分散して居住が継続していたとみられ、この時期に突如として登場する背後の丘陵上の観《かん》音寺山《のんじやま》遺跡に拠点を移動したとする説もあります。

（寺前直人）

コラム11

邪馬台国

中国の正史『三国志』の『魏志《ぎし》』「東夷伝《とういでん》」の倭人《わじん》条《じょう》、いわゆる『魏志』倭人伝に登場するのが「邪馬台《やまたい》国《こく》」です。ただし、日本列島で記述された「記紀《きき》」にこその存在は希薄です。『日本書紀《にほんしょき》』の「神功紀《じんこうき》」において神功《じんこう》皇后を卑弥呼《ひみこ》に擬《ぎ》する記述がある程度です。もっとも、『古事記』と『日本書紀』は、六六三年の唐・新羅連合軍との戦いでの敗北をうけた国際的危機以降に進められた政治改革において、日本列島の政治権力の独自性と正当性を強調するために編纂されたものです。したがって、弥生時代後半から五世紀までのその時々の王権が漢帝国、魏王朝、南朝に朝貢《ちょうこう》し、「王」号や「将軍」号を得ることで政治力を強化しようとした歴史的事実は、時の政権にとっては不都合なので記載を避けていたとしても不思議ではありません。弥生時代研究とは直接結びつく論点は少ないですが、中国史書上の「邪馬台国」に関する記述と「記紀」にみられる政治史を結びつける際には、このような制限があることには注意が必要です。

また、弥生時代後期・終末期に属する巨大な集落や珍しい出土品が見つかると邪馬台国の所在地に結び付けられて報道される傾向がありますが、『魏志』倭人伝にはさまざまな国の存在が紹介されています。したがって、大きな遺跡や中国系器物の出土地が、そのまま邪馬台国の所在地と直接的には結びつきません。また、権力の中枢がさまざまな政治的要因で移動することは、古今東西の歴史的現象として知られています。つまり、厳密な意味で邪馬台国の所在を考古学的に明らかにすることは困難です。ただし、近年深化している三角縁神獣鏡の研究成果をふまえるならば、三世紀後半以降、奈良盆地を中心に巨大な前方後円墳を築造しつづけた政治的ネットワークと、魏晋王朝と直接的な政治関係を結んだ倭の政治勢力は、密接な関係にあったと考えざるをえません。

一方、二世紀前後の日本列島、弥生時代終わりごろの日本列島の文化を知るうえで、『魏志』倭人伝の記載は情報の宝庫です。本書でも皆さんの疑問に答える際には『魏志』倭人伝の内容を参考にしてきました。弥生時代の考古学的情報と照合すべき記載内容としては、食生活（Q20）、家族構成（Q8）、階層構造（Q4）、武装（Q19）、卑弥呼の居館や墓の様子などの記載があります。

（寺前直人）

第六部 精神文化

Q48 神話はありましたか

A

神話の展開には三つの段階があるとされます。第一が自然的な霊的存在を威力のあるものと認識する自然神話の段階、第二が豊耕を開始した段階、第三が階級的支配の明確化する段階です。弥生時代に神話があったとすれば、第二の段階に相当します。弥生時代の土器や銅鐸に描かれた絵画は、農耕にもとづく物語をとても素朴ですが絵巻風に表現していて、縄文時代の霊的存在を切り取った表現と異なっています。

神話のなかのシカと鳥　弥生土器や銅鐸《どうたく》にはさまざまな絵が描かれています。一九九〇年代のデータですが、その種類と数は土器の場合はシカが一〇五頭（四八%）、建物が五〇棟（二三%）、人物が二六人（一二%）、鳥が二〇羽（九%）、龍が一六匹（七%）、イノシシが一頭（〇・五%）で、銅鐸ではシカが一三五頭（三五%）、人物が五九人（一五%）、魚が四〇匹（一〇%）、鳥が二七羽（七%）、イノシシが二七頭（七%）です。動物が目立ちますが、いずれもシカがトップです。土器や銅鐸のシカの絵には、素手でシカの角をつかむ狩人や、矢を受けても倒れもせずにいるシカが描かれています。その奇異な姿から風土記などの説話を参考に弥生時代のシカは地霊として信仰の対象だったと解釈されていますので、それを紹介しましょう。

『播磨国《はりまのくに》風土記《ふどき》』に、シカの腹をさいてその血にイネを浸してまいたところ、一夜にして苗が生まれたという説話があります。『豊後国《ぶんごのくにの》風土記《ふどき》』には、田を荒らすシカが人にとらえられて、もう田を荒らしませんと誓いを立てて許してもらう説話があります。

こうした古代における農業とシカの深いかかわりは、ニホンジカとイネの成長の相似によって説明されています。シカの角は三月ころに脱落して生まれ変わります。そのときの枝角は数を増し、立派になっているのです。角がイネを表しているのであれば、シカ自体が田や土地ということですから、シカは地霊ということになります。

　弥生絵画の動物でシカとならんで数が多いのは鳥です。弥生時代には鳥形の木製品が知られています。また、翼をつけて鳥に扮した人物の絵も多数知られています。竿《さお》の上に鳥形木製品をつけて立て、鳥に扮した司祭者がまつりを行っていたのでしょう。

　民俗学で「穂落とし神話」と呼ばれるアジアに広く分布する説話は、ツルなど長頸の鳥が稲穂をくわえて落としたところにイネが生えたという稲作の起源説話です。『古事記《こじき》』に登場する「鳥《とり》之《の》石楠《いわくす》船神《ふねのかみ》」は天翔ける舟にのった神で「天《あめの》鳥船神《とりふねのかみ》」といいます。当時の舟はこの世とあの世を往来する役割が意識されており、イネの魂は祖先の国とこの世を、鳥を媒介にして往来していたと考えられていました。

　このように、古代のシカと鳥はいずれも稲作神話と深い結び付きがありました。地霊としてのシカとイネの魂の運搬者である鳥が、弥生時代の絵画土器と銅鐸という儀礼的な性格の器物に描かれているのは偶然ではなく、弥生時代にシカと鳥は農耕儀礼にかかわる重要な動物、神話的な動物として意識されていたことを物語っています。

　水稲栽培による稲作儀礼には、①予祝《よしゅく》儀礼《ぎれい》、②播種《はんしゅ》儀《ぎ》礼《れい》、③田植儀礼、④虫送りや雨ごいなどの呪術儀礼、⑤収穫儀礼があります。銅鐸に角のないシカが圧倒的で、土器に角のあるシカが多いことから、銅鐸には初夏のシカを、土器には秋のシカを描いたと考えられています。土器に建物がたくさん描かれるのに対して、銅鐸に描かれたのはわずか二棟にすぎません。これらの建物は高床建物《たかゆかたてもの》であり、穀倉を描いたと考えられるので、秋の収穫に伴う儀礼的な意味がありました。このことから、銅鐸が春から初夏の予祝儀礼、土器が秋の収穫儀礼の性格をおびているとされています。

神話的なパノラマ画　鳥取県稲吉角田《いなよしすみだ》遺跡から出土した弥生時代中期（紀元前一世紀）の大きな壺形土器の頸に描かれているのは右から大勢の人物がこぐ舟、柱とはしごの異常に高い祭殿と思われる建物、高床倉庫、木の枝に吊るされた二つの銅鐸、そしてシカです。シカは遊離した破片ですが、頭の向きから最後の場面に描かれたと思われます。舟は右から左に進んで建物に近づこうとしているので、全体として右から左へと展開する物語とみてよいでしょう。

　舟をこぐ人物の頭には、半円形の飾りがついています。サギなどは後頭部に冠羽《かんう》という羽を持っていて、その束を羽冠《うかん》といいますが、その表現でしょう。つまり、舟をこぐのは鳥

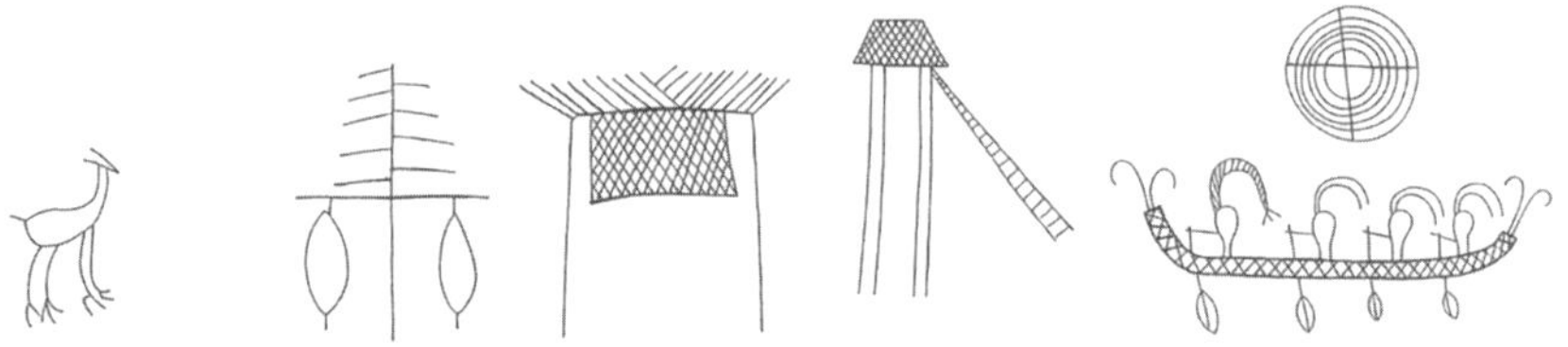

図1　絵巻風の弥生土器絵画（鳥取県稲吉角田遺跡）

に扮した人物です。鳥は穀霊の運搬者という理解に即せば、高い建物を建てて空を飛ぶ鳥を招いたのでしょう。銅鐸が鳥を招くために打ち鳴らされて、祭殿へと招かれた鳥はその後高床倉庫へとイネの魂を運ぶのです。その一部始終を地霊であるシカが見守っているというパノラマ画で、イネの収穫儀礼の絵巻と言ってよいでしょう。

天と地の三次空間を意識した別の絵画を紹介しましょう。辰馬考古資料館の銅鐸と滋賀県新庄《しんじょう》銅鐸は同じ鋳型から作られた弥生時代中期（紀元前三〜前二世紀）の流水文《りゅうすいもん》銅鐸であり、鐸身の上の方に横方向に絵を描いています。

この絵で注目したいのは、絵をはさんだ下部の流水文帯の上縁を地上の線に見立てていることです。人、カニ、シカ、臼などの地上を歩き地

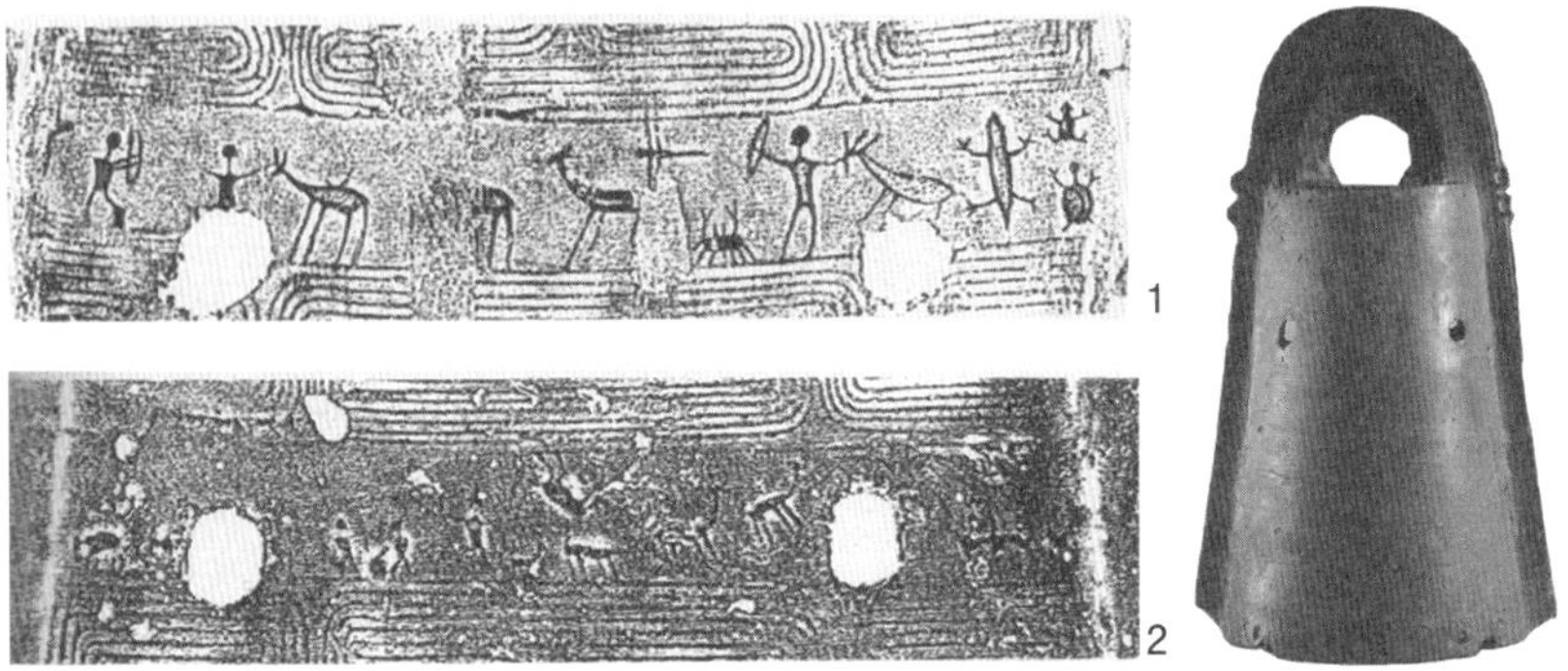

図2　絵巻風の銅鐸絵画　1. 滋賀県新庄遺跡、2・3. 辰馬考古資料館蔵鐸

上に置かれる動物や物は地上の線の上に描かれます。そして、上部の流水文帯の下縁を空あるいは空中の木の枝に見立てて、トンボやサルはそれに接してあるいはそれにつかまるように描かれています。トカゲやスッポンなど水棲の生物はその中間に描かれます。それぞれ、地上、空、水の世界という垂直な空間を表しているのではないでしょうか。

辰馬考古資料館銅鐸の絵画で不可解なのは、シカの動きです。地上を歩いているシカの群れが、上方へと移

動しているのです。別の方向に逃げるシカの表現、あるいは遠ざかるシカを遠近法で表現したという解釈があります。しかし、遠近法であれば小さく描くでしょう。シカは空へと歩みを進めているとみてはどうでしょうか。

奈良県清水風《しみずかぜ》遺跡の土器の鳥人の絵には、胸にシカが描かれています。いずれも農耕儀礼の重要な動物であるシカと鳥がともに天空に存在していた意味は、イネの憩いの場が天にあった思想にもとづくのではないでしょうか。

神話のあけぼの　縄文人は鳥をとっていましたが、思想的に空を意識してそれを造形することはありませんでした。それに対して弥生人は空を意識して、鳥を信仰するようになりますが、それはやはり水稲農耕が弥生人の主たる生業になったことに理由があるのでしょう。

かつて古代史の三品彰英《みしなしょうえい》は、弥生時代終末の三世紀ころに銅鐸から鏡へと儀礼の道具立てが変化するのは、地的宗儀から天的宗儀への祭儀スタイルの変化が背後にあり、天的な宗儀は高天原《たかまがはら》信仰の導入に根差すものと考えました。しかし、稲吉角田遺跡の土器は紀元前一世紀、新庄遺跡の銅鐸にいたっては紀元前三世紀にさかのぼる可能性があるので、天空の信仰はもっと古いとみてよいでしょう。

稲吉角田遺跡の絵画土器も新庄の銅鐸も、絵巻物風に絵画を展開しています。臼やカニやサルが登場する銅鐸絵画は猿蟹合戦を連想させますが、昔話と神話は共通性があるので、これらのパノラマ画には神話的な物語が語られていると言ってよいのではないでしょうか。縄文時代の土器には男女が手をつないで踊っているシーンの立体画があり、歌垣《うたがき》のような楽しみを描いた可能性はあります。これも一種の神話かもしれませんが、きわめて抽象的です。銅鐸の絵巻にどのような物語が展開したのか具体的に知ることはできませんが、縄文神話と異なる律令期の神話のあけぼのを弥生時代にみることは許されるのではないでしょうか。

動物をまじえた人間界自然界の構成をパノラマ風の絵画で示し、一種の神話仕立てにしているのは、中国にも朝鮮半島にもありません。イネや稲作儀礼の起源は大陸に求められますが、のちの日本的な世界観の表現方法にアレンジしている点も見逃すことはできません。

（設楽博己）

〔参考文献〕上田正昭『神話の世界』（創元社、一九五六年）、金関恕「神を招く鳥」『考古学論考』（平凡社、一九八二年）、春成秀爾『祭りと呪術の考古学』（塙書房、二〇一一年）、北條芳隆編『考古学談義』（筑摩書房、二〇一九年）

Q49 祖先祭祀はありましたか

A

祖先祭祀の存在を考古学の資料だけで明らかにするのは困難で、文化人類学の手助けを借りなくてはなりません。まず、文化人類学において祖先祭祀の要件とはなにかをふまえたうえで、弥生時代の考古資料の中にその要件に当てはまる、あるいは近い事象があるかどうか、東日本の事例と北部九州地方の事例をもとに考えてみることにしましょう。

文化人類学からみた祖先祭祀の要件　祖先祭祀は、死を媒介にした儀礼です。したがって、祖先祭祀は生者であるまつる人と死者であるまつられる人との関係の中で執り行われ、墓と密接な関係を持つ場合が多いことがまずあげられます。

まつる人とまつられる人の関係は、基本的に親族関係です。祖先は何代も世代を重ねた累積的なもので、死者はすぐに祖先の仲間入りができるわけではなく、ある程度の世代の深度を持っている必要があるでしょう。

墓には墓石や納骨堂があり、その前で手を合わせるように、祖先祭祀には記念碑や記念する施設、仏壇や位牌など祖霊が宿る記念物を必要とする場合が多いのも特徴です。そして祖霊に対する供養や供犠《くぎ》などの特別な儀礼を必要とし、それはしばしば特別な施設で行われます。

以上、文化人類学からみた祖先祭祀の要件をあげましたが、このすべてが揃っている必要はありません。また、考古学的な事象から祖先祭祀の存在を推定する場合には、これらのすべてが揃っている場合はきわめてまれですので、そのいくつかを認めることによって祖先祭祀があった妥当性や可能性を推定するあたりで満足しなくてはなりません。

東日本初期弥生時代の祖先祭祀　葬法を大きく二つに分けると、単葬《たんそう》と再葬《さいそう》です。単葬は、遺体をそのまま埋葬する方法で、遺骨処理はなされません。それに対して再葬は、遺体を骨にする遺骨処理を経たのちに埋葬する葬法を指します。

現代の日本では火葬が一般的ですが、遺体を燃やして骨にしてから埋葬するので、火葬は再葬の一種と言えます。このような葬法は古今東西に認められるから決して特殊なものではなく、むしろ普遍的ですらあるのです。

弥生時代前半期の東日本では、再葬墓が一般的です。土器の中に人骨をおさめ、それをいくつか合わせて埋葬した土坑《どこう》墓《ぼ》が長野県域から岩手県域にまで広がっています。蔵骨器の多くは壺形土器なので、この土坑墓を壺再葬墓と呼んでいます。

同時期の山岳地帯には、山の上の岩陰《いわかげ》から人骨が多量に出土する遺跡があります。岩陰でもまれに複数の壺形土器を伴う場合があるので、これも同時期の再葬にかかわる施設と言ってよいでしょう。これらをまとめてここでは弥生再葬墓と呼んでおきますが、弥生再葬墓を構成する壺再葬墓や岩陰の再葬墓には、焼けた人骨や指の骨や歯に孔をあけた装飾品が出土する場合があります。これらの施設や遺物は、この時期の再葬が複雑なプロセスを経て完結するシステム的な葬法であったことを物語っています。

その典型的なプロセスを復元的に示すと、平地の土坑で遺体を埋葬したり、岩陰で風葬して遺体処理を行い骨にする。その際に指骨や歯が抽出され孔をあけて装身具にし、一定期間身に着ける。骨の一部を壺などの土器におさめ、それがいくつかまとまった段階で土坑に埋葬する。残りの骨は岩陰などで焼かれ、そのときに穿孔人歯骨が焼人骨の中に廃棄される、となります。このように、東日本の弥生時代前半期の再葬は葬儀が完結するまでに複雑なプロセスを要する葬式であり、一種の通過儀礼とみてよいでしょう。

こうしたシステムをとる再葬は、縄文時代晩期の中部高地地方などに認められるので、弥生再葬は縄文文化の伝統を引いた葬法と言えます。それは、墓地の構造にもうかがえます。

縄文時代の環状集落はいくつかの住居群から成り立つ場合が多いですが、その構造は「分節構造」とされ、住居群の分節の単位はリネージや氏族といった出自集団である親族組織の一断片と理解されています。そして、縄文時代の環状墓地も同じような構造を持っています。弥生再葬墓もいくつかの土坑《どこう》が群集し、それらが団子のように連なって墓地を構成しますが、その際に墓地は弧状や環状をなす場合があるのです（図1）。

弥生再葬墓から出土する人骨は断片的なものにすぎず、DNA分析を行って血縁関係の有無やその関係性を分析できる

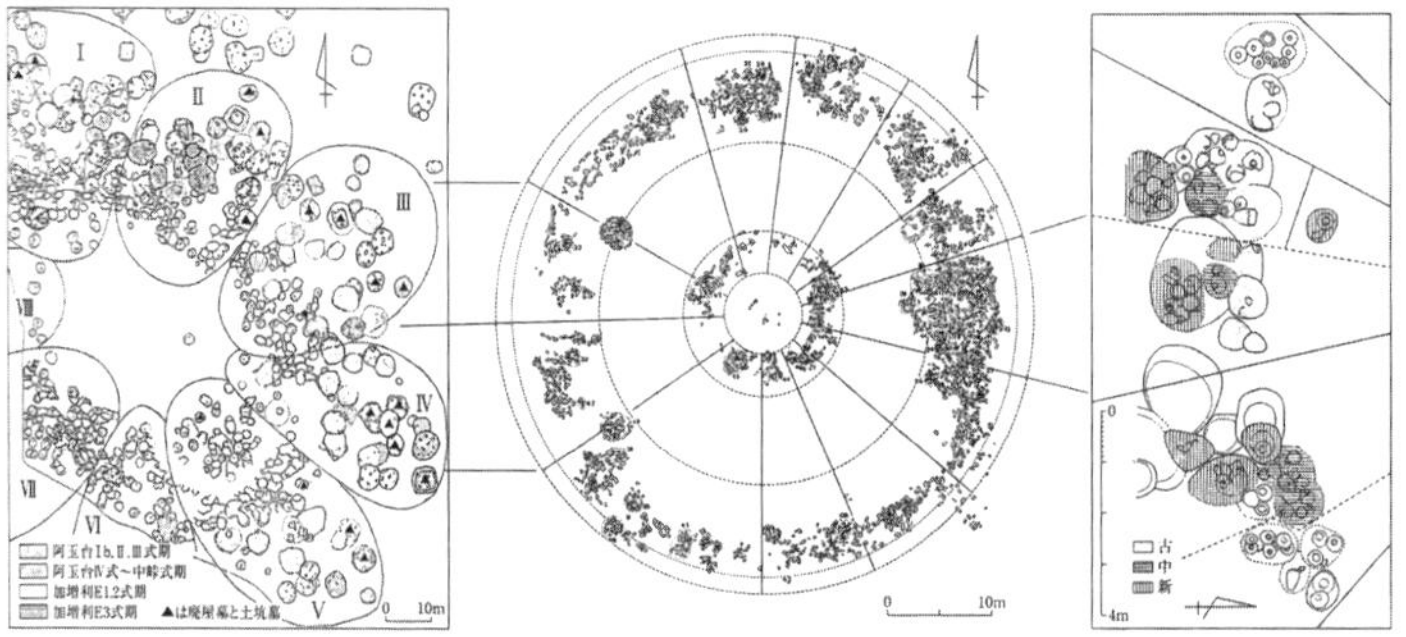

1 千葉県草刈の集落（縄文中期）　2 秋田県大湯万座の環状列石（縄文後期）　3 福島県根古屋の再葬墓（弥生前期）

図１　環状集落・環状墓地と弥生再葬墓

資料はありません。しかし、縄文時代の環状集落の分節構造を反映した環状墓地に由来する構造からすれば、弥生再葬墓の被葬者は血縁関係を基盤にした親族組織から成り立っていると考えることができます。

弥生再葬墓は単一の時期のものもありますが、複数の土器型式にまたがる場合が多く、十分世代の深度は深まっているとみてよいでしょう。

このように、東日本における弥生時代の再葬墓には親族組織によって何代にもわたり営まれた墓地があり、死を媒介にした通過儀礼によって葬儀が完結する特徴を持っています。再葬墓の周辺に竪穴住居跡はなく、墓地として独立した施設であり、これ自体が記念物的な儀礼空間を形成していると言ってよいでしょう。供養や供犠の状況は不明というものの、複雑な手続きをとる儀礼は、おそらく祖先に仲間入りをするための人生最後の通過儀礼であった可能性が高いのです。

北部九州の祖先祭祀

佐賀県吉野ケ里《よしのがり》遺跡は弥生時代の大規模な環濠集落であり、甕棺墓《かめかんぼ》による墓地が検出されています。環濠内の北寄りに位置する墳丘墓《ふんきゅうぼ》は、弥生時代中期前半の甕棺が多数埋設されていますが、中央の最も大きな甕棺墓を中心に他の甕棺墓はそれを取り巻くように配置されています。これらの甕棺墓はその半分ほどに銅剣などが副葬されており、身分の高い集団の墳墓だと考えてよいでしょう。この墳丘墓を目指すようにして、中期前半から後半の二列の甕棺墓が六〇〇ｍにわたって延々と続きます。墳丘墓と甕棺の列の延長線上に、一五六㎡もある後期の大型建物が建っています。

同じような大型建物を伴う軸線構造の墓地は、佐賀県柚比《ゆび》本村《ほんむら》遺跡でも確認されています（図２）。弥生時代中期初頭〜前半の木棺墓と甕棺墓があり、中期後半になってそこから五〇ｍほど北に一六七㎡の超大型の建物が建てられます。建物の背後には、祭祀用の土器を伴う土坑が多数存在しており、建物で祭祀が行われたと考えてよいでしょう。

　中国では漢代の長安城において宮殿などの大型建物が直線的に配置されていますが、東西——南北の中軸線を設けた都市設計は春秋戦国時代にさかのぼるとされます。

　中国の夏・殷代の集落には大型の建物が認められ、それらは甲骨《こうこつ》や文献によって祖先の霊をまつる宗廟《そうびょう》とされています。宗廟が大きいのは、そこで祖先に飲食物を捧げ、霊魂を慰撫するまつりを盛大に行う目的があったからです。王陵の上に墓主の魂が憩う建物である「寝《しん》」を建てるのは春秋戦国時代に一般的になりますが、漢代に陵のそばに寝と宗廟を建てる「陵寝制度《りょうしんせいど》」が確立しました。

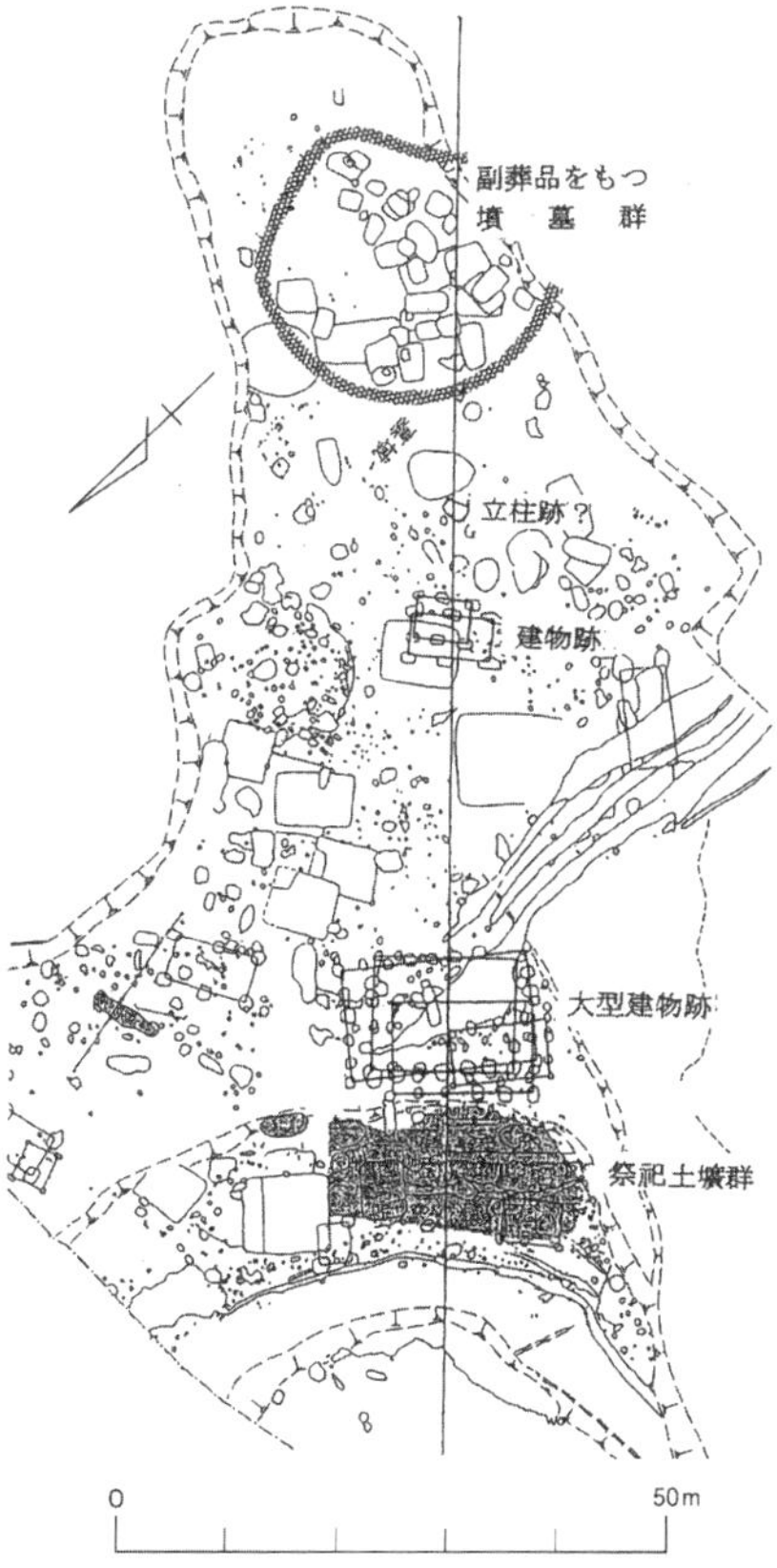

図2　佐賀県柚比本村遺跡の遺構配置図

　軸線上に並ぶ建築物は、日本列島では北部九州の吉野ヶ里遺跡や柚比本村遺跡以前に認めることはできませんので、こうした遺構の配置状況は中国の都市設計の影響によって出現したと考えられています。また、墓が古くて建物が新しいことや建物で祭祀が行われたことからすると、建物は死者をまつるための宗廟のような施設と考えるのが妥当でしょう。

　吉野ヶ里遺跡の墳丘墓が身分の高い集団の墓地であることから、建物で挙行されたまつりには祖先を敬う意識がうかがえ、宗廟の性格をもつ大型建物と墓を軸線上に建てて行う祖先祭祀の形態は、漢文化の影響を受けて成立したのではないでしょうか。

　このように弥生時代の祖先祭祀は、縄文文化の伝統や漢文化の影響によって多様に展開したと推測されます。

（設楽博己）

〔参考文献〕金関恕監修・大阪府立弥生文化博物館編『弥生時代の集落』（学生社、二〇〇一年）、設楽博己『縄文vs.弥生』（筑摩書房、二〇二二年）

Q50 まつりはありましたか

日本列島各地では、稲作の開始以降、大陸から稲作農耕にかかわる新しいまつりが流入し各地に拡散しました。当時のまつりには、広大な地域圏ごとに独自の大型の青銅器を埋納するまつりと、列島各地で同じように小型の青銅器を用いた水辺や住居のまつりがありました。これらのまつりの実態について考えてみましょう。

A

まつりの出現と系譜　前一〇世紀頃、稲作開始とともに北部九州では、韓半島から磨製石剣《ませいせっけん》とともに大陸の剣を崇拝するまつりが伝わりました。このまつりは、ユーラシア東部で墓の脇の立石などに剣を描く遊牧民族による宗教的な習俗が起源で、韓半島では剣を岩場や支石墓《しせきぼ》の一角に描いて武威のシンボルとしていました。同時代の日本列島の各地には土偶や石棒《せきぼう》といった縄文文化のまつりが残存しており、剣を崇拝する地域圏と縄文系の石棒を崇拝する地域圏が対峙するような現象がみられました。西日本では、このような縄文系と大陸系のまつりの習俗が共存する現象は弥生時代前期後半頃（紀元前四世紀頃）までみられました。

弥生時代前期になると、前半頃（前八世紀頃）に魔除に用いられた豚の下顎骨《かがくこつ》を懸架《けんか》するまつりが中国遼寧省あたりから韓半島を経由して北部九州に伝播しました。そして前期半ばをすぎた頃（前六世紀頃）、遼寧式銅剣《りょうねいしきどうけん》という中国遼寧省から韓半島あたりの特殊な銅剣を木に模した武器形の木製品のまつりが北部九州へ伝わりました。このまつりは、木製の武器で模擬的に戦いを行いその勝敗で翌年の豊作を占うまつりであったと考えられています。また、この時期には、集落や祭場の境界にある木柱の上に設置したとされる鳥形木製品や鹿の肩胛骨《けんこうこつ》に灼《しゃく》で焼き付けてそのひび割れで吉凶を占う卜骨《ぼっこつ》もこの頃弥生文化に伝わったようです。

そして弥生時代前期末から中期の初頭（前四世紀前半）を

迎えると大きな画期が訪れます。韓半島などから中国北方系の文化に由来する青銅器（銅剣・銅矛《どうほこ》・銅戈《どうか》・銅鐸《どうたく》・多鈕《たちゅう》鏡《きょう》）、絵画土器などが一斉に伝播しました。この段階で西日本のまつりの道具はほぼ揃いました。その後、弥生時代中期後半（前一世紀頃）になると、中国の前漢から鏡とともに漢系の龍まつりなども流入しました。紀元後の後期になると、漢鏡は小型の鏡に模倣され、漢鏡流入以前の伝統的なまつりと共存しつつ古墳時代初頭に大和を中心とする政権によって祭祀の再統合がはかられました。この過程で武器や銅鐸などの青銅器の埋納といったまつりは一斉に終焉します。

絵画に描かれたまつり　弥生時代のまつりは、稲作農耕社会のまつりでもあり農事暦にかかわる季節的な節目のまつりが中心となります。こうしたまつりのなかで重要であるのは、弥生時代の土器に描かれた絵画です。異なる土器に描かれた絵画を集めてまつりの復元をしてみましょう（図1）。これらの絵画は稲の豊作を祈願する一連のまつりの世界観を描いたものと考えられ、同じような絵画が九州から関東まで広域にみられることから基層的なまつりであったと考えられます。鹿は土地のカミ、鳥は稲のカミと考えられ、両者は鳥装のシャーマンに迎えられ祭殿へと誘われます。おそらく祭殿に翌年の種籾を奉納し、その場所に土地のカミと稲のカミが

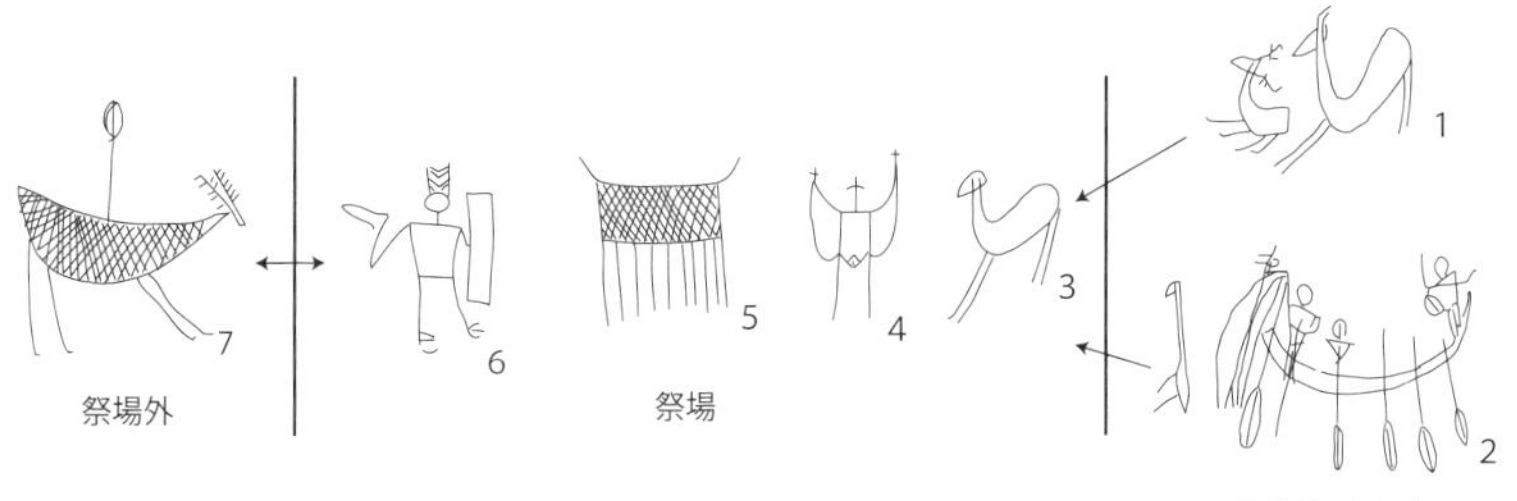

図1　弥生絵画　小林青樹〔2017〕『倭人の祭祀考古学』（新泉社）より

行き着き二者の霊力が種籾にうつり豊作を祈願するまつりが行われたのでしょう。その後、祭殿を脅かす荒ぶる鹿が現れ、これに矢を射掛け、戈《か》と盾をもつ人物が鹿を威嚇し祭殿を守護します。西日本の各地で実際にこのようなまつりが行われていたと考えます。

埋納と水辺のまつり　武器形青銅器や銅鐸の埋納については、その意味として地鎮のために埋納したという説、山の神に奉納したという説、地域やクニの境界に埋納したという説、災害・戦争時の祈願のため埋納したという説など、諸説あります。また、埋納された各祭器の分布にはある程度の偏りがあることから、そ

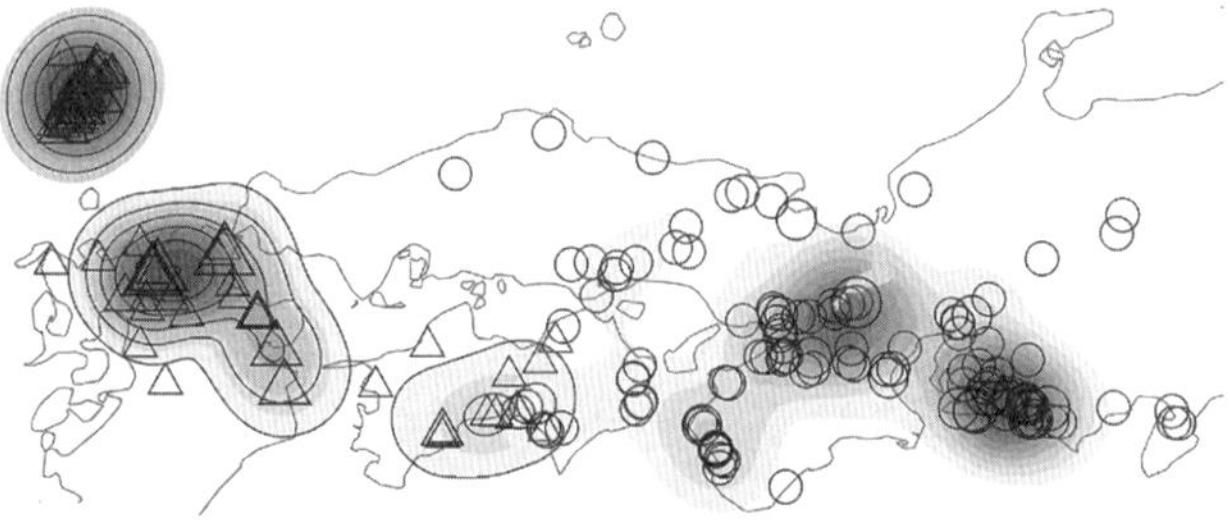

図2　弥生時代後期の青銅器分布（○：突線鈕式銅鐸　△：広形銅矛）　吉田広〔2014〕「弥生青銅器祭祀の展開と特質」『国立歴史民俗博物館研究報告』第185集より

こに政治的な統合をみる考えと、集団の祭祀に用いられる祭器である点で平等原理や集団の共同性を基本的な性格としてもつとする考えなど解釈はいくつかに分かれます。

　ここでは、弥生時代後期頃の祭器の分布を例に埋納についてみてみましょう。北部九州から四国南部付近に広がる広形《ひろがた》銅矛と中国地方から近畿・東海あたりまで広がる突《とつ》線鈕式《せんちゅうしき》銅鐸の分布（図2）をみると、両者の分布範囲は相当に大きく、小さな村々ごとに行われたとは思われません。こうした背景には、広域に地域をまとめる何らかの統合原理があり、そうした統合された地域の上位のシンボルが銅矛や銅鐸といった青銅器であったと考えます。そして、弥生時代が終わったときに、一斉に青銅器の埋納が終了するのは社会の新たな統合原理の登場によるものと考えられます。

　こうした現象に対して、同時代には小銅鐸・小型仿製鏡《ぼうせいきょう》・破鏡《はきょう》（割れた鏡片）といった小型青銅器の分布が顕著となります。これらの分布は北部九州から関東付近まで広がる点で共通し、さらにいずれも住居と水辺（井戸・溝・河川）のどちらかのまつりで用いられます。こうした各地で同じようなまつりがみられるという点で基層的なまつりであったことがわかります。水辺のまつりの具体例をみると、滋賀県下鈎《しもまがり》遺跡では、特別に水を引き込む導水施設付近から小銅鐸が出土しています（図3）。小銅鐸で音を鳴らしながらまつりを行っていたのかもしれません。その他井戸の脇に小銅鐸を吊るすなど各地の遺跡で水辺のまつりが盛んに行われました。

　一方、住居のまつりは、住居の廃棄時に床に小銅鐸を埋納する事例などがあり、集落内の特別な住居において様々なまつりを行っていた可能性があります。このような動きと同調して、弥生時代後期になると家形土器《いえがたどき》が出現し、岡山県夫婦《めおと》岩《いわ》遺跡などのような台の上に家をのせる家形土器が九州から関東まで分布し、岡山県横寺《よこでら》遺跡からは竪穴住居型の土製品も出土しています。これらの家の意匠は特別なもので、おそらく首長の居館やまつりごとを行う祭殿と考えられます。こうした水辺と住居のまつり双方の遺跡でそれぞれ小型青銅器が出土しますが、両者は異なるものではなく、一連のまつりとして行っていた可能性があります。

このような首長の居館と水辺のまつりが一体であると考えるのは、これらが古墳時代の豪族居館と導水施設のまつりにつながると考えるからです。古墳時代の導水施設は豪族居館で行われるようになり、また埴輪にも表現されて王権中枢と地方の有力者の古墳に並べられました。水辺や導水施設のまつりは、農業にとって最も重要な水の管理・制御を維持するため首長を中心に実施された重要なまつりです。水辺のまつりをみると、弥生時代の首長や社会が古墳時代に向かって成長していく過程がよくわかります。

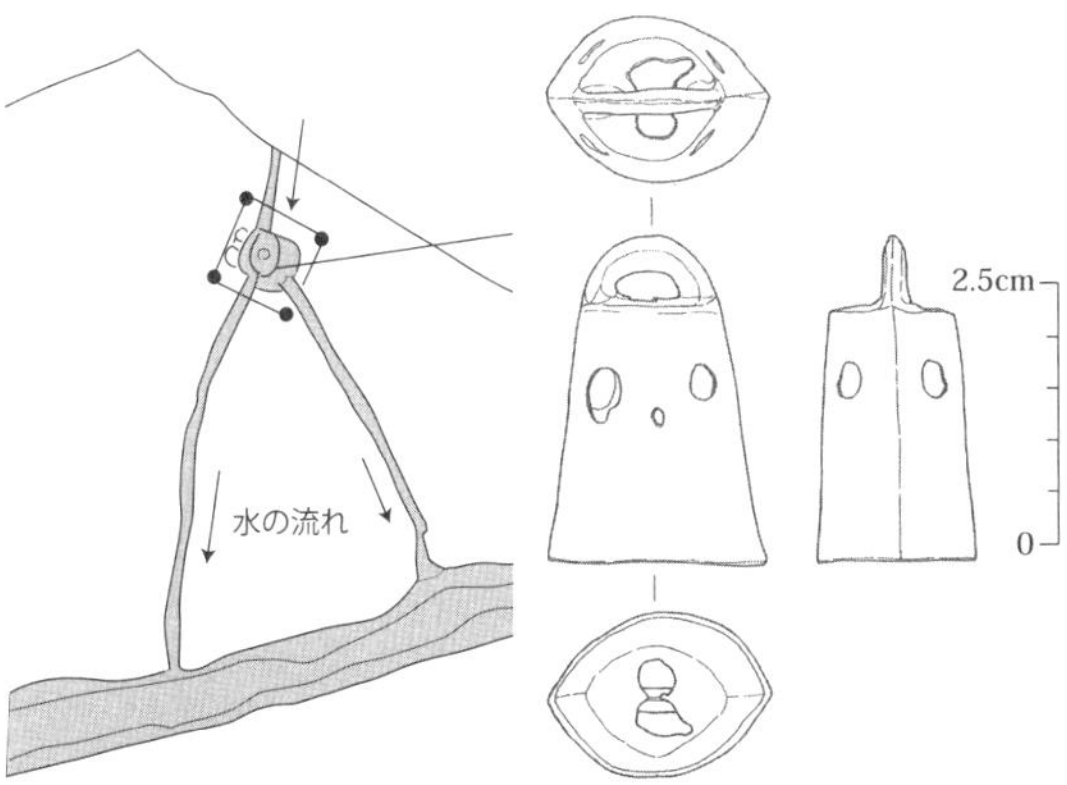

図 3　導水施設と小銅鐸（下鈎遺跡）　滋賀県教育委員会〔2003〕『下鈎遺跡　中ノ井川放流事業に伴う発掘調査報告書 1』より

東日本のまつり　東日本における弥生のまつりのはじまりは、弥生時代中期中葉頃（前三世紀頃）で、西日本に比べて遅れて伝わります。このように遅れた原因は、縄文時代のまつりの伝統から容易に脱却できなかったからであると考えられます。そして、関東では先に基層的なまつりと考えた絵画や小型青銅器が出土しますが、南関東より東には極めてわずかな小型青銅器を除きほとんど伝わりませんでした。

また、東日本で注目されるのは吉凶を占う卜骨が関東を中心に多数出土する点で、特に紀元後の弥生時代後期には西日本では卜骨が少なく東日本で盛んに卜骨が用いられました。このように東日本に卜骨が偏って存在した背景には、西日本では弥生時代になって早くから鹿が聖獣となり狩猟が制限され捕獲数が減少し、かわりにまだそうした世界観が定着していない狩猟民が多数存在した東日本の縄文系弥生人が、鹿を狩り解体して卜骨に加工する作業を生業とし、卜占に従事していたからであると考えます。

（小林青樹）

〔参考文献〕金関恕『弥生の習俗と宗教』（學生社、二〇〇四年）

Q51 楽器や歌や音楽はありましたか

A

弥生時代にも楽器はありました。しかし、歌や音楽、踊りといった芸能や習俗は、考古学では把握しづらい分野のひとつです。なぜなら、音楽は楽譜や文学作品などに歌詞などが記述されていないかぎり、その具体的な内容を知ることができないからです。音を出すことに特化した遺物、楽器を中心に音楽について考えてみましょう。

土笛（陶塤）　弥生時代前期の北部九州地域から近畿北部において、大きさ五～九㎝で上端に切口のある中空の卵形土製品が出土しています（図1）。片側面には二列各二孔、反対側の上辺に二孔を持ちます。切口部に息を吹き込み、四孔側は両手の人差指と中指で、二孔側は両手の親指で押さえることで調音する楽器であるとみられます。島根県西川津《にしかわつ》遺跡・タテチョウ遺跡からは四〇点以上、青谷上寺地《あおやかみじち》遺跡からは八点以上が出土しており、福岡県光岡長尾《みつおかながお》遺跡・高槻《たかつき》遺跡から、丹後半島に位置する京都府途中《とちゅう》ヶ《が》丘《おか》遺跡や扇谷《おうぎたに》遺跡まで広がります。また、長崎県原《はる》の辻《つじ》遺跡や兵庫県玉津田中《たまつたなか》遺跡では、同形同大のココヤシの実で作られた笛が出土しています。また、静岡県伊場《いば》遺跡からは弥生時代後期に属する同様の土製品が見つかっていますが、孤立的です。

図1　土笛（西川津遺跡）　発掘調査報告書より

その起源は、黄河流域を中心に新石器時代以降にみられる陶塤の影響が考えられていますが、吹口と思われる孔を持つ中空の土製品は、縄文時代中期から晩期にもあり、埼玉県後谷《うしろや》遺跡や東京都下宅部《しもやけべ》遺跡などでも見つかっています。

琴　弥生時代中期になって新たに登場した楽器としては、空洞の共鳴槽を持つ琴があげられます。板材を組み合わせる構造なので完存例は少ないのですが、先述の青谷上寺地遺跡からは完形に復元できる琴（図2）が見つかっています。長さは四〇・一cm。天板と側板は緊縛によって固定されていたようです。岡山県南方《みなみかた》遺跡や石川県八日市《ようかいち》遺跡、静岡県角江《かくえ》遺跡、福岡県上鑵《じょうかん》子《す》遺跡からも共鳴槽と組み合うとみられる破片が見つかっています。いずれも弥生時代中期から後期に属します。サメとみられる魚や五匹の四足動物の絵が線刻されているものもあります。弥生時代後期に属する槽を有する琴には、一mを超える大型品が目立つようになります。これらは古墳時代にも継続し、古墳時代中期以降になると琴を演奏する人物埴輪も各地で見つかっています。

図2　琴（青谷上寺地遺跡）　発掘調査報告書より

　青谷上寺地遺跡からは琴柱《ことじ》も出土しています。弦の出土例は今のところありません。複数素材を用いた実験では絹が最適であることが確認されています。絹は北部九州を中心に弥生時代前期から出土しており、当時の琴の弦には絹製の弦が使われていたと考えられます。

　一方、板状の琴は縄文時代晩期にさかのぼる例が知られています。北海道忍路土場《おしょろどば》遺跡、青森県亀ケ岡《かめがおか》遺跡、同県是川《これかわ》中居《なかい》遺跡、滋賀県松原内湖《まつばらないこ》遺跡など東日本に分布しています。ただし、三角形の一枚板で底辺側には弦を結ぶ突起を有し、頂部には弦を通していたとみられる穿孔を有する木製品は、楽器ではなく織具であるという意見もあります（松澤一九九六）。弥生時代にも奈良県唐古《からこ》・鍵《かぎ》遺跡や三重県納所《のうそ》遺跡で類例が出土しています。

銅鈴・銅鐸　弥生時代中期になると各地で青銅器の鋳造が開始されます。そのなかで音を鳴らす銅鐸の生産もはじまります（Q53参照）。全長一五cmより小さいものは小銅鐸（鈴）、それよりも大きなものは銅鐸と呼ばれています。最大の銅鐸は、滋賀県の大岩山《おおいわやま》遺跡から見つかった全長一三四・七cmの事例が知られています。ただし、銅鐸の生産は弥生時代のうちに終了します。

銅鐸は上部に鈕《ちゅう》を持ち、ここに紐《ひも》がかけられ、ぶら下げられて使用されたと考えられます。紐との接触部分が変色しているものや紐との摩耗によって変形している資料が見つかっています。さらに中空の内部には青銅製、石製の舌《ぜつ》がぶら下げられ、振り子運動をして、銅鐸内側に接触する際に音が鳴るのです（図3）。銅鐸の内側下半には内面突帯という突出部があり、舌との接触によるとみられるすり減りがみられる資料も存在します。ただし、その構造上、音が発せられるタイミングをコントロールするのは難しく、したがって、特定のリズムや音色や奏でる楽器とは言えないでしょう。名称も少々やっかいです。日本列島における青銅器のルーツは中国大陸に求められるのですが、中国で一般的な区分と日本列島のそれとの間には違いがあるのです。中国では紐でぶら下げるための鈕を有し、音は外面を叩くことによって発する青銅器を鐘と呼び、手で握る柄を有し、舌を持つ青銅器を鐸と呼び、紐かけの鈕と舌を持つ青銅器、日本の銅鐸に相当するものは鈴と呼ばれるのです。朝鮮半島でも中国大陸に準じて銅鈴と呼ばれることも多いので注意が必要です。

銅鐸は五〇〇点近く出土しており、西は佐賀県から東は長野県まで分布しています。一方、小銅鐸は約五〇点と少ないのですが、西は熊本県、東は栃木県と銅鐸より広い地域で見つかっています。

製作開始時期は、愛知県朝日《あさひ》遺跡や京都府冠井《かいで》遺跡出土の鋳型から中期前葉だと考えられます。初期の銅鐸は小型ですが、型式が新しくなるにつれて次第に大型化していきます。また、本来は紐をかけるための機能を有する鈕の部分も大型化し、飾り耳と呼ばれる装飾的な板状の突出部が鈕外周に造作されるようになります。いずれの変化も銅鐸をぶら下げて音を鳴らすという機能を軽視した見た目重視の変化と言えます。さらに最終段階の銅鐸には舌と接触して音を鳴らす内面突帯が造作されないものも登場します。この段階になると銅鐸は音を鳴らす道具なのではなく、鐸形をした巨大な青銅製のモニュメントとして重要になったと考えられます。ただ

図3　兵庫県松帆銅鐸の青銅製舌と紐　発掘調査報告書より

し、このような巨大な銅鐸が近畿地方や東海地方西部で競うように製作されている一方で、同時期には伝統的な一〇㎝程度の小銅鐸が関東地方から九州地方の広い範囲で使用されていることにも注意が必要です。

踊り―歌舞飲食の場面―　では、これらの楽器はどのような場面で使われていたのでしょうか。『魏志《ぎし》』東夷伝《とういでん》の倭人条《わじんじょう》では、人が亡くなり喪に服す期間、人々は歌舞飲食、すなわち歌い、踊っていたことが記されています。モガリに関連して「歌舞」が実施されていたという同様の記述は『後漢書《ごかんじょ》』東夷伝や『隋書《ずいしょ》』倭国伝にも認められます。一方、『三国《さんごく》志《し》』魏書《ぎしょ》において朝鮮半島南西にあった馬韓《ばかん》の習俗を述べた部分では「五月下種訖祭鬼神　群聚歌舞飲酒晝夜無休　其舞数十人倶起相随踏地低昂手足相應　節奏有似鐸舞　十月農功畢亦復如之」とあり、毎年五月に種を播《ま》きおわったときには鬼神をまつり、その際に人々は昼夜を通じて休まずに歌舞すること、その舞は数十人が一緒に立ち上がって、調子をあわせて地を踏み手足を上下させること、一〇月の収穫後にも同じことをすると述べられています（井上ほか一九七四）。

このような記載をふまえれば、遅くとも紀元後一世紀以降、すなわち弥生時代後期以降の日本列島には、葬送儀礼のなかで飲食を伴う「宴席」の場に踊りや歌があったことは、ほぼ確実です。さらに、数百年さかのぼる弥生時代中期の土器に刻まれた武器を手に持つ群像と中国史書上の歌舞を結びつける解釈も可能かもしれません。ただし、中国史書の記載をみるかぎり、歌舞は死者に関連するモガリの場に結び付けられており、武器あるいは武器形品も登場しません。したがって、弥生時代中期の土器絵画に歌舞の具体像を見いだすことは難しいかもしれません。埋葬施設から楽器が出土することはほとんどありませんが、島根県堀部《ほりべ》第1遺跡では埋葬施設の上面より陶埙が見つかっており示唆的です。（寺前直人）

〔参考文献〕井上秀雄ほか『東アジア民族史1』（平凡社、一九七四年）、国立歴史民俗博物館『歴博フォーラム・日本楽器の源流』（第一書房、一九九五年）、松澤修「箆状木製品の用途について」（『紀要』9、滋賀県文化財保護協会、一九九六年）、山田光洋『楽器の考古学』（同成社、一九九八年）、荒山千絵『音の考古学』（北海道大学出版会、二〇一四年）、門脇隆志「青谷上寺地遺跡の琴について」『青谷上寺地遺跡発掘調査研究年報2021』（鳥取県地域づくり推進部文化財局、二〇二三年）、平間充子『古代日本の儀礼と音楽・芸能』（勉誠社、二〇二三年）

Q52 銅鐸について教えてください

A

銅鐸《どうたく》はまつりに用いた青銅の吊鐘《つりがね》です。断面が楕円形の身の部分と、鈕《ちゅう》という吊るすための吊り手から成り立っています。

銅鐸は、まれに舌《ぜつ》と呼ばれる棒が伴って発掘されます。お寺の鐘は外からついて音を出しますが、銅鐸は身の中に舌を下げて、揺らして音を発したと考えられます。兵庫県の淡路島にある松帆《まつほ》遺跡から発見された七点の銅鐸には六本の舌が伴っていました。舌の一端にあけられた孔には吊るした紐が残っていました。おそらく身の上部にあいている孔に紐《ひも》をからげて吊るしていたのでしょう。身の内面の裾の付近には突《とつ》帯《たい》がめぐっています。突帯の多くは一条ですが、二〜三条のものもあります。突帯が激しくすり減ったものがあるのは、舌があたったためです。松帆遺跡の銅鐸には鈕にも紐の痕跡がありました。木の枝などに吊るし、揺らして鳴らしたのではないでしょうか。

それでは銅鐸は何のために作られたのでしょうか。

銅鐸の誕生　銅鐸をはじめとした青銅器は縄文時代にはありませんでした。青銅器は、弥生時代にはじめて朝鮮半島から伝わったのです。朝鮮半島には、銅鐸によく似た銅製品があり、朝鮮式銅鈴《どうれい》と呼ばれています。それが日本列島にもたら

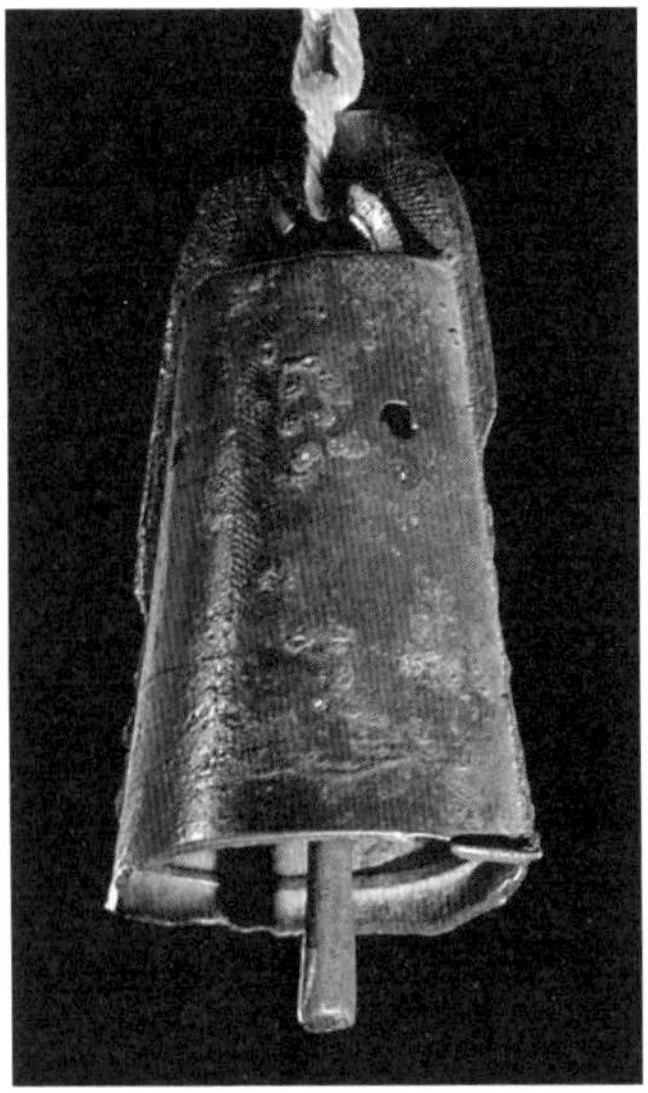

図1　銅鐸の使い方再現（兵庫県慶野遺跡）

されて銅鐸が誕生したと考えられています。

銅鐸の起源は銅鈴にあるといっても、両者には違いも多くあります。まず、銅鈴はほとんど文様がないのに対して、銅鐸は文様で飾っています。銅鈴は一五cmよりも小さなものがほとんどですが、銅鐸は二〇cmを超えるものばかりです。鋳《い》型《がた》の外型と内型がくっつかないようにする措置の際にできた孔が、銅鈴は身の上位の孔が片面中央に一個なのに対して、銅鐸は二個です。銅鐸は銅鈴をもとにして、弥生人が創意工夫を凝らして作った青銅器だと言ってよいでしょう。

銅鐸が日本列島で作られた証拠は、鋳型が見つかることにあります。古い銅鐸は石の鋳型で作られ、新しくなると土の鋳型で作られました。銅鐸の鋳型は、大阪府や奈良県など近畿地方でたくさん見つかりますが、山陰地方や北部九州地方、あるいは東海地方にも少数ながら出土する遺跡があります。互いに離れた遺跡から見つかった銅鐸が、同じ鋳型で作られた場合もわかっています。たとえば滋賀県新庄《しんじょう》遺跡、兵庫県桜《さくら》ケ《が》丘神岡《おかかみか》遺跡、鳥取県泊《とまり》遺跡から出土した銅鐸に、出土地が不明な二つの銅鐸を加えた五つの銅鐸が一つの鋳型で鋳造されたことが判明しています。これらはおそらく現在の兵庫県の東で作られた銅鐸とされていて、遠方に運ばれたことがわかります。

銅鐸の変化と変異　銅鐸は、紀元前四世紀半ばころの弥生時代中期初頭に作られはじめ、三世紀前半の後期後葉に終わります。その期間はおよそ六〇〇年間に及びますので変化も大きく、その特徴から四つの段階に分けられています。変化を知ることのできる特徴とは鈕の形、特にその断面形態で、古い順に菱環鈕式《りょうかんちゅう》（図1－①）、外《がい》縁付鈕式《えんつきちゅう》（図1－②）、扁平鈕《へんぺいちゅう》式（図1－③）、突線鈕式《とっせんちゅう》（図1－④・⑤）に分かれます。菱環鈕式は断面が分厚い菱形をなしていますが、外縁付鈕式になると徐々に厚みを減じていくとともに、身と鈕の外縁に鰭《ひれ》と呼ばれる張り出

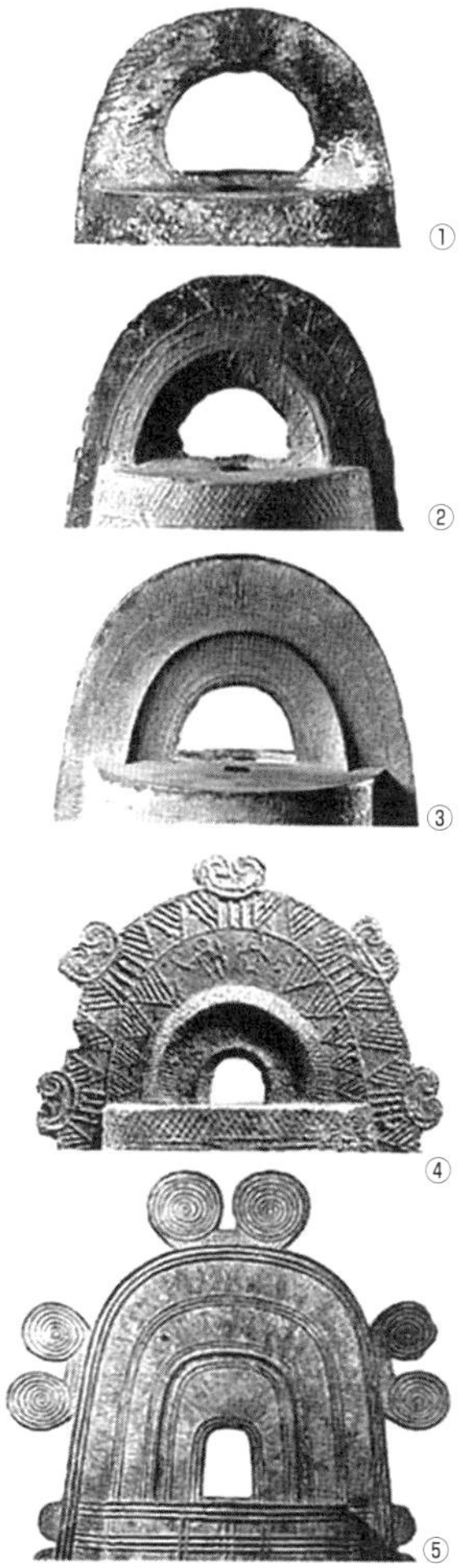

図2　銅鐸の変遷

しが生じるようになります。鈕の内縁にも一種の装飾として縁を設けるようになり、一層薄くなったのが扁平鈕式です。弥生時代後期の突線鈕式も最後になるともはや菱形の部分がどこにあるかわからなくなるほど薄く幅広くなり、そこに突線で装飾を施すようになりました。突線は身の装飾にもなるほど発達するので、この呼び名があるのです。

銅鐸は外面のほぼ全体に文様をつけています。身の文様には三つのタイプがあります。まず、横帯を数段めぐらしたもので横帯文《おうたいもん》銅鐸と呼ばれています。そこに縦帯を配したのが袈裟《けさ》襷文《だすきもん》銅鐸で、お坊さんの袈裟の柄に似ているので名づけられました。これらと全く異なるのが流水文《りゅうすいもん》銅鐸です。流水文といっても水を表現したのではなく、縄文時代の終わりの東北地方で生まれた工字文《こうじもん》という土器の文様が起源と考えられています。青銅器という全く縄文時代になかった大陸由来の品に縄文文化の伝統がみられるのも面白い現象ですね。

横帯文銅鐸は最も古い銅鐸群の文様ですが、袈裟襷文も最初からあり、徐々に普及して最後まで続きました。流水文は中期前半に現れて後期になると衰退していきますが、数多く作られました。袈裟襷文銅鐸と流水文銅鐸は併存期間が長いので、製作工房の二大流派を表しているとみなされています。

菱環鈕式銅鐸は高さが二〇～三〇cmほどでしたが、徐々に大型化して、突線鈕式になると一mを超えるほど大きな銅鐸も作られ、最大の銅鐸は高さが約一三五cmに及びます。突線鈕式銅鐸は、裾の内側にあった突帯が設けられない銅鐸も作られました。内面突帯は舌をぶつけて音響効果を高める役割があったのに、それがなくなるということは音を出す役割が衰えていくことを示しています。幅の広い吊り手も吊るすのに不便ですし、何よりも大型化が楽器から遠ざかっていったことを意味しています。それは何を物語っているのでしょうか。最後にお話ししましょう。

銅鐸の出土状況　銅鐸は、人里離れた丘陵の斜面から出土することがしばしばあります。たくさんの銅鐸がひとまとまりで出土するのも少なくありません。桜ケ丘神岡遺跡では、七個の銅鐸と一四本の銅戈《どうか》が山腹の斜面に埋められていました。島根県加茂岩倉《かもいわくら》遺跡では三九個もの銅鐸が埋められており、滋賀県大岩山《おおいわやま》遺跡からも三〇個以上出土したことが記録に残っています。

これらは開発などで不意に見つかることから、どのような状態で埋まっていたのかよくわからない場合が多いのですが、島根県神庭荒神谷《かんばこうじんだに》遺跡は埋納の方法がわかった貴重な例です。この遺跡はやはり丘陵の山腹にありますが、開発によって銅剣が埋まっていることが確認され、調査の結果なんと三五八本も一か所に埋められていたことがわかりました。そこで金属探知機により付近を探索したところ、六個の銅鐸が一括埋納されていることがわかり綿密な発掘調査が行われたのです。銅鐸はいずれも横倒しで、鈕が向かい合うように三個ずつ埋納されていました。それらはみな鰭が上下になるように埋められていましたが、三五八本の銅剣も同じように刃が上下になるように配置されていました（図3）。

図3　銅鐸と銅矛の埋納状況（島根県神庭荒神谷遺跡）

静岡県悪ヶ谷《あくがや》遺跡も同じように銅鐸が鰭を立てて寝かされていますが、この場合は鈕の向きが互い違いになるように並べられていました。神庭荒神谷遺跡からは銅矛《どうほこ》も一六本出土していますが、この場合も切先が互い違いになるように並べられていました。

銅鐸や青銅製の武器の埋納はこのように共通性が認められますが、それがいかなる目的を持っていたのか容易に解くことはできません。

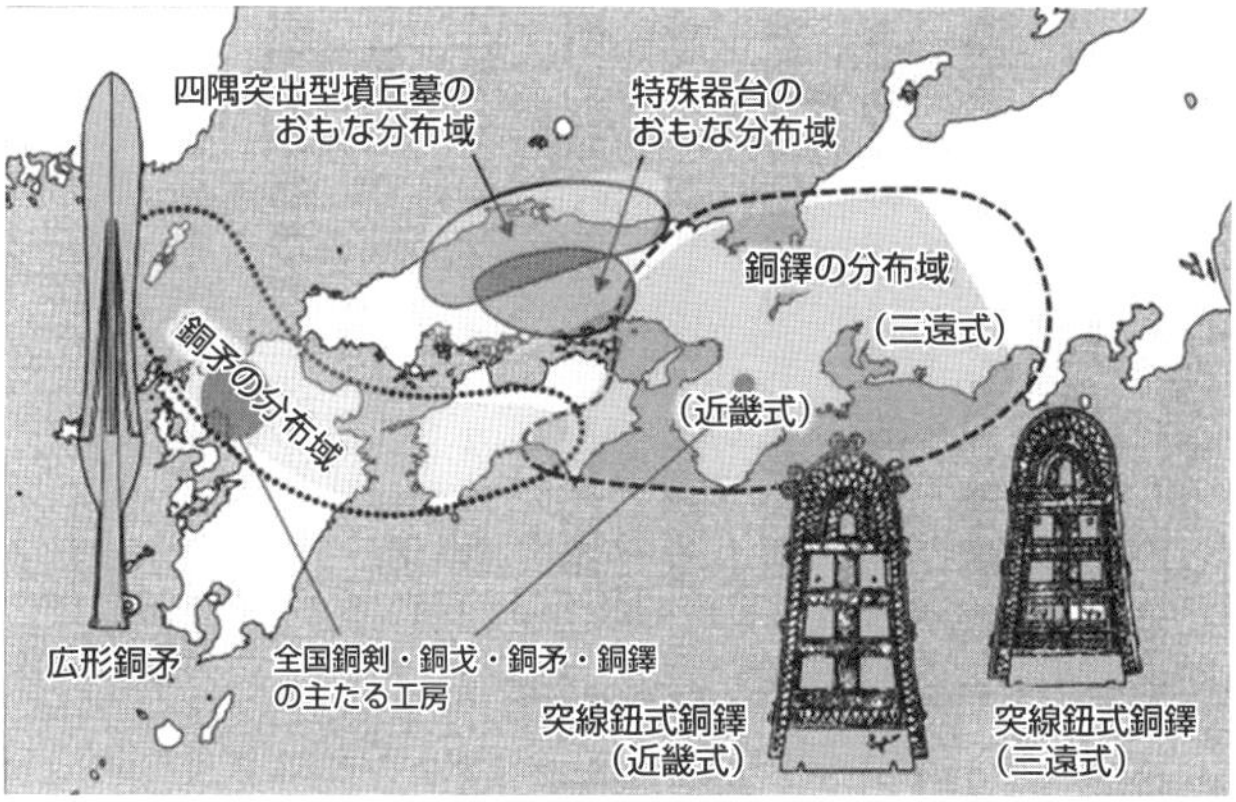

図4　終末期の銅鐸と銅矛の分布

銅鐸の役割　銅鐸の身に絵画を描いたものがありますが、シカと鳥が盛んに描かれています。スッポンやカエル、カマキリ、クモ、トンボ、トカゲといった水辺の小動物も多く見られます。女性が向かい合って脱穀しているシーンやイネをおさめた高床倉庫も描かれています（Q31参照）。そうした画題から、これらの銅鐸に描かれたのは稲作にまつわる事柄であり、銅鐸はイネをめぐる農耕祭祀に用いられたのであろうというのが有力な意見です。

絵にシカと鳥が多いのは、雄ジカの角は春先に抜け落ちて初夏に生え変わるのがイネの成長と同一視されたからであり、空を飛ぶ鳥はあの世からイネの魂をこの世にもたらす生き物だから重視されたという解釈が加えられています。

鳥取県稲吉角田《いなよしすみだ》遺跡から出土した壺形土器に、鳥に扮した人物とシカおよびイネをおさめた高床倉庫が描かれ、その傍らに木の枝に吊るした銅鐸らしきものが描かれていました（Q48図1）。稲作の余祝儀礼《よしゅくぎれい》で銅鐸が鳴らされたシーンを描いたものではないでしょうか。

吊るして鳴らされた聞く銅鐸から、大型化して見る銅鐸に移り変わっていくことを紹介しました。聞く銅鐸の段階は九州から長野県までの広い範囲に分布していた銅鐸も、突線鈕銅鐸の段階になると近畿地方と東海地方西部に集中するようになります。九州では銅矛が大型化し、日本列島の東西に二つの青銅器分布圏が対立するように生じました。銅鐸はいっさい墓から出土しません。銅鐸は一貫して共同体の祭りの道具だったのです。大型化して見る銅鐸にかかわったのは、稲作儀礼のために打ち鳴らした用途から、あがめまつるような象徴的な共同体の儀礼道具へと変化したことが推察されます。

（設楽博己）

〔参考文献〕佐原真『銅鐸の考古学』（東京大学出版会、二〇〇二年）、難波洋三「銅鐸群の変遷」『豊饒をもたらす響き　銅鐸』（大阪府立弥生文化博物館、二〇一一年）、春成秀爾『祭りと呪術の考古学』（塙書房、二〇一一年）

コラム12

徐福伝説

始皇帝《しこうてい》の命をうけて不老長生の霊薬を求め東方に船出した徐福《じょふく》は、三神山《さんしんざん》に到らず秦《しん》に戻ることもなかったと『史記《しき》』に記されています。気功や薬方に通じた修行者は方士《ほうし》と呼ばれました。足跡はとだえてしまいましたが、徐福の伝承は、九州・本州をはじめアジア各地に残っています。

中国では秦から漢代（前漢）にかけて、青銅製や陶器の明器が、黄河・長江流域の墓に副葬されました。蒜頭《さんとう》壺《こ》と呼ばれますが、口縁部にある縦方向の筋は、たくさんの種がつまったヒョウタンがモデルだった可能性があります。九州北部で丹塗《にぬ》り土器が作られたのは、ほぼ同じ時期です。壱岐や糸島・福岡など玄界灘沿岸では、蒜頭壺にそっくりの土器が出土します。

また甕棺墓など墓の近くの祭祀を行った場所では高さ一mほどの筒形器台《つつがたきだい》が出土します。これは前漢初期の帛《はく》画《が》（長沙馬王堆漢墓）に描かれた死後の世界（冥界）の入口にある標柱を連想させます。丹塗り土器が出現した背景に神仙思想の影響があったとすると、筒形器台は冥界への「入口」や天帝がすむとされる崑崙山《こんろんさん》を意味しているのかもしれません。

近畿の唐古《からこ》・鍵《かぎ》遺跡（奈良県）で出土した土器に刻まれた重層の楼閣は想像だけで描くことは困難です。また同遺跡の褐鉄鉱《かってっこう》に沈殿した粘土は兎余糧《うよりょう》と呼ばれる長寿の仙薬を想起させます。その起源はいずれも漢と呼ばれた中国にあるようです。

前一世紀、九州北部の首長のまなざしは、漢文化に注がれていました。銅鏡やガラス璧《へき》をつぎつぎと副葬できたのは、文物の入手ルートが確保されていたからです。

弥生文化には、祭祀土器や絵画土器など中国の影響抜きでは説明のつかない事象があります。徐福その人かはともかく、東アジアを行き来した人々は、いつの頃か「徐福伝説」として語り継がれるようになったのでしょう。

（常松幹雄）

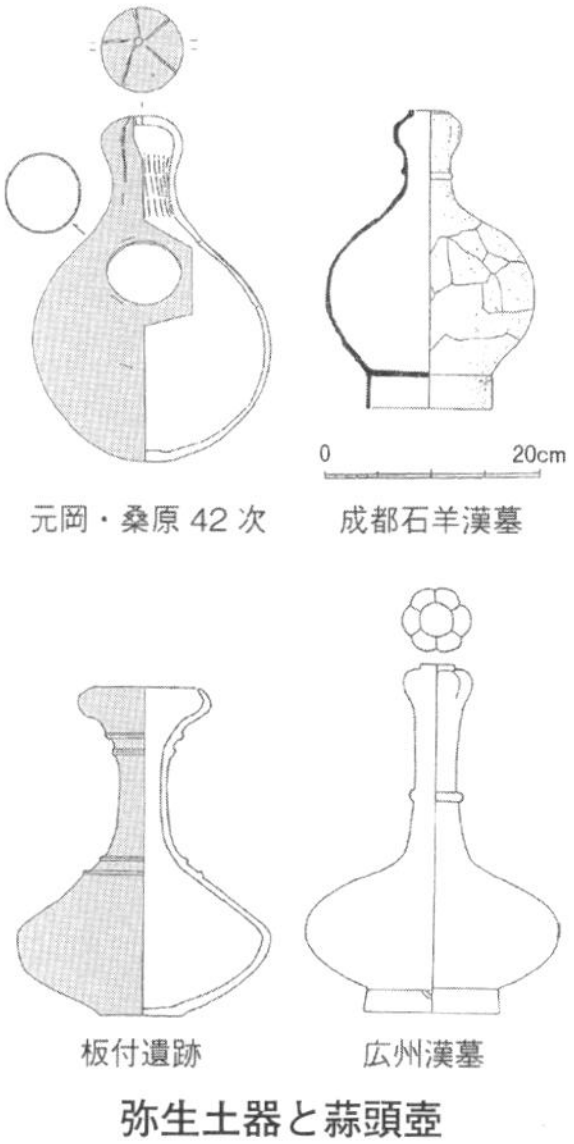

弥生土器と蒜頭壺

Q53 弥生時代の動物の造形について教えてください

A

縄文時代に盛んだった動物形土製品などの立体的な動物の造形は、弥生時代に衰退していきます。そのかわり隆盛をきわめるのが縄文時代にほとんどなかった平面的な絵画（線刻画《せんこくが》）です。線刻画は土器と銅鐸に多くみられます。まず、立体的な造形にひとわたり目をとおしたのちに、線刻絵画についてみていきましょう。

動物の立体造形　立体的な動物の造形品は、シカ、イノシシ（ブタ?）、イヌ、鳥、魚です。シカは静岡県雌鹿塚《めがづか》遺跡で土器の蓋?のつまみにつけられたと思われる土製品が出土しています。イノシシは奈良県唐古《からこ》・鍵《かぎ》遺跡にそれらしきものがありますが、胴部だけではっきりしたものではありません。イヌは埼玉県西原大塚《にしはらおおつか》遺跡に知られています。

　鳥の造形品は、愛知県牧町出土の細頸壺《ほそくびつぼ》の細長い頸の頭部に目を貼りつけた例が知られています。土器全体を鳥に見立てていたのかもしれません。というのも、鳥の形をした土器は全国各地からたくさん見つかっているからです。それらの多くは口と胴と尾からなり、口が土器の口縁を兼ねています。平らな底部を持ち自立するので、鳥形土製品というよりも鳥形土器といったほうがよいでしょう。唐古・鍵遺跡から、ニワトリの頭をかたどった土製品が出土しています。ニワトリは縄文時代にはおらず、弥生時代に大陸からもたらされました。

　土器ばかりでなく木彫りの鳥、すなわち鳥形木製品も弥生時代に数多く作られました。弥生時代前期の事例が島根県西《にし》川津《かわづ》遺跡や大阪府山賀《やまが》遺跡に知られ、中期には九州にまで広まりました。大阪府池上曽根《いけがみそね》遺跡の鳥形木製品は丸彫りの立体物で、背中にくり込みがあり翼が取り付けられていたと思われます。また腹には穴があいているので、竿にさして高く掲げていたのでしょう。石川県八日市地方《ようかいちじかた》遺跡の鳥形木製品

は集落を囲む溝の脇から並んだ状態で出土しているので、環濠集落の外周に立て並べられていたと考えられています。後期になると長野県石川《いしかわ》条里《じょうり》遺跡から出土するように、東日本にも広がりました。この例は古墳時代の鳥形木製品によくみるように平板なつくりなので、このころに古墳時代につながる形へと変化したのかもしれません。

魚の造形品は、台の上の部分が魚をかたどった台付土器が愛知県桜《さくら》田《だ》貝塚から出土していますが、たいへん珍しい例です。

東北地方ではクマの頭をあしらった柄杓《ひしゃく》の把手《とって》（Q21）、ムササビをかたどった土器が出土しています。東北地方北部の弥生文化は縄文文化の伝統が強いといった点で西日本と様相を異にしていますので、動物形土器品も区別して見た方がよいでしょう。

図1　鳥形木製品（大阪府池上曽根遺跡）
大阪府立弥生文化博物館所蔵

動物の線刻絵画　線刻された動物は、立体的な造形品よりも数や種類がはるかに多く、種類としては鳥、シカ、イノシシ、イヌ、魚、スッポン、ウミガメ、トンボ、カマキリ、カニ、サル、トカゲ、ヘビ、クモないしミズスマシなどです。ヒトも動物の仲間とすればあげてよいでしょう。

土器と銅鐸に描かれた動物は、シカと鳥が双璧です。鳥人あるいは羽人という翼を広げた人物の絵も多数知られていま

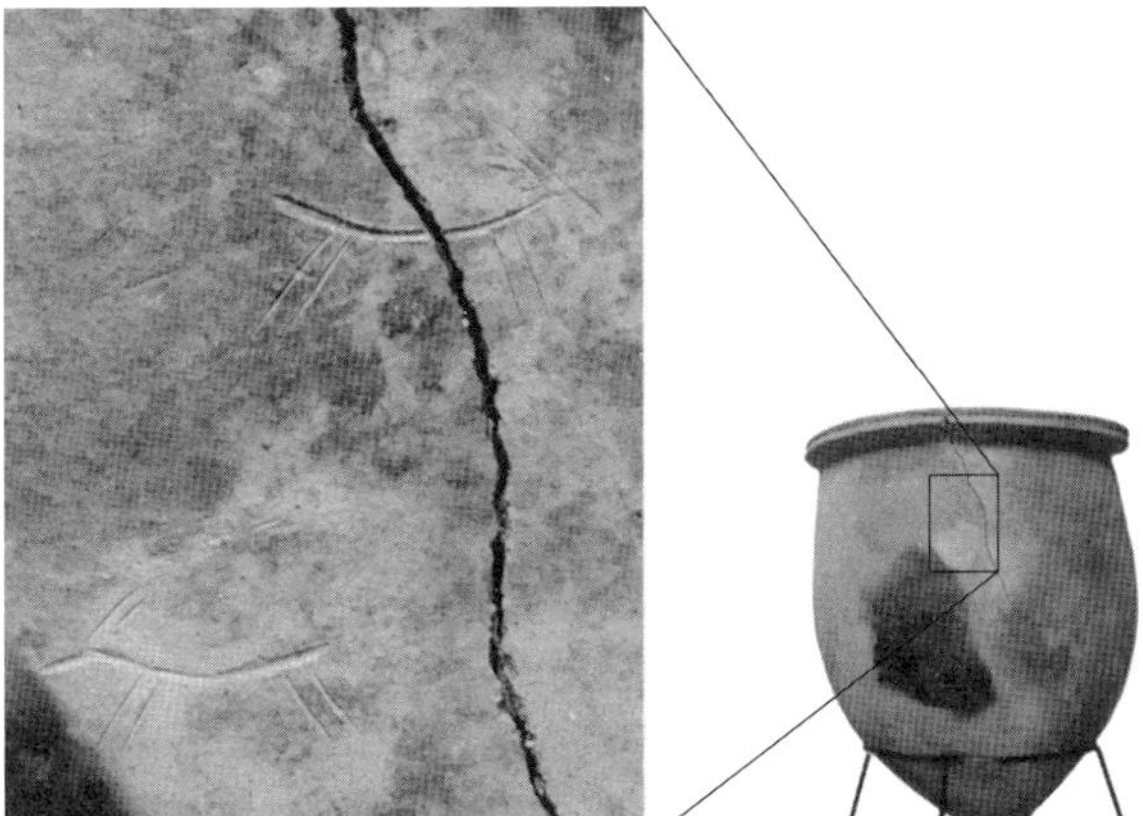

図2　甕棺に描かれたシカ（福岡県吉武高木遺跡）　福岡市埋蔵文化財センター所蔵

すが、羽をつけて祭りを執り行った司祭者と考えられ、なかにはくちばしの仮面をつけた絵もあるので、鳥に扮することに重要な意味があったようです。

香川県から出土したと伝えられる銅鐸に、イヌに囲まれたイノシシに狩人が弓を射かけているあきらかに狩猟のシーンを描いた絵があります（Q31図2）。弓を持った狩人がシカの角をおさえた絵を描いた銅鐸もあります。一見するとこれも狩猟の場面のようですが、別の解釈がなされているのであとで紹介することにしましょう。

銅鐸に特有の動物として、トンボやカマキリなどの小動物がいますが、それらの多くは水棲の生物です。水棲といっても多くは淡水の生物で、水田およびその周辺の風景を描いたのではないかと考えられています。伝香川県出土銅鐸に描かれた長頸のサギが魚をくわえている様子は、水田に飛来した光景を写したのでしょう。スッポンも淡水のカメです。これらの動物とともにイネをおさめた高床倉庫や脱穀のシーンが描かれていますので、稲作にかかわる絵画であることを裏付けています。

水田付近の絵画は、ほかにも兵庫県桜《さくら》ケ《が》丘《おか》神岡《かみか》遺跡出土銅鐸など近畿地方に多いのですが、それに対して島根県加茂《かも》岩倉《いわくら》遺跡から出土した銅鐸にはウミガメが描かれていました。また、鳥取県青谷《あおや》上寺《かみじ》地《ち》遺跡から出土した土器に描かれた魚はサメとされています。山陰地方は近畿地方と異なり、海の生物を好んで描くように地域によって画題が異なっていたことも注意しておかなくてはなりません。

弥生時代の動物造形の性格

銅鐸にはたくさんの種類の動物が描かれていますが、それは食料というよりも水田付近の光景、すなわち稲作の脇役だったとみた方がよいでしょう。近畿地方の内陸などでは、稲作に特化した選別的な生産スタイルが絵画の画題や造形動物の種類に反映していると考えられるのです。立体的な動物造形と平板的な線刻絵画で動物の種類が共通しているのも、動物造形の全体が稲作を中心とする農耕にかかわるからだとするのが妥当です。

それではシカと鳥が主要な造形動物になることと農耕との関係はどのように考えたらよいでしょうか。『播磨国《はりまのくにの》風《ふ》土《ど》記《き》』に、シカの腹をさいてその血にイネを浸してまいたところ、一夜にして苗が生まれたという説話があります。また『豊後国《ぶんごのくにの》風《ふ》土《ど》記《き》』には、田を荒らすシカが人に捕らえられて「もう田を荒らしません」と誓いを立てて許してもらう説話があります。銅鐸絵画を彷彿させるシーンは、弥生時代に端を発しているのではないでしょうか（Q48・Q52）。

これも『豊後国風土記』ですが、田で餅を的にして矢を放ったところ白鳥に変じて空に舞い上がり、その田では二度とイネが実らなくなった説話があります。また、ツルがくわえた稲穂を落としたところが美田になるという信仰は東アジアに広く分布するといわれています。土地の神であるシカと穀霊の運搬者である鳥は、弥生時代に稲作儀礼の立役者だったのです。鳥に扮した司祭者もその場面で活躍したことでしょう。

木の鳥を竿の先に掲げる習慣は三世紀の朝鮮半島にあり、紀元前にさかのぼる鳥形木製品も出土しています。矢が刺さったシカの絵は、朝鮮半島の青銅器にあります。鳥とシカの信仰は朝鮮半島に起源があるのかもしれません。

図3　龍を描いた土器（大阪府池上曽根遺跡）　大阪府立弥生文化博物館所蔵

弥生土器の絵画には龍もかなりの数がみられます。龍は中国で生まれた伝説の生きものですが、弥生時代後期に日本列島に伝わりました。龍を描いた土器が井戸から出土することもあり、水の神という性格も伝わっていた可能性があります。また、特殊《とくしゅ》器台《きだい》という埴輪《はにわ》の祖形の土器に描かれた文様が龍をモチーフにしていたのではないかと考えられており、それが正しいとすれば、龍がもつ威厳のようなものも首長層に取り込まれた可能性があります。

縄文時代と弥生時代の動物造形の変化。それは稲作や権力の醸成という大陸由来の出来事がもたらしたのではないでしょうか。

（設楽博己）

〔参考文献〕佐原真・春成秀爾『原始絵画』（歴史発掘5、講談社、一九九七年）、春成秀爾『儀礼と習俗の考古学』（塙書房、二〇〇二年）

Q54 抜歯やイレズミはありましたか

A 抜歯とイレズミは、いずれも縄文時代に存在した、あるいは存在したと考えられる風習です。もってまわったような言い方をしたのは、抜歯は人骨によって確実にあったことがわかりますが、イレズミは複雑な分析の手続きによっても、あったであろうと推測できるにすぎないからです。弥生時代も同じことで、抜歯は確実に行われていました。まずは抜歯からみていきましょう。

弥生時代の抜歯　弥生時代の抜歯の系統は、大きく二つに分けることができます。一つが縄文文化の抜歯を引き継いだ系統で、もう一つが大陸に由来する系統の抜歯です。

『Q&Aで読む縄文時代入門』で抜歯がとりあげられていますが、晩期になると三河地方から西の地域で複雑な抜歯が普及しました。これに対してそれより東の地域の抜歯はそれほど複雑ではありません。とりあえず前者を西日本、後者を東日本としますが、西日本の晩期の抜歯は、上顎の両犬歯《けんし》および下顎の全切歯《せつし》を抜く4I型と、それに加えて下顎の両犬歯を抜いた4I2C型からなる4I系と、上下顎両犬歯を抜いた2C系を基本にします。東日本では、上顎両犬歯を抜いた0型と2C型を基本にします。

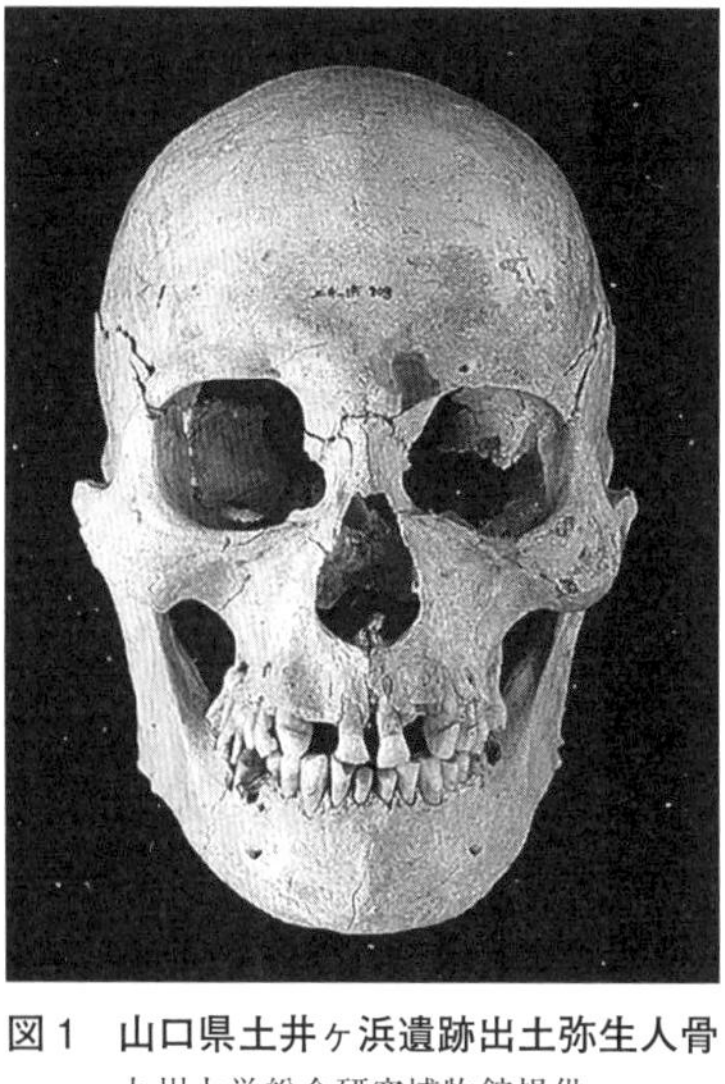

図1　山口県土井ヶ浜遺跡出土弥生人骨
九州大学総合研究博物館提供

弥生時代の東日本では4I系抜歯が盛んになりますが、これは三河地方など東海地方西部からの文化の伝播がもたらした現象だと言ってよいでしょう。縄文時代晩期終末の長野県七五三《しめ》掛岩陰《かけいわかげ》遺跡や生仁《なまに》遺跡では4I系抜歯人骨が複数見つかっています。この時期に東海地方西部から中部高地地方に人々が移動をしていたことは、遺跡に残された東海系の土器からわかります。

その波に乗るようにして、弥生時代前期にも移動が繰り返され農耕が伝わりました。それに応じて壺形土器を棺や骨壺として盛んに利用するようになります。弥生時代前期の愛知県域から福島県域にいたる地域では、遺体を骨にして壺におさめる再葬墓が盛んに作られますが（Q49参照）、そこに伴って出土する人骨の多くには4I系の抜歯が認められるのです。関東地方では、その風習は本格的な灌漑水田稲作がはじまる弥生時代中期中葉まで続きました。つまり、中部・関東・南東北地方の弥生時代前半は、縄文文化の伝統色の濃い抜歯風習が維持されていたのです。

弥生時代の西日本では2C系や4I系の縄文時代の抜歯は衰退し、それにかわるようにして大陸系の抜歯が広まりました。大陸系の抜歯とはどのようなものでしょうか。山口県土《ど》井ヶ浜《いがはま》遺跡は、三〇〇体を超える人骨が出土した弥生時代の代表的な埋葬遺跡です。この遺跡の人骨は、縄文時代とは違い上顎の側切歯《そくせつし》を抜いていました。これは中国にみられる抜き方です。これらの人骨は縄文人骨にくらべて高身長で面長であるなど、大陸から渡来してきた人々の形質を受け継いでいることをよく示しています。したがって、抜歯も大陸系と考えられました。大陸系の抜歯は西日本に限られているので、渡来系の人々の影響を及ぼした範囲を示しているといってよいでしょう。東日本に縄文系の抜歯が広がっていることとあわせて考えれば、日本列島の弥生文化は大陸系の文化の影響の強い西日本と縄文系の文化をとどめた東日本という構図が浮かび上がってきます。

弥生時代のイレズミ

『魏志《ぎし》』倭人伝《わじんでん》は三世紀の倭、つまり弥生時代終末期の事情を記した書物ですが、「男子は皆黥面《げいめん》文身《ぶんしん》す」と、男性がみな顔や体にイレズミをしていたと書いてあります。愛知県亀塚《かめづか》遺跡から出土したこの時期の壺形土器には、胴部に人の顔が大きく描かれていましたが、その顔には額から頬にかけてたくさんの線が刻まれています。目や鼻、口や耳も写実的に描いてますので、それ以外の線も具体的な表現であるとすれば、皺《しわ》にしては不都合なところがありますので、イレズミか化粧とみなさざるをえません。『魏志』倭人伝の記述からするとイレズミとみたいところです

図２　人面文壺形土器（愛知県亀塚遺跡）　安城市歴史博物館所蔵

が、ほかの資料からそれを検証することにします。

五～六世紀の古墳時代の人物埴輪の顔に同じような線刻がみられます。黥面埴輪《げいめんはにわ》と呼んでいますが、これらは馬曳《うまひき》や力士、甲冑《かっちゅう》に身を固めた武人や盾持人《たてもちびと》など身分の高くない男性の埴輪ばかりで女性にはありません。八世紀に編さんされた『古事記《こじき》』『日本書紀《にほんしょき》』には黥面の記述が五か所出てきます。それらはいずれも男性で、馬曳や猪飼部《いかいべ》など身分の低い人々や武人といった傾向があり、黥面埴輪と時代を超えた共通性が指摘できます。これは両者ともに顔の線刻がイレズミであることを期せずして保証し合っているとみるべきでしょう。

黥面埴輪の顔の線刻がイレズミだと考えられたわけですが、そのうちの目尻から引かれた弧線と瓜二つの表現が三世紀の亀塚遺跡の顔面にも認められるのです。これはこの線刻が化粧などではなく、イレズミであることを証するにほかなりません。さらに弥生時代の黥面絵画をさかのぼって調べていくと、縄文時代晩期後葉に複雑な線刻を顔に施した黥面土偶の線刻様式に連なることがわかります。それは縄文時代にもイレズミのあったことを間接的に証明すると同時に、古墳時代に至るまで縄文系のイレズミ風習が維持されていたことを物語っています。

三世紀、すなわち弥生時代終末期の黥面絵画は亀塚遺跡のほかにもたくさん見つかっています。それらは亀塚遺跡のように飾られた壺形土器のほかに、高坏、小型壺、土偶《どぐう》、石棺の蓋などいずれも儀礼に用いた器物に描いています。そして多くは墓、井戸、溝などの結界から出土します。

イレズミの系譜と意味の変化　このような三世紀の黥面絵画資料の出土状況をみると、それらは結界に供えられて邪悪なものをはらう役割を演じていたと考えてよいでしょう。『魏志』倭人伝に倭人の文身は水中の魔物から身を守るためになされていたと記していますが、たんなる憶測ではなかったか

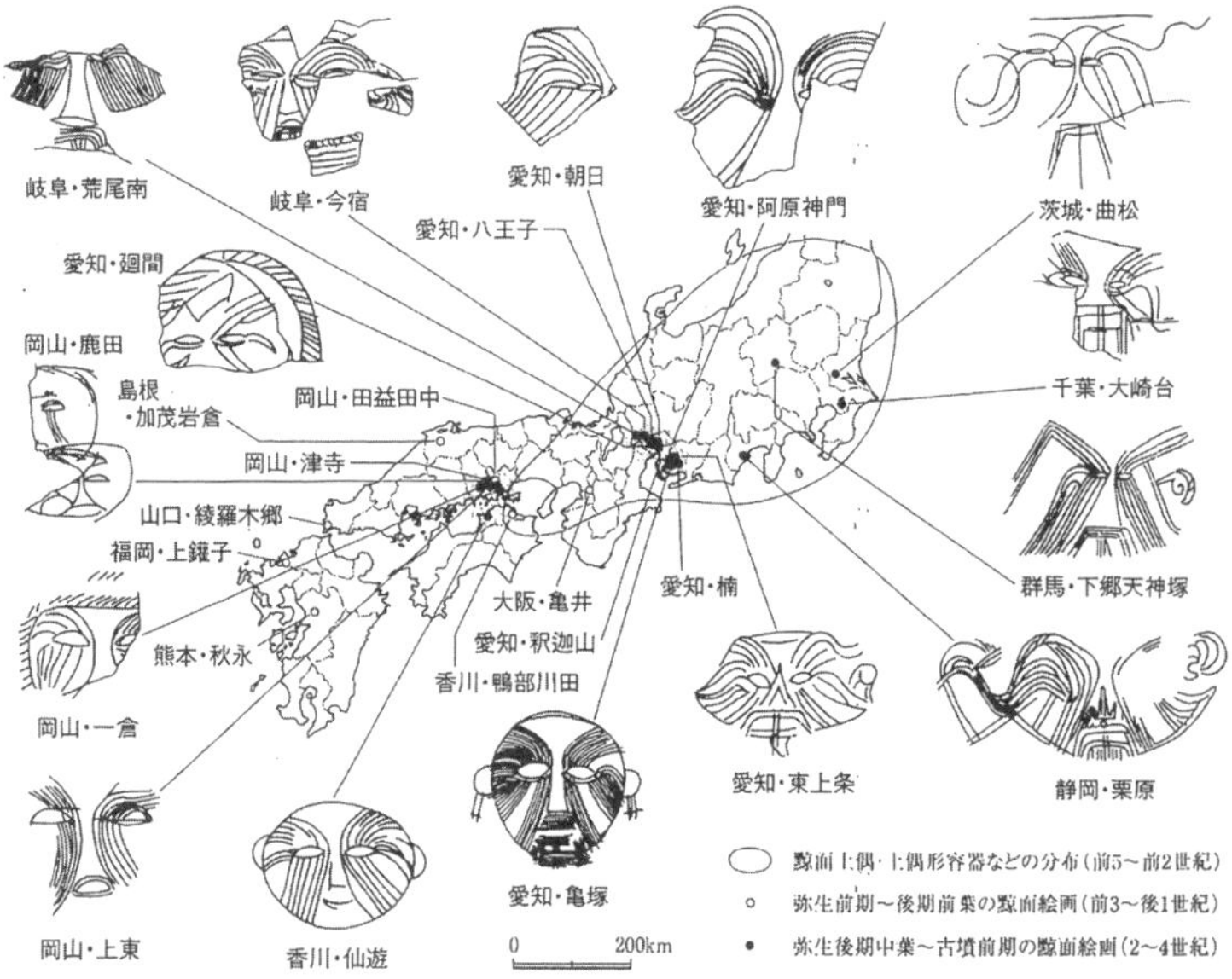

図3　黥面絵画の分布

もしれません。

縄文時代の土偶は女性像とみてよいので、女性がイレズミをしていたことは確かでしょう。抜歯は男女ともなされていたので、痛みを伴う似たような通過儀礼だということから男性もイレズミをしていた可能性は高いと思います。『魏志』倭人伝は、弥生時代のイレズミは男性だけの風習だとしていますが、黥面埴輪からそれは確かな記述とみてよいでしょう。

それではなぜ男性だけの風習になったのでしょうか。古代史の吉田晶《よしだあきら》は、弥生時代のイレズミは戦士の仲間入りの印だったのではないかと推測しています。縄文時代に活発ではなかった戦争が弥生時代に盛んになることや、黥面に魔物をしりぞける辟邪《へきじゃ》の意味があることからすれば、吉田説は魅力的です。弥生時代のイレズミは縄文時代のイレズミに系譜が求められるのですが、その意義や意味が不変だったのではなく、時代の性格に応じて変化していったと考えるべきでしょう。

（設楽博己）

〔参考文献〕春成秀爾『儀礼と習俗の考古学』（塙書房、二〇〇七年）、設楽博己『顔の考古学　異形の精神史』（吉川弘文館、二〇二一年）

Q55 人物造形はありましたか

A

縄文時代の土偶、古墳時代の人物埴輪にはさまれた弥生時代の人物造形はあまり知られていませんが、小型品を中心にいろいろな人の造形物があります。かつて小林行雄《こばやしゆきお》は、縄文時代の土偶の流行とは異なって、弥生時代以後には人の形を像として表現する風習がないこと、あるいは古墳時代の工芸品にみられる意匠に動物、植物系統の文様が未発達であるということを前提として、「植物や動物の形態を文様としてとりあつかうが、中国製鏡の模作のときにそれと意識せずに行われた場合をのぞいては、ほとんど行われなかったというのは、動植物の魂の存在を考慮することなしに、それらの形をとりあつかうことが想像できなかったからであろうか」と述べています（小林一九五一）。しかし、この理解は、東日本にみられる豊富な資料からみると、西日本的な見方に思えます。

土偶の系譜をひく造形　水田稲作がはじまっても縄文的な造形は日本列島各地で継承されており、特に東北地方において目立ちます。たとえば、最北の水田が見つかっている青森県の砂沢《すなざわ》遺跡からは図1のような土偶が見つかっています。高さは二〇・一cm、幅は一六・七cmをはかります。頭部と脚部は

図1　砂沢遺跡の土偶　弘前市教育委員会所蔵

表現されていますが、奴凧《やつこだこ》のような胴体から続く腕部は短くアンバランスな印象です。全身に刺突による無数の孔が装飾として施されていました。このような特徴を持つ土偶は刺突《しとつ》文《もん》土偶と呼ばれています。また、胸には一対の小さな粘土塊が貼り付けられています。乳房の表現だとみられ、成人女性をイメージした造形だと考えられます。縄文時代の土偶は成人女性を造形対象としているので、弥生時代に作られたこの土偶も、そのコンセプトを継承しているといえます。

また、角が生えているような独特の頭部表現にも注目です。頭部の複雑な造形は髪結の表現と考えられており、このような特徴的なヘアスタイルを写実的に表現した土偶は、刺突文が施される土偶の少し前から東北地方北部に流行していました（図2－1・2）。これらは結髪《けっぱつ》土偶と呼ばれています。形状から図1は結髪土偶の要素も引き継いでいるのです。さらに結髪土偶にみられる肩や腰を強く張り、太い足を踏ん張るプロポーションと内部を中空にする製作方法は、その前段階に流行する遮光器《しゃこうき》土偶と共通しています。つまり、弥生時代に継続する刺突文土偶は、元をたどれば遮光器土偶に由来し、その形態が徐々に変化していったものなのです。東北地方北部を中心に弥生時代中期までは東北北部晩期土偶の系譜が連綿と引き継がれていることが判明しています（金子二〇一五）。

後頭部結髪土偶から人面付土器　弥生時代になると日本列島各地に高さ五〇cmにもなる大型の壺が普及します。それらのなかにはごく少数ですが上部に人の頭部を造作した壺形土器があり、これらは人面付土器と呼ばれています。弥生時代前期に属する例としては、京都府の温江《あつえ》遺跡（図2－7）や島根県の西川津《にしかわづ》遺跡（図2－8）の例があげられますが、全体像は不明です。これらの起源については、二つの理解があります。一つは頭頂部のヒレ状突起の造形を重視して、大陸系の要素である「鳥人」の造形とみる解釈です。もう一つはさきほど紹介した結髪土偶の一種の影響を受けて、西日本の弥生時代前期に属する図2－7・8を位置づける理解です。

縄文時代晩期末の信濃川下流では図2－3のような頭頂部にヒレ状突起を持つ土偶がみられ、同様の土偶は信濃川をさかのぼった長野県域を中心に東海地方にも広がります。これらはその特徴から後頭部結髪土偶と呼ばれており、弥生時代前期の拠点的な集落として著名な三重県の納所《のうそ》遺跡からも類例が出土しています。また、長野や東海の例では黥面を持つものが目立ちます。愛知県の古沢町《ふるさわちょう》遺跡では頸下が空洞となった大型頭部片（図2－5）が見つかっています。頭部のサイズからは、この時期や地域に見当たらない巨大な土偶となるので、土偶ではなく頸以下は中空の壺や蓋とみるのが妥当です。弥生時代開始期前後の列島中央部で頭部造形を有する土器が創出されていたと考えられます。

黥面土偶と土偶形容器　これらの人物造形との系譜には諸説ありますが、時期や地域的に関連するのが、黥面《げいめん》土偶と土偶《どぐう》形《がた》容器です。黥面土偶は、板状の黥面顔面に手を有する中実の小ぶりの土製品で、縄文時代晩期末から弥生時代中期の関東地方から東海地方にみられます。土偶形容器は中空の頭部が中空の体部に連なる土製品であり、弥生時代前期から中期初頭を中心に東海地方から東北地方にみられます。容器としての機能を有しており、蔵骨器として使われました。高さ三〇cmほどで、手の表現があります。脚部表現は省略される傾向にあり、底面は平底です。ただし、新潟県の村尻遺跡例のように頭部表現を欠く例や神奈川県の中里遺跡例のように脚部が二股に分かれている例もあり多様です。

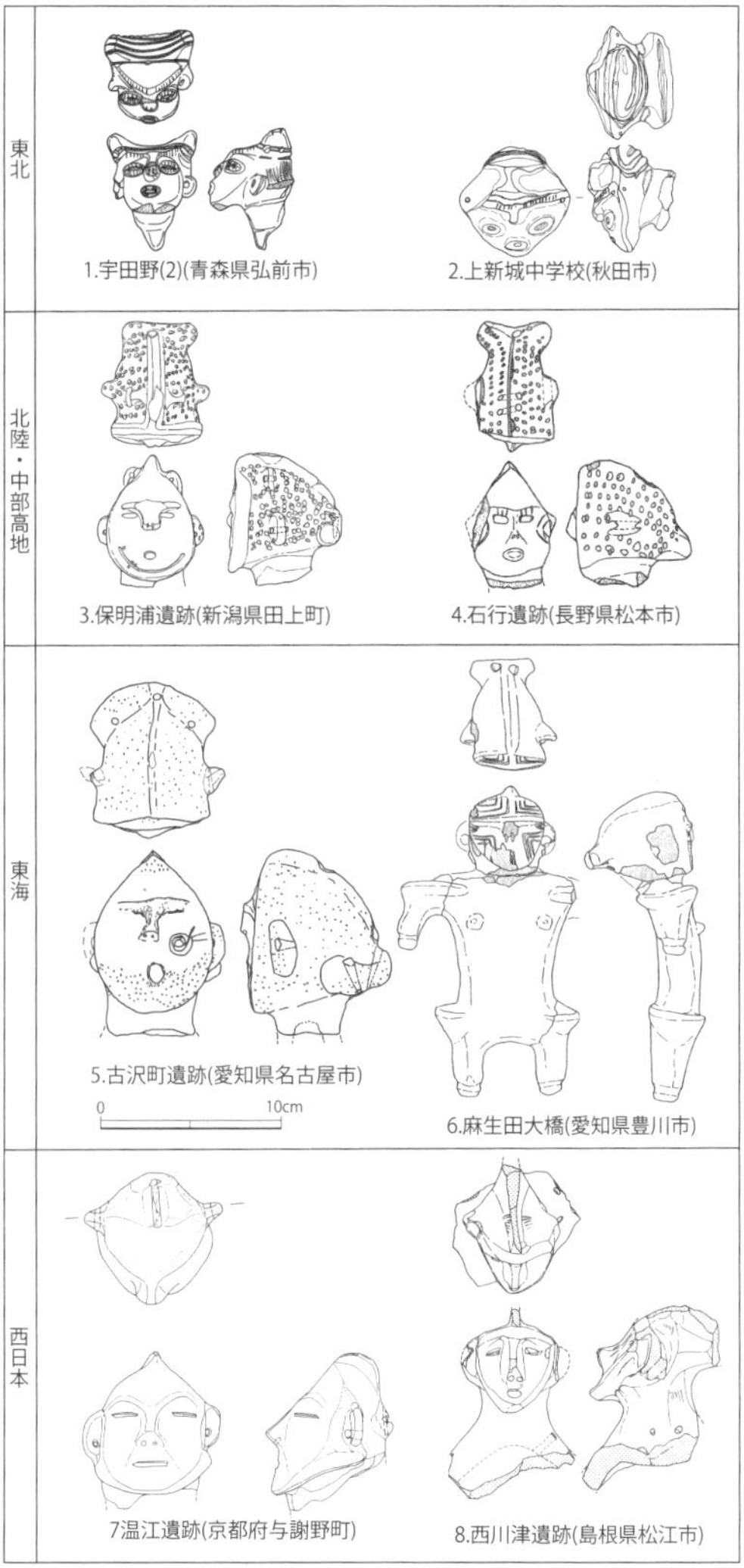

図2　後頭部結髪土偶から人面付土器への変化

東日本の人面付土器　関東地方を中心に弥生時代中期前半には、高さ五〇cm前後の大型壺がみられます。茨城県の泉坂下《いずみさかした》遺跡（図3）でみられるように壺棺再葬墓として用いられていたようです。土偶形容器を含めて、東日本の人物造形は複数の遺体を一か所に再葬する習慣と密接な関係がありそうです。

西日本の人物造形　一方で西日本でも顔を表現した土器や土

製品が散見されます。岡山県の田益《たます》田中《たなか》遺跡や京都府の森本《もりもと》遺跡、大阪府の亀井《かめい》遺跡からは壺形土器や水差形土器の胴部に顔を造形する資料が見つかっています。線刻ですが、愛知県の亀塚《かめづか》遺跡から出土した弥生時代終末期に属する人面文壺形土器も同じ系譜に位置づけられるかもしれません。これらに共通するのは、墓制との関連が薄いことです。西日本の人物造形は数が少なく、墓制との結びつきが弱い点が特徴です。

ただし、例外があります。それは琵琶湖周辺を中心にみられる木偶《もくぐう》です。類似品を含めると一五例があり、愛知県から徳島県に分布していますが、半数以上は滋賀県域に集中します。棒状の人形で手足は表現されず、頭部と胴部、腰部からなる一木造《いちぼくづく》りの木製品です。全長は二〇～六〇cmをはかります。顔面表現などに欠く例が、弥生時代前期の大阪府の山賀《やまが》遺跡から出土していますが、人物造型とみる確証に欠きます。顔面造型が明確な資料も滋賀県に多く、同県の湯《ゆ》ノ部《べ》遺跡からは方形周溝墓と考えられる溝から複数の木偶が検出されています。なかには胸部に貫通孔を穿ち、そこに長さ五cmの棒を挿入した例もあり、男性器を表現した男性像だと考えられます。

ほかに西部瀬戸内地域では顔面表現を有する分銅形土製品が分布します。分銅形土製品の詳細についてはコラム13をご覧ください。

（寺前直人）

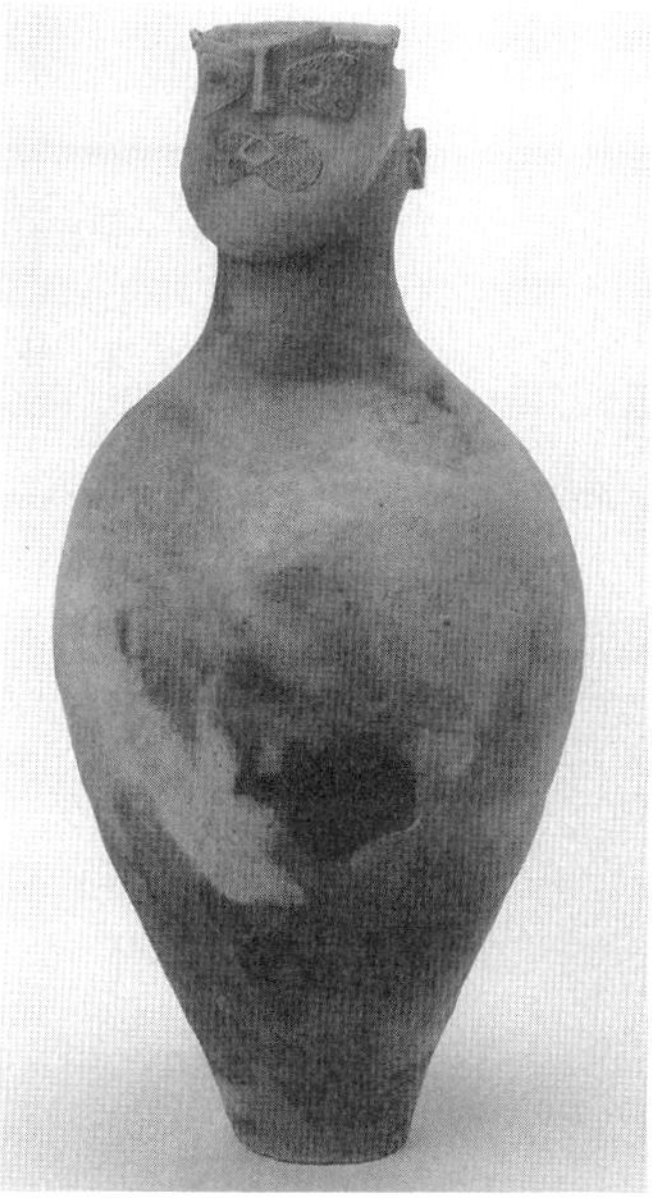

図3　人面付土器棺（茨城県泉坂下遺跡） 発掘調査報告書より

〔参考文献〕小林行雄「日本古墳文化の美術」『世界美術全集』2（平凡社、一九五一年）、金子昭彦「縄文土偶の終わり—東北地方北部・弥生時代土偶の編年—」（『考古学研究』62—2、二〇一五年）、設楽博己・石川岳彦『弥生時代人物造形品の研究』（同成社、二〇一七年）、寺前直人「頭部表現の西遷—結髪土偶から人面付土器へ—」『季刊考古学別冊40』（雄山閣、二〇二三年）

コラム13

分銅形土製品

分銅形《ふんどうがた》土《ど》製品《せいひん》とは、弥生時代中・後期の本州島西部にみられる円あるいは楕円の中央左右に抉《えぐ》りを入れた形の板状土製品のことです。江戸時代の天秤ばかりで重さをはかるときに使用される分銅に似ていることから、この名がつけられました。分銅の形状は両替商の看板に採用され、地図記号の銀行マークにその名残が認められます。

長さ五〜一五㎝前後のものが多く、左右の端や上の面に複数の小さな穴が開いています。形はイチョウの葉をくっつけた形だけでなく、長方形の板を上下につなげた形状のものが、愛媛県や山口県では目立ちます。

瀬戸内海沿岸を中心に一〇〇〇点近い分銅形土製品が見つかっており、その分布は福岡県から石川県までに広がります。なかでも岡山県南部からの出土が目立ち、鳥取県や兵庫県、広島県、愛媛県でも比較的多くの出土が認められます。地域差もあります。中部瀬戸内、岡山県南部では眉状の粘土貼付や半円の文様をよく使い、より西では目鼻や口を粘土や線刻で表現する顔を表すものが目立ちます。その表情が「笑顔」にみえる分銅形土製品もあり、印象に残る考古資料の一つです。

難しいのは、その起源と用途です。起源については弥生時代開始期前後の大阪湾沿岸で流行する長原《ながはら》タイプ土偶に求める考えや、東日本に起源を持つ土版を祖型と考える説、西日本で独自に発生した土製品とする説がありますが、いまだ定説はありません。ただし、弥生時代前期に属する資料が、香川県や愛媛県に散見されます。それらと類似するより古い土版が三重県や大阪府でみられます。ただし、分銅形土製品を定型化させ、流行させたのは瀬戸内海沿岸の社会ですので、その用途や社会的位置づけは地域独自に意味が与えられていたと考えるべきでしょう。用途については実用品ではなく、儀礼用や宗教的意味を持って製作されたという理解が一般的ですが、使い方や祈りの対象についての定説はありません。大型品については、抉りの部分に両目が配されるマスクのように装着されていたとする解釈もあります。その場合、小孔に紐を通して革や布とともに使用されたと考えられています。顔面に装着できないような小型品は護符的な役割が考えられていますが、いずれにせよ明確な根拠があるわけではありません。

（寺前直人）

終章　弥生時代の終わりはいつか

設楽博己

弥生時代の終わりはいつでしょうか。この問いは年代にかかわるものですが、考古学的な年代には二種類あることを知っておかなくてはなりません。それは相対年代と絶対年代です。相対年代とは遺物などを比較して古さの違いを吟味し、順番をつけて決められた年代です。それに対して絶対年代は、たとえば^{14}C年代測定によって割り出された何千年前とか何世紀といった年代で、数値年代と言ったほうがわかりやすいでしょう。

弥生時代の終わりは古墳時代のはじまりでもあるので、古墳時代がいつはじまるのか問題になります。それは古墳とはなにかという定義にかかわる問題ですが、大きく二つの意見が示されています。年代の古いほうから言えば、奈良県桜井市の纒向石塚《まきむくいしづか》という墳墓を古墳とみる立場が一つです。もう一つは同じく桜井市の箸墓《はしはか》という墳墓を最古の古墳とみなす立場です。この二つの墳墓はいずれも前方後円形をしています。いずれにしても、古墳時代のはじまりは前方後円墳とはなにか、日本列島にいつ現れたのかという問題をクリアーしないと解き明かすことはできません。まずはそれに先立つ弥生時代の墳丘墓がいつ、どのように発展し、前方後円墳にバトンタッチするのか見通したうえで、^{14}C年代測定による実年代に関する議論を紹介しましょう。

弥生墳丘墓の形成と発展　溝で区画した弥生時代の塚というと、方形周溝墓《ほうけいしゅうこうぼ》が知られています。塚が四角いのでこの呼び名があります。墳丘《ふんきゅう》すなわち盛土《もりど》が残った例もないことはないのですが、多くは削平などで失われ、平たい区画が残っているにすぎません。方形周溝墓を墳丘墓と呼ぼうという人もいますが、このようにあまりにも墳丘の遺存がよくないので、方形周溝墓とするのが一般的です。

これに対して、明らかに墳丘を持つ墓を墳丘墓あるいは方形台状墓《ほうけいだいじょうぼ》と呼んで区別しています。方形台状墓は四周の土を削ることで墳丘を作った墓で、土を盛りあげた墓を墳丘墓として区別しています。あまり明確な区別ではありませんので、墳丘墓とされることが多いのです。

弥生時代の墳丘墓は、前期に登場します。たとえば福岡県筑前町東小田峯《ひがしおだみね》遺跡では、一辺が一五m以上の墳丘を持つ墓が見つかっていますが、前期初頭とされていて、弥生時代開始早々に大型の墳丘墓が築かれたようです。弥生時代中期前半〜中葉の佐賀県吉野ヶ里《よしのがり》遺跡北墳丘墓は、四〇×二七mほどの長方形で高さがおよそ五mある立派な墳丘墓です。墳丘には一四基の甕棺が埋められており、銅剣やガラス管玉を副葬した甕棺もありました。紀元前一世紀の中期後葉になると、福岡県春日市須玖岡本《すぐおかもと》遺跡や糸島市三雲南小路《みくもみなみしょうじ》遺跡に、三〇面あまりの銅鏡を副葬した甕棺墓が登場します。いずれも一辺が四〇mもある墳丘を持つとされ、甕棺も一〜二基に限られていることからも、首長の権力が大きくなっていったことがわかります。

このころまでの墳丘墓は北部九州で目立っていますが、中国地方でも別の動きがありました。京都府日吉ヶ丘《ひよしがおか》遺跡は丹後地方にある三二×二〇m、高さ一・六m以上の長方形の墳丘墓ですが、中期中葉にさかのぼります。山陰地方や中国山地では中期後葉以降に方形の墳丘の四隅に飛び出しを設けてそこに石を貼った墳丘墓が誕生します。

これらの長方形の墳丘墓や四隅突出型《よすみとっしゅつがた》墳丘墓は徐々に大型化の度合いを強めていき、後期後葉になると京都府赤坂今井遺跡で一辺が三五mを超し高さ四mに達する長方形の墳丘墓が、島根県西谷墳墓群《にしだにふんぼぐん》で四〇×三〇m、高さ四・五mもある3号墓のような四隅突出型墳丘墓が出現しました。吉備地方も例外ではありません。岡山県楯築《たてつき》墳丘墓は、全長が八〇mほどと推定される高さ四～五mの双方中円形の墳丘墓です。これらの多くは墳丘に複数の埋葬がありますが、中心埋葬がひときわ大きく作られるようになり、首長の権力がそれだけ高まっていたことがわかります。

纒向石塚と箸墓　弥生時代の墳丘墓は、このように地域によって平面形が違うことに特色があります。古墳も前方後円墳一色というわけではないのですが、前方後円墳を中心に序列化が進んでいることがうかがえます。古墳の発生が現在の奈良県のヤマト地方にあることは間違いありませんので、国土の統一に向けた権力の形成がヤマト地方の墳墓の序列化によって視覚的に示されていったのです。その点からすれば、弥生時代の墳丘墓はいくら大きいといっても、まだ広い地域を束ねるような求心性は持っていません。

それでは、その求心性がヤマト地方に表れるのはいつでしょうか。弥生時代中期の墳丘墓は畿内地方にもみられます。最も大きなものですと、大阪府瓜生堂《うりゅうどう》第2号墓は一五×一〇mで高さ一mほど、加美《かみ》遺跡Y1号墓が二六×一五m、高さ二～三mほどの墳丘墓ですが、際立って大きいわけではなく中心埋葬も目立たずに副葬品も貧弱です。後期になっても突出した墳丘墓は現れず、より西の地域からすれば見劣りがします。

このような状況のもと、三世紀に入って登場した纒向石塚墓は際立った大きさを示しています。この墓の墳丘は前方後円形で、全長が九六mです。後円部は径六四mで前方部の長さが三二mなので、全長と後円部径と前方部長の比率は三：二：一です。馬蹄形《ばていけい》の溝が墳丘の裾を全周します。前方部は低くて、先端が三味線を弾く撥《ばち》のように広がっています。このような特徴は近隣の矢塚《やづか》やホケノ山といった墳墓に認められ、寺沢薫《てらさわかおる》はこれらを古墳と認めて「纒向型前方後円墳」と呼んでいます。纒向型の前方後方型墳丘墓は隔絶した巨大性と画一化した墳墓様式、そして九州から関東地方にまで広がることを根拠とします。纒向石塚は主体部を含めた墳丘の発掘調査は行われていませんが、纒向型のホケノ山墓は調査の結果、主体部は石囲を持つ木槨墓で画文帯神獣鏡《がもんたいしんじゅうきょう》が副葬されていることがわかりました。また、後円部は三段に築造されていることもわかりました。

箸墓は、全長が二八〇ｍの前方後円墳です。後円部径がおよそ一五〇ｍで前方部がおよそ一四五ｍですから、全長：後円部径：前方部長は二：一：一です。馬蹄形の溝が墳丘の裾を全周します。後円部の高さが約三〇ｍに対して前方部は約一六ｍと低く、先端部は撥形に広がっています。後円部は四段に築造されています。この古墳も発掘調査されていませんが、近隣のほぼ同じ時期とみなされる前方後円墳は長大な竪穴式石室《たてあなしきせきしつ》と割竹形木棺《わりたけがたもっかん》を持ち、三《さん》角縁神獣鏡《かくぶちしんじゅうきょう》が数十面副葬されていますので、同様の主体部の内容が想定されています。また、吉備地方に祖型がある特殊器台《とくしゅきだい》と最初期の円筒埴輪《えんとうはにわ》を持っています。白石太一郎《しらいしたいちろう》らは、これらの特徴を共有した前方後円墳が東は南東北地方から西は九州地方にまで広がっていることから、こうした破格的な規模と三角縁神獣鏡の多数副葬、長大堅牢な竪穴式石室などの規格性を持つ墳墓を前方後円墳と認めて箸墓古墳が最古の前方後円墳であるとしています。

このように、前方後円墳は纒向石塚に代表される墳丘墓からはじまるとみる説と、箸墓古墳などからはじまるという説が並び立ち、なかなか決着しないのが実情です。それぞれ立場や歴史観が異なることにもよりますので、ここでは代表的な二説を紹介するに留め、参考文献で比較してみてください。

弥生時代終わりの実年代　纒向石塚が三世紀初頭、箸墓古墳が三世紀なかばに築造されたと言いましたが、それは^{14}C年代測定から推定されています。^{14}C年代測定は、放射性炭素が質量を半減させるのにおよそ五七三〇年かかるという原理を用いて戦後まもなく開発された年代測定方法ですが、ＡＭＳという加速器質量分析装置によって測定の精度が増したことと、炭素年代の較正によって実年代に近づける方法が開拓されたことによります。

^{14}C年代は空気中の^{14}C濃度が不変であるという前提による計算式にもとづいていますが、実際は不変ではないのでなんらかの方法で補正（較正《こうせい》）する必要があります。そのために選ばれたのが木の年輪で、スギなどの樹木年輪に閉じ込められた^{14}C濃度を、過去一〇〇〇年以上にわたってつぎ足しながら測定して作りあげた変動パターンと照合することによって、^{14}Cを精度高く実年代に比定する作業が近年急速に進みました。その結果、最初の前方後円墳、ひいてはヤマト政権の成立は遅くとも三世紀中葉にさかのぼると考えられるようになりました。そして、それは弥生時代の終わりの実年代ということになります。

〔参考文献〕白石太一郎『古墳とヤマト政権——古代国家はいかに形成されたか——』（文藝春秋、一九九九年）、寺沢薫『卑弥呼とヤマト王権』（中央公論新社、二〇二三年）

弥生時代を知るためのブックガイド

本書では、各項目でそれぞれに参考文献を掲載していますが、さらに弥生時代について知識を得たい、あるいは弥生時代の全体像を知りたいという人や、より詳細な議論について読んでみたいという方々のために、書店やインターネットで入手しやすい書籍を中心に紹介していきましょう。

〔弥生時代の概論〕

カラー図版が豊富で手軽な概説書としては、**安藤広道**『**ビジュアル版弥生時代ガイドブック**』（新泉社、二〇二三年）と設楽博己『**弥生時代—邪馬台国への道—**』（敬文舎、二〇一九年）があげられます。コンパクトな書籍としては、**藤尾慎一郎**『**弥生時代の歴史**』（講談社現代新書、二〇一五年）と**石川日出志**『**農耕社会の成立**』（岩波新書、二〇一〇年）、**武末純一**『**弥生の村**』（日本史リブレット3、山川出版社、二〇〇二年）があります。まず一冊を手に入れたい方は、これらの本を読み比べて、気に入ったものを手元に置いておけばよいでしょう。

これらに比べると古い書籍になりますが、**佐原真**『**日本人の誕生**』（大系日本の歴史1、小学館、一九八七年）と、**田中琢**『**倭人争乱**』（日本の歴史2、集英社、一九九一年）も重要です。とくに前者で展開される歴史観は、今日の日本史教科書や弥生時代研究にも息づいています。その枠組みをさらに詳しく知りたければ、**佐原真**（**編**）『**稲・金属・戦争—弥生—**（**古代を考える**）』（吉川弘文館、二〇〇一年）もお薦めです。いずれの本も日本史のなかでの弥生時代の位置づけが明瞭です。

通史的な歴史観、特に古墳時代、古代国家にいたる過程のなかで弥生時代を位置づけている書籍としては、ほかに**近藤義郎**『**前方後円墳の時代**』（岩波書店、一九八三年）と**寺沢薫**『**王権誕生**』（日本の歴史2、講談社、二〇〇〇年）、**都出比呂志**『**古代国家はいつ成立したか**』（岩波新書、二〇一一年）があげられます。先に紹介する近年の本と読み比べることで、論点や関心の変化が読み取れるのではないでしょうか。

弥生時代研究の流れや古い学史を知りたいのであれば、**浜田晋介『探究弥生文化（上）（下）』**（雄山閣、二〇二二・二〇二三年）が役に立つでしょう。また、より専門的な情報を得たいということであれば、同成社より刊行されている**『弥生時代の考古学』全九巻**（二〇〇八〜二〇一一年）や青木書店から刊行された**『講座日本の考古学（上）（下）』**（二〇一一年）も参考になります。いずれも大学レベルでの専門的なレポートや卒業論文のテーマを決める際に役に立ちます。最新の研究動向を知りたければ、毎年春に刊行される**『史学雑誌』**（史学会）や**『日本考古学年報』**（日本考古学協会）に掲載される弥生時代の項目を何年分か読み込むのがよさそうです。

各地における著名な遺跡の内容については、新泉社から刊行されている「**遺跡を学ぶ**」シリーズや、同成社から刊行されている「**日本の遺跡**」シリーズが充実していて、参考になるでしょう。さらに紹介されている遺跡の詳細な発掘成果を知りたければ、奈良文化財研究所がＨＰ上で運営している「**全国遺跡報告総覧**」が便利です。

〔弥生「人」の起源と文化の系譜〕

弥生時代における人の起源は、古くから多くの関心が払われてきました。その研究史は**坂野徹『縄文人と弥生人―「日本人の起源」論争―』**（中公新書、二〇二二年）で学べます。また、人骨をめぐる研究については、**谷畑美帆『コメを食べていなかった？弥生人』**（同成社、二〇一六年）、**中橋孝博『倭人への道―人骨の謎を追って―』**（吉川弘文館、二〇一五年）、**片山一道『骨が語る日本人の歴史』**（ちくま新書、二〇一五年）、**田中良之『骨が語る古代の家族―親族と社会―』**（吉川弘文館、二〇〇八年）がよいでしょう。さらに分子人類学の進展がもたらす成果と今後の展望については、**篠田謙一『人類の起源―古代ＤＮＡが語るホモ・サピエンスの「大いなる旅」―』**（中公新書、二〇二二年）、**藤尾慎一郎『弥生人はどこから来たのか―最新科学が解明する先史日本―』**（吉川弘文館、二〇二四年）から学べます。

理化学的研究としては、弥生時代の社会変化や実年代決定にも大きな影響を与えつつある酸素同位体比年輪年代法も重要です。**中塚武『酸素同位体比年輪年代法―先史・古代の暦年と天候を編む―』**（同成社、二〇二一年）、同**『気候適応の日本**

史—人新世をのりこえる視点—』（吉川弘文館、二〇二一年）が参考になるでしょう。

文化的な系譜についても、さまざまな議論が進んでいます。縄文時代との関係については、**設楽博己『縄文vs.弥生—先史時代を九つの視点で比較する—』**（ちくま新書、二〇二二年）や**寺前直人『文明に抗した弥生の人びと』**（吉川弘文館、二〇一七年）、大陸系文化については中国中原系と北方遊牧民系に区分する**小林青樹『倭人の祭祀考古学』**（新泉社、二〇一七年）がお薦めです。

具体的な交流のありかたについては、**高田貫太『海の向こうから見た倭国』**（講談社現代新書、二〇一七年）や**辻田淳一郎『鏡の古代史』**（角川選書、二〇一九年）が参考になります。弥生・古墳時代の通史的議論であり、後者の時代の比重が高いですが、通時的な交流の全体像を展望することができるでしょう。議論の対象となる弥生時代後半における交流の具体像を知るためには、同時期の中国大陸の理解も必要です。**渡邊義浩『漢帝国—400年の興亡—』**（中公新書、二〇一九年）、同**『魏志倭人伝の謎を解く—三国志から見る邪馬台国—』**（中公新書、二〇一二年）がよくまとまっています。また、日進月歩で研究が進む韓国考古学の成果も重要です。手軽に手に入る本は限られていますが、ここでは**韓国考古学会（編）庄田慎矢・山本孝文（訳）『概説　韓国考古学』**（同成社、二〇一三年）を紹介しておきます。

さらに本篇でも紹介していますが、弥生時代に併行する日本列島の北方の続縄文時代や南方の貝塚時代後期（新石器時代）との関係や類似点、相違点の理解も重要です。それらのみを取り上げた一般向けの書籍はほとんどないですが、**瀬川拓郎『アイヌと縄文—もうひとつの日本の歴史—』**（ちくま新書、二〇一六年）や**沖縄考古学会編『南島考古入門—掘り出された沖縄の歴史・文化—』**（ボーダーインク、二〇一八年）、**森岡秀人・中園聡・設楽博己『稲作伝来』**（岩波書店、二〇〇五年）を読めば、両地域と列島中央部との関係や交流を知る手掛かりが得られるでしょう。また、手に入りにくい本ですが、ゆたかなビジュアルでこの問題に迫った**国立歴史民俗博物館編『新弥生紀行—北の森から南の海へ—』**（朝日新聞社、一九九九年）もお薦めです。国立歴史民俗博物館だけではなく、大阪府立弥生文化博物館、滋賀県立安土城考古博物館、福岡市博物館などが刊行する図録には、豊富なカラー写真が掲載され、最新の研究が反映されたすばらしい書籍がたくさんあります。

機会があれば、ぜひ手に取ってもらいたいと思います。

〔多様な研究視点〕

弥生時代研究の重要なテーマの一つである戦争の問題については、**松木武彦『人はなぜ戦うのか―考古学からみた戦争―』**（講談社選書メチエ、二〇〇一年）がお薦めです。文庫本としても刊行されています。近年、関心が高まっている自然環境と弥生時代の人々との関係については、**樋上昇『樹木と暮らす古代人―木製品が語る弥生・古墳時代―』**（吉川弘文館、二〇一六年）が参考になるでしょう。自然環境と農耕社会との双方向的な関係とその変遷を知ることができます。また、多様な農耕や地域ごとの生業戦略については、**長友朋子・石川日出志・深澤芳樹（編）『南関東の弥生文化―東アジアとの交流と農耕化―』**（吉川弘文館、二〇二二年）、**浜田晋介・中山誠二・杉山浩平『再考「弥生時代」―農耕・海・集落―』**（雄山閣、二〇一九年）から知ることができます。いずれも専門的な内容ですが、北部九州地域や畿内地域を基準としない研究が進められていることを学べるでしょう。

ここまで数多くの書籍を紹介してきましたが、弥生時代・文化のみを取り扱った書籍は、例えば「邪馬台国」をテーマにした書籍と比べれば多くありません。考古資料にもとづく実証的な書籍は、水田や金属器の導入から階層的な社会形成に至るこの時代を「日本」的な原風景のはじまりとして、あるいは古代国家に至る「発展」の契機として位置づける通史的な視点で論じるものが目立ちますが、日本列島外の諸文化との交流や縄文時代の社会との類似性や影響の多寡など多角的な視点で論じる書籍も増えてきています。書店や図書館でそれぞれを手に取り、比較したうえで、まずはお気に入りの一冊を手に入れて弥生時代研究の醍醐味にふれてみましょう。

執筆者紹介

＊配列は50音順とした

國木田《くにきた》　大《だい》	1980年生まれ	北海道大学大学院文学研究院准教授⇒コラム1・2
小林《こばやし》　青樹《せいじ》	1966年生まれ	奈良大学文学部文化財学科教授⇒Q16・39・45・47・50
斎野《さいの》　裕彦《ひろひこ》	1956年生まれ	日本災害・防災考古学会副会長⇒Q7・22、コラム4
佐々木《ささき》由香《ゆか》	1974年生まれ	金沢大学古代文明・文化資源学研究所特任准教授⇒Q23・
設楽《したら》　博己《ひろみ》	別掲	⇒Q15・17・21・31・33・48・49・52～54、コラム3・6・8
篠田《しのだ》　謙一《けんいち》	1955年生まれ	国立科学博物館長⇒Q2
柴田《しばた》　昌児《しょうじ》	1965年生まれ	愛媛大学埋蔵文化財調査室教授⇒Q11～13・43、コラム5
高瀬《たかせ》　克範《かつのり》	1974年生まれ	北海道大学大学院文学研究院考古学研究室教授⇒Q24・35・46
常松《つねまつ》　幹雄《みきお》	1957年生まれ	福岡大学非常勤講師⇒Q42、コラム9・12
寺前《てらまえ》　直人《なおと》	別掲	⇒序章、Q9・14・18・19・28・34・36・37・41・51・55、コラム10・11・13
中塚《なかつか》　　武《たけし》	1963年生まれ	名古屋大学大学院環境学研究科教授⇒Q6
長友《ながとも》　朋子《ともこ》	1972年生まれ	立命館大学文学部日本史研究学域考古学・文化遺産専攻教授教授⇒Q29・30・32・40・44、コラム7
舟橋《ふなはし》　京子《きょうこ》	1973年生まれ	九州大学大学院比較社会文化研究院准教授⇒Q1・3～5 28
山崎《やまざき》　　健《たけし》	1975年生まれ	奈良文化財研究所埋蔵文化財センター環境考古学研究室長⇒Q25～27
山田《やまだ》　康弘《やすひろ》	1967年生まれ	東京都立大学人文社会学部教授⇒Q8・10
吉田《よしだ》　　広《ひろし》	1967年生まれ	愛媛大学ミュージアム教授⇒Q38
米田《よねだ》　　穣《みのる》	1969年生まれ	東京大学総合研究博物館教授⇒Q20

編者略歴

寺前直人

一九七三年、奈良県に生まれる

二〇〇一年、大阪大学大学院文学研究科博士課程後期修了

現在、駒澤大学文学部歴史学科考古学専攻教授、博士（文学）

〔主要著書〕

『文明に抗した弥生の人びと』（吉川弘文館、二〇一七年）

『考古学概論—初学者のための基礎理論』（共著、ミネルヴァ書房、二〇二二年）

設楽博己

一九五六年、群馬県に生まれる

一九八六年、筑波大学大学院歴史人類学研究科博士課程単位取得退学

現在、東京大学名誉教授、博士（文学）

〔主要編著書〕

『顔の考古学』（吉川弘文館、二〇二〇年）

『東日本穀物栽培開始期の諸問題』（雄山閣、二〇二三年）

Q&Aで読む弥生時代入門

二〇二四年（令和六）七月一日　第一刷発行

編者　寺前直人《てらまえなおと》　設楽博己《したらひろみ》

発行者　吉川道郎

発行所　株式会社　吉川弘文館

郵便番号一一三－〇〇三三

東京都文京区本郷七丁目二番八号

電話〇三－三八一三－九一五一〈代〉

振替口座〇〇一〇〇－五－二四四番

https://www.yoshikawa-k.co.jp

印刷＝藤原印刷株式会社

製本＝ナショナル製本協同組合

装幀＝河村　誠

ISBN978-4-642-08452-9

山田康弘・設楽博己編

Q&Aで読む　縄文時代入門

Ａ５判・二六四頁

二五〇〇円

土器を使用し、定住生活を行い、狩猟・採集・漁労・栽培を主体とした生活を営みながら、およそ一三〇〇〇年続いた縄文時代。考古学や自然科学の研究成果から見えてきた最新の時代像を、縄文人と環境、家族と社会、生業と道具、精神文化を切り口にした五四の問いにわかりやすく答えて明らかにする。豊富な図表と充実したコラムで縄文時代へと誘う。

（価格は税別）

吉川弘文館

弥生人はどこから来たのか 最新科学が解明する先史日本

藤尾慎一郎著 〈歴史文化ライブラリー〉四六判・二四〇頁／一七〇〇円

最先端科学が弥生時代のはじまりの状況を解明しつつある。炭素や酸素の同位体を用いた年代測定や核ゲノム解析、レプリカ法などの最新科学と考古学の学際研究により実像に迫り、新知見による弥生時代像を提案する。

文明に抗した弥生の人びと

寺前直人著 〈歴史文化ライブラリー〉四六判・三二〇頁／一八〇〇円

水田農耕や金属器などの新文化を、列島の在来社会はどう受け止めたのか。縄文の伝統をひく土偶や石棒など儀礼品や、打製石器に着目し、文明に抗う人びとを描く。大陸文明の受容だけでは説明できない弥生の実像に迫る。

顔の考古学 異形の精神史

設楽博己著 〈歴史文化ライブラリー〉四六判・二五六頁／一八〇〇円

土偶・仮面・埴輪・土器など、〈顔〉を意匠とする造形品には、古代人のいかなるメッセージが込められていたのか。抜歯やイレズミ、笑いの誇張表現、装身具などを分析。顔への意識の変化と社会的背景を明らかにする。